上海学习型社会建设（2022）

上海市学习型社会建设与终身教育促进委员会办公室
上海市学习型社会建设服务指导中心 编

上海人民出版社

《上海学习型社会建设(2022)》编委会

序　言

党的二十大报告提出,“实施科教兴国战略,强化现代化建设人才支撑”,“推进教育数字化,建设全民终身学习的学习型社会、学习型大国”。教育是推进上海现代化建设的基础性、战略性支撑。2022年,上海学习型社会建设工作坚持以习近平新时代中国特色社会主义思想为指导,认真学习贯彻党的二十大精神,按照市委、市政府决策部署,全面落实《上海市终身教育发展“十四五”规划》,努力构建服务全民终身学习的教育体系,完善学习型社会建设体制机制,优化终身教育资源配置,提高终身教育发展质量,努力建设以城市学习力为驱动的更高水平、更高质量的学习型社会。

全面提升学习型社会建设水平。启动并推进2022年老年数字教育进社区行动,推出专题学习资源库,支持各区结合区域特色开展形式多样的进社区活动。完成2022年度上海市学习型城区线上监测,编制完善终身教育专项督导指标体系和工作文件。大力推进学习型组织建设,会同相关单位联合印发《关于进一步推进本市学习型组织建设工作的通知》,形成四类学习型组织创建指标。举办上海市第十八届全民终身学习活动周,开展“品味书香·传递阅读力量”上海市民终身学习数字阅读活动,举办第八届上海市民诗歌节活动,开展2022年东方亲子阅读推广项目,不断营造浓郁的终身学习氛围。拓展终身教育前沿研究和国际合作,参加第七届全球成人教育大会并分享上海学习型社会建设经验,完成社区可持续发展教育2.0版方案。

完善服务市民学习的终身教育体系。开展高校非学历教育专项督查,推动高等继续教育规范发展。深入推进“双元制”职工继续教育,面向行业企业、普通高校和开放大学开展需求调研,拟定高校试点基地建设方案。丰富社区教育发展内涵,采用线上组班教学、直播互动授课方式推出“市民终身学习公益课程”。持续开展社区教育实验项目工作,共立项135个,年度结项验收

109个。扩大实施“上海社区健康大学堂”项目，举行25场健康直播讲座。稳步推进学习型乡村建设工作，启动“乡村15分钟学习圈资源配送项目”。持续深化上海市民终身学习人文行走项目，累计120万人次参与人文行走学习。上海市民终身学习体验基地下设体验站点扩容至169个、体验项目1 300余个。持续加强终身教育队伍建设，研制上海终身教育教师分类培训工作实施方案，开展老年教育专兼职教师培训和社区教育管理干部专题培训。深入推动终身教育数字化转型，建设上海终身教育智慧教育平台，编制《上海市老年教育智慧学习场景建设指引》。

持续推动老年教育高质量发展。全力推进老年大学“倍增计划”，实施浦东新区等五个区和上海中医药大学、上海电力大学等高校老年大学筹建工作。开展2022年上海市街镇社区(老年)学校优质校建设评估，共认定37所学校。积极推进老年教育“三类学习点”建设，申报居村委特色学习点64个、老年教育优秀社会学习点30个、养教结合优秀学习点15个。有序推进老年教育兼职教师注册制，共有200多位兼职教师申请登记参加注册制学习。优化老年学习团队培育机制，全年共培育五星级团队100个、一星级老年学习团队1 925个，完成二星至四星级4 051个学习团队的晋级工作。做好远程老年教育，丰富“金色学堂”频道原创内容，最高日收视用户数达92万。完善老年教育课程体系，研制智慧教育平台资源评价指标，遴选老年教育特色课程和精品课程。开展全市老年教育教材(读本)和课程的征集评选工作，评选出30本优秀教材(读本)并向全市推介。

《上海学习型社会建设(2022)》系统呈现了2022年上海在组织实施社区教育、老年教育、职工教育、农村教育、高校继续教育等方面所做出的探索、积累的经验和取得的成效，综合反映了在学习型组织、数字化学习、交流合作、研究探索、典型案例等方面的成果梳理与经验积淀，全面记录了该年度工作中的重要活动，为全市乃至全国相关领域的工作者提供了有价值的参考借鉴。

近年来，上海秉持“人人皆学、处处能学、时时可学”的终身教育理念，持续构建具有上海特色、开放融合的终身学习服务体系，有效满足了市民多样化学习需求，为经济社会发展和产业升级转型提供了有力的人才支撑。2023年是全面贯彻落实党的二十大精神的开局之年，是实施“十四五”规划承上启下的关键一年。站在新征程的起点，上海将进一步完善服务全民终身学习的学习型社会，形成特色更为鲜明、更加普惠多元的终身学习环境，持续提升终身学习品质，让终身教育成为上海城市文化的重要名片，加快建成以城市学习力为驱动的更高水平、更高质量的学习型社会，为各类群体在这座城市获得成功、成才和发展的机会创造良好条件，成为各类人才向往的学习之城！

目录

高校继续教育

学习型组织

交流与合作

研究与探索

典型案例

重要文件

统计表

大事记

概　　况

GAI KUANG

2022 年上海推进学习型社会建设综述

上海市学习型社会建设与终身教育促进委员会办公室

2022 年，上海市终身教育工作坚持以习近平新时代中国特色社会主义思想为指导，认真学习贯彻党的二十大精神，全面推进建设全民终身学习的学习型社会，努力办好人民满意的终身教育，取得明显成效。

一、 坚持系统谋划，全面提升学习型社会建设水平

（一）启动并顺利推进 2022 年老年数字教育进社区行动

会同市民政局、市老龄办开展老年数字教育进社区行动，扩大优质数字化学习资源供给，力求做到全市社区（居村委）全覆盖，助力老年人跨越“数字鸿沟”。行动推出专题学习资源库，先后上线 48 门课程、441 个精品资源，涵盖 8 大生活门类。同时聚焦适需实用，支持各区结合区域特色开展形式多样的进社区活动。

（二）推进年度学习型社会监测和终身教育专项督导

完成 2022 年度上海市学习型城区线上监测和 2021 年度闵行、嘉定、徐汇、普陀等区学习型城区实地监测反馈工作。开展市民终身学习专项监测，筹备五年一轮的大规模监测。完成 7 个基层市民终身学习监测研究基地的建设。编制完善终身教育专项督导指标体系和工作文件。持续开展终身教育促进条例立法修订相关工作。

（三）大力推进学习型组织建设

会同市精神文明办、市市级机关工委、市总工会、市妇联等单位联合印发《关于进一步推进本市学习型组织建设工作的通知》，形成四类学习型组织创建指标，并开展首批优秀学习型组织推荐工作。面向全网征集上海学习型组织标识，并在全民终身学习活动周开幕式上发布。

（四）举办 2022 年上海市第十八届全民终身学习活动周

围绕“学习贯彻二十大，终身学习向未来”主题，在全市范围内开展了丰富多彩的活动，深入学习宣传党的二十大精神，参与人数近 190 万人次。活动周上，正式公布了 2022 年上海市“终身学习品牌项目”和 2022 年上海市“百姓学习之星”推介名单，展示优秀终身学习成果和学习典范。

（五）持续营造浓郁的市民学习氛围

开展“品味书香 · 传递阅读力量”上海市民终身学习数字阅读活动。举办 2022 年第

八届上海市民诗歌节活动,面向全国征集近10万首作品。开展2022年东方亲子阅读推广项目,网络阅读量突破10万人次。

(六) 推进终身教育国际合作,拓展终身教育前沿研究

对接第七届全球成人教育大会,积极宣传上海学习型社会建设经验。推进《成人学习与教育全球报告》(五)的翻译出版工作,完成社区可持续发展教育2.0版方案,出版发行《社区可持续发展教育:上海行动观察》中英文版。召开第十届终身教育上海论坛,正式出版《中国终身教育研究》(第二辑)。加强超大城市背景下老年教育专题研究,完成《中国老年教育(2020)》和《上海老年教育(2021)》。

二、 坚持全面推进,不断完善服务市民学习的终身教育体系

(一) 开展高校非学历教育专项督查,推动高等继续教育规范发展

严格按照《普通高等学校举办非学历教育管理规定》,对高校非学历教育规范落实和自查整改情况开展核查,切实强化高校办学主体责任。全力保障2022年度自学考试组考工作,继续在复旦大学、华东师范大学实施集约化考场管理,有效节约35%考场资源。结合各校办学特色,高质量完成17所主考高校52个专业的规范修订,批准2个自学考试新专业,制定专业评估指标体系1.0版。

(二) 深入推进"双元制"职工继续教育

牵头组织市成教协会和相关高校继续教育、行业企业各方专家,专项推进"双元制"职工继续教育试点工作。面向上海市16家行业企业、10多所普通高校和上海市开放大学开展需求调研,拟定高校试点基地建设方案,并启动了高校试点基地遴选工作。推动完善高校、企业供需对接机制,为深入推进"双元制"职工继续教育项目落地奠定基础。

(三) 丰富社区教育发展内涵

联合区社区学院(校)等开发社区教育类7个主题107个微课视频。联合上海教育电视台,推出以"学智能应用　做智慧长者"为主题的24集系列课程。采用线上组班教学、直播互动授课方式,推出"市民终身学习公益课程",吸引4万多人次参与在线学习。持续开展社区教育实验项目工作,共立项135个,年度结项验收109个。扩大实施"上海社区健康大学堂"项目,举行25场健康直播讲座,制作10集名医微课。推出10本学习坊STEAM系列读本。学习型乡村建设稳步推进,认定了16个第三批上海学习型乡村、31个第五批试点村。启动"乡村15分钟学习圈资源配送项目",将优质学习资源进一步下沉到全市乡村学习点。实施农民素养与技能提高计划,积极开发职业技能培训项目。

(四) 持续深化上海市民终身学习人文行走项目和终身学习体验基地建设

进一步丰富资源,2022年推出16条人文行走学习线路、71个学习点。以喜迎二十大为主题,广泛开展市民人文行走活动,累计120万人次参与人文行走学习,40万人次参与网上行走。市级体验基地下设体验站点扩容至169个、体验项目1 300余个、体验课程1 600余个,开展体验活动5 000余场次,参与的市民达到200余万人次。策划举办"智学新体验　慧享新生活"2022年上海市民终身学习体验基地嘉年华,汇聚线上、线下体验式学习活动277项,展现体验学习新风采。

（五）持续加强终身教育队伍建设

研制上海终身教育教师分类培训工作实施方案，全年开展老年教育专兼职教师培训超过 5 000 人次，开展年度社区教育管理干部专题培训近 4 000 人次。持续做好 6 万多名社区教育志愿者管理工作，培育志愿服务品牌项目 18 个。

（六）深入推动终身教育数字化转型

遴选资源、搭建后台、对接系统，建设上海终身教育智慧教育平台，初步完成试点要求。编制《上海市老年教育智慧学习场景建设指引》，推动老年教育智慧学习场景建设。对接“一网通办”，精心打造全市统一的“长者专版—老年教育”板块。试点启用市老年教育师资共享系统，为机构与兼职教师提供高效的师资共享服务。提升上海学习网能级，整合网上体验基地资源，提供各级各类线上终身教育活动的支持服务。打造“银发 e 学堂”项目。根据教育部司局要求，完成学习型城区、社区教育、老年教育数据采集统计工作。

三、 坚持内涵驱动，持续推动老年教育高质量发展

（一）进一步提升老年教育供给能力

全力推进老年大学“倍增计划”，实施浦东新区等五个区和上海中医药大学、上海电力大学等高校老年大学筹建工作，并启动第二批建设计划申报工作。开展 2022 年上海市街镇社区（老年）学校优质校建设评估，共认定 37 所学校，推动老年教育机构优质发展。积极推动老年教育“三类学习点”建设，申报居村委特色学习点 64 个，新增居村委示范学习点 80 个；申报老年教育优秀社会学习点 30 个，新增老年教育社会学习点 40 个；申报养教结合优秀学习点 15 个，养教结合学习点（含日托）15 个，养教结合标准化学习点 14 个，夯实老年教育的基础。

（二）加强老年教育支持服务体系建设

以 12 个中心为支撑，推动老年教育提质增效。通过课程思政研究，不断推进老年素质教育深入发展。加强老年教育理论研究，完成 2022 年度上海市老年教育理论研究项目（课题）申报工作，56 个项目（课题）获得立项启动。有序推进老年教育兼职教师注册制，全年共有 200 多位兼职教师申请登记参加注册制学习。优化老年学习团队培育机制，全年共培育五星级团队 100 个、一星级老年学习团队 1 925 个，完成二星至四星级 4 051 个学习团队的晋级工作。进一步发挥“上海老年人学习网”的平台优势，做好远程老年教育。“金色学堂”频道原创内容进一步丰富，最高日收视用户数达 92 万，再创收视新高。

（三）完善老年教育课程体系

进一步优化老年教育课程体系框架，研制智慧教育平台资源评价指标，遴选老年教育特色课程和精品课程，启动上海市老年教育教材和数字化评估试点工作。完成 50 门老年教育慕课课程的建设，全年集中式开班 480 个，学习总人次超过 4 万。开展全市老年教育教材（读本）和课程的征集评选工作，评选出 30 本优秀教材（读本）并向全市推介。

重 点 工 作

ZHONG DIAN GONG ZUO

开展老年数字教育进社区专项行动

上海市教育委员会终身教育处

为贯彻落实党的二十大关于“建设全民终身学习的学习型社会、学习型大国”“实施积极应对人口老龄化国家战略”的部署要求，进一步推动解决老年人在运用智能技术方面的困难，上海市教委会同市民政局、市老龄工作委员会办公室积极组织开展老年数字教育进社区专项行动，立足全面提升老年人数字素养与技能，积极构建优质数字教育资源多元供给模式，力求做到全市社区（居村委）全覆盖，努力帮助老年人跨越“数字鸿沟”，更好共享信息化发展的丰硕成果，全力服务上海学习型城市建设。

一、 加强组织动员，将专项行动作为学习贯彻党的二十大精神的务实举措

一是建立跨部门协调机制。为进一步统筹各方力量，调动基层积极性，上海市教委联合市民政局、市老龄工作委员会办公室成立老年数字教育进社区行动组委会。组委会办公室设在市教委，负责组织协调各区和有关部门开展专项行动；充分发挥各区社区学院、老年大学的枢纽作用、街镇社区（老年）学校的骨干作用，形成市、区联动、全面推进的工作格局。

二是建立规模庞大的助学队伍。全市社区学院、老年大学、社区（老年）学校近万名专兼职教师，5 万多名助学志愿者成为推进专项行动的骨干队伍。

三是做好行动宣传。为配合做好数字教育进社区专项行动，市教委专门制作了上海终身教育数字化学习导航等宣传品，向全市老年人推介老年人智慧学习营、老年慕课、老年人学习网、金色学堂等数字化学习资源，让老年人熟知并参与到各类学习中。利用各种学习平台以及微信公众号等社交媒体，加大活动宣传力度。

二、 坚持融合创新，构建优质数字教育资源多元供给模式

一是推出一个专题学习资源库。专项行动启动后，市教委精选一批市级智慧助老课程资源，并向全市 16 个区开展特色数字化老年教育资源征集工作。依托“上海学习网”，将老年数字教育资源整合成在线学习专题资源库，资源涵盖智能手机、智能购物、智能出行、智慧金融、在线就医、网络安全、知识科普、休闲娱乐八个门类，既帮助老年人掌握数字技能、跨越“数字鸿沟”，又开展防范网络欺诈等方面的老年教育，提高老年人的网上风险

防御能力。为方便老年人使用,专题栏目同时支持电脑端和手机端,并进行了适老化改造:一是界面简洁,字体较大;二是分类明确、导航清晰;三是操作简便,应用灵活。资源库已上线 49 门课程、440 多个资源,并持续更新,努力为广大教师和老年人提供更加丰富的学习内容。

二是开发一套老年智学仿真系统。针对老年人数字学习的痛点难点,上海终身教育数字化学习协作组牵头开发了一套老年智学手机仿真教学系统,包含“智能手机随心学”“老年智能生活”两个版块,内容涵盖“手机入门”“微信”“支付宝”“随申办”四个模块。老年人可以在系统提供的课程中进行沉浸式反复练习,将“学”与“习”有机统一起来,走出“不敢学”“怕出错”的数字学习困境。

三是开展一系列网络直播。专项行动依托“上海学习网”,组建直播服务团队,为各区特色教育活动提供录制服务,并进行在线直播,将特色数字教育活动推介给全体市民,不断扩大专项行动的影响力、传播力和辐射力。

三、 聚焦适需实用,支持各区丰富组织实施方式

一是开展专题调研,问需于民。党的二十大报告强调,“要紧紧抓住人民最关心最直接最现实的利益问题”。专项行动开展前期,各区就立足老年人需求和生活实际,瞄准老年人面临的实际应用困难,创新活动方式和内容,做到“一区一方案”“一街镇一方案”,有针对性地提供课程,帮助属地老年人克服畏惧数字生活和数字学习的观念,提升老年人数字学习能力。

二是立足适需实用,提供灵活学习方式。坚持将以人为本的理念贯穿到专项行动全过程。从不同年龄段老年群体的特色学习需求出发,鼓励各区开办“智慧助老”初级、中级或专项培训课程班,实现分层培训,满足不同年龄段、不同技能层次的老年人的个性化需求。为满足不方便出门的老年学习者的学习需求,还专门开展了智能手机课程进社区送教上门活动。如嘉定区南翔镇成校的“智慧生活大篷车”,深入小区楼栋助老。

三是充分挖掘潜力,加强助学团队建设。各区在老年人群体和其他各类群体中有意识培育了一批“智慧助老员”,帮助老年人学习智能技术。如黄浦区利用“新天地电脑沙龙”智慧助老学习团队,探索以老带新的模式,走街串巷,“手把手”为老年人提供服务。

培育创建街镇社区(老年)学校优质校

上海市老年教育工作小组办公室

街镇社区(老年)学校建设是上海市老年教育发展的重要组成部分,在它的发展进程中,大致经历了三个阶段:即标准化建设阶段,内涵建设阶段,以及正在进行的优质化建设阶段。

一、 走向优质是社区(老年)学校发展的必然

“十二五”期间(2011—2015年),上海市以“办让老年人满意的教育”为理念,连续三年开展了“扶持街镇老年学校开展标准化建设”市政府实事项目,制定并发布了全国首个《上海市老年学校建设指导标准》,重点推动街镇社区(老年)学校基础设施建设,在硬件上保证老年人就近学习的需求。“十三五”期间(2016—2020年),上海市进一步倡导“在学习中养老”的理念,要求提升老年教育服务能力,提升老年教育发展的社会活力,提升老年教育的学习品质。市教委颁发了《关于推进本市街镇社区(老年)学校内涵建设的通知》,重点加强街镇社区(老年)学校课程、教学、教师、管理等方面的建设。“十四五”期间,随着“60后”市民步入退休阶段,老年人整体学历层次、经济水平有较大提升,迫切希望通过学习提高生活质量,提升生活品质,在学习中获得快乐。这一强烈愿望,客观上要求社区(老年)学校走向新的发展阶段,即优质化。市教委颁发了《关于开展本市街镇社区(老年)学校优质校创建工作的通知》,要求学校通过优质校的创建,提升优质化的服务能力,满足市民高品质学习需求,促进市民高品质生活,助推社区高效能治理。

二、 街镇社区(老年)学校优质校培育创建的要求

“十二五”期间开展的上海市街镇老年学校标准化建设,重点是学校硬件的完善,着力点是建设一批老年学校功能教室。“十三五”期间开展的上海市社区(老年)学校内涵建设,重点是学校教育教学的规范,着力点是学校的课程、教学、队伍、管理等方面建设的制度化、常态化。上海街镇社区(老年)学校经过两个五年计划,完成了标准化建设和内涵建设相关任务,它的高阶发展必然是优质化,这既是上海街镇社区(老年)学校发展的新选择,也是上海终身教育“十四五”发展目标“率先建成以城市学习力为驱动的更高水平、更高质量的学习型社会”的新要求,更是上海现代老年人的新期盼。区别于前两个阶段,优质校建设以老年人高品质学习需求为导向,其倡导的方向是:理念引领下的文化建设、学

校与社会的融合发展、满足需求的内涵创新、适应转型的数字驱动、体现品质的教育效能。

(一) 理念引领下的文化建设

学校文化是学校及其成员在办学过程中共同认同并遵循的价值准则和行为方式。办学理念的表达,出发点和归宿点是学员的高品质发展,指向学校认为最重要的事情、最向往的方向和境界,其语言应该简洁朴实、充满温度、富有学校个性。学校及其成员的行为方式,是一种与办学理念密切关联的行为关系处理方式和表现方式,学校及其成员有了这种基于理念认同的行为方式,就有了行为自觉和发展合力。

用办学理念塑造学校文化,其着力点是课程、教学、队伍和管理,其方式是融合渗透,其路径是实践传播,其要求是文化认同,其目标是思想行为完善。当办学理念被大家认同,"内化"到了办学的各环节和过程,成为自觉的行为方式,那么学校的文化,包括课程文化、教学文化、队伍文化和管理文化等也就形成了。

(二) 学校与社会的融合发展

社区(老年)教育资源是社会公共服务资源,主要来源于政府投入,服务于市民和社区是社区(老年)学校应尽责任,也是走向优质的基本要求。同时,社区(老年)教育资源又是非常有限的资源,因此,整合资源,扩大供给,提高质量,这是社区(老年)学校走向优质的重要任务。学校与社会的融合发展,这是社区(老年)学校优质校建设的又一要求。学校要尽自己所能服务社会,主动为社区开放教育资源,提供教育服务;同时,又要聚社会之力发展学校,引导多元主体参与社区(老年)教育,增强教育供给能力。

(三) 满足需求的内涵创新

"十三五"街镇社区(老年)学校的内涵建设,侧重于课程、教学、队伍和管理的基本规范。"十四五"街镇社区(老年)学校优质校的内涵建设,则要求在这些领域内推陈出新,要围绕社会新变化和学员新需求,在课程、教学、队伍、管理等方面寻找结合点,求得新突破。在课程上,要融入新发展、新内容;在教学上,要应用新方式、新技术;在队伍上,要培育新思路、新技能;在管理上,要探索新制度、新机制。特别是在上海城市数字化转型中,数字生活、数字技术、数字管理、数字赋能等需要我们去直面和解决,当我们在课程、教学、队伍、管理等建设中结合这些需求,用我们的理念去设计,用科学的方法去探索,用持续的实践去推进,内涵创新就变得现实而充满活力,学校发展就是要在这种活生生的变革中获取动力。

(四) 适应转型的数字驱动

人类社会已经进入数字化时代,互联网、大数据、人工智能广泛应用,老年人面临的"数字鸿沟"问题日益凸显,采取有效措施提升老年人数字化学习和应用能力显得十分迫切。信息技术成为社区(老年)学校优质校创建的重要支持力。

推进信息化、数字化建设的主要任务是"数字助老""数字赋能",帮助老年人解决在出行、就医、消费、文娱、办事等高频事项和服务场景中遇到的信息技术应用困难,让老年人享受智慧生活。重点工作是完善数字基础环境,建设数字体验场景,开发数字教学课程,探索数字教学方式,培育数字助学团队,创建数字教学品牌。期望目标是形成"数字学习有课程,线上线下有教学,学习体验有场景,遇到困难有助学,数字管理有平台,学习应用无障碍”的数字生态。

（五）体现品质的教育效能

社区（老年）学校优质校的创建重在成效，其成效可以从学员发展、学校进步和社会满意三个维度来验证。

首先学员发展是衡量优质校创建成效的最主要维度。学员高品质的学习需求是否得到满足，基本素养是否得到提高，主体作用是否发挥，长者风范是否发挥等，这是检验优质校建设的要素。

其次要看学校的发展。看学校的办学理念与办学实践是否一致，教育教学的各个领域、各个方面是否取得明显进步，特色和品牌是否逐步形成等。

再次要看社会的满意度。看学校的办学理念和办学实践是否得到社会的认可，学校进步与区域经济社会发展是否一致并相互促进，学校的社会影响力和吸引力是否逐步扩大等。

三、街镇社区（老年）学校优质校创建的成效

经过三年的创建培育，上海市16个区共有106所学校申报市级优质校，最终有77所学校获得上海市街镇社区（老年）学校优质校称号。

通过社区（老年）学校优质校的培育和创建，学校的发展出现了显著的成效。

一是学校的文化建设趋于完善。创建优质校的绝大部分学校都能围绕区域经济社会发展重点和中心工作，以办学理念为导向制定学校发展规划，用办学理念塑造学校文化，引领学校课程、教学、队伍和管理等方面的健康发展。

二是融合力量逐步加强。街镇社区（老年）学校与社区融合发展的意识逐步趋强，既主动服务社区，又注重整合资源，在服务中提升，在借力中发展。如有的学校深入社区调研，理出“三张清单”即需求清单、资源清单、项目清单，根据清单，对接社区单位，共商共议，共建共享。

三是内涵建设不断创新。街镇社区（老年）学校内涵建设的关注点和着力点在发生变化，新情况、新问题、新困难成为内涵建设的新视角；新实践、新探索、新突破成为内涵建设的新任务。如在课程建设上更加注重与社会数字转型、与地域特色等结合；教学中更加注重线上线下、场景体验、团队学习等“课堂教学＋”模式探索。

四是数字赋能深入推进。街镇社区（老年）学校聚焦老年人日常生活中的高频事项，帮助老年人解决信息技术应用方面遇到的困难，提升他们数字应用的能力。在学校数字化建设中，正在形成“数字学习有课程，线上线下有教学，学习体验有场景，遇到困难有助学，数字管理有平台，学习应用无障碍”的数字教学生态。在教育部组织开展的“智慧助老”优质工作案例、教育培训项目、课程资源推介活动中，优质校申报的一批案例、项目和资源被教育部认定推介。

五是办学品质稳步提升。三年来的实践表明，优质校的创建及成效得到了社会和老年学员的广泛认可，课程内容在不断推陈出新，办学规模在逐步扩大，学校课堂已经延伸到楼宇和庭院。

四、 街镇社区（老年）学校优质校培育与创建工作的思考

街镇社区(老年)学校优质校的培育与创建是一个不断探索和完善的过程。一些学校虽然提出了办学理念,但对办学理念内涵及其引领性的认识还要加深;一些学校虽然注重了内涵建设的创新,但创新的结合点还要不断拓展;一些学校虽然关注了数字赋能,但数字课程开发与教学能力的提升还要加强。此外,虽然全市各街镇社区(老年)学校都在开展优质校的创建,但各区、各校的发展还不够平衡,这都是优质校培育和创建过程中需要进一步完善的。

以下三方面的工作将进一步加强,一是优化创建工作机制,鼓励街镇和学校将优质校创建工作纳入重要议事日程;已经通过优质校认定的学校,要不断改进和完善。二是加强创建工作培训,对标《评估指标体系》,深化理解,明确要求;三是加强专题性研究和交流,探索创建路径,优化创建成果,攻克创建难关。

2022 年度上海学习型城区监测

华东师范大学

一、 项目背景

学习型城区监测是落实《上海市终身教育发展“十四五”规划》及市教委、市文明办等十部门《关于开展上海市学习型城市监测工作的通知》的一项年度研究项目，由上海终身教育研究院负责实施，旨在调查上海市学习型城区的建设水平和发展趋势，总结和推广各区建设经验，发现短板和问题，推动上海市学习型城区均衡、优质发展。在 2020 年对四个区试点监测的基础上，学习型城区监测工作于 2021 年在全市 16 个区全面实施，2022 年是开展常态化监测的第二年。

二、 项目概况

上海学习型城区监测的指标体系包括“领导与管理”“规划与计划”“资源保障”“学习机会”“学习氛围”“督查评估”等 6 项一级指标、15 项二级指标和 30 项三级指标。每年各区负责监测数据采集的信息员、统计员在“学习型城区监测数据平台”填报上一年度本区的相关文档材料和统计数据。其中，文档材料包括工作文件、会议纪要、宣传报道、成果发表、大事记等类别；统计数据涉及经费、场地、课程、师资、服务人群、数字资源等类别。截至 2022 年 12 月底，“学习型城区监测数据平台”累计录得 2016—2021 年 16 个区的各类文档材料 2.5 万余份，统计数据 7 000 余条。

除了基于数据平台的在线监测，项目组每年还组织专家，通过座谈、走访、问卷调查等途径，对部分城区开展实地监测。实地监测区需提交学习型城区建设的自评报告，专家组在监测平台数据分析、自评报告和现场调研的基础上，向这些城区分别出具监测反馈报告。综合线上监测和实地调研结果，项目组每年编撰全市学习型城区监测总报告。2022 年学习型城区监测报告主要基于“学习型城区监测数据平台”的材料和数据，并参考了上海历年社区教育、老年教育的统计数据。

2022 年度上海市学习型城区监测项目的主要推进工作包括：

• 3 月，召开 2021 年度学习型城区监测总报告的专家评审会。

• 8 月，召集 16 个区负责学习型城区监测数据填报的联络员、信息员和统计员，就 2022 年度数据填报工作召开在线培训会议。

• 8 月，在学习型城区监测工作基础上，初步拟定上海市终身教育专项督导的指标体系和工作方案,会同上海市教委督导室、市学促办和终身教育领域专家,研讨终身教育专项督导的相关文本和工作安排。

• 9—11 月,围绕 2011 年度学习型城区各项建设工作,各区的信息员和统计员在"学习型城区监测数据平台"填报相关材料和数据。

• 11 月 25 日,在《解放日报》发表两篇学习型城区监测相关的评论文章:《建设学习型城市　服务人才强国战略》和《构建具有上海特色的学习型城市建设监测制度》。

• 2022 年 12 月—2023 年 2 月,撰写 2022 年度上海市学习型城区监测总报告,并提交市学促委办公室。

三、 项目成果

2022 年度上海学习型城区监测总报告聚焦规划(计划)制定、经费保障、师资保障、场所建设、数字资源、服务人群等维度,分析学习型城区建设总体趋势和均衡化发展情况。为了反映学习型城区的发展趋势,本年度监测将 2021 年的数据与前些年(主要是 2019 年和 2020 年)进行了比较分析,针对监测中发现的问题提出了行动建议。监测总报告的主要内容如下:

(一) 规划(计划)制定

在学习型城区建设的规划(计划)制定方面,本次监测的观察点为各区将学习型社会建设和终身教育工作纳入"十三五"和"十四五"区域总体发展规划、区委办单位的部门规划,以及制定终身教育发展专门规划的情况,重点考察学习型城区建设规划(计划)的体系化水平。

监测材料显示,大部分城区已将学习型社会建设和终身教育工作纳入了区域经济社会发展的中长期规划。在将建设工作总目标分解到各委办单位的规划和任务方面,各区的教育部门均确立了终身教育发展的目标和任务,一些区还制定了学习型城区建设的专门规划或计划,但这些规划和计划的总体数量和种类数的城区间差异较大;各区非教育部门制定相关规划的参与度差异较大,卫健、文旅、民政等部门制定相关规划的频次较高。

"十四五"期间,各区学促委需进一步明确成员单位的职责分工,并将各自职责分工分解到部门的项目规划和年度计划中,不断提升学习型城区建设规划的体系化水平,增强各部门的工作合力。

(二) 非教育部门的经费保障

在非教育部门的专门经费保障方面,本次监测的观察点为非教育部门制定的学习型城区建设经费预算占城区常住人口(或相关部门负责的人口,如:妇联对应的女性人口、残联对应的残疾人口等)的比例。考虑到大部分非教育部门未以"终身教育"或"学习型城区"之名设立专门预算,本监测项目要求各委办局将符合以下特点的项目列入学习型城区建设的专门预算项目:服务于市民素养、知识、技能提升,促进社会和谐、可持续发展,体现全民性、终身性的各类学习、培训、体验项目,服务对象包括本系统员工及社区居民。

监测数据显示,拥有较高人均专门经费预算的部门(如卫健、民政、体育、文旅、妇联、科协、文明办等)集中分布在中心城区和近郊。[①]残联、农委等部门人均建设经费预算的城区间差异较大。一些城区的文明办、民政、妇联、体育等部门提供了专门经费预算的明细,其中除了区级自主的项目预算,还包含为落实市级层面常态化项目的经费预算,如文明办的市民修身行动、体育局的社会体育指导员培训、民政局的社会工作者培训、妇联的家庭教育指导等项目。

基于监测结果,建议各区学促委成员单位进一步明确终身学习服务的重点项目和重点人群,根据区域人口结构特点,参照"市级统一项目+区级特色项目"的基本架构,制定本部门终身学习服务项目的专门预算。

(三) 社区教育的经费保障

在社区教育的经费保障方面,本次监测的观察点为各区社区教育的财政经费投入(教育局、社区学院、社区学校的财政经费总和,不包括人员经费)占城区常住人口的比例。

监测数据显示,2016—2021 年,各区社区教育的人均经费保持基本稳定。中心城区的人均社区教育经费数持续高于郊区,这一结果很大程度上与中心城区的人口增幅低于郊区有关。与 2016 年比较,2021 年中心城区人口整体呈现负增长,而郊区人口保持正增长;同期,中心城区社区教育经费投入的降幅反而大于郊区。另外,中心城区人均社区教育经费的历年波动幅度小于郊区。全市无一个城区的社区教育人均经费数保持持续增长。

各区需深入分析本区近年人均社区教育经费数变化的具体原因,采取相应措施,确保社区教育的人均经费投入基本稳定,并根据区域经济条件和终身教育需求增长,逐步提升居民人均社区教育的经费投入水平。

(四) 师资保障

在终身教育的师资保障方面,本次监测的观察点包括:1.城区每万人口拥有社区教育三类师资(专职教师、兼职教师和志愿者)的比例;2.社区教育专兼职教师中拥有大学本科及以上学历者的比例。

监测数据显示,近年来,每万人拥有社区教育专职教师的比例保持基本稳定;每万人拥有社区教育兼职教师和志愿者的比例有所下降,且这两类师资配比的城区间差异较明显;社区教育专职教师的学历层次有所提升,兼职教师的学历层次有所下降。2021 年,中心城区专职教师的研究生学历者占比略高于郊区;郊区专职教师本科及以上学历者占比高于中心城区;中心城区和郊区兼职教师的学历层次较为接近。

据 2021 年的统计,兼职教师和志愿者数量占全市街镇社区学校教师的比例分别为 8.99%和 88.26%。兼职教师和志愿者是社区教育师资的主力军,但也具有较高的流动性,加强这两类师资的配比是当前社区教育教师队伍建设的一项重要任务。在师资学历方面,社区教育专职教师学历水平的区域均衡性需得到关注;兼职教师队伍需要吸纳更多

---

① 根据上海市政府 2018 年颁布的《上海市城市总体规划(2017—2035 年)》,上海中心城区包括黄浦区、静安区、徐汇区、长宁区、普陀区、虹口区和杨浦区,其余区域为郊区。有时,郊区又被分为近郊(宝山区、嘉定区、浦东新区、闵行区)和远郊。本报告下文同此。

具有本科及以上学历的新成员。

（五）场所建设

在终身学习场所建设方面，本次监测的观察点包括：1.市、区两级人文行走点的配置情况；2.每万名城区户籍老年人拥有的老年学习场所数；3.街镇社区（老年）学校的优质校创建率。本次监测限于区级老年学习机构，包括区级老年大学、街镇老年学校和居村委老年学校办学点。据《上海社区教育（数据手册）》统计，2019 年此三类场所的老年学员占各类老年教育机构学员的比例为 89.8%。其他老年学习场所还有市级老年大学、市级老年大学分校系统校、社会多元主体老年大学等。

监测数据显示，全市区级市民终身学习人文行走点的规模大于市级。城区市民终身学习人文行走点的布点数滞后于城区人口变化。近年，部分城区的老年人学习场所虽总体数量保持基本稳定，但因老龄化趋势扩大，这些城区每万名老年人拥有的学习场所数有所减少。全市街镇老年学校的优质校建成率已达三成，但尚有 7 个城区的优质校创建率尚不足三成。

鉴于监测结果，各区需加强人文行走点规模与区域人口变化的匹配度。根据第七次全国人口普查，上海中心城区与郊区的人口密度比已达 7.68∶1。建立老年学习场所建设与老年人口增长的联动机制；充分考虑不同城区的人口密度差异，不断优化郊区老年学习场所的空间布局。对标《上海市终身教育发展“十四五”规划》提出到 2025 年“全市街镇老年学校市级优质校建成比例达 60%”的目标，当前老年学校优质校创建率较低的城区需更积极推进创建工作。

（六）数字资源建设

在终身学习数字资源建设方面，本次监测的观察点包括：1.每万名居民拥有的社区教育在线资源数；2.市、区两级终身学习在线平台用户注册率（注册用户数占城区常住人口的比例）；3.“上海学习网”用户实际使用率（累计浏览量占累计用户数的比例）。

监测数据显示，各城区社区学校与社区学院的数字资源数差距明显，中心城区每万人拥有社区教育在线资源数高于郊区。市、区两级终身学习数字平台的用户注册率较低，用户注册率的城区间差距较大，且整体呈现历年走低态势。“上海学习网”用户的实际使用率较低，使用率的城区间差异明显。

基于监测结果，上海市需强化区域内社区学院与社区学校数字资源的共建共享机制，促进社区学校的数字教学能力建设。在加大终身学习数字资源和平台建设投入的同时，各区需创新数字学习资源的样式和载体，提高数字学习资源和平台的知晓度、吸引力和使用率，促进线上、线下终身教育的融合发展。

（七）社区教育服务人群

在社区教育服务人群方面，本次监测的观察点包括：1.服务人群的多样性；2.重点服务人群（包括老年人群、失业人员、残障人员、农村劳动力）的学习（培训）参与情况。

监测数据显示，整体而言，各区社区学院的服务人群相对单一，而地理位置更接近市民“家门口”的社区学校和居村委教学点的服务人群更为多样。各区失业人员、残障人员的培训参与率呈历年下降趋势；农村劳动力培训参与率历年有起伏；社区教育机构中女学员的占比大幅高于所在城区人口中女性的占比;受新冠疫情影响,近两年老年教育参与率较 2019 年有所下降;老龄化程度较高城区未显示较高的老年教育参与率,郊区老年教育参与率高于中心城区。中心城区学习团队建设的普及率高于郊区。

"十四五"期间,各区在扩大社区教育供给的同时,需细分社区教育的服务对象,提升社区教育的包容性。各级社区教育机构(特别是社区学校和居村学习点)要为男学员增设匹配他们兴趣和需求的课程,扩大男性学员的参与率。郊区是当前群众性学习团队建设的薄弱区域,应该为郊区(特别是区域面积较大的郊区)居民的学习团队建设创造更多便利条件。

四、 项目展望

为了更好服务上海市学习型社会建设和终身教育发展,学习型城区监测项目将在工作重点、实施手段、影响力拓展等方面适时调整、持续完善。

一是促进数据采集的协同。加强与社区教育、老年教育等统计平台的协商,调整其中与学习型城区监测相关数据项的统计口径,提升上海市终身教育统计工作的协同水平;进一步明确区学促委成员单位的文档和数据项填报规范;建立与区学习办的日常沟通机制,全面、及时掌握全市学习型城区建设的动态信息。例如,为了全面反映老年教育的参与情况,考虑将区域各级各类老年教育办学机构、学习点及为老服务机构的老年学习场所,统一纳入老年学员的统计范围,并以注册学员的户籍地或常住地辨识学员的城区归属。

二是落实终身教育专项督导工作。配合上海市教委督导室和市学促办的工作部署,完善终身教育专项督导的指标体系,协助推进制度文本、专家团队、平台建设等工作。

三是扩大监测项目的影响力。开展不同层面的学习型城区监测研讨交流;在学术期刊和大众媒体发表相关研究成果;加强监测工作的城际合作,打造上海学习型城区监测的品牌影响力。

上海市民终身学习人文行走工作五年回顾

上海市民终身学习人文行走工作办公室

2018年由上海市教育委员会、市文明办联合印发《上关于开展“申城行走 人文修身——上海市民终身学习人文行走”工作的通知》，在各区社区教育三级网络和区文明办的推动下，越来越多的党员干部、在校学生、企业职工、社区居民、外来务工人员以及外国友人等加入上海市民终身学习人文行走(以下简称“人文行走”)当中，在各个学习点开展各类主题鲜明、内容生动、形式多样的教育实践活动。

一、 健全组织机构，创新工作机制

“人文行走”工作之初就成立市级工作领导小组，领导小组下设办公室和秘书处。同时，组建9名“人文行走”特聘专家导师队伍，组建全市联络员、通讯员队伍30多人。工作领导小组制定了《上海市民终身学习人文行走工作章程》，分七章共三十五条，明确了“人文行走”的宗旨目标、组织架构、岗位职责和工作制度等。“人文行走”工作办公室，负责统筹规划、组织实施、宣传发动、打造品牌。“人文行走”工作秘书处，负责组织协调、指导推进、区级联动、项目落实，制定了《人文行走微信服务号各区供稿要求》《上海市“人文行走”导学志愿者要求》《人文行走学习线路申报及“人文修身”学习点建设要求》等一系列工作标准。建立联席会议制度，每年召开近三十次工作领导小组会议、工作推进会、专家导师会议、导学志愿者培训会，以及各区特设联络员、通讯员会议。形成自上而下、责任清晰、分工明确的全员动员工作机制。

二、 强化服务支持，形成资源“五个一”和学习“七个一”行走特色

通过梳理区域资源，立足实际，“人文行走”培育了一批“人文修身”学习点，按照学习主题的不同，串联学习点形成科学合理、顺畅便捷的行走路线，提供人文行走支持服务，并对学习线路和学习点深入研究，打造具有时代特征、上海特色、区域特点的“五个一”学习资源(制作一份行走地图、编辑一本学习手册、张贴一组人文行走移动平台的二维码、录制一组视频和音频等多媒体资料、组建一支志愿者队伍)，五年来培训超千名导学志愿者。引导市民在申城行走中，通过“七个一”的学习动作(找一找，依照地图找寻学习点和二维码；扫一扫，扫二维码进行自助学习；看一看，看学习地图行进，看人文景观感悟；听一听，听二维码中的语音导学，听志愿者行走讲解；学一学，了解“人文修身”学习点的历史背景、

人文积淀；想一想，在学习手册上记录下学习过程中的所思所感；做一做，在行走过程中通过拍照、分享、互动、答题，加深学习印象和体验感受）来看申城、读人文、品历史、振精神，通过感受人文积淀，让建筑真正做到可阅读，让城市具有人文温度，从而激发终身学习的创新活力，提升城市发展的软实力。

三、 丰富资源供给，形成近五百个人文修身学习点

五年来，“人文行走”工作向全市征集学习线路，做好人文修身学习点申报。从2018年的11条人文行走主题线路，73个人文修身学习点；2019年的19条人文行走主题线路、134个人文修身学习点；2020年的17条人文行走主题线路、88个人文修身学习点；2021年10条线路、64个人文修身学习点；2022年16条线路、76个学习点。经各区联络员、通讯员、专家、编辑及与各区教育局、学习办的反复采集确认，截至2022年底“人文行走”共征集来自16个区的73条人文行走主题学习线路，共计435个人文修身学习点，区级线路近200条，学习点近千个，形成了特色鲜明、内涵丰富的布局，满足了不同人群的学习需求。学习线路和点位图文、音视频内容被上传至人文行走官方小程序，方便市民线上学习。2022年，人文行走工作办公室和秘书处启动《人文行走五年路》书籍出版编辑工作。

四、 积极开展主题活动，营造人人皆学处处可学的学习氛围

2019年，围绕庆祝新中国成立70周年和纪念上海解放70周年特别策划了“礼赞新时代　人文滨江行”主题活动，于中秋月圆之夜，70架钢琴响彻杨浦滨江。两个多月间从杨浦、虹口、黄浦、徐汇、浦东五个区以黄浦江为脉络，开展滨江人文行走接力活动，市民通过不同的方式“走”进五区浦江两岸45公里的滨江岸线。通过各区联动，接力启动，跨区域式的人文行走联动模式得到了进一步的探索与提升。2020年策划的以“江南文化”为主题的“筑梦新征程　寻脉人文行”人文行走主题活动，通过活动推进市民修身立德、知行合一，推动城市精神走进市民心中。我们从“垦拓文化·生态崇明”，到宝山“美丽乡村·邂逅泾彩”、嘉定“漫步环城水岸·传承文脉”、青浦“上善人文行·品味水乡韵”、松江“学四史·读建筑”、奉贤“步履青溪·约见文化”、金山“悠悠水库·水韵江南”，然后去看看“时代印记·感受魅力闵行”，最后至浦东新区的“古城新镇·求是启真”，一个个人文行走主题路线串联并点亮起一条美丽的“江南文化”学习主题链。服务2020年全民终身学习活动周全国总开幕式，“三个百年”线路受到全国来访嘉宾一致好评。此外，普陀区“人文真如”为主线，组织居民和学生进行线上与线下学习活动、长宁区的“全民智学　人文修身”、静安区的“行走感知科技　创新缔造未来”人文行走主题活动更是带动了人文修身的学习氛围，让的主题活动越发精彩。2021年是中国共产党成立100周年，中共上海市委宣传部、上海市精神文明建设委员会办公室、中共上海市委党史研究室、上海市教育委员会共同主办、联合发起“红色修身，文明实践”人文行走暨“党的生日·我们的节日”市民修身系列活动，为此“人文行走”围绕活动内容积极展开“十百千”工作，暨围绕“红色文化”学习点打造了十条红色主题线路，举办百场行走主题活动，培训发动千名红色导学志愿者参

与导学宣传。

2022 年 9 月 30 日,在南汇新城启动了以“全民崇学喜迎二十大,申城行走续写新辉煌”为主题的 2022 年上海市民终身学习人文修身主题活动。仪式发布了五条主题学习线路。1.嘉定的“魅力新城,远香湖会客厅”,以远香湖为原点,环绕保利大剧院、嘉定图书馆、“我嘉书房”等,汇聚自然景观与人文艺术,融合城市核心和文化中心,打造了沉浸式的学习行走多样化的体验线路,未来将不断地为市民提供更多更优质的活动空间和场所,点亮嘉定新城的地平线和天际线。2.青浦的“醉野江南,徜徉绿色青西”,包含了寻梦源、东方绿舟、青西郊野公园、莲湖村等 4 个人文行走学习点,底蕴深厚,形意结合。线路传承了青浦水乡文脉,植入了多元人文主题。市民行走其间,既可阅读具有水乡特色的自然生态与建筑风貌,又能体验丰富的农耕文化与民俗文化,更能充分感受青浦新城的多元魅力与文化风韵。3.松江的“科创松江,人文行走”,选取了松江新城中 8 家人工智能、工业物联网、新材料等领域的高精尖企业,让市民朋友可以在行走中了解从“松江制造”到“松江创造”的发展历程,感受高质量发展的“松江样本”所创造的科创“蝶变”、要素“聚变”、产业“裂变”,感悟在建设“科创、人文、生态”的现代化新城中所弘扬的新时代松江精神。4.奉贤的“贤城新韵,‘鱼’你有约”,围绕新城核心区域“上海之鱼”金海湖,选取年丰公园、江南书局新阅读空间、奉贤博物馆等学习点位,让市民在行走中感受到奉贤新城特殊的生态禀赋与城市意象,感受历史厚重与时代美感的结合,打造独立无边界、遇见未见的城市之城。5.南汇新城的“探秘星空之境”发挥临港新片区得天独厚的人文生态资源,集科技、航天、星空、美景于一体,包含了星光宝盒、星毯、极限星云、纸飞机等人文修身学习点,其中,星光宝盒以黑暗宇宙中的彗星般闪耀的特点、流线性的弧度引人遐想,充满童趣的“纸飞机”建筑更是呼应了星空主题和航天梦想,建成不久的星空之镜海绵公园则以生态宜居的优美环境,助力打造体现人民城市建设理念的现代城市新样板。五条主题学习线路,涵盖 27 个学习点。启动仪式上,向导学志愿者代表授牌,向市民代表赠送了人文行走装备包。现场还连线了带领市民正在 1933 老厂房进行导学的虹口区志愿者。

2022 年上海市民终身学习人文行走线下行走学习活动仍采用 3+X 模式,即以线上学习、线下学习以及线上线下融合等“3”种学习模式为选择,“X”种行走+模式为创新,依照不同情况灵活组合实施。导学志愿者可以在线上开设人文行走直播课,通过视频、图片、历史资料等对学习点进行讲解,并通过历史故事的讲述和互动环节,增加市民的学习兴趣。市民完成线上直播后,再通过实地行走深入了解学习线路和学习点,同时还可以进行摄影、短视频的现场实践和文学鉴赏课程的现场书评和朗诵,以获得更加有深度、有内涵的体验。

五、 数字化建设,丰富线上人文行走学习资源

人文行走工作利用“上海市民终身学习人文行走”公众号、“上海学习网”等多平台,策划推出“宅家人文行走”系列版块,通过现代化 VR 技术,将人文行走的学习平台从室外转向室内,让市民在家动动手指,就能实现“看一看”(看文字图片介绍,看学习点 VR 全景,看学习点线上展览等)、“听一听”(听学习点音频介绍)、“想一想”(思考针对学习点提出的

若干个小问题),足不出户,行遍沪上各个学习点,享受线上人文知识学习服务,这一新颖形式受到市民欢迎。“宅家人文行走”总计推出40余条人文行走在线线路内容,共推出10期系列直播课程,市民踊跃参加,开辟10条红色线路的“声”临其境人文行走导学音频专题,完善近50条人文行走学习行走攻略,方便市民通过攻略行走学习。线上学习的创新,为行走学习提供了新的应用场景,让上海市民找到了学习的新途径,为前行中的人文行走工作觅得了发展的新窗口。

五年来,逾千万人次参与线下行走活动,网上行走参与人次达200余万,收集摄影、征文、短视频作品近两万份。

城市文化名片:2022年第八届上海市民诗歌节

上海市教育报刊总社

2022年第八届上海市民诗歌节暨第十六届市民诗歌创作活动以习近平新时代中国特色社会主义思想为指导,用社会主义核心价值观培育人,用中华民族伟大复兴历史使命激励人,通过组织本市广大市民、企事业职工、高校和中小学在校学生参与诗歌文化的多种形式的学习活动,不断推进市民终身学习,提高群众诗歌文化素养,打造城市文化名片,为繁荣上海的城市文化建设做出新的贡献。2022年的主题是:上海,不熄的城市之光。

一、原创诗歌作品征集,展现时代激情

围绕"上海,不熄的城市之光"这个主题,组织广大市民、企事业职工和大中小学生以迎接党的二十大召开为主旨,以上海这座城市为主要表现对象,追忆这座城市的历史文化内涵和时代发展变化,记录在这座城市生活的点滴感受,抒发对这座城市的细腻情感,乃至"旅人"路过它而留下的独特记忆。

征稿收到了来自全国各地的诗歌有10万多首,其中上海本地诗歌投稿(含在校大学生)超过8万,占8成以上。从优秀作品的抽样统计来看,50岁以下人群投稿占40%左右。大中小学生也积极参与,华东师范大学、复旦大学、同济大学、徐汇中学、卢湾中学、市北中学、蓬莱路二小等学校大力发动推广,还带动了家庭和社会的参与,扩大了诗歌节的宣传、参与面。

在他们笔下,展现了上海辽阔、多维、全新的文化空间。这些诗作里既有宏观视角的大叙事,也有"见微而知著"的小视角,上海的大地标和小角落都被"看见",无一不传达出诗人们对这座城市的真切体验和百般想象。

10万多首诗歌经专家两轮评审,评选出了一等奖、二等奖、三等奖和优秀奖,获奖的作者涵盖了大中小学生、在职人员、退休老人等各个年龄段的人群。市府新闻办主办的IPSHANGHAI在得知相关信息后,发布了30多首优秀的诗歌作品。

二、线上、线下的诗歌学习活动,内容丰富,热潮涌动

(一) 举办诗歌讲坛

邀请著名教授、作家、诗人、朗诵艺术家在网络平台或到"海上市民诗歌馆"以及社区、企事业单位、学校等地,为市民诗歌爱好者举办诗歌讲座,面对面交流、研习中华经典诗歌

与现代诗歌作品，不断提升市民的诗歌素养和诗歌欣赏、创作的水平。

1. 古体诗：6 月 11 日，B 站直播，复旦大学胡中行教授主讲：古诗中的爱情。6 月 26 日，B 站直播，华东师大教授周圣伟主讲：宋词中的爱情。

2. 现代诗：7 月 3 日，B 站直播，上海文学杂志甫跃辉主讲：一个人的诗歌史。7 月 17 日，B 站直播，华东师大出版社古冈主讲：诗怪李金发的爱情诗与现代主义思潮。9 月 4 日，交通大学何言宏教授主讲：当代中国诗歌中的情感文化。8 月 7 日，澎湃新闻直播，上海作协杨绣丽主讲：城市生活中的诗歌精神。

3. 诗歌朗诵：8 月 14 日，澎湃新闻直播，青年朗诵家吴斐儿主讲：诗歌的声音二度创作与节奏。8 月 21 日，澎湃新闻直播，上海电台方舟主讲：诗歌朗诵艺术的创作。8 月 28 日，澎湃新闻直播，著名朗诵艺术家丁建华、刘家祯主讲：诗歌朗诵艺术漫谈。

（二）线上展示诗歌朗诵

邀请艺术家示范朗诵，在学习强国、澎湃新闻、东方教育时报公众微信号开设“我来读诗”专栏，供广大市民学习诗歌朗诵。发布朗诵作品 40 件，为市民提供示范引领，总阅读量 10 万人次。“朗诵之星”作品征集活动，收到了 3 500 多件作品。

（三）群众性诗社建设

指导诗社开展诗歌讲座、诗歌创作、诗歌朗诵会，浦东的书院诗社、宝山的顾村诗社、田林诗社、闵行诗社、知青诗社等群众性诗社活动开展了 30 多场活动。

促进上海各诗社及诗歌学习团队的建设，出作品、出诗人，利用学习强国平台开设“诗社巡礼”专栏，重点宣传了本市十多家诗社，提升了上海诗社在全国的影响力。

三、 喜迎二十大　浦江传诗韵

（一）9 月 24 日晚，“浦江传诗韵　喜迎二十大——上海市民诗歌节‘诗意黄浦江’杨浦滨江诗歌朗诵会”在杨浦滨江“绿之丘”拉开帷幕。10 首被精心挑选的诗作在朗诵艺术家和诗歌爱好者的精彩演绎下重放光彩，让观众在诗情画意的氛围里领略到诗歌朗诵的无限魅力。

“两年前，习近平总书记来上海考察时，在杨浦滨江首次提出了‘人民城市人民建，人民城市为人民’的理念。如今，杨浦正深入践行总书记提出的人民城市理念，积极打造杨浦滨江人民城市建设示范区，把记录着城市人文、精神气质的工业遗产建筑空间和街区保留下来，赋予其新的功能，从而不断拓展新的经济、文化、生活新未来。”在活动致辞中，上海市杨浦区妇联副主席葛静虹女士表示，“今天的诗歌活动也是为杨浦的文化建设添砖加瓦，为杨浦滨江增添诗意的文化风景线。党的二十大即将召开，我们大家都满怀期待，用诗歌朗诵的形式，讴歌新时代、展望新征程。”

（二）9 月 27 日，在上海中心举办上海市民诗歌节“诗意黄浦江”陆家嘴金融城诗歌朗诵专场。在 2018 年 11 月 6 日，习近平总书记在上海考察时就来到这里，当时陆家嘴党群服务中心正在开展主题党日活动，习近平总书记和参加主题党日的同志们亲切交谈。作为上海地标，市民诗歌节在上海中心的活动，推动了城市白领圈的诗歌学习和文化氛围建设。

(三) 10 月 7 日,“浦江传诗韵　喜迎二十大”——上海市民诗歌节“诗意黄浦江”徐汇滨江诗歌朗诵会在徐汇滨江党群服务中心举办。在秋高气爽的江畔边,人们用深情的朗诵与动人的演绎展现着上海这座城市诗意的文化风景线。

徐汇滨江党群服务中心是由上海市委组织部和徐汇区委、区政府共同打造,徐汇区委组织部具体实施的新时代上海滨江党建创新实践基地,践行习近平总书记“人民城市人民建,人民城市为人民”重要理念,传承讲述“一江一河”城市记忆的公共客厅。

四、 诗歌盛典

11 月 19 日晚,第八届上海市民诗歌节诗歌盛典在梅赛德斯奔驰文化中心音乐俱乐部闪耀登场。本届诗歌盛典的主题是“上海,不熄的城市之光”,主要以诗歌朗诵的形式讴歌党带领人民取得的伟大成就、赞美上海这座城市的迷人魅力以及展现上海人民的精神面貌。为了让更多诗友领略上海之光和诗歌之美,今年特意以澎湃新闻平台直播的方式邀请全国诗友观看,当天晚上 116 万人次收看。

诗歌盛典现场,上海市民诗歌节还向 96 岁的诗人、翻译家吴钧陶颁发了杰出贡献奖,向“80 后”诗人胡桑和徐萧授予了新锐诗人奖,并向 21 家单位颁发了优秀组织奖。

上海老年人科学素养与科学教育调查

上海市学习型社会建设服务指导中心办公室
上海开放大学市民终身学习监测研究中心

伴随科技的发展，科学技术与人们生活的联系日益密切，公民的科学素养成为各国关注的重点。“确保健康的生活方式，促进各年龄段人群的福祉”是联合国提出的17个可持续发展目标之一。开展老年科学教育，提升老年科学素养，增强老年人适应智慧生活的能力，既是增进老年人福祉的重要途径，又是促进全球可持续发展的体现与保障。

2022年7月，上海市学习型社会建设服务指导中心办公室、上海开放大学市民终身学习监测研究中心协同开展了老年人科学素养与科学教育调查，旨在发现和掌握老年人科学素养的现状与水平、影响老年人科学素养的个人关键因素、老年科学教育的需求与问题等，服务于老年人高品质生活的实现和老年教育的高质量发展。

一、 研究背景与调查说明

（一）研究背景

1. 人口老龄化趋势让老年人成为共同关注的群体

面对老龄化程度势不可挡的发展态势，老年人已经成为世界各国共同关注的群体。老年人的生活品质，不仅关乎每个家庭、每个人的日常生活，也关系到城市治理水平和整个社会文明的进步。

2. 科学素养是现代社会影响老年人生活品质的重要因素

当前，科学技术不仅全面而深刻地影响着人们的思维方式，而且也改变着我们每个人的生活方式。然而需要注意的是，这种日新月异的社会变化，对人们的科学素养，特别是健康素养与信息素养提出了高要求，更为老年人的日常生活带来了巨大挑战。尤其在上海推动数字化转型的背景下，使得这种挑战更加严峻。

基于这一现实情形，国务院专门印发了《全民科学素质行动规划纲要（2021—2035年）》（以下简称《纲要》），明确提出要开展“老年人科学素质行动”，并强调“以提升信息素养和健康素养为重点，提高老年人适应社会发展能力”。在此背景下，开展老年人科学素养与科学教育调查，对于了解上海市老年人科学素养的整体水平，掌握当前上海老年科学教育的发展现状和需求匹配情况等具有重要意义。

(二) 调查说明

1. 调查内容

本次老年人科学素养与科学教育调查除人口学基本信息外,内容分为三个部分:一是老年人科学素养测评;二是影响老年人科学素养的个人关键因素调查;三是老年人科学教育的现状与需求调查。

2. 组织实施

本次调查对象为上海市16区60岁及以上的老年常住居民,采用整体分层抽样的方式开展。

首先,考虑到抽样科学性与实践调查的可操作性,调查以各区街镇为初级抽样单位,每区抽取三分之一以上的街镇,抽样时考虑区域内部的差异性,确保中心城区和非中心城区均能覆盖。

其次,以10 000人为总抽样样本,根据2021年上海统计年鉴数据中各区60岁及以上老年人口所占比例,获得各区抽样的总人数及各抽样街镇的样本数。

本次调查由上海市学习型社会建设服务指导中心办公室、上海开放大学市民终身学习监测研究中心协同开展,并得到了各区社区学院、街镇社区学校等单位的大力支持与配合。按照抽样方案,以线上问卷星推送与线下填写纸质问卷相结合的方式,共采集回收1.8万条问卷数据。项目组根据数据清理方案对问卷数据进行了数据清理,建立共有13 450条有效数据的数据库。

二、 主要发现

(一) 上海市老年人科学素养的整体水平较高

科学素养测评共22道题目,总分为22分,参与调查的老年人得分均值为16.59分,标准差为2.953。其中,健康素养共12道题,总分为12分,参与调查的老年人得分均值为8.19分;信息素养测评共有10道题,总分为10分,参与调查的老年人得分均值为8.40分。

1. 在健康素养方面,90%以上老年人拥有较健康的生活方式,但老年人的健康知识有待进一步提高

通过对健康素养及其三个二级指标(健康知识、健康生活方式和行为、健康技能)分析发现,90%的老年人在健康生活方式与行为的测评中得分为3分以上(总分为4分);但在健康知识测评中,得2分的老年人最多,占比36.2%,高分段和低分段的人数占比都较少(总分为4分)。

2. 在信息素养方面,八成老年人正主动学习并适应网上买菜、打车等媒介应用和信息交流方式,但信息技术应用能力有待进一步提升

分析发现,在“网上买菜的功能”题目测评中,有84.7%的老年人正确选择了在线买菜软件不具备的功能;在“用打车软件打车,哪项行为存在安全隐患”题项上,有87.1%的老年人正确选择了有安全隐患的行为;在“网上预约挂号”题目测评中,有82.1%的老年人区分出了不恰当的做法。但在“添加微信好友的正确途径”题目测评中,仅有59.2%的老年人回答正确。

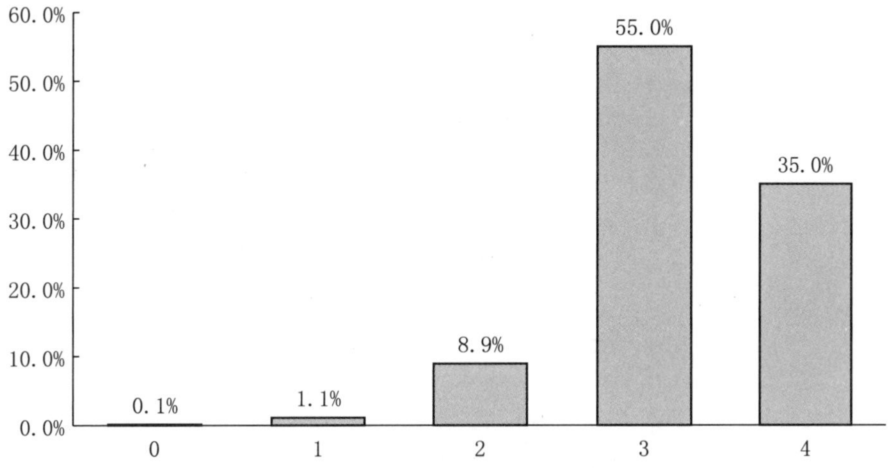

图 1　老年人健康生活方式与行为得分分布

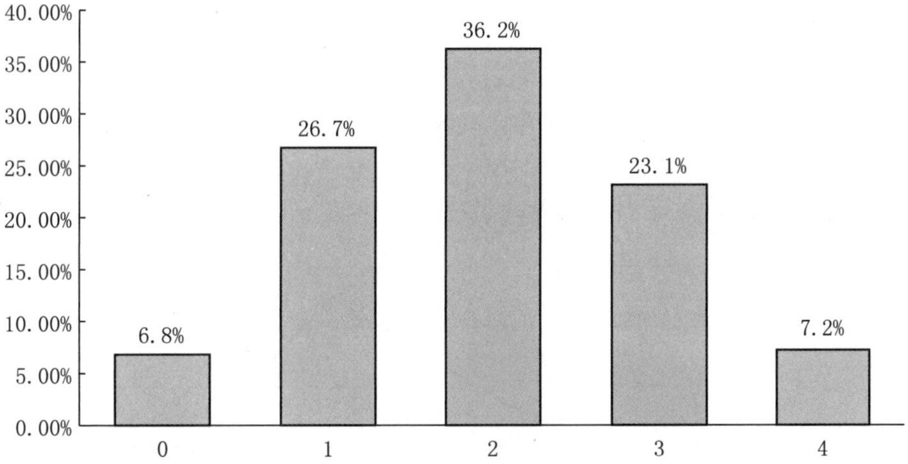

图 2　老年人健康知识得分分布

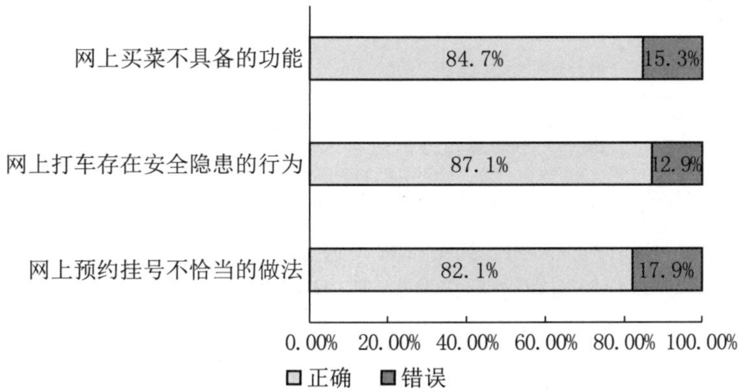

图 3　网上买菜、打车、预约挂号题项答题情况

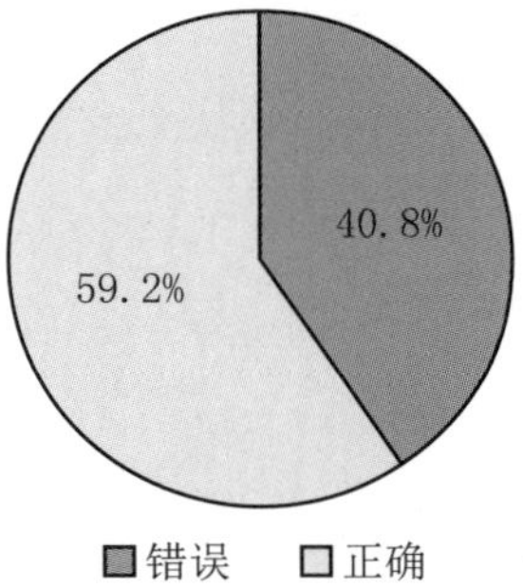

图4　添加微信好友的正确途径题项答题情况

（二）影响老年人科学素养的主要因素

调查发现，老年人的科学素养水平主要受两方面因素的影响，一是与老年人的户籍、受教育程度、退休前的工作岗位、工作单位性质等过往生活工作经历相关。二是与老年人现阶段的生活居住情况、学习动力与兴趣、解决问题方式、学习方式等相关。本次调查发现的主要结论如下：

1. 与老伴或子女同住的老年人科学素养水平更高

分析发现，独居老年人中，科学素养低和较低的比例达到43.8%，与老伴同住、与子女同住的老年人中，科学素养低和较低的比例分别为41.4%、41.2%。三类居住方式的老年人作比较，独居老年人处于科学素养高、较高的比例也是最低。

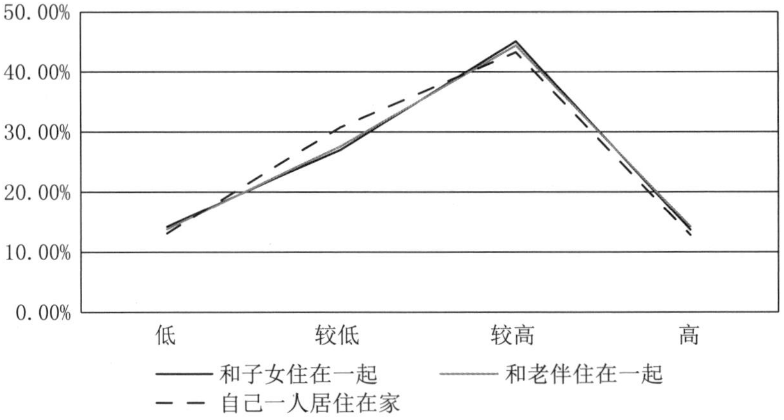

图5　不同居住方式老年人的科学素养水平

2. 老年人学习科学的动力越强，其科学素养水平越高

将老年人学习科学的动力与科学素养测评分值进行回归分析，发现两者存在显著正相关(P<0.01)，即老年人学习科学的动力越强，其科学素养水平越高。

3. 老年人的科学素养越高，越倾向通过阅读和上网学习获取科学信息

分析发现，科学素养水平低的老年人通过自己买书、订阅报纸杂志、上网或看电视学习获取科学信息的比例最低，为37.8%，科学素养高的老年人通过自己买书、订阅报纸杂志、上网或看电视学习获取科学信息的比例达到49.6%。

表 1 学习科学的动力与科学素养测评分值的相关性

		学习科学的动力	科学素养分值
学习科学的动力	皮尔逊相关性	1	.077**
	Sig.(双尾)	—	.000
	个案数	13 450	13 450
科学素养分值	皮尔逊相关性	.077**	1
	Sig.(双尾)	.000	—
	个案数	13 450	13 450

** 在 0.01 级别(双尾),相关性显著。

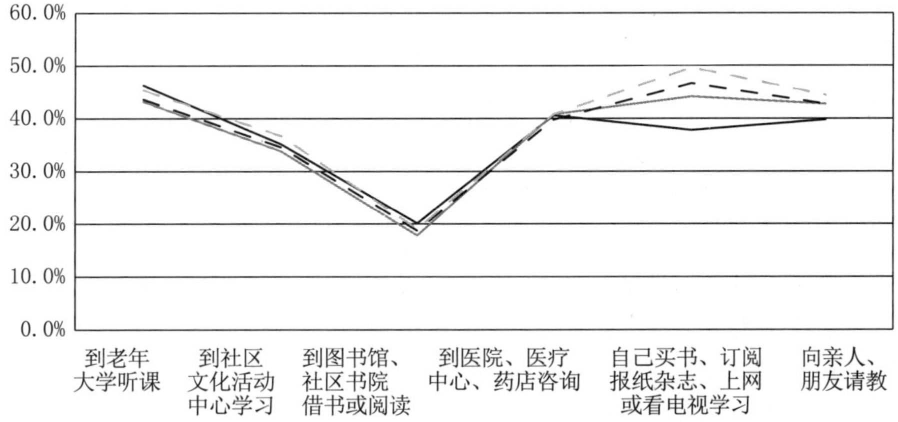

图 6 获取科学信息渠道与科学素养水平的分布

4. 老年人解决生活难题的方式不同,呈现出不同的科学素养水平

退休前岗位为专业技术人员的老年人与岗位为非专业技术人员的老年人相比,科学

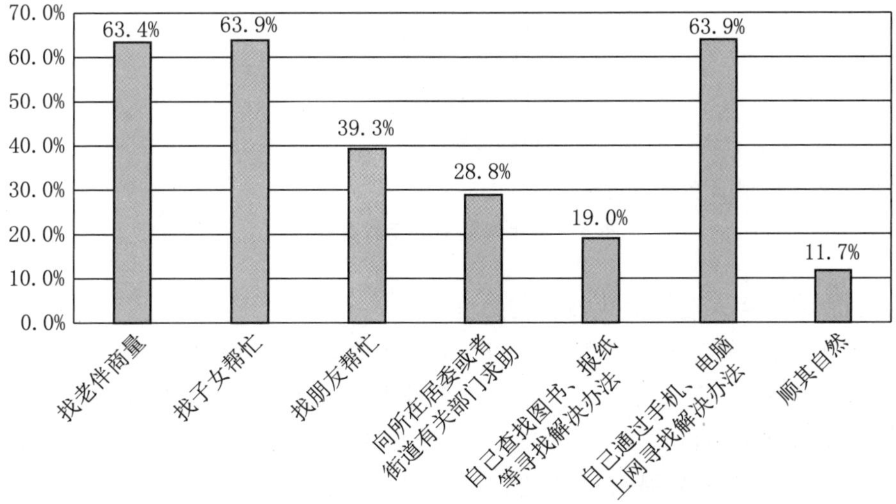

图 7 退休前为专业技术人员的老年人解决生活难题的方式

素养水平整体较高。在退休前岗位为专业技术人员的老年人中,有63.9%的老年人会主动通过手机、电脑上网寻找解决办法。

5. 老年教育机构学员的科学素养水平更高

在老年教育机构学员中,科学素养水平较高的占比为44.9%,科学素养水平高的占比为14%,科学素养水平低的占比为13.2%;而非老年教育机构学员中科学素养水平较高与高的占比均低于老年教育机构学员。

表2 是否老年教育机构学员与科学素养水平的交叉分析

	老年教育机构学员		非老年教育机构学员	
	计数	百分比	计数	百分比
科学素养水平低	1 391	13.2%	474	16.1%
科学素养水平较低	2 928	27.9%	798	27.1%
科学素养水平较高	4 712	44.9%	1 275	43.2%
科学素养水平高	1 469	14.0%	403	13.6%

注:"百分比"表示[分布在该科学素养水平的样本数/是否老年教育机构学员的样本总数]。

(三)老年科学教育的现状

1. 老年学校是老年人参与老年教育的主要渠道

调查发现,老年人参与老年教育的类型主要是老年学校开设的课程与活动,占比达到71.0%,其次是观看电视节目与检索网上资源,占比均在30%左右。参与大学、企业为老年人开设的课程与活动的比例相对较低,仅为15.1%。

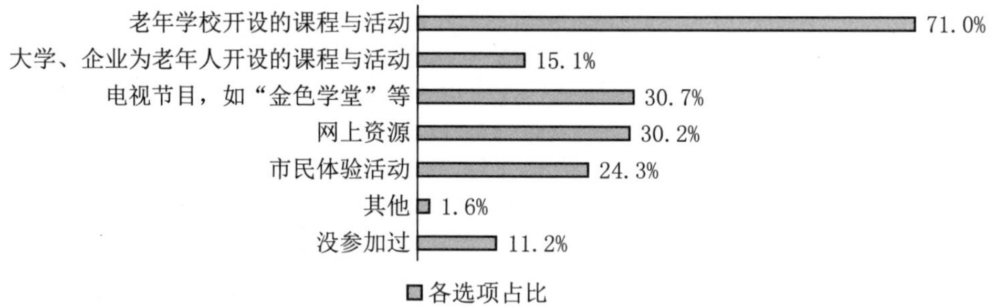

*本题为多选题,因此各选项之和超过100%。

图8 老年人参与老年教育类型

2. 性别影响老年人选择老年教育的类型

卡方检验显示,参与老年教育类型与性别存在显著差异($P<0.01$),男性老年人观看电视节目的占比更高,女性老年人参与老年学校开设的课程与活动的占比更高。男性老年人观看电视节目的占比达到32.2%,而女性老年人占比则为30.1%;女性老年人参与老年学校开设的课程与活动的占比为74.3%,而男性老年人的相应占比仅为62.9%。

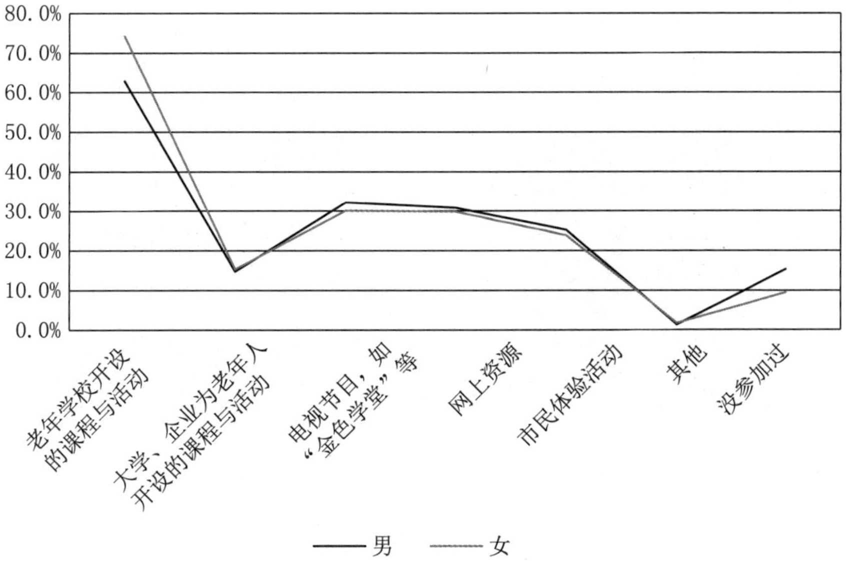

图 9　老年人参与老年教育类型性别分布

3. 艺术修养类课程最受老年学员欢迎

老年人参与老年教育的课程种类以艺术修养类为主，占比达到 71.9%。其次是健康教育类与体育健身类课程，占比分别为 31.3%与 29.8%。学习社会科学类课程的占比相对较低，仅为 14.8%。

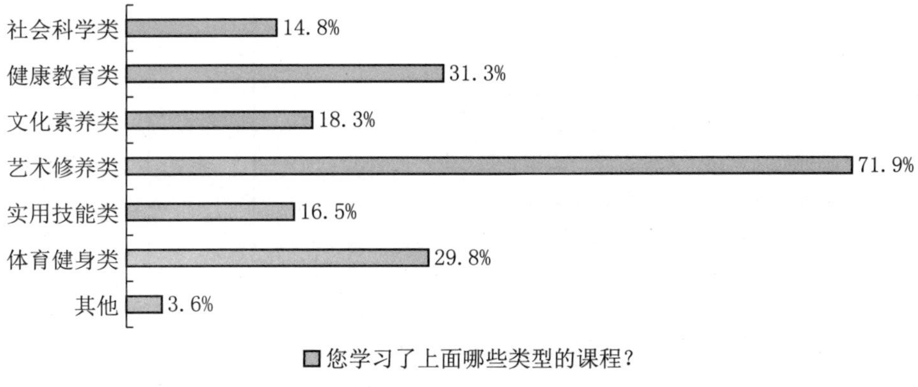

* 本题为多选题，因此各选项之和超过 100%。

图 10　老年人参与老年教育课程种类

老年学员最想学但没有报上名的课程，排在前十位的分别是：唱歌、声乐、舞蹈、摄影、钢琴、手机、书法、烹饪、太极拳、养生等。

此外，微词云分析发现，老年人在课程选择方面表现出一定的关联性：选择手机应用类课程时，可能同时也会选择摄影与电脑应用的相关课程；选择书法类课程时，同时也会选择绘画类课程。

图 11　老年学员最为青睐的课程名称

4. 近半数老年人建议开放更多的老年教育学额

其中,非学员建议开课前提供课程清单、丰富学习形式、扩大课程的宣传力度以及降低课程的费用等。具体而言,希望开放更多学习名额的建议占比 49.9%;提高课程种类的丰富性,占比 43.9%;课程按照初级、中级、高级划分学习层次,占比 34.8%;丰富学习形式,如增加体验学习、专题讲座、外出游学等,占比 28.0%。

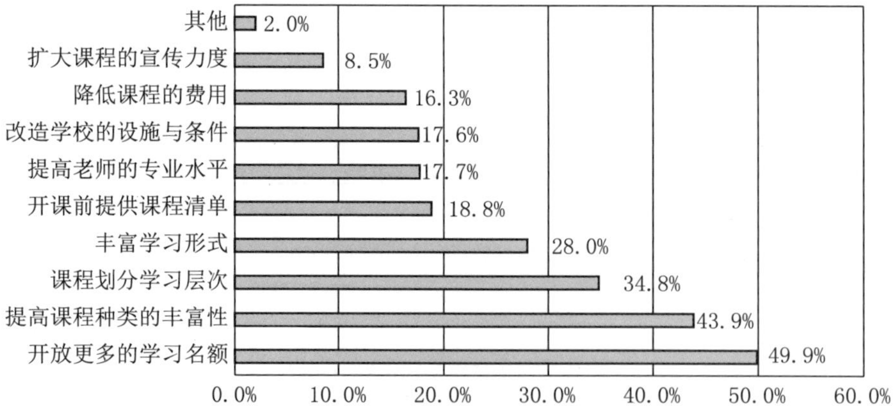

图 12　老年人对老年大学开设科学课程的建议

三、 对策建议

提升老年人的科学素养,一方面基于老年人的工作经历、生活阅历以及老年人个体对于提升科学素养的认知与动力、意愿与能力等;另一方面,也有赖于国家、社会的关注、引导并采取积极措施,多渠道、多途径助力老年人提升科学素养,提高他们适应社会发展的能力。其中,老年教育机构应在老年科学素养提升方面发挥重要作用。根据本次调查,对于提升老年人的科学素养、促进老年教育的高质量发展提出以下对策建议：

（一）聚焦两大重点，进一步提升老年科学素养

《纲要》提出"老年人科学素质行动"，强调"以提升信息素养和健康素养为重点，提高老年人适应社会发展能力"。提升老年人的科学素养，要紧抓与老年人生活息息相关的信息素养、健康素养这两个重点，根据老年人的学习需求和学习特点，有规划、分层次地开展信息素养教育与健康素养教育。

（二）鼓励多元主体参与，持续扩大老年教育供给

目前老年教育机构的学额还不能完全满足老年人的学习需求。建议持续扩大教育供给，推动多元主体参与老年教育：一是实施老年大学倍增计划；二是推动高校举办老年大学；三是鼓励社会力量举办老年教育。同时，支持、引导老年教育机构引入市场机制，以购买服务等形式，提升老年教育，特别是老年科学教育供给的丰富性与质量。

（三）加强在线学习资源建设，突破空间局限

调查显示，除参加老年学校的课程活动外，老年人开展学习的主渠道是观看电视节目、检索网上资源。因此，建议加强相关在线学习资源建设，并打通在线学习资源与老年人需求之间的壁垒，通过精准配送的方式向其推送相关学习资源。

（四）完善科学教育课程体系，促进老年教育内涵发展

进一步加强内涵建设，完善老年教育课程体系：一是增加信息素养、健康素养类相关课程。二是增加和完善信息素养、健康素养类课程的系列与层次。三是在老年教育课程体系建设过程中，引入"课程包"概念。四是增加针对男性老年人的课程供给。

（五）加强市民体验基地建设，满足不同层次老年人的学习需求

调查显示，个体户、从事农林牧渔业生产及辅助工作的老年人，学历为高中及以下的老年人，均更加倾向于通过参加市民体验活动的形式参与老年科学教育。建议除了进一步加强已有市民终身学习体验基地建设以外，持续开发体验活动项目，以及展览、音乐、戏曲、体验日、电影等类型的市民体验活动类型，通过老年人喜闻乐见的方式助力《纲要》的落实。

（六）加强宣传与引导，充分发挥家庭助老的重要阵地作用

建议将家庭视为健康养老、智慧助老的重要阵地与空间，通过媒体宣传、社区宣讲等方式，一方面支持、鼓励老年人向子女求教、求助，另一方面引导家庭成员重视老年人的科学教育需求，掌握帮助老年人提升科学素养的方法，从而不仅有助于形成良好的家庭氛围，也裨益于老年人健康素养与信息素养的提升。

“申学码”——2.0时代学分银行“风向标”

上海市终身教育学分银行

上海市终身教育学分银行始终坚持创新与服务的发展路线,满足学习者终身学习和全面发展的需求,打破长期以来各类教育及教育机构之间制约终身学习的壁垒,创建沟通衔接各类教育的人才培养“立交桥”,拓宽终身学习通道,积极服务上海市学习型社会建设和终身教育体系构建。

一、“申学码”简介

在学习者对移动端学习需求日益增加的背景下,为了解决上海市终身教育学分银行在服务市民终身学习过程中出现的PC端平台实名认证不便捷、学习成果积累类型不丰富、用户活跃度低、学习成果转化率低等瓶颈,上海市终身教育学分银行借助阿里技术优势,研发出上海市民个人学习账户移动端“申学码”,其中“申”是上海的简称,“申学”二字借用“升学”的谐音并结合“二维码”这一形式命名为“申学码”,为未来全纳的个人学习账户奠定基础。

2021年4月22日,“上海市民个人学习账户(申学码)”支付宝小程序在上海市终身教育学分银行举办的“十四五”发展论坛上正式上线,继而又创建了“申学码”支付宝生活号,并正式接入上海市“一网通办”。这标志着服务全体上海市民终身学习的上海市终身教育学分银行已经建立了由政府“一网通办”服务平台、传统网站、微信公众号、支付宝小程序和支付宝生活号等组成的多渠道、全方位、立体化的学分银行服务和运营体系。“申学码”的上线与发展,实现了上海市终身教育学分银行从1.0到2.0的飞跃。

“申学码”是个人学习账户的一个入口,学习者可以通过“支付宝”或上海市“一网通办”公共入口界面搜索“上海市学分银行”进入。小程序主要包括“上传”“扫码”“亮证”“查询学习档案”“展示成果证书”等功能:学习者通过“上传”功能,可以不断丰富个人终身学习成果信息;通过“扫码”功能,学习者可以实现上课、听讲座、参观场馆等场景的签到打卡,方便及时记录各类学习活动;通过个人授权,学习者可以将个人学习成果以二维码的形式“亮证”给相关人员或机构;通过“学习档案”,学习者可以上传或查询个人的学习成果档案,包括学历学分、培训证书、社区教育及各类学习活动;通过“成果证书”,学习者可以查看自己在上海市终身教育学分银行存储的各类学习成果数量。

二、“申学码”建设和运行的基本情况

（一）基础建设

1. 制定并完善了各类学习成果准入标准

为了加快推进学分银行的学习成果认证工作，初步建立学习成果认证的质量保障机制，上海市终身教育学分银行借助“申学码”，与上海市各高校、上海市成人教育协会等单位合作，建立了行业证书、高校非学历培训、企业培训、社会场馆学习项目等学习成果的准入标准与存入流程规范。同时，研究制定了非正规学习成果的学分认定办法，为各级各类终身学习成果的转换奠定了基础。

2. 升级了上海市民终身学习的信息化平台

上海市终身教育学分银行完成了上海市民个人学习账户移动端“申学码”的需求分析、设计、开发、测试和正式上线运行，学习者可以通过支付宝或上海市“一网通办”应用软件搜索“上海市学分银行”进行实名认证，使用“上传”“扫码”“亮证”“活动打卡”“查询学习档案”和“展示成果证书”等功能，记录并使用自己的终身学习成果。

3. 构建了一套数据标签与分析服务体系

通过对现有数据资源进行数据挖掘、抽取、合并、计算等预处理，并基于人工和机器两种标签定义方法对数据进行标签定义，继而从不同维度出发进行标签分类，上海市终身教育学分银行构建出了一套能够从各个维度全面描述学习者的数据标签体系。根据数据标签体系，上海市终身教育学分银行通过对现有数据资源进行关联分析、聚类分析等多维度数据分析，为未来进行深入数据分析奠定了基础。

（二）业务运行

1. 依托“申学码”建立了终身学习积分制度体系

为进一步激发学习者的学习需求，上海市终身教育学分银行依托“申学码”建立起针对各级各类学习成果的终身学习积分制度，构建起完善的学习激励体系，形成促使全民持续终身学习的生态，服务学习型社会建设。近期，上海市终身教育学分银行正在依托“申学码”开展针对社区（老年）教育的积分激励试点，将存入学分银行的社区（老年）教育学习成果依照制定的积分制度转换成相应学习积分，并开展限时的激励兑换，通过试点激励活动和学员们的实践反馈，验证积分制度和激励规则，同时进一步完善激励平台的功能和服务。

2. “申学码”在学历教育板块试点了新的应用场景

上海市终身教育学分银行通过“申学码”，在上海师范大学暑期社会实践动员活动中开展第二课堂签到打卡活动，吸引了高校在校生参与和使用学分银行平台。活动当天，上海师范大学学生使用“申学码”支付宝小程序完成了签到打卡并领取权益，高校学生此次活动成果实时进入上海市终身教育学分银行的个人终身学习账户。

此外，上海市终身教育学分银行也通过“申学码”，在上海开放大学期终考试中开展了“亮证”服务。在上海市教委信息中心、上海市大数据中心、上海开放大学学历教育部和闵行二分校的指导和支持下，上海市终身教育学分银行将“申学码”的“亮证”功能应用于上海开放大学期末考试，将“亮证”功能应用于上海开放大学期末考试相关工作是学分银行

服务上海开放大学、推动学历教育应用场景落地实施的一次新尝试。“申学码”集成了考生个人信息、健康码信息和准考证信息(身份证、学号、姓名、照片、班级名称等),当考生进入考场前,只需用手机登录学分银行支付宝小程序,点击首页“申学码”,向监考老师“亮证”,待监考老师确认信息后即可进入考场考试。如此,“申学码”替代“两证一单”,发挥着验证考生身份和检查健康状态的作用,提高了验证的准确性与考场的工作效率。

3. “申学码”助力非学历教育板块应用场景拓展

在非学历教育板块,首先,上海市终身教育学分银行通过“申学码”,开展了上海市普陀区在职员工培训打卡服务,在上海市普陀区“员工综合素养与学力提升培训”项目中开展了基于“二维码+地理位置”的智能化签到打卡,真实记录在职员工参与培训详情,有1 200余名员工通过“申学码”完成签到,此次活动成果实时进入学分银行的员工个人终身学习账户。其次,上海市终身教育学分银行结合社区教育高级职称教师沙龙活动,通过“申学码”开展了人文行走课程《杨浦百年之秦皇岛码头的前世今生》的体验打卡活动,实现了“申学码”在社区(老年)教育领域的应用和推广。

三、“申学码”服务上海市民终身学习的创新点

1. 创新信息化平台建设

上海市终身教育学分银行基于现有市民个人学习账户设计开发了“申学码”移动应用,拓展了个人学习账户的内涵和功能。并升级改造了现有信息化平台,开发完成学分银行中台,完成与大数据中心对接,实现“一网通办”统一身份认证,提供“随申办”应用软件学分银行服务,实现了学分银行核心数据与外部应用数据的互联互通。作为学分银行的“2.0版”,“申学码”可作为终身学习成果的记录和输出平台,成为个人学习成果账户的入口,综合显示个人“学习能力”和“学习信用”。

2. 创新打造应用新场景

市民个人终身学习账户中学习成果的使用活力较低是学分银行在发展过程中面临的难题之一,上海市终身教育学分银行通过“申学码”在上海师范大学“第二课堂”、普陀区教育局和区职业教育联盟相关培训项目、上海高校开学季线上活动、上海开放大学分校考场期末考试等场景中开展了试点应用,这在很大程度上激发了市民个人终身学习账户中学习成果的使用活力,激励了市民的终身学习。

四、“申学码”服务上海市民终身学习的社会效果

为了提高“申学码”的社会认知度,学分银行为“上海市民个人学习账户(申学码)”的运营工作展开了全面布局。开展了“申学码”开学季线上活动,策划了一系列“申学码”运营和宣传,并充分运用激励机制,通过向注册用户提供免费优质学习资源和高品质文创产品折扣券,活动当日吸引了超3.5万人次访问“申学码”小程序,显著提升了学分银行的社会影响力。“申学码”支付宝小程序已配置了近27个搜索关键词,经支付宝官方评估其“服务竞争力指数”(SCI)分数达10分(满分10分),排名行业第一;累计超过600个评分,分数达4.7分(满分5分)。同时,平台引入了环球网校、新东方在线等8家优秀学习资源

类机构以及中公教育、樊登读书等四家教育服务机构和优质资源。经过近2年的运行，截至2022年底，“申学码”支付宝小程序累计引流访问人数超过120万人次。其中，通过“申学码”支付宝小程序累计实名注册用户数超过20万人，“申学码”支付宝生活号累计粉丝达8万人，这为平台后续的应用拓展奠定了极好的基础。

不同于1.0时代学分银行，2.0时代学分银行依托“申学码”，实现了终身学习档案建设移动化，是涵盖了正规学习、非正规学习和非正式学习成果的全民终身学习档案建设的开始。2.0时代学分银行，将进一步发挥学分银行学习成果认证管理中心和学习成果转换服务平台的核心功能，发挥人才培养“立交桥”作用，并拓展“申学码”在更多领域场景的应用。与此同时，2.0时代学分银行更加关心学分银行不同类型学习者需求，在精准分析学习者需求基础上实现了全民终身学习成果激励机制标准制定和实施，从而进一步推进终身教育体系构建和学习型社会建设。

社 区 教 育

SHE QU JIAO YU

[综　述]

2022年，上海市社区教育工作坚持以习近平新时代中国特色社会主义思想为指导，认真学习贯彻党的二十大精神，按照市委、市政府决策部署，全面推进建设全民终身学习的学习型社会。继续坚持内涵华、高质量、创新性的发展方向，根据年度形势需求灵活调整社区教育供给模式，不断增强市民学习力，促进城市软实力提升。

丰富社区教育发展内涵，开发社区教育类7个主题107个微课视频，推出以“学智能应用　做智慧长者”为主题的24集系列课程，采用线上组班教学、直播互动授课方式推出“市民终身学习公益课程”，吸引4万多人次参与在线学习。持续开展社区教育实验项目工作，共立项135个，年度结项验收109个；扩大实施“上海社区健康大学堂”项目，举行25场健康直播讲座，制作10集名医微课，推出10本学习坊STEAM系列读本。进一步丰富资源，2022年推出16条人文行走学习线路、71个学习点。联合上海教育电视台，推出以“学智能应用　做智慧长者”为主题的24集系列课程。开展年度社区教育管理干部专题培训近4 000人次。持续做好6万多名社区教育志愿者管理工作，培育志愿服务品牌项目18个。

服务临港高质量发展 提升新片区市民素养

上海市学习型社会建设服务指导中心

为深入贯彻落实习近平总书记考察上海重要讲话精神，服务临港新片区战略发展，上海开放大学积极对标一流开放大学的建设目标和任务要求，把握时代发展机遇，在上海市教育委员会、临港新片区管委会的指导和协调下，依靠新片区的政策优势和区位优势，联合上海电机学院于2019年11月共同成立了临港开放市民大学。

临港开放市民大学旨在打造成服务一流开放大学建设的先行者、创新市民终身学习制度的试验田、促进终身教育泛在可选的示范区，助力临港新片区打造成为“开放创新、智慧生态、产城融合、宜业宜居”的现代化新城。临港开放市民大学以“学校＋社区、云端＋平台、课程＋活动、线上＋线下”的方式进行创新，为临港新片区市民提供多样化、品质化的学习资源，不断提升终身学习服务与支持质量；利用公益组班课程、多样化学习资源等提供多层次、多方位的学习体验，将定制化学习资源、品牌培训项目等融入临港新片区开放型人才服务体系建设；通过“临港市民大讲堂”促进新片区市民精神成长，助力临港新片区塑造区域软实力的魅力与活力。

一、 强化系统规划，完善顶层设计

为保障学校工作有序推进，临港开放市民大学内部设置三大组织机构并明确各机构组成人员，包括发展咨询委员会、校务委员会和行政管理机构。临港开放市民大学于2020年6月召开发展咨询委员会暨校务委员会成立大会，会上正式公布了《临港开放市民大学建设方案》(以下简称《建设方案》)，《建设方案》从建设背景、指导思想、目标定位、建设思路和工作重点等方面进行了系统设计，并确立“学历非学历衔接、线上线下融合、职前职后一体”的办学理念，明确“以服务学习型社会为目标、以推动制度改革创新为特色、以智能信息化技术为支撑”的建设思路，通过新型学习制度的打造、学习机制的建立和学习机会的提供，为新片区实现具有上海特点、浦东特质、临港特色的更高水平、更高质量的教育现代化助力。

二、 创新工作方式，提升宣传能效

临港开放市民大学是高校联动、地区联动服务学习型社会建设的创新实践。为搭建更加开放灵活、资源融通、功能丰富的学习平台，在建设初期，两校围绕机构设置、运营模式、平台载体、工作规划等事项多次召开研讨会进行协商，形成了详实可行的建设方案。历经多年发展，临港开放市民大学邀请两校负责人、教师代表、学生代表及助教代表等召开工作座谈会，围绕课程体系建设、师资队伍组建、工作机制完善及平台功能优化等事项进行深入讨论，为推进临港开放市民大学的稳定发展和纵深建设提供了有力支撑。

为提升学校的社会知晓度和认可度，临港开放市民大学融合传统媒体和新媒体优势，打造多方位、立体化宣传渠道。在学校平台上线之初，通过人民网、光明日报、中国新闻网等12家媒体进行重点报道，受到社会广泛关注。此外，围绕学校核心理念、视觉效果及应用内涵系统呈现，建设了一套完整的学校品牌形象系统。开通“临港开放市民大学”专题网站、“乐学临港”公众号，在上海电机学院官方微信公众号“微文化”版块设置“市民学习”栏目，对学校的办学理念、学习资源等进行定期推动，让临港新片区市民可以选择多种学习工具随时随地进行在线学习。

三、 加强功能对接，启动八大项目

临港新片区作为我国先行先试创新发展的“试验田”，吸引集聚了各类高新技术企业及精英人才，为对接新片区战略发展需要和市民学习需求，临港开放市民大学逐步启动八大学习项目，包括学习资源开发与配送、在岗人员学力提升、市民学习体验、人工智能应用推广、中国(上海)自由贸易试验区临港新片区宣传普及、新片区志愿者集聚、临港青少年体育健康学院、青少年阳光工程。

为进一步了解临港新片区市民学习需求，为市民的终身学习提供更加优质适需的服务，临港开放市民大学面向临港新片区居民，包括在职人员(产业工人及企业白领)、大学生、青少年、中老年人等群体，启动了“临港新片区市民终身学习需求调研工作”，采用入户调研、线上问卷调查等形式，发放调研问卷六千余份，围绕基础学习信息、终身学习现状、终身学习需求等维度开展分析，进一步了解新片区市民学习需求和建议，为临港新片区终身学习服务体系建设提供了建设性意见。

为更好服务新片区企业学习需求，增强职工教育适应性，助力临港新片区形成产教良性互动、校企优势互补的发展新格局，临港开放市民大学创新提供差异化、特色化的学习服务，提供企业配套学习课程，包括红色党建类课程、人文素养类课程，以及“职场写作”“新媒体运营”“手机摄影”“短视频制作”等职场增能类课程。同时还结合特色企业需求，临港开放市民大学不断加强与当地企业合作，提供体验式学习的活动内容，如与光明集团旗下上海花卉园艺集团联动合作，开展世界读书日在线互动直播、“迎花博”手机摄影培训、“光影临港　红色瞬间”摄影大赛等活动，推动临港开放市民大学与上海鲜花港青年人才培训平台共建工作。2022年，临港开放市民大学创新推出企业定制课程，围绕新媒体短视频、新闻采编等主题推出定制化组班课程，服务近700人次企业职工。

四、 对接学习需求，提升内涵发展

疫情防控期间，为做好新片区市民居家防疫与在线学习工作，临港开放市民大学网站平台上线试运行，依托上海开放大学与上海电机学院两校优质师资和业内资深教师资源，以线上报名的形式组织公益课堂，积累了丰富的线上组班教学经验。基于此，2022 年，临港开放市民大学采用直播互动授课、线上线下混合教学的创新形式，共推出包括“好父母是怎样炼成的——家庭教育系列课程”“跟着音乐去旅行系列”“小手机大电影——短视频制作训练营”“世界咖啡品鉴之旅——咖啡线上课”“穿衣有道，品型识人——8 堂课让你穿搭省时、省心又省钱”“二十四式太极”“妆点人生——美妆技巧”“上海市初中体育升学考试解读”“轻松快乐学摄影——从技术到艺术”“日常办公 Excel 实践技巧——从小白变大神”“美学押花系列课程”“心理健康教育”“手工趣味剪纸”“新闻采访与写作实操分享”15 门混合式组班课程，课程实行学分积累、成果认证制度，学员完成课程学习任务后可获得结业证书。通过直播＋互动的闭环课程设计，以及充满温度的学习社群运营，组班课程学员的课程整体合格率达 80%，总体优秀率 43.2%，调研结果显示，98%的学员对课程的教学情况、服务管理和平台支持感到满意或非常满意。

针对临港新片区多样化、品质化的市民学习需求，临港开放市民大学集聚优质教育资源，2022 年在临港开放市民大学学习平台上线精品学习资源 100 门，内容涵盖人文艺术、传统文化、个人素养、职业提升等等，覆盖企事业单位、社区居民、青少年等多群体学习需求，市民可根据需要随时随地开展在线学习，2022 年临港开放市民大学平台在线资源点击量超 14 万人次。此外，还特别推出“临港市民大讲堂”在线公益讲座，邀请知名学者专家进行交流分享，2022 年共推出 8 期，分别围绕“新版膳食指南发布，看看您都吃对了么”“西方艺术里的中国风”“融媒时代怎么做视频”“高举中国特色社会主义伟大旗帜　为全面建设社会主义现代化国家而团结奋斗——党的二十大报告学习体会”“你的身体会说话”“中国第一高楼背后的故事”“研读二十大报告，坚定未来奋进之路——二十大精神学习心得”“从资本与政治的关系看中国特色社会主义”等主题开展讲座。

五、 发挥系统优势，促进“三教融通”

临港开放市民大学的创建既是上海开放大学系统办学优势的有力彰显，也是促进“三教融通”的一次创新实践。作为一所遍布全市的“家门口的大学”，上海开放大学利用浦东新区社区学院、浦东南校等系统资源参与临港开放市民大学建设，全力服务临港新片区市民学习需求。同时吸纳社区学院优质师资和课程资源参与到临港开放市民大学公益组班课程中，如静安社区学院的杨玉明教师开设的“日常养生与保健——从理念到实践”公益课，深受临港市民的欢迎。

此外，上海开放大学充分发挥学校师资的专业背景优势，人文学院、理工学院的骨干教师深度参与了临港开放市民大学精品组班课程建设，开设了“轻松快乐学摄影——从技术到艺术”“世界音乐之旅”“中国文学经典系列课程(先秦篇)”“经典歌曲演唱”“日常办公 Excel 实践技巧——从小白变大神”等课程，并按照临港新片区特色化、区域化的学习需求，进行充分的教学设计和研讨，开设的课程获得了广大学员的好评。

社区教育助力探索社区治理新模式

上海市宝山区社区学院

社区教育不仅具有满足人们终身学习需求的教育价值,同时也有促进社区发展的社会价值。以社区教育助力社区治理可以更好地发挥社区教育的社会价值,培育社区治理工作者,凝聚社会共识,塑造社区生活文化,引导居民“向上向善向好”的社区公共精神。基于此,宝山区社区学院积极探索社区教育助力社区治理新模式,拓宽社区教育广度,丰富社区教育内涵,创新社区教育路径,为宝山“百年行知教育”赋予了新的时代内涵与创新意义。

一、 工作背景

2014 年,《教育部等七部门关于推进学习型城市建设的意见》提出了“广泛开展城乡社区教育,推动社会治理创新”,明确了社区教育发展与创新必然要积极融入社会治理。社区教育始终围绕社区现实的社会问题来开展实践,而社区治理就是要对社区范围的公共事务进行治理,可见两者有着共同的属性,其根基和作用范围都在社区,核心对象都是居民。因而推动两者有机融合、协同发展对于构建党建引领多元共治格局,激发社区治理活力,提升基层治理体系和治理能力现代化水平具有重要意义。

在此背景下,2022 年 3 月,宝山教育主动适应社区教育发展的新要求、社区基层治理的新形势,撤并五所成人中等文化技术学校,成立宝山区社区学院,并将原宝山成人中等专业学校挂牌成立宝山区社区治理学院,探索社区教育助力社区治理新模式的可行路径和方法。社区治理学院致力于打造四大功能平台,不断巩固提高拓展居村干部服务群众能力,为提高社会治理水平聚能赋能。同时进一步提升社区教育内涵,扩大社区教育覆盖面,以高质量发展的社区教育培养社区治理的内生力,充分发挥社区教育活动的社会吸纳、凝聚作用,引导居民多途径有序地参与到社区治理中,使社区教育更好地服务于全民素质的提高,促进社区内每一个人的全面发展,以社区教育助推共建共治共享的社会治理格局。

二、 社区教育助力社区治理新模式的实践

(一) 构建社区教育助推社区治理一体运作新机制

一是构建“一体化”社区教育+治理教育网络体系。组建了由区教育局党政主要负责

同志为双组长的宝山区社区教育领导小组，社区治理学院、社区学院、第二老年大学同时挂牌运作。区委组织部和教育、规划、民政、房地等职能部门以及高校专家教授、专业社会组织负责人、街镇、居村代表等多元主体共同组建“院委会”。社区治理学院作为社区工作者的赋能平台、社区教育和社区治理的融合平台、基层治理的实践平台和多元主体参与的共治平台，一体化推进理论研究、人才培养、实践指导，逐步建立起了“三层四级”(三层：区教育局领导小组、院委会、院务会；四级：治理学院、治理主题分校、街镇党群中心、居村党群服务站点)治理学院体系，并实现实体化运作。建立以5个教学点、12个街镇党群中心、N个基层治理社区实践点为主体的“1＋5＋12＋N”实体化工作网络，具体为5个教学点(原5所成校)、12个街镇党群社区服务中心和N个(首批26个)基层治理典型社区打造的实践点为基本框架。依托现有的社区学院的5个校区，拓展为社区治理主题分校，在全区12个街镇社区党群服务中心成立各具特色的“治理会客厅”，并延伸到全区577个基层党群服务站点，逐步构筑起社区教育和社区治理融合的教育实践功能、传递治理理念的网络体系。

二是建立“教研学”核心管理运行模式。立足基层治理实际，融合原有社区教育优势，如社区老年教育“三类学习点”积聚的资源，走出去、请进来，建立“实践—科研—教学—实践”教研模式。开设以党建引领基层治理“六大计划”课程为重点的8大类76门课程，有力促进专家学者牵头设立治理研究课题、职能部门开展重点项目调研、社会组织强化互动创新、居村一线深入探索实践，让社区治理学院的运行始终紧跟上级部署、紧贴群众需求、紧盯实践需要。

三是锻造“善治理”专博结合师资队伍。围绕“人人皆可为师”，打造“大咖专家＋骨干教师＋土专家＋社会组织专业人员”为一体的师资队伍。由上海大学、同济大学等高校学者教授，人民网、上海频道等专业媒体以及社邻家等社会组织，成立“专家智库”，为社区治理创新实践提供学理支持和实践示范。抽调社区教育的精兵强将，成立平均年龄36岁并包含17名中共党员在内的32名“基层治理骨干教师队伍”。成立社会贤达组成的“治理教学组”，包括老书记工作室、资深社区教育志愿者、“百姓学习之星”、团队学习领袖、非遗传承人等。学院搭建治理的学习、交流、分享、展示平台，让更多身边人成为“好老师”和“治理师”，成为社区教育和社区治理的“合伙人”。

(二) 教治相长，深度参与，形成实训教学新样态

一是培育“达人工坊”治理项目化学习。社区教育主要围绕个人修养和兴趣爱好展开，如何让传统社区教育课程向养成参与治理习惯进行延伸转变，在个人兴趣的小切口上做大文章？将教育课程转化为治理项目，延伸拓展课程目标的治理属性，丰富学习结果的表达形式，让“参加教育”与“参与治理”在课堂上共同发生、交相呼应。例如，学院培育的第一个由400名“宝山教育”的女教师组成的“织语工作室”用小技巧链接一群人，在推进编织课程的同时拓展沟通半径，教育引导学员们参与活力楼组创建，关怀社区弱势群体，探讨共商共治话题。将陶行知教育理念“小先生”制运用到社区治理中，利用“小手牵大手”的亲子带动模式，引导孩子和居民从爱小家到爱社区大家。社区教育的“绿植养护”和“马赛克”工艺课程成为了小区活力楼组建设、小区老旧灯柱微更新中的热门活动，让越来

越多的居民群众在“参加教育”的同时实现“参与治理”,已经培训人次达万人。

二是创新沉浸式“模考”实训课程。大上海保卫战后,以增强治理一线工作者实战能力为目的,设立“沉浸式实训课堂”,形成“模拟演练—专家指导—反复修正”的体验式教学模式。围绕社区治理各类常见场景设计“模考”题,将社区“微更新”、充电桩安装、业委会换届、电梯加装、小区停车改造等常见的突出问题,转化为社区治理教学中的驱动性问题,并由专家老师透过“单面屏”观察指导,在真实的问题解决中帮助社区工作者完善知识结构、提升治理技能,并将宝山区 12 个街镇的治理实训课程形成优秀治理实训案例集。

三是探索“会客厅”培育和情景教学。开启“治理体”新模式,培育“社区治理会客厅”新品牌。运作模式是学院立足社区教育基础,以课程链接达人、能人,培育出达人工作坊,进而在街镇党群阵地开设社区治理会客厅,以会客厅来辐射全区 12 个街镇的社区居村,使学院、街镇、居村形成治理的培育链,推动自组织成为社会组织,再为社区治理赋能,为居民提供了更多高品质的生态空间、文体空间、服务空间。目前已揭牌成立了以编织为特色的“月浦会客厅”、以小宁议事为特色的“淞南会客厅”和以绿植养护为特色的“罗店会客厅”。接下来以陶瓷为特色的“庙行会客厅”和以泾绣为特色的“罗泾会客厅”即将启动。立足街镇实际,结合社区教育资源,打造出 12 个各具特色的会客厅。同时,将全区 26 个美好社区改造实事项目打造为现场教学点,以提高分析和解决实际问题能力为核心,将解题和释惑有机融入教学活动中,实现治理教学和问题解决的“双赢”。

四是构建多元课程资源库。整合盘活全区 15 个各委办局的专业课程资源,在原有社区教育课程资源基础之上,为社区提供家门口的社区法治、社区数治、应急演练、乡村振兴等社区教育多元课程。深度牵手各委办局,共同参与课程开发,将课程设计与居民需求、社区治理与社区教育有机融合,紧紧围绕社区的发展,形成具有宝山特色的品牌课程,构建多元社区教育课程资源库。

(三) 优化布局,打造队伍,凝聚教育赋能治理新力量

一是强化关键力量。牢牢抓住居村党组织书记这支基层治理“主力军”中的“主心骨”,坚持“干什么、学什么”“缺什么、补什么”“学什么、练什么”,结合“头雁工程”加强赋能增能。通过社区治理学院开设“主体班+主题班+特色班”,系统提升 12 个居村书记的群众服务能力、社区组织动员能力、应急处突能力、统筹协调能力,以及应对社区后疫情时代治理一系列新挑战的综合水平,2022 年,为全区 575 名居村书记和 4 000 余名居村“两委干部”开设了 38 个治理能力提升专题班。

二是升级辅助力量。围绕社区“三驾马车”中物业和业委会工作能力的提升,在党组织领导下,联合区房管局、区规划局、区民政局等部门搭建参与平台,以项目化方式开展针对性专题辅导。例如,开设业委会业务专项培训班,教会他们打理“公共基金”、组织“公益项目”、参与社区规划设计等工作能力。

三是培育“双师型”教师。建设一支专兼职“双师型”师资队伍,实现社区教育与社区治理的双向融入,即学校教师融入社区治理,社区达人融入学校教育。学院为 32 位青年骨干教师量身打造了治理教师培养计划,帮助他们更快地成长为社区治理教师。在此过

程中,形成了三大学习品牌:“治理学深耕计划”,把社区教育专家、社会学专家等请进学院,在系列培训中厚植理论功底;“治理行研学计划”,带领教师走进各行各业先进单位,在跨界行走中实践本领;“治理树成长计划”,鼓励老师们经验分享、问题研讨,在同伴互助中迭代升级。

(四) 科研并进,做实做深,形成“教育+治理”金课

一是科研引领治理研究。原五所成校一直从事社区教育实验项目研究,拥有扎实的基础。学院延续原有基础,重视实践与科研并进,并进一步拓宽了研究的广度和深度。研究范围增设社区治理研究,把社区转为研究实践场,开展项目调研、行动研究。以宝山数治化治理品牌“社区通”为例,治理学院通过“社区通”平台的大数据,研究社区反映的难点热点痛点,作为治理教育的研究课题,精准地服务社区,并形成携手专家、社区能人达人开展社区教育治理教育的课题研究。

二是打造能用管用的社治金课。社区治理学院携手党建服务中心,开展“学院课程进阵地”项目,针对数字治理、志愿服务、法治治理、居委工作、民生保障5方面71条问题,精选社区教育“金课”菜单,形成了“教育+治理”学习新样态。目前,内容涵盖公民素养、健康养生、安全教育、艺术修养、文化休闲5大类53门社区教育优质课程和包含社区沟通、社区法治等内容的35门社区治理课程,已开始在各街镇党群服务中心、党群服务站、居民区点单送课。围绕组织动员、统筹协调、应急处置、宣传引导等居村干部核心素养与关键能力,已培训街镇、委办、居委书记以及骨干社工、达人能人等共5个班近500人次,真正实现了把教育送到家门口,让治理融入课程、走进生活。

三、 未来展望与思考

一是胸怀“大教育”、树立“大治理”,成为美好社区的“合伙人”。主动打破“教育只能归学校、治理就该归居委”的固定模式,坚持立德树人教育理念,发挥社区教育的纽带作用,把教育育人根本任务延伸进家庭、社区,秉持让“让教育走出去”“把社区请进来”,不断提升社区教育与基层治理的融入度,以全员性、全程性、全面性的社区教育,通过自我组织、自我服务、自我管理、自我教育等形式,提升每个人的社会贡献力和创造力,培养一批热爱社区教育又有意愿、有公心、想参与的社区治理的力量,以一流的社区教育助力国家和区域的发展战略。

二是激发转型活力,寻求更有突破性的进展。围绕空间共存、资源共享、理念共通、人员共生四大理念,以宝山教育数字化转型为发展契机,围绕未来教育、未来服务和未来治理三大场景创新为重点的集成系统,发挥数字化转型对教育模式的革命性重塑、对优质资源的全方面汇聚以及对个性化学习的数智化支持,打造人机交互的智慧社区实训室,为宝山居民“人人接受教育、人人支持教育、人人服务社区、人人参与治理”提供理论、模式的新路径、新探索和新经验。

三是凝结实践智慧,打造更多引领性的品牌。持续深耕、挖掘和发挥陶行知“生活即教育,社会即学校,教学做合一”的生活教育理论,当好“大先生”表率,并为其“生活教育”理论注入新的时代内涵,积极争取平台和机遇上的主动权,打造一批金牌课、培育一批金

牌教师、形成一批典型案例、建立一批高质量的研学基地,不断发挥社区教育专业化治理功能,做强做亮宝山区社区教育特色,提升教育对城市治理体系现代化的服务力和贡献度,将社区教育作为社区治理的重要载体和手段,为宝山"百年行知教育"赋予了新的时代内涵与创新意义。

提升区域终身教育服务能级

上海市闵行区学习型社会建设与终身教育促进委员会办公室
上海市闵行区社区学院

基层社区是学习型社会的重要组成单元，而社区学校又是实施社区教育的重要载体。闵行区共有14所街(镇)社区学校，它们是闵行区推进终身教育和学习型城区建设的重要载体和核心力量。2022年闵行区每所社区学校都积极发展基层教育的创造性，扎实推进各项工作，为本街(镇)社区居民的多样化学习提供强有力的智力支持和资源支撑。

一、 借助远程教育支持，筑牢社区教育课堂

14所街(镇)社区学校根据市教委、区教育局等相关部门的要求，结合学校实际情况，精准制定2022年社区学校教学工作实施方案。针对线上教学要求，各社区学校考虑到教师及学员对在线教学设备使用存在一定困难，对参与线上教学的兼职教师进行了培训及试讲，在正式开课前设置体验课让学员进行试听后再进行报名等。2022年，在社区教育课程开设层面，各社区学校都凸显了校本特色。例如，虹桥镇社区学校以“乐学超市”为载体，2022年共开设6大类34门课程，服务10多家楼宇企业，共计上课100余次，参与人数2 000余人。同时，还积极发挥学习点建设和学习团队的作用，为星级团队以及助学团队提供经费支持等，为筑牢社区教育课堂，保障社区教育成效做了有益的探索和尝试。

二、 深入挖掘学习资源，提供多类学习形式

14所街(镇)社区学校充分利用市、区级层面推送的学习资源，组织社区居民开展形式多样的学习活动。如全民终身学习活动周、“读书·最美”闵行区市民读书活动、创意手工体验活动，组织居民参与“品味书香　传递阅读力量——2022年上海市民终身学习数字阅读活动”，利用海量数字化学习资源广泛阅读，分享品读体验。同时，在充分利用市级层面提供的人文行走线路的基础上，各个街(镇)充分挖掘区域资源，开拓新的人文行走学习点和学习线路。以七宝镇社区学校为例，2022年新开辟一条镇内人文行走线路“蒲汇水、古镇情”，此线路共推送5期线上行走活动，点击量达千人次，组织5次线下行走，参与居民100余人次，其活动多次在“今日闵行”、上海市民终身学习人文行走公众号予以报道等。

三、对标优质学校指标，以评促建深化内涵

社区学校以优质社区(老年)学校建设为抓手，不断深化学校内涵建设。各社区(老年)学校均建立了相应规章制度，制定了年度计划，按目标逐步实施，落实社区教育年度统计、老年教育统计和远程收视等统计，及时整理归档，确保社区(老年)教育工作有效实施。

同时，各社区学校紧密对标评估指标，以评促建。通过聘请专家解析评估指标体系，针对学校在优质校建设的过程中遇到的难点，对标指标体系，给予科学有效的指导。2022年古美路街道社区学校迎来优质校建设评估工作，学校以此为契机，坚持理念引领、内涵创新，建立了高水平的管理体系，在内涵建设基础上不断深化和提高，从而促进学校形成了自我规划、自我反思、自我完善、自我发展的常态机制。

四、迎接终身教育变革，积极应对数字转型

社区学校积极应对数字化教育转型，特别是帮助老年人跨越“数字鸿沟”。第一，在教学方式层面，积极动员和指导教师开展线上教学。第二，学习方式层面，积极推进“上海老年慕课”的使用。例如，在虹桥镇社区学校，同居民区学习点一起组织学习家风家教家训、朗诵艺术的基础训练与实践、手诊与按摩保健、健身气功·八段锦、家庭花卉养护与欣赏等5门慕课，共有463人报名参课。第三，在学习资源层面，各社区学校梳理汇总老年教育数字资源，包括上海老年大学“乐学大讲堂”、上海老年大学精品课程、上海远程老年大学(上海教育电视台)“银龄课堂”、申学书院等，制作月度学习菜单，提供数字学习导航。第四，在服务方式层面，各社区学校以数字赋能为导向，探索智慧服务。学员报名实现全员“随申办”报名；部分学员的学费缴纳和退费实现线上办理；开通电子票据，学员可根据缴费记录，进行扫码开票或系统开票。研究制定“社区长者数字时代学习中心”老年教育智慧场景建设方案，为进一步引导社区长者在沉浸式学习体验中拥抱数字生活，为帮助长者跨越数字鸿沟作出整体谋划。

在智慧助老层面，莘庄镇社区学校还开展了“智能e时代，银龄新生活”的培训活动。活动融入实效性较强的智能手机应用内容，邀请中国银行、闵行中心医院医生、上海师范大学学生志愿者等录制以“智慧学习　乐享生活”为主题的线上课程，如“手机银行与金融反诈”“数字人民币”“足不出户缴纳水电费”“手机乘车码乘坐公交车”“手机预约挂号”等生活问题，教老年人玩转智能手机。同时，切实做到“四个进课堂”，即科普知识进课堂、智能技术进课堂、防骗知识进课堂、数字化生活体验进课堂。

五、助力教育“双减”政策，打造家校互动教育

为贯彻国家《关于进一步减轻义务教育阶段学生作业负担和校外培训负担的意见》政策，落实新时代“五育”融合实践下的义务教育课程标准，社区学校通过多种形式打造立体化、多层次、多方位的家校互动式育人模式。多所社区学校开展了“闵行学生厨艺训练营”“航空航天体验课程”等学生暑期社区实践活动，有效地培养了学生的劳动观念，提升了学生生活技能，激发学生学习兴趣。

在推进家校社协同育人层面，吴泾镇社区学校与镇妇联携手，积极共享上海家长学校

的优质教育课程，推出60条家长“应知应会”宣传语，组织开展《中华人民共和国家庭教育促进法》有奖问答。鼓励每一个家庭积极行动起来，促进家庭教育健康发展。浦江镇社区学校则以苏民村“沪谚非遗工作室”为阵地，开设“沪谚课堂”。面向暑期未成年人开设沪谚培训班，创作沪谚文艺节目，开展乡村振兴沪谚宣传等。通过“沪谚小故事”，“学说上海话”等节目传承地域优秀文化，并多次在“学习强国”等平台上播出。

六、 依托各级各类项目，科研助力社区教育

闵行区14所街(镇)社区学校立足区域发展实际，设计开发具有区域特色的实验项目。每所学校基本都能立足自身优势和特点，根据本街镇社区教育发展需要，开展社区教育实验项目，通过实验项目，把社区教育从点推向面，从局部推向全局，从宏观推进深化为务实发展，夯实了社区教育的基础，促进了社区教育的内涵发展，也凝练了每个街镇社区教育发展的特色。2022年，闵行区各社区学校在研项目16项(重点5项，一般11项)，其中2022年新立项实验项目9项(重点2项，一般7项)，4月份通过函评方式组织专家进行了开题指导，5月20日组织重点项目参加了市级开题汇报。2022年参与结题项目共计6项(重点2项，一般4项)。其中，古美路街道社区学校的“读书活动助推儿童友好社区持续发展的实验”、马桥镇社区学校的“‘运动健身＋五音疗愈’老年健身课程开发的实验”项目获评优秀项目。颛桥镇社区学校“老年人生命教育探索与实践的实验”、梅陇镇社区学校的“新时代学习型社会建设中的社区美育范式探索的实验”、七宝镇社区学校的“老年班利用线上教育资源拓宽学习渠道的实验”、莘庄镇社区学校的“社区教育提升青少年素养与能力的实验”项目顺利结项。古美路街道社区学校、吴泾镇社区学校、浦江镇社区学校、颛桥镇社区学校、闵行区社区学院获得“2017—2022”上海市社区教育实验优秀组织单位。

各类实验项目的开展，也有助于各个社区学校聚焦社区发展治理和市民学习需求，通过不断丰富项目形式、做好项目的特色提炼和品牌培育，注重成果提炼，加强宣传，形成了每所社区学校自己的风格与特色。同时将取得的阶段性研究成果在工作实践中及时运用与推广。

七、 扎实推进特色工作，注重凝练社校品牌

2022年，在做好常规教学和管理工作的前提下，闵行区14所街(镇)社区学校继续积极开拓富有校本特色的品牌项目，以此更好地满足和惠及区域居民需求。古美路街道社区学校的儿童友好社区建设项目、虹桥镇社区学校的“虹桥面塑”、华漕镇社区学校的善学课堂、江川路街道社区学校的江川银龄健康数字小屋、梅陇镇社区学校的陇上课堂、浦锦路街道社区学校携手非遗，联动社会学习点开展深度游学、吴泾镇社区学校的吴泾“闵小厨”劳动课程、新虹街道社区学校的香囊文化传承人培育项目、马桥镇社区学校的健康乐学善行“三三一实践活动”、莘庄镇社区学校的门票莘文化、浦江镇社区学校的流动课堂子课堂“沪谚课堂”、七宝镇社区学校的社区教育主题展示活动、颛桥镇的生命教育实践活动、莘庄工业区社区学校则因地制宜推进企业学习点扩能建设等。14所街(镇)社区学校

在推进特色工作的过程中,把社区教育从点推向面,从局部推向全局,从宏观推进深化为务实发展,夯实了社区教育的基础,促进了社区教育的内涵发展,也凝练了每个街镇社区教育发展的特色。

八、 思考与展望

第一,教育资源有待进一步整合。14 所街(镇)社区学校均拥有市、区级层面,以及街(镇)层面开发的各类教学资源,资源从数量来看是非常丰富的。但是这些资源缺乏有效的整合和融通,资源的利用率和利用成效有待进一步提升。同时很多不同社区学校的优质资源可以在不同的社区学校进行共享,扩大优质教学资源的辐射度。

第二,教学模式有待进一步优化。过去一年,每个社区学校都积累了很多线上线下教学的有益经验,如何将这些经验进一步优化,更好地服务于新时期的社区教育教学模式是值得探索的新课题。

第三,课程特色有待进一步凸显。要形成丰富而特色的课程体系。部分社区学校师资力量不足,现有教师偏重管理,忽视了教育教学能力的培养与提升,课程建设的推进力度不够,要不断探索课堂教学模式与新时代背景下的教育教学新方法,提高专兼职教师的专业素养和教学能力,为满足社区居民多样化、个性化的学习需求提供可能。

建设社区美好生活圈学习点位

上海市长宁区地区工作办公室 上海市长宁区社区学院

《上海市城市总体规划(2017—2035)》明确打造“宜居、宜业、宜游、宜学、宜养”的“15分钟社区生活圈”是上海建设卓越全球城市的重要举措之一。长宁区入选全国首批城市一刻钟便民生活圈,也是全市乃至全国第一家全面开展“15分钟社区生活圈”建设的示范区,明确提出“十四五”期间要着力实现10个街镇“15分钟社区生活圈”全覆盖,以“四力”建“四城”,助力加快建设具有世界影响力的国际精品城区。为此,大力推进学习型城区建设,完善长宁区终身教育体系,满足市民终身学习需求,是丰富“15分钟社区生活圈”建设内涵的必然要求。

一、 实施背景

(一) 新时期赋予了社区教育高质量、现代化发展新内涵

习近平总书记在党的二十大报告中明确强调,要“加快建设网络强国、数字中国”,同时,也从“实施科教兴国战略,强化现代化建设人才支撑”的高度,对“办好人民满意的教育”做出了专门部署,为推动教育改革发展指明了方向。我国社区教育进入了高质量发展的新阶段,新时期赋予了社区教育新的发展内涵。新时期社区教育要实现整体高质量发展,就应当进一步对标更高均衡性、更高匹配度和更高满意度等要求,进而通过有效的学习服务供给不断满足人民日益增长的美好生活需要,促进人的终身发展,而学习方式、学习空间的创新与开拓,是社区教育的活力所在。社区教育的高质量发展需要“跳出教育看教育”,通过凝聚各方共识、汇集各方智慧,积极参与构建就医、养老、教育、文化等服务于一体的社区教育发展生态圈。

(二) 终身学习嵌入“15分钟社区生活圈”,激发社区空间活力

2019年以来,作为全市乃至全国第一家全面开展“15分钟社区生活圈”建设的示范区,长宁区地区工作办公室就着手推进了“15分钟社区生活圈”建设工作,希望通过打造“一条路、一张网、一抹蓝、一张图、一片绿、一部梯”等实践范例,激发社区空间活力,以“15分钟社区生活圈”为着力点,以先发优势带动整个区域的推进格局。富有品质的“15分钟社区生活圈”建设的实践,需要终身学习元素的融入,也为终身学习元素与社区生活服务点位的有机融合创造了条件。社区美好生活圈学习点指的是终身教育元素与社区中原有的美好生活圈点位相互融合,并在其中嵌入学习功能的基础上,社区居民步行

15 分钟以内就可以自主参与终身学习活动的场所。2022 年长宁区学习办也开展了首批“15 分钟社区生活圈”学习点的评选工作，以学习力赋能社区美好生活圈学习点建设，让学习点成为老百姓家门口学习的好地方，服务“宜学”的“社区生活圈”势在必行。

（三）满足市民学习新诉求，提升社区教育服务能级

社区教育多级网络建设是落实学习型城区建设要求的重要载体，发挥社区教育内涵建设的特色与效果也需要各级网络形成教育合力。长宁区已经打造了由社区学院、街镇社区学校、社区教育居民教学点、睦邻学习点组成的社区教育多级网络，并着力推动社区教育向体验基地、社会学习点进一步延伸，希望通过前置服务，让更多市民就近、便捷地享受优质学习服务。新时期社区居民在学习动机、学习内容、学习方式、学习场所、学习形式、学习距离、学习质量等方面都有了新要求。面对新时期社区居民学习新诉求，长宁区要立足区域实际，深挖区域内的特色公共资源、文化资源和学习资源，结合社区微更新和“15 分钟社区生活圈”建设，配套教育资源、形成联动优势，将终身学习元素与社区生活服务点位有机结合，以“15 分钟社区生活圈”学习点建设的方式，打造市民步行 15 分钟可达范围内的、终身教育线上线下学习共享的新阵地；更好地缩短学习距离，扩大教育供给，满足市民学习新诉求，提高办学开放度，推动多元主体参与社区（老年）教育，拓展长宁区终身教育服务覆盖面，提升办学网络服务能级。

二、 建设经验

（一）聚合资源，以保障居民多样化学习需求为目标

社区美好生活圈学习点建设必须实现以下两个目标。一是每一个美好生活圈点位的服务范围都是由辐射范围内的各类基础服务设施以及周边地区居民提供的资源集合而成，能为居民提供各种高质量服务内容。二是由于年龄段、社会经济条件、时空位置等的不同，居民对终身学习活动的要求也存在多样化的特征，社区美好生活圈学习点建设也将对各街镇居民，从健康保健、休闲娱乐、实用技能、家庭与人际、社会与政治、自我实现与生命意义等多维度开展学习需求调研、资源配送、活动开展提供有力保障。

（二）创新发展，以探索社区美好生活圈学习点建设机制为保障

长宁区在推动社区美好生活圈学习点建设中，以创新发展机制探索社区美好生活圈学习点的建设机制。通过跨部门加强联动共建、资源共享，以多种模式融合社会资源；通过标准指引机制、多方协同机制、队伍建设机制、资源配送机制等方面多措并举，确保学习点发挥实效；通过教育功能嵌入、学习活动开展、师资队伍培育、经费扶持等实践，提炼出具有可操作性、可推广的嵌入式社区美好生活圈学习点建设标准和流程，全面加强学习点建设工作的科学性、规范性。通过“稳扎稳打、步步推进、大力扶持”，培育一批在服务社区居民的过程中有内容、有特色、有成效的嵌入式社区美好生活圈学习点，在区域及全市范围内起到示范引领作用。通过总结提炼和经验推广，提高社区教育网络服务质量，丰富“15 分钟社区生活圈”的学习内涵。

（三）凸显特色，以建设多样化成熟学习点位为方向

长宁区以各街镇社区学校为依托在全区 10 个街镇精心组织、落实落细学习点的具体

建设工作,使学习点成为社区居民参与终身学习的重要阵地,引导市民建立终身学习理念;使学习点成为社区教育办学网络的有效补充和延伸,促进区域终身教育体系高质量发展。已经初步形成的20个学习点位,各具特色、载体各异,既有小区微更新后的创新空间,也有第三方运营的综合空间、白领学习中心、特色博物馆等多种资源类型。通过广泛遴选、挖掘区域内已有的15分钟社区生活圈点位,根据学习点培育标准对已有点位进行筛选、打造,最终建设具有影响力的、有特色的、成熟的长宁区社区美好生活圈学习点位。进一步拓宽居民的学习渠道和场所,在更大范围上整合社区资源,加强社区美好生活圈学习点的品牌与特色培育,让更多市民享受高质量、便捷化的社区教育服务,形成长宁区独具特色的嵌入式社区美好学习圈品牌。

三、 实践创新

(一) 探索建设标准流程,提升社区美好生活圈学习点建设规范性

嵌入式社区美好生活圈学习点建设应在各推进阶段把握不同工作要求,并着重规范工作节点,即组织动员、申报遴选、培育指导、特色建设、审核评估。建设流程应基本包括但不限于:前期申报遴选、实地走访;中期批准建设、专家指导;后期档案管理、活动展示、评估认定等。学习点建设流程的明确能够为其持续稳定的发展奠定基础,当然也需要从公众的个性化、有效参与以及多样化的活动方式出发,在建设的过程中创新机制、提炼好的做法,探索符合各学习点自身特色且实用的建设方案。突出社区美好生活圈学习点“嵌入式”的建设模式,在已有的15分钟社区生活圈点位中筛选一批符合学习点建设要求的点位,通过推进合作共建、给予资金支持、组建服务团队、开展课程建设、丰富学习活动、购买项目服务、广泛宣传发动、加强质量评估等,形成建设标准,提升区域内的嵌入式学习点建设质量,更好地发挥教育服务功能。

(二) 激发社区创新活力,推动构建社区教育可持续发展生态圈

新时期社区教育的高质量发展要求社区教育满足人民群众日益增长的美好生活的需要,促进人的终身发展,而学习方式、学习空间的创新与开拓,是社区教育的活力所在。社区教育的高质量发展需要通过凝聚各方共识、汇集各方智慧,积极参与构建就医、养老、教育、文化等服务于一体的社区教育发展生态圈。长宁区在社区美好生活圈学习点的建设中,坚持以人为本的基本理念,全方面获取周边居民在终身学习方面的需求,结合区域特色,科学地设计和调整教育服务内容,打造十五分钟内即可到达的、满足市民学习需求的学习点位,激发社区活力。通过营造浓厚的学习氛围,拓展包含参观、讲座、课程在内的,主题巡演、非遗传承、数字化教育、手工体验等特色学习形式,促进全过程、多种形式的公众参与,在学习点建设、更新以及后续管理和维护的过程中,激发居民参与终身学习的热情和积极性,推动构建起社区教育可持续发展生态圈,培养了社区居民的“主人翁”意识,提升社区学习者的幸福感和获得感。

(三) 助推社区教育融入社会治理,构建共建共治共享新格局

社会治理是国家治理体系和治理能力现代化的重要内容,早在2014年发布的《关于推进学习型城市建设的意见》中就明确提出“广泛开展城乡社区教育,推动社会治理创

新”。文件指出应当把社区教育作为一种能够推动社会发展、促进社会有效治理、涉及整体社会的综合性实践。面对新时期社会主义现代化治理体系构建的要求,社区教育的特殊性使其在完善基层社会治理上拥有不可比拟的优越性,社区教育可以从组织、群体、个体、社会层面参与等多个层面融入社会治理,回应群众对美好生活的需求,丰富拓展社区教育的内涵和外延,以更契合国家、社会经济发展和群众需求的角度出发,创新社区教育发展模式。以学习元素融入“15 分钟社区生活圈”,打造“社区美好生活圈”学习点,是有效盘活、开放、利用社区资源的体现,通过资源的聚合纵横沟通,能够实现一个场所多种功能的社会共享目标,如虹桥街道中山美好生活站、仙霞新村街道长者食堂、江苏路街道公共市集学习点位为市民提供了全新的体验。借助社区教育组织和平台能够通过学习点寻找利益结合点,在精细化管理和实施的基础上为每一位居民提供个性化的、便捷可及的社区教育服务,提升社区教育的社会影响力和社区治理的职能。

推进基层科研团队建设

上海市松江区教育局

“上海之根”的松江区地处远郊，地域广，以农业见长；松江又是一座焕发着勃勃生机的新城，以科创闻名。建设高质量的学习型社会，完善普惠多元、泛在可选的终身学习环境，形成与五个新城相匹配的学习型社会和终身教育氛围，有效服务市民的终身发展。近年来，松江终身教育不懈努力，取得了一些可喜的成绩："十三五"至今，共获国家级奖项19项、市级奖项85项、区级奖项182项。这几年，松江区共承担上海市社区教育实验重点项目21项，一般项目79项，其中获市级示范项目2项、市级优秀项目12项；此外，还承担老年素质教育实验项目和老年教育理论研究课题118项。

这些成果离不开松江终身教育对于基层科研团队建设的重视，从以下三方面交流松江区基层科研团队建设的实践与探索。

一、 认识与实践：扎根社区一线加强科研团队建设

教师是立教之本、兴教之源，需要打造符合新时代要求的师资队伍，提升社区教育服务能力。社区教育姓“社区”，基层建设在“基层”，必须扎根社区一线、基层一线，贴近大地一线，引领和带动科研团队，才能形成一批高质量的终身教育科研团队和研究成果。为此，松江建设了三个推动一线教师专业化团队发展的平台。

（一）搭建三大平台，加强团队建设

一是培育研究团队。2016年成立了青年教师自治学习团队“云间研学社”，创新培养机制，调动主动发展的积极性，丰富成长的资源和途径，成为青年教师成长的摇篮。2020年，在此基础上成立“松江区社区（老年）教育青年研究团队”，引入专家导师的示范、引领和辐射，为青年教师的成长创设良好的载体和平台，从而形成青年教师队伍可持续发展的长效机制。

二是组建资源联盟。2018年成立了四个社区教育资源联盟，每个联盟由2—4个街镇社区学校组成，形成了“理念共享、资源共享、成果共享”的联盟工作格局。

三是成立学科中心组。2019年由学院牵头成立区级学科中心组，以骨干教师为引领，实行链条式管理，形成了综合性的教师成长平台。目前有信息技术、音乐、茶艺、手工艺、英语五个学科中心组。

成立至今，学科中心组承担的“推进学科中心组高质量发展的实验”获2021年上海市

社区教育实验示范项目;青年研究团队承担的市重点实验项目"依托社区教育传承'上海之根'文化的实验"由上海市推至教育部申报社区教育实践创新项目。

（二）发力五项工作,突出科研赋能

在团队建设中,着力强化科研工作,渗透科研意识,提升科研能效。松江一直以来坚持"开展教育科研,是社区教育发展之动力"理念,坚持问题导向,科研推动,着重从以下五方面发力:一是以实验项目为抓手,推动社区教育内涵发展;二是以课题研究工作为载体,深化社区教育理论研究;三是以论文评选发表为驱动,促进科研论文质量提升;四是以科研基地建设为契机,带动区域联盟协同发展;五是以各类科研活动为平台,加强学术交流学习,呈现出蓬勃发展的良好态势。

二、 探索与创新:进一步着力推进基层科研团队建设

（一）多措并举巩固建设

一是修制度,强管理。松江修订了《推进松江区社区教育资源联盟建设工作指导意见》《松江区社区(老年)教育青年研究团队建设方案》《科研项目管理制度》等科研方案和制度,实现了科研管理的制度化、规范化、科学化。

二是连纽带,促协同。科研团队成员协作完成科研项目,研究领域涉及网络建设、队伍建设、课程建设、品牌建设、团队建设、教学方法、文化传承等方面,理论与实践相结合,通过科研项目形成连接纽带、激发工作动力,促进团队建设。

三是创新制,"流动式"。针对科研团队成员来自不同街镇,工作地点分散,且每个街镇有自己的特色特点,探寻出一个适合团队特点的"流动式"工作机制,学习活动由社区学院、科研基地及4个资源联盟轮流举办。

四是活学法,"多元式"。"走出去,汲取营养":积极组织教师参加各类学术会议,帮助教师开拓视野、增长见识,促进合作研究;"利用网络,博采众长":网络学习打破了时间和空间的限制,既可以实现跨校级、跨区级的研讨,也可以不受定点定时的限制,实现资源共享;"请进来,面对面学习":尽可能多地创造机会让教师们能够近距离与专家对话,站在巨人的肩膀上有效提升教师的科研水平。

（二）发挥科研基地的领衔和辐射作用

2020年,石湖荡镇社区学校获批上海市首批"社区教育科研基地",是我区基层科研团队建设卓有成效的典型。这所位于"浦江之首"的农村成人学校的10名在编教师中有5位是研究生。该校提出了"人人有课题,年年有项目"的科研发展理念,"以科研促进教学、教学带动科研"的方式,通过"专业引领、同伴互助、交流研讨、持续发展"的途径,引导教师在参与科研的过程中逐步适应社区教育科研工作,开展科研探索。

该校进一步建立自主式、参与式课题研究机制,制定相关奖励机制,成立专家工作室,通过实施"指导专家+科研小组"的带教模式,与华东师范大学、上海对外经贸大学、上海视觉艺术学院等高校建立合作机制。已形成一支涵盖校内、资源联盟校、同行兄弟校、高校专家、市社专委等多元力量组成的科研队伍,基地科研水平整体提升,进一步激励了教师参与科研的积极性。

成立三年至今，科研基地不断走向规范化和优质化。获区级以上立项的课题和实验项目数量达到21项，其中实验示范项目1个，重点实验项目4个，优秀项目3个。开展课题《基层党建引领社区教育发展的路径研究》，获得市优秀课题荣誉。多次获市、区科研大赛一、二等奖，并且年年获评区级科研优秀组织奖。

石湖荡社区学校在加强自身建设的同时，还积极发挥科研基地的辐射作用。通过举办市、区级教科研活动，汇编《石湖荡成人(社区)学校科研成果集》，以科研项目化工作，提高服务能力，提升社区教育内涵。在科研基地的辐射下，联盟各单位校长带头做科研，教师人人承担科研项目，比学赶超、氛围浓厚、协同创新，不仅推动社区教育理论水平的提升，也让教师们通过参与科研而更热爱工作，以积极向上的姿态投入工作中，助推学习型乡村建设。

三、 体会与思考：服务终身教育高质量发展新要求

党的二十大报告指出“坚持以人民为中心发展教育，加快建设高质量教育体系，发展素质教育，促进教育公平”，要“培养高素质教师队伍”，要“推进教育数字化，建设全民终身学习的学习型社会，学习型大国”，对上海、松江学习型社会建设以及率先构建服务全民终身学习的高质量教育体系提出新要求。

(一) 新征程上新使命，学会新思维

助推“科创、人文、生态”现代化新松江和长三角G60科创走廊一体化策源地建设，更好地展示“松江，人民向往的新城”形象，面对数字化、信息化、智能化的高质量发展要求，必须要学会运用“数字化”“互联网＋”的思维，来开展社区教育科研工作，在扎根基层和一线的工作中体现松江区域特色、松江终身教育特性，使得松江终身教育科研工作进入一个崭新的阶段。

(二) 强化科研“特质”，提升赋能社区教育水平

要充分认识科研的重要性，增强科研特质意识，营造浓厚的科研氛围，更好地探索规律，破解难题，引领创新。力求做到“三个结合”，即教师同科研结合，研究同实践结合，实践同项目结合，以此改变教师的学习、工作、生活方式，提升教师的精神境界，优化教师的科研品质，提升服务社区教育水平。

(三) 团队驱动、基地领衔，促进高质量发展

团队建设是全方位提升科研工作和能力乃至社区教育、社区治理的基石。要进一步培养教师的团队意识，使教师正确认识科研团队在上述研究中的重要意义，有效提高教师参与的积极性。进一步扩大科研基地的辐射面，打破校与校、联盟与联盟之间的壁垒，让科研基地的领衔与辐射成为松江区社区教育教师科研能力快速提升的又一优质平台，力推松江终身教育高质量发展，为建设学习型社会和学习型大国做出松江积极的贡献！

构建区域化成人学校考核体系

上海市崇明区社区学院

一、 实施背景

(一) 国家、市级层面:构建考核体系是新时代社区教育高质量发展的时代要求

无论是为贯彻落实党的二十大精神,以及《上海市教育发展"十四五"规划》中明确规定的"实现上海教育更高品质发展,高质量教育体系总体建成"发展目的和《上海市终身教育发展"十四五"规划》确立的"率先建成以城市学习力为驱动的更高水平、更高质量的学习型社会"发展目的,还是按照《上海市教育委员会关于开展本市街镇社区(老年)学校优质校创建工作的通知》全面有序做好优质校建设评估工作,都对提升社区学校内涵建设水平、促进社区教育高质量发展提出了新的要求。构建考核体系是促进社区教育高质量发展的有效抓手。

(二) 区级层面:构建考核体系是对社区教育高质量发展的自我要求

于 2008 年起步的崇明社区教育在十余年的发展中经历了规模扩张与硬件布局阶段,在以提高质量、提升内涵为核心的新时代,崇明社区教育存在诸多问题,主要有:一是供需矛盾。市民对社区教育高质量、多样化、个性化发展的需求与不平衡、不充分的社区教育资源供给之间的矛盾,崇明目前存在专兼职教师质和量上的不足,课程资源建设的薄弱等问题;二是品牌的缺失。自 2004 年崇明拉开生态建岛的帷幕,主要面向在校学生的崇明生态教育在全市乃至全国已然形成了具有一定影响力和辐射力的教育品牌。但极具影响力的社区教育品牌仍然缺失。三是积极性不够。学校有效评价机制和教师准入成长评价等机制未与评先评优、职称评聘、薪酬分配等精准挂钩,一定程度上阻碍了学校和教师的积极性。因此,崇明在推进社区教育从规模增长转向质量提升,从基础建设转向能级提升,从行政驱动转向创新驱动的同时,需要一套标准、科学、适用的区域化考核体系,能够指引各成人学校以校为本、夯实基础、优化发展、彰显特色,贯彻落实社区教育高质量发展的要求。

(三) 校级层面:构建考核体系是成校改制后问题频现的现实要求

2020 年起,崇明对 18 个乡镇社区学校进行改制,合并成有独立建制的 6 所成人中等文化技术学校(简称"成人学校")。在独立建制和学校合并过程中,带来了一系列的问题,主要体现在:一是条线工作紊乱不清。崇明社区教育本来就师资薄弱,改制后一批在一线奋战多年的"外借"骨干回到了自己的学校,从中小学调入的数量有限的教师面对十余项

条线工作显得无所适从;二是办学功能逐步弱化。多年来崇明社区教育工作实施的主体都是乡镇社区学校。改制后大量的工作布置对象是成人学校,这也造成“总校做、分校看”的情况出现,部分成人学校下辖校区的办学功能正在弱化;三是校校之间差距拉大。改制后各个成人学校在人、财、物(如校区数、师资队伍、学员素养、社会资源等)之间的差距拉大,继续沿用原来面向各乡镇社区学校的工作标准来考核各个成人学校,显然是不够的。

崇明社区教育面对工作及改革中出现的问题,迫切需要梳理各项工作及其要求,面向各成校及下辖校区分别制定科学、合理、适用的标准,助其尽快向多元创新发展。

二、 基本做法

(一) 建立工作小组,制定工作方案

1. 成立工作小组。建立由区教育局成职科社区(老年)教育工作负责人、社区学院院长及业务负责人、市级和区级考核体系制定专家、成人学校教导主任、一线骨干教师、成职教育学会社区教育专家组成的“官方+专家+草根”考核体系创建工作小组。组建工作小组交流群,实时对工作中出现的问题进行交流研讨。

2. 制定考核工作方案。由原成职科社区(老年)教育工作负责人和社区学院社教部主任共同制定工作方案,并邀请市级和区级考核体系制定专家、成人学校教导主任、一线骨干教师对方案进行研讨商榷,最终确立初步的考核工作方案。

(二) 梳理痛点难点,确定考核要素

1. 梳理工作痛点难点。在区教育局指导下,社区学院牵头6所成人学校校长、一线教师及成职教育学会社区教育专家,对崇明社区教育发展中和成人学校改制过程中出现的痛点、难点、弱点进行梳理、汇总,主要集中在办学方向、教师发展、课程建设、课堂教学、学校管理五个方面。

2. 搜集各类研究成果。了解全国、市社区学校考核体系及中小学考核体系建设情况,搜集和崇明情况类似的国内外关于社区学校考核体系的研究成果。

3. 初步确定考核要素。按照社区教育、成人学校学校管理、发展的内容、目标、要求等,结合工作的痛点难点,借鉴相关的考核方案,如《崇明区中小学考核方案》《蔡甸区社区教育工作考核细则》,初步罗列考核各项要素。

4. 进行要素推进尝试。基于社区教育发展中和成人学校改制过程中出现的主要问题,以及梳理出的制度建设、教师发展、教学管理、课程建设与推广、涉农培训、学习团队、特色办学、科研成果等重要要素,与成人学校负责人、一线教师进行研讨商量,合理规范考核要素:一级要素6个,二级要素23个,三级要素55个。经过研讨、商榷的考核要素面向成人学校进行工作指导的尝试,初步形成适度引领、稳定推进工作的积极局面。

(三) 进行特征分析,形成考核体系

1. 确定主考核指标。按市、区对成人学校各项工作的要求及成人学校的实际情况,即按需要考核的程度对考核要素进行分档:分为“非考核不可、非常需要考核、需要考核、需要程度低、几乎不需要”来进行评估,按少而精、适用原则根据不同权重选择考核要素,形成业务工作为主、促进社区教育内涵发展的成人学校主考核指标。

2. 确定子考核指标。在主考核指标中选出能够凸显社区教育特色、促进社区教育区域化创新发展的相关考核要素并进行细化,形成以课程、教学发展改革为主题的主题性子考核指标。综上,由主考核指标和主题性子考核指标组成的成人学校考核体系初步形成。

(四) 进行考核试点,完成指标修订

1. 指导成人学校工作。根据成人学校考核体系的指标要素,指导成人学校及下辖校区尽快明确工作任务和内容,在内涵建设基础上不断深化和提高,促进学校形成自我规划、自我反思、自我完善、自我发展的常态机制。

2. 考核体系初步修订。选择两所成人学校及下辖校区作为考核试点单位,进行年度考核和主题考核。根据考核后的结果、两所成人学校及下辖校区的反馈,结合领导、专家的意见建议对考核体系进行了初步修订,使考核指标更加的理想和完善。

3. 考核指标二次修订。在每年的成人校长会议上对试点单位以外的学校以及下辖校区对照考核指标进行工作指导,督促其围绕考核方案进行学校管理和内涵建设,并汇总他们的意见与想法。综合试点单位的反馈,最终形成主考核指标和主题性子考核指标结合的成人学校考核体系(试行版)。

三、 基本成效

崇明社区教育以问题为导向,创建了主考核指标和主题性子指标相结合的立体化考核体系。根据考核体系指标要素指导成人学校及下辖校区尽快走出了改革阵痛期,有序开展社区教育工作,进一步推进社区教育教学培训、教师队伍建设、课程开发、科学研究、信息化发展。按照考核体系指标要素的指导及要求,各成人学校在教科研、教师队伍建设、课程开发等内涵建设方面初具成果,特色化社区教育品牌培育有明确的方向和目标,学校、教师的积极性和活力得到了一定激发。所制定的考核体系也被兄弟区参考,具有一定的借鉴、参考、推广价值。

终身学习因“时”而变　数字赋能教育改革

上海市徐汇区教育局

2022年6月，教育部职业教育与成人教育司公布社区教育“能者为师”实践创新项目第二批启动名单，徐汇区社区学院运维的“汇 e 学”上海徐汇终身教育云校，入选“科学素质与互联网学习”主题特色类项目。该项目是徐汇区终身教育借力上海市提出的“城市数字化转型”的重大战略，利用优质教育、文化集聚的优势，发挥全市老年教育信息服务平台的优势，围绕完善居民数字化便捷学习的服务支持体系，加速形成终身教育线上线下融合发展的新模式做出的创新探索，致力于构建“智慧”终身学习场景，助力徐汇终身教育加速形成新的发展格局。

一、 从应需而生到因时而变

徐汇区教育局为加速探索线上终身学习，于2020年4月联合区内区老年大学、街镇社区(老年)学校、居村委教学点、社会办学点等终身教育办学机构，启动建设并上线运营徐汇区统一终身学习平台——徐汇终身教育“光启 e 学堂”。平台由区教育局统筹协调，区社区学院主体开发运营，各类办学机构提供“名师名课”资源共同参与。

至2020年春季学期徐汇区终身教育线下办学逐步恢复时，“光启 e 学堂”共推出25节在线直播讲座，平均每次课程点击量1 000人次。这充分证明，社区居民，尤其是老年群体因疫情宅家“触网”，学习行为习惯已经发生迁移，线上学习在终身教育，即便是老年群体间同样潜力无限。“光启 e 学堂”由徐汇区社区学院进行专业运维。

2020年秋季学期，“光启 e 学堂”扩大线上优势，逐步实现了手机端、电脑端同步覆盖，微信 H5、徐汇学习网、抖音等各端口多平台上线，直播、回放同步生成；同时建立了卓有成效、可持续的工作机制，搭建了由办学主体推荐资源，区社区学院组织重构开发的资源开发路径，形成了区平台高位引领、学校平台零距离贴合的宣传推广途径，夯实了贴近居民便捷学习需求，形式灵活、组织有力的学习支持服务方式，培育了一支专业能力突出、成员构成稳定、职责划分明确的工作队伍。

截至2020年底，“光启 e 学堂”共上线12门课程，154课时，累积资源时长5 256分钟，观看人数14 235人、71 033人次，平均每节课程点击量6 000人次；上线55场讲座，累积资源时长691分钟，观看人数17 717人、57 942人次。

二、从因"时"而变到数字赋能

上海市先后公布的《关于全面推进上海城市数字化转型的意见》、《上海市促进城市数字化转型的若干政策措施》,全面推进城市数字化转型,引导全社会共建共治共享数字城市成为重大城市战略。教育领域借助数字化手段,加速实现现代化,成为热议话题。徐汇终身教育顺势借力,努力提升"光启 e 学堂"的学习品质和服务能力,将之培育成市民终身学习更丰富的资源平台和更普遍的学习途径,进一步推动徐汇区"云"端终身教育服务的发展。2021 年,以"光启 e学堂"为基础,徐汇设立"汇 e 学"上海徐汇终身教育云校项目,同步入选徐汇区区政府实事项目,全面推进徐汇区"线上线下"融合的终身教育发展新模式。

2021 年,徐汇区自建了"汇 e 学"云校平台,并且实现了全区全覆盖:徐汇区社区学院设立运营"汇 e 学"云校总校,着力培育、推送区级精品学习资源;徐汇区老年大学、13 个街镇社区(老年)学校设立运营 14 所云校分校,着力开设、推送特色学习资源,从而为社区居民构建了全面覆盖的终身教育线上学习平台。

与此同时,"汇 e 学"云校平台还积极延展数字学习途径,努力实现"一站式"的便捷使用。自建平台集成"网页 Web 端""微信小程序 App 端""微信公众号端"等多个接入端口,并入驻了"随申办"徐汇区旗舰店,在"教育培训"下的"老年教育"开放报名端口,同市民"一网通办"的其他民生事项进行集成,提高了项目的可及性、便捷性和普及性。

截至 2021 年年底,"汇 e 学"云校的课程资源已涵盖文史、声乐、西点、舞蹈、保健等各主题门类,共计 44 门区级精品课程、98 个精品讲座,吸引超过 26 人次参与学习,成为徐汇区市民学习的重要途径。

三、从数字赋能到融合改革

2022 学年,学院社区教育部在既有基础上,向教育部职成司申请了社区教育"能者为师"实践创新项目,针对未来信息技术与教学的深度融合,推动"智慧+"的教学理念、教师团队、教学空间,赋予社区教育"汇 e 学云校"及其课程开发团队更多"创新"职能与功能。

一是"重构"教师概念。线上课程不是课堂录像的网络播放,需要对教学内容数字化改造,如对原有教学内容的规划、划分、调整、精简、修改等完善操作。新形态下的教学环节不再由教师个人决定,需要教学管理机构从技术、教学、管理等不同维度搭建教学支持体系。传统课堂中教师对教学起主导作用,在终身学习的智慧治理的平台下,教师的概念将更加广泛。授课教师、辅导教师、技术支持、课程管理都将成为"汇 e 学云校"课程开发团队的教师成员,真正践行社区教育"能者为师"的理念。

二是"融合"教学模式。"汇 e 学云校"课程是区别于传统课程的网络在线课程,是课程、教材、教学和管理的综合体。包含视频讲解、讨论、学习公告、学习组织、课程运维等众多要素。同时"汇 e 学云校"打造的精品课程,是优质教学资源的网络共建和共享。借用新时代 5G、大数据等新技术手段,推动在线教育在区域终身教育深入发展和大规模应用,让它成为区域终身教育的一种新形态,实现区域终身教育未来线上线下融合式发展。

三是"创新"学习环境。"汇 e 学云校"围绕终身学习数字化场景构建,培育线上学习平台,扩大线上学习资源的规模和品质;延展数字学习途径,提升可及性和便捷性;探索智能服务,提升服务能级。未开的课程将突破个体终身学习的"时空"限制,向时时、处处、人人的学习社会不断迈进,扩大"云课"的资源规模、提升质量与效益。智慧学习环境将提升线上终身学习的自由度、深度和高效程度,实现高支持度的自由学习、高匹配度的深度学习、高舒适度的高效学习。

四是"诠释"能者为师。"光启 e 学堂"运营以来,调动全区终身教育的办学主体和办学资源,就课程开发过程已初步形成了角色分工明确、统筹协调的合作模式。授课教师团队主要由徐汇区各街镇推荐的教师志愿者、科研院所专家志愿者、退离休高级专家协会教师志愿者等百余位教师构成,采用直播与录播两种形式,为广大市民朋友提供精彩纷呈、极具特色、既有理论知识又有体验环节的课程与讲座。社区学院成立课程"视频化"制作、线上直播的技术组,以保障课程在网络学习平台上精彩呈现。已基本形成了两支队伍:授课教师团队和课程制作团队。

五是"云校"建设愿景。未来,徐汇区将以"徐汇区终身教育'云校'"作为理念引领和课程资源建设实践平台。构建和培育"线上授课教师团队、课程研发制作团队、课程学习管理团队和学习分享志愿团队"四支队伍,并结合线上学习资源需求展开研究和培训。让每一位愿意参与网上教学、参与资源构建、促进学习分享的"能者"都能在徐汇区终身教育"云校"中找到自己的位置,成为线上学习资源开发团队中的一名"老师"。

虚拟现实空间人文行走路线中的课程建设

上海市虹口区人文行走办公室

一、 建设背景

虹口区是上海“党的诞生地”和“初心始发地”重要区域之一,被习近平总书记誉为“海派文化的发祥地、先进文化的策源地、文化名人的聚集地”。这是历史赋予虹口区的宝贵财富,为了用好这笔财富,打响品牌,近年来虹口区不断推进文化强区建设,通过修缮与改扩建,把曾经的建筑、文化重新展现在人们面前。不过,有些建筑可以修复,有些则随着历史的变迁和时代的变革而消失在历史的长河之中,但它们却依然是市民永久的记忆。

运用虚拟现实空间技术构建的元宇宙概念虚拟人文行走路线,可以把体现虹口区“文化三地”特色的虚拟美术馆、虚拟音乐厅、虚拟展览馆等放入该虚拟行走线路中,未来还将把无法修复的老建筑以虚拟现实的方式再现出来,让这些“有故事的老房子”再述曾经的历史。同时,各类特色课程也可以与虚拟空间人文行走路线的每个学习点结合起来,从看城市、画城市、学城市、演城市四个方面进行课程建设,不断满足居民日益增长学习需求,激发对城市文化的热爱,爱上海、爱虹口、爱生活。

二、 活动内容

(一) 虚拟现实空间人文行走路线迭代打造,提升市民学习兴趣

虹口以课题“行走的历史　移动的课堂”为引领,开拓创新人文行走学习方式,将“移动课堂”的概念引入虹口区“文化三地”人文行走路线中,推出了“云行走”+“云课堂”的新型人文行走模式,打造了虚拟现实空间人文行走路线课程建设 1.0 版本。“云行走”是把行走路线中的学习点以静态照片或提前拍摄好的视频片段呈现,让学习者可在线浏览参观;“云课堂”则是在这些静态图片或录制的视频素材基础进行线上和线下相结合的课程设计和教学行为。

1. 0 版本在实际的应用中有着一定的局限性:一是静态的照片和视频片段本身并不能很好的体现建筑的全貌,只能以个别角度和片段化来展现,二是这些素材是拍摄者的观看角度和兴趣点所在,而不是学习者想看的角度。

因此,在教育数字化转型的背景下,依托信息技术等现代科技手段对虹口“文化三地”人文行走路线开始进一步探索,形成虚拟现实空间人文行走路线课程建设 2.0 版本,就是将虚拟现实技术(Virtual Reality,缩写为 VR)、人工智能技术(Artificial Intelligence,缩

写为 AI)相结合,对人文行走线路中的场景进行数字化建设,以虚拟现实技术把整个场景制成 VR 实景置入“云行走”平台,此 VR 实景可以在手机、平板或电脑端使用且能做到与现实场景一般无二,VR 实景顺滑连贯,与以往的照片、视频相比,更能完整地呈现出人文行走学习点场景的面貌,而通过 VR 视域里特有的沉浸感(Immersion)体验,在云端行走时就能以学习者视角行走在场景中,或停留、或行走,所看之处、所到之地皆为学习者本人主动选择,可以有效提升学习者的积极性,发挥主观能动性,真正做到把学习者视为学习的主体。

(二)“有故事的老房子”课程建设,提供新的学习体验

基于虚拟现实空间技术,构建一个元宇宙概念的虚拟现实空间人文行走路线,把体现虹口区“文化三地”特色的场馆、建筑等放入该路线中,同时,还将把各类特色课程与每个学习点结合起来,将城市的历史文化、建筑审美、美术绘画与艺术作品欣赏、建筑 vlog 视频剪辑和基于城市故事演绎的微话剧等课程建设置入各个学习点。在此基础上,利用人工智能技术将虚拟数智人加入上述虚拟空间,依托虚拟现实的交互性(Interactivity)特点,创建更为智慧的数字学习场景,完善虚拟现实人文行走路线课程建设的 2.0 版本,真正实现自由“云行走”,实现在智能“云课堂”中自主交互式学习,给市民提供了全新的学习方式,为学习者参与学习活动提供更为便捷和灵活的渠道,同时也让学习点中这些“有故事的老房子”不仅能再述曾经的历史,更可以提供新的体验,创造新的价值。

“有故事的老房子”课程建设是虚拟现实空间人文行走线路课程建设重要实验之一,2021 年社区学院人文行走团队便围绕云端行走线路开始了课程建设,团队分别以“上海大厦”“证券博物馆”“外白渡桥”为对象开设了看城市、画城市、学城市、演城市四个方面的系列课程,用各种市民喜爱的方式讲好虹口老房子的故事。区别于旅游观光,人文行走“移动课堂”是教育教学活动,因而在“有故事的老房子”课程教学中,有着“行中学”“学中做”“知行合一”的特点,丰富了人文行走线路的文化内涵和教育价值。

(三)“身临其境”教学方法,强化市民学习主体意识

学习形式与学习内容的创新,要有与之匹配的教学方法。在虚拟现实空间路线中行走学习,最为典型的教学方法就是“身临其境”教学方法。

以“画”模块为例:将《千里江山图》赏析与“手绘证券博物馆”进行对比教学。在最初的虚拟现实空间人文行走路线课程建设 1.0 版本中,行走学习线路上学习点的建筑以及宋代画作上的建筑,作为绘画审美对象,无法展现全貌,所取角度也无法自主选择;教学方法也较为单一:主要侧重于绘画技巧的传授。而进入虚拟现实空间人文行走线路课程建设 2.0 版本,学习者通过 VR 头盔、AI 眼睛、智能手机或平板电脑等就可以进入证券博物馆的全景 VR,可以进入宋代画作之中,自由地行走在建筑的内外、画卷之中,视角可以停留在建筑或画作的任意位置,绘画基本技法掌握后,教师的教学策略会注重激发学员自行挑选喜爱的角度进行绘画创作的愿望,学习者由原来被动的听讲,改为主动选择、主动参与,真正成为了学习的主体。通过这样的教学活动,也使学习者在行走学习中更好地了解祖国的文化、时代的发展,实践城市的精神。

以“品”模块为例:提高学习者艺术品鉴能力和审美情趣。北宋《千里江山图》作品赏

析是虹口社区教育“传统绘画艺术赏析”系列课程中的一节课,针对学习者对祖国传统绘画艺术精粹普遍缺乏了解,不知道如何欣赏这一学情,课程以虚拟现实空间技术为依托,引导学习者不仅仅以看待历史文物的角度去赏析,更要关注画作本身和画作内容这些名作的传世密码,在教学方法的运用上,如何破除距离感,让市民产生进一步了解名画的兴趣尤为重要。

借用以虚拟现实技术建立的《千里江山图》虚拟画境,将画作原本平面、静止的画面转化成可以让市民身临其境的三维立体、动态空间,让历史久远的传统画作重新鲜活起来。教师引领学习者飞越时空,亲身走入这幅千古名画中去,以画中人的角度沉浸式地在画中游览,进入绘画大师们画笔营造的空间,和画中的古人并肩走在北宋的山水中,沉浸感受《千里江山图》里所描绘的青山绿水。借助虚拟现实技术营造的虚拟画境可以很好地消弭今天的市民对于距今有上千年历史的中国传统古画的陌生感,先让市民对传统绘画产生了解的兴趣,进而将美术知识涵盖在课程中,有效提升了教学效果。

以“学”模块为例:提升兴趣动力,破除学习障碍,创新学习方法。老年人对于传统绘画兴趣很大,但常常碍于时间、身体和交通等因素,无法亲至课堂学习。《千里江山图》这堂课运用虚拟现实技术将虚拟画境的传统艺术欣赏课以链接的形式置入虚拟现实人文行走路线学习点中,一方面让老年学习者可以足不出户,在家中打开手机等就可以游览人文景点、学习传统绘画欣赏课程,有效地增加了老年人学习的覆盖面,助力老年人畅享数智生活;另一方面随着城市的发展,白领日益增多,他们是网络的原著民,对于人工智能极为熟悉,对于传统艺术了解却较少,“身临其境”教学法也可以吸引白领以他们熟悉的途径,了解我国传统艺术文化。

(四) 线路中虚拟展厅的建构,让学习无处不在

现代信息技术在社区教育中的运用为虹口区的社区教育打开了一个新的教育空间。例如,虚拟现实空间人文行走路线中的“虚拟美术馆”,所有场景全由3D建模搭建,于2022年上线了“虹口终身教育第一届‘艺在云端’绘画作品展”,展出的100余幅画作全部由虹口区居民创作,作品经数码采集后保存为数字化图像,置入这个虚拟展厅之中,让学习者在城市的任意角落都可以随时随地进入虚拟场馆观展,进入“移动课堂”学习,同时还有“虚拟音乐厅”“虚拟艺术馆”等上线,形成了虚拟现实空间人文行走路线,使学习者在任意地点、在任意时间都可以“品”味作品,“学”习知识。

三、 反思与展望

(一) 虚拟现实空间人文行走路线课程建设要着重注意激发市民学习兴趣。在虚拟空间场景中进行体验教学,学习者知识背景不同、年龄不同、兴趣爱好不同,针对他们开设的课程以及教学手段方法要以他们的需求和特点为基础。

(二) 虚拟现实空间人文行走路线课程建设要切实为各年龄段、不同类型市民扫清学习障碍。学习者在虚拟的行走路线中自由漫游,感受不同的时空和场景。这种“身临其境”的学习方式解决了这些问题。

(三) 虚拟现实空间人文行走路线课程建设需要创新运用人工智能等先进手段。VR

与 AI 技术相结合，虚拟现实空间人文行走能够建设将更加全面、多元和深入，用新的理念、方法和模式为“元宇宙”概念的引入夯实基础。

虚拟现实空间人文行走路线课程建设就是要讲好我们的城市故事，弘扬好城市文化精神，继承和发扬好民族传统文化，增强广大市民的文化认同感和文化自信心，在多样化文明中能做到“各美其美”，为本民族的文化而骄傲。同时，也要尊重世界其他地域的文化。虚拟现实（VR）、增强现实（AR）、元宇宙以及聊天机器人程序 ChatGPT 都是全世界合作的先进科学技术成果，虚拟现实空间人文行走路线课程建设就是以技术带来的便利积极拓展社区教育的辐射范围的案例，让年轻的白领与耄耋老人可以同享数智时代。在此基础上利用技术营造交互式课堂，搭建虹口智能化学习元宇宙空间，让市民可以更深刻的理解上海城市文化，讲好我们的故事，持续提升市民终身学习品质和终身教育发展水平，践行“人民城市人民建，人民城市为人民”理念。

社区教育视域下开展国际理解教育的探索

上海市杨浦区社区学院

一、 背景

国际理解教育是指世界各国在国际社会组织的倡导下,以“国际理解”为教育理念而开展的教育活动。联合国教科文组织提出,国际理解教育的概念领域包含国际间相互理解与合作教育、和平教育、人权教育、民主主义教育、宽容教育、全球视野教育、发展教育和多元文化教育。

当今世界面临着百年未有之大变局,各国间的联系和依存日益加深,但也面临诸多共同挑战。和平合作的潮流、开放融通的潮流、变革创新的潮流滚滚向前,各国之间的联系从来没有像当前这样紧密,世界人民对美好生活的向往从来没有像今天这样强烈。

上海是国际化大都市,地处改革开放的最前沿,也是国际交流最广泛、最深入和最频繁的地域,越来越多的外国人在这里工作和生活。杨浦区高校云集,国外专家、学者和国际学生众多,他们居住和生活在社区,和社区居民需要相互了解、交流和互信包容,客观上要求有相互了解沟通的渠道和平台。

二、 主要做法

作为杨浦区唯一一所区办社区学院,学院面向社区居民开展国际理解教育,正是社区教育的内容之一。社区学院应该在向社区居民传授国际交往的相关知识和推介世界各国文化中发挥作用,讲好中国故事,讲好上海故事。

(一)顶层设计,聚焦主题,分步实施

在文献研究的基础上,组织召开“社区教育视域下的国际理解教育课程开发”研讨,初步建构课程内容体系框架,制定具体的实施方案。国际理解课程的开发有步骤、分阶段进行,先后开展了设计、开发和建设社区教育视域下的国际理解教育课程与资源、学习体验活动。课程的主题主要集中在文化理解、国家认同和全球责任三个领域。

(二)依托基地,整合资源,协同合作

近年来,学院联手区文化局、区环保局、复旦大学、同济大学、上海理工大学、上海电力大学和上海教育服务园区等单位,合作共建了中华优秀传统文化教研培训基地、环境教育基地、对外文化交流体验基地等十大终身教育学习体验基地。依托基地组织面向社区居民的终身学习体验活动,组织终身教育的培训,组织开展对内对外的文化、教育的交流研讨和学习体验活动，探索建设对外文化交流体验的课程，为社区教育开发国际理解课程提供了良好的基础。

2021 年 11 月，学校联合上海开放大学国际交流学院，与来自阿曼、尼日利亚、蒙古、尼泊尔等国的“联合国教科文组织成员国‘终身学习视角下的教育体系开发’能力建设研修班”学者，开展视频连线交流。并直播展示了学校残疾人技能培训项目“京剧脸谱”“西点烘焙”课堂实况，介绍了学校“中华优秀传统文化教研培训基地”“国际文化交流体验基地”两大基地，交流了关于学校残疾人培训的特色与做法、政策支持、经费等，交流研讨了终身教育双师型教师队伍建设和团队培养等问题。

（三）组建团队，培养培训，积聚力量

整合资源，探索和部分高校合作，依托社区和高校的国际交流学院开展调研和集中研讨，了解文化交流方面的需求，吸引国际学生、外籍教师、外籍居民等参与课程的开发和建设。

依托“中德开放在线学习平台”组织学院项目团队成员，街道社区的文教干部和社区学校的教师、社区学习团队“领头人”参加国际理解教育专题培训，培训人数达 480 人。学习的课程分三个系列，其一，提高全球共生等意识的课程，如“可持续发展”等课程。其二，促进中外交流的课程“跨文化世界艺术通识课”“跨文化交际”“当代中国文化与社会”等。其三，为促进多元文化、多元价值和多种处境群体之间和谐共生为目标的各国文化、生活方式、礼仪等方面内容的学习，既有学习了解国外优秀文化、礼仪、生活方式等的课程，如“西式餐饮制作和礼仪”“酒水知识与文化”，也有中华优秀传统文化课系列课程，如“二十四节气”“二十四节气民俗文化”“中国音乐”“中国陶瓷”“中国音乐”“中国舞蹈”“中国画”等，还有中国非物质文化遗产课程，如“海派剪纸艺术”“绵拳”等，以及信息处理能力的课程学习。通过学习，使项目团队成员和管理者、实施者对国际理解教育有了全方位的理解和认识，保障了项目的运行和推进。

（四）建设课程，系统开发，联动推进

设计、开发和建设符合杨浦区和上海居民的国际理解教育类课程，并在区域内开设面向社区居民的相关课程，组织相关的主题活动，促进社区居民能进一步认识世界，增进不同文化背景的、不同种族的国家、地区的人们之间相互了解。

在整合原有课程资源的基础上，根据国际理解教育课程内容框架，重点探索建设和开发三个系列的课程资源，开设相关课程培训和体验学习。

1. 主要开发建设弘扬中外优秀文化，适合体验学习的课程，重点开发非遗和手工制作类的系列课程，如“论语”诵读，“麦秆画”“京剧脸谱”“中国风”第一季、第二季（双语），“中国风· 七巧节”（双语），“运动养生——八段锦”（双语），“琴心剑胆话木兰”（双字幕）等类课程大纲、教学文案汇编以及部分课程的系列微课等学习资源。建设开发本区域区情特色的课程“寻访杨浦红色印记”。

2. 探索建设开发理解、尊重、包容态度等内容的课程。如中外文化交流和音乐欣赏课程“木刻版画”（双语），“有趣的法兰西”“二胡与您有约”第一季，第二季等。建设中外家庭文化建设等内容的类课程，如“亲子烘焙之圣诞纸杯蛋糕”“智慧钢琴——极简亲子钢琴课”“生活中的法律——未成年人网络打赏”“早孕知多少”“生活中的化学——厨房里的葵‘化’宝典”“生活中的经济学——价格歧视”等。

3. 探索建设国际交往技能等内容的课程。如一带一路沿线国家历史、文化或旅游等专题课程;开发建设“我和环境保护”专题的课程;“超级计算机超级在哪里”“生活中的化学——厨房里的葵‘化’宝典”“生活中的经济学”“生活真有‘译’思”等课程。

(五) 学习活动嵌入主题,丰富内涵

整合资源,开发和设计活动项目,开展丰富多彩的系列学习培训、交流研讨和实践体验等主题活动,促进互动发展。重点探索开发中外传统节日专题的课程和资源,开展中外传统节日主题活动和学习体验。

以中华传统节日春节、元宵节、端午节、七巧节、中秋节、重阳节等为主线,联手同济大学、上海财经大学国际交流学院在区内“四平社区”开展了丰富多彩的系列活动。如春节期间,开展“挥毫泼墨送吉祥”——四平社区写春联、送祝福活动,书法老师向国际学生分享书写春联的意义与技巧,并向他们逐一讲解了中国春节的意义、春联的历史、春联的价值、春联的格式、春联贴法等,教他们了解“福”在中国文化中的内涵,让他们感受中国年味和中国书法的精妙。举办“侬好,邻居”闹元宵民俗风情节,组织社区居民和国际学生参加观灯、猜灯谜、包汤圆、吃汤圆等活动。在“舌尖上的四平(社区)”美食节上,同济大学国际文化交流学院以及上海财经大学国际文化交流学院来自俄罗斯、日本、印度尼西亚、蒙古、韩国等国的国际学生带来了各自家乡的特色美食。

三、 主要成效

初步完成了社区教育视域下的国际理解教育的系统设计,设计完成了社区国际理解教育的课程体系,培养培训了包括社区学院、社区学校的管理者、教师和志愿者组成的队伍,建设了三个系列的课程,在外国人比较集中的部分社区尝试开展了以中华优秀传统文化为主题的国际理解教育与学习交流活动,社区学习者和社区居民踊跃参与,使杨浦区社区教育领域推进国际理解教育迈出了坚实的一步,也为今后进一步深耕推进打下了坚实的基础。

从开展的社区国际理解教育看,推进力度还不够大,辐射面还不够广,课程和学习资源建设还不系统,学习活动的主题还不够丰富,社区居民的参与度还不够高。还须进一步整合资源,加大与相关高校、社区的联合联动,重点在社区国际理解教育课程的建设与开发、主题学习活动的设计上要进一步探索推进的路径和方法,努力让社区教育在国际理解教育中发挥应有的作用,为讲好中国故事、讲好上海故事作出应有的贡献。

社区教育志愿服务助力青少年“七彩成长”

上海市奉贤区社区学院

国家“双减”政策的落地，撬动着整个教育生态的变革。教育时空的延伸，为社区教育志愿服务赋能青少年健康成长拓展出新的发展空间。2022年3月，奉贤区社区学院实施“创设载体搭平台　减负增能有作为——‘双减’背景下社区教育志愿服务助力青少年‘七彩成长’”项目，为丰富减负后广大青少年的校外生活进行了积极的探索实践。

一、顺势立项

“双减”政策落地后，青少年日常学习生活的变化主要体现在假期文化科目类辅导班的突然消失，他们得以从繁重的校外文化科目学习负担中解脱，课外、校外的业余时间多了起来。而社区教育作为学校教育、家庭教育的不可或缺的延伸和拓展，其内容的多样性、实用性、补偿性，其教育方式的灵活性、生活性、体验性，必然会对青少年的兴趣爱好发展、品行素养提高和健康人格培育产生广泛而积极的影响。因此，社区教育如何用健康向上的活动充实“双减”后的青少年校外学习和生活，成为社区教育院校应该思考和探索的新课题。基于此，奉贤区社区学院以奉贤“新成长教育”理念为引领，结合奉贤教育“七彩成长”学生活动的开展，确立“创设载体搭平台·减负增能有作为——‘双减’背景下社区教育志愿服务助力青少年‘七彩成长’”项目。

本项目旨在贯彻中办、国办《关于进一步减轻义务教育阶段学生作业负担和校外培训负担的意见》中“充分利用社会资源，发挥好社区教育、社区家庭教育指导中心、志愿者服务站点等在课后服务中的作用”的精神，以青少年学生为对象，通过社区教育志愿服务与中小学学生素质教育活动的互补和衔接，让青少年在社区教育活动中获得更广泛的知识、陶冶道德情操、发展艺体美特长、尝试科学实践、锻炼劳动技能，从而健康快乐地“七彩成长”。

二、注重推进

根据项目实施方案，社区教育志愿服务围绕“双减”政策宣讲、红色宣讲课堂、非遗文化传承、劳动体验、强身健体沙龙和家长学校六大板块展开。为使项目得到有效推进，社区学院主要做好了以下工作：

一是通过各街镇成人学校校长联席会议，具体解读项目背景和意义、项目内涵和要求,形成共识,明确目标。

二是按照六大板块,充实和完善社区教育志愿者队伍,健全覆盖全区的志愿服务总队+分队+服务点的组织架构,并由区社区教育志愿者中心组制订各服务板块活动主题及活动安排,开展骨干培训。

三是协调各街镇成人(社区)学校、社区少工委、家委会、文化中心、青少年社会实践基地、爱国主义教育基地、市民终身学习体验基地、非遗传承基地、居村委,落实社区教育志愿服务活动场所。

四是组织社区教育志愿服务活动情况汇报会、交流研讨会和现场观摩等活动等,开展过程管理和指导。

五是开展社区教育志愿服务助力青少年"七彩成长"优秀项目、优秀案例、优秀志愿服务队、最佳志愿者、优秀志愿者等的评选与表彰活动。

三、 初显成效

全区投身社区教育志愿服务青少年校外活动的志愿者达 1 万多人,其中注册1 002人,六大板块的活动开展得丰富多彩、有声有色,取得了较为可喜的成效。

"双减"宣传深入民心。为让"双减"成为全社会的共识,尤其是为了引导家长转变"育才"观念,理性看待孩子的成长,支持和配合"双减"落地,通过发挥 11 个街镇 11 支以乡贤为主体的有激情、在状态、敢担当、善作为的社区教育志愿者骨干队伍作用,并下设 40 余支以居村为单位的"双减"政策宣讲团,为城乡居民宣讲"双减"政策。据统计,各"双减"政策宣讲团进校园、下居村宣讲 37 场次,受众 5 万余人,线上宣讲 28 场次,受众 16 余万人次,很好地营造全社会关注和支持"双减"的浓厚氛围。

"红色课堂"厚植情怀。"红色课堂"蕴含着强大的思想力量和精神力量,以文化人而润物无声,奉贤区社区教育志愿服务以红色路线人文行走并贯穿青少年党史学习和理想信念教育宣讲等,构筑"红色课堂",组织青少年走进中共奉贤县委旧址、革命先辈李主一纪念馆、北宋抗击日寇突围战遗址、奉贤第一位革命烈士沈志昂故居"忆红居"、庄行暴动纪念碑、平安民福村红色堡垒主题馆等 11 个场所,为青少年补足"红色营养餐",引导青少年切身感受辖区红色文化,在青少年心中播下爱党爱国爱社会主义的红色种子,厚植家国情怀。

非遗文化激发情趣。非遗文化作为我们祖先智慧和文明的结晶,蕴含着丰富的精神内核和价值。为了让青少年了解中华传统文化、孕育文化自信,奉贤以区域的国家、市、区级非遗项目为内容,组织青少年开展各类非遗文化体验和传承活动。如由社区教育志愿者编写《光与影的传承・齐贤皮影戏基本教材》,并组织青少年一学期内至少学会一个传统皮影戏剧目。还如通过社区教育志愿者的现场传授和展示,为青少年开展南桥撕纸、齐贤风筝、庄行土布、柘林滚灯、奉城木雕等非遗项目的学习和体验活动,使非遗文化有机融入青少年的社区学习生活之中。

劳动体验陶冶心灵。为了让青少年跳出校外生活"舒适圈",确立正确的劳动观念、劳动态度,养成良好劳动习惯,各街镇社区教育志愿者队、服务点,积极组织青少年就近的劳动体验活动。如组织青少年到吴房村“农耕实践基地”进行种菜、搓绳、编草鞋、包桃子等劳动体验，到洪庙社区“法布尔科学实践园地”进行果树嫁接、植物施肥对比、小动物饲养等劳动体验，又如带领青少年参加生活垃圾分类管理、保护母亲河、洁净家园、植树绿化、环保小卫士、学雷锋义务劳动等活动，开展青少年“小家务劳动比武”活动，从而使青少年的“劳动创造生活”理念内化于心，外化于行。

强身健体愉悦身心。喜欢体育、乐于运动是青少年所普遍具有的天性，为了适应青少年“减负”后释放这种天性的客观需要，促进青少年强身健体、愉悦身心，我们组织社区教育志愿者开展适合青少年身心特点的体育活动。如海湾镇社区教育志愿者老师自2018年来坚持利用课外时间为青少年传授抖空竹，“双减”后志愿者老师的信心更足了、学习抖空竹的队伍壮大了。西渡、青村、庄行、奉城、金汇等街镇的居村社区教育志愿者因地制宜组织青少年开展篮球、游戏趣味、人文行走等体育活动，引导青少年养成运动习惯，以放飞心情，愉悦身心。

家长学校助力成长。家长是孩子的第一任老师，承担着家庭教育的主体责任，为了引导广大家长树立正确的家庭教育观念，掌握科学的家庭教育方法，我们组织社区教育志愿者积极参与各种形式的家长学校活动，成为家庭、学校、社会协同育人的重要桥梁和纽带。如，近年来社区教育志愿者开展家庭教育进社区进居村、亲子健康运动知识竞赛、亲子嘉年华、亲子夏令营等活动，为营造和谐向上的家校社协同育人氛围发挥了作用。如南桥镇社区教育志愿者配合社区家长学校线上宣讲平台做好宣传动员、沟通联系、信息反馈等工作，2022年参加社区家长学校线上学习活动的家长达到10.5万人次。

四、 反思与展望

经过近一年的探索和实践，本项目虽然取得了一定的预期成效，但还须在以下三个方面继续努力：

第一，“新奉贤人”在志愿者队伍中占有一定的比例，流动性较大，而且许多志愿者要返乡度假，这在一定程度上制约了志愿活动的制度化、志愿服务内容的连续性，需要进一步调整和完善志愿服务项目方案，同时需要加强各板块志愿者的团队建设。第二，志愿服务活动倡导志愿奉献，但有些活动器材的添置、活动中的饮用水、志愿者的交通、组织培训讲座等还是需要一定的经费支撑，需要学校、社区及居村、有关部门及单位的支持。第三，在区级层面上对组织开展的主题志愿服务活动建立了相应的管理评价和表彰机制，但对活跃于各街镇、社区、居村的各类社区教育志愿服务活动尚缺乏相应的管理评价机制，需要街镇成人(社区)学校跟上这方面的工作。

在“双减”背景下，还需要打造更多更好的青少年校外素质教育平台，也要求社区教育以志愿服务助力青少年“七彩成长”更有温度、更有张力。为此，青浦区社区学院将以习近平新时代中国特色社会主义思想为统领，从党的二十大关于“实施科教兴国战略，强化现代化建设人才支撑”和“立德树魂”的战略高度，进一步深化社区教育对于青少年校外素质教育的使命与担当意识，推动社区教育志愿服务立足新时代、展现新作为，促进青少年“新时代新成长”。

移动信息化环境下市民学习团队的过程性管理

上海市青浦区社区学院

市民学习团队属于学习型组织的范畴,是有效提高居民素质和促进社区自治的基本路径。如今一个个市民学习团队遍布大街小巷,这些团队类型丰富、贴近生活,在社区建设中发挥着越来越重要的作用。

青浦区社区学院于2016年起,尝试培育由区社区学院来进行专业化培育与管理的市民学习团队——"区级优秀市民学习团队"。这一类学习团队从组织管理、资金来源,还有场地保障、队伍稳定、社会效应都更适应时代的发展需要。随着区级优秀市民学习团队培育规模扩大、数量增多,如今已涉及全区11个街镇的市民,管理难度急剧增加,传统的管理方式存在冗杂、繁琐、费时费力、对接难度大、信息传输的时空限制等问题,运用现代化信息技术来助力区级优秀市民学习团队的过程性管理迫在眉睫。

一、 移动信息化平台的前期探索

在当前智能手机和移动互联网的飞速发展的情况下,5G、WiFi等无线网络的大面积覆盖。移动设备的广泛普及,智能手机、平板电脑的广泛使用极大丰富了手机应用的拓展,人们日常获取信息资讯的途径改变也促使信息化建设进行与时俱进的改革,移动终端获取信息已经成为新一代信息化的承载体,人们对手机应用的要求除了个人应用,还能够进行手机办公。移动互联网的高效性和方便性推动了移动办公的普及。

移动互联网时代要求信息化服务是"随时""随地",传统的PC互联网当离开电脑,更换办公地点后服务都将中断,影响办公效率。移动信息化可以满足不同场景、不同平台工作状态的灵活迁移。移动信息化背景下,手机变身为一台移动化的电脑,既能在手机与手机端进行信息化工作联动,也能够与原有的电脑端信息化体系保持互联互通。随着手机成为信息化网络中的移动载体,移动信息化将需要固定场所、固定布局的信息化建设模式变得更加灵活方便,满足人们在出差、外出、休假,或是某些突发性事件时,实现无障碍全方位顺畅沟通的需要。

结合移动信息化时代的到来,学习环境的改变,青浦区社区学院开展了多年的信息化建设的实践与探索。根据区域发展需求,建设了青浦市民学习网、青浦市民学习信息港微信公众号、学院企业微信、学院云办公平台等移动信息化平台,开发平台内的各项功能,如信息管理、在线学习、资源上传、成果展示等功能。此外,还进行组织建设,开展针对学习团队负责人的管理能力培训以及市民数字化学习能力的培养，提高市民参与数字化学习积极性的实验和实践等。

青浦区社区学院良好的信息化软硬件环境以及线上资源的建设与积累给青浦区区级优秀市民学习团队的管理奠定了基础，同时带来了机遇和启示，是否可以利用移动信息技术的便捷，实时、实地开展过程性管理活动，推进市民学习团队管理方式的进一步优化。

随着教育数字化转型的加快，市民学习团队的一系列团队过程性管理方式也都急待优化与创新。因此，青浦区社区学院进行了一系列的探索与实践，寻找移动信息化环境下，市民学习团队过程性管理方式方法的创新，进一步提升市民学习团队培育管理的质量和效能，以期形成系统化、规范化、可操作的市民学习团队信息化管理制度、方法和策略。

二、 移动信息化平台与市民学习团队过程性管理的内在契合

（一）市民学习团队过程性管理的特点及传统管理模式的不足

市民学习团队的过程性管理存在团队数量多、流程丰富、细节繁复的特点。主要流程包括但不限于：团队学习开展、信息发布、材料收集、活动组织以及成果展示等内容。截至2022年，青浦区优秀市民学习团队发展至33个团队，如此庞大的队伍，仅靠人工完成纷繁复杂的过程性管理工作，费时费力且效果欠佳。

不仅是每个团队每年上传年度计划、年度总结、月度日常活动情况记录、志愿者服务记录等诸多文本资料这项工作，平时的负责人会议或培训，也要耗费大量时间，还有各团队发布新闻动态，进行团队间分享互动，每年组织1次区级层面团队成果展示，完成团队互评活动等，都是过程性管理的重要内容。

在此背景下，社教办具体负责老师沿用以往的工作模式：电话通知到每个团队的负责人，纸质材料上门提交、新闻动态依次审核、成果展示逐个点评等，明显逐渐力不从心，且难以保质保量完成对每一届每一个优秀市民学习团队的管理。

（二）移动信息化平台的便捷与高效在学习团队管理过程中彰显独特优势

移动信息化平台的搭建和使用有效解决了上述问题。一方面利用现代移动通信技术、移动互联网技术构成的综合通信平台，为优秀市民学习团队提供高效优质、规范透明、适时可得、线上互动的全方位管理与服务过程，改变原有管理过程中复杂繁琐、费时费力的局面，极大节省人力和时间，并提高工作效率。

另一方面借助移动信息化平台的高效实时、过程留痕、互动方便等特点，突破时空局限，打造立体化、网络化信息管理工作机制，实现平台联动、信息聚拢与积累等功能，可有效实现区级优秀市民学习团队管理模式的更新。

三、 移动信息化平台助力市民学习团队管理的实践路径

青浦区社区学院基于移动信息化平台与市民学习团队过程性管理的高度契合，尝试将两者有机连接，探索移动信息化平台助力市民学习团队过程性管理的创新实践路径。

（一）梳理整合，筛选便捷可用的移动信息化平台资源

市场上已有的主流第三方移动信息平台纷繁多样，青浦区社区学院考虑到市民学习

团队管理需对接的具体团队负责人及成员，大多是老年人，他们的数字化、信息化能力有限。因此，从简单、便捷、高效的角度出发，整合筛选了已有的主流第三方移动信息化平台。例如云办公平台、企业微信网盘、金山表单、抖音等直播软件、青浦市民学习网、社区学院校园网、微信公众号平台等。

（二）分类管理，探索市民学习团队过程性管理新机制

青浦区社区学院通过对区级优秀市民学习团队管理全过程进行分析，搭建并使用了两大类移动信息化平台。

1. 工作平台。利用云办公网站、网盘、微信群、表单数据、直播软件等工作平台，实现团队成员与管理人员双向实时联动，便于过程性管理工作。包含三个主要环节：一是资料交互。如市民学习团队常用资料与文件的查阅、提交、上传、下载、保存等；二是信息交互。如市民学习团队志愿活动开展、问卷调查、学习感言提交、活动报名及评比投票等；三是活动开展。如线上培训、讲座（直播）开展等；四是文件同步。如青浦区社区学院市民学习团队管理组成员对过程性资料的同步管理等。

2. 宣传平台。利用青浦市民学习网、青浦社区学院校园网、青浦市民学习信息港公众号等宣传平台，通过社区学院与市民学习团队的双向宣传，将区级优秀市民学习团队的建设过程与成果辐射至区内更多市民，带动更多学习团队朝着更高质量的方向成长与发展。主要包括以下三个环节：一是信息发布。如社区学院发布的工作通知、活动方案、各类要求等；二是团队宣传。如市民学习团队发布的活动简讯、工作微博、资讯报道等；三是成果展示。主要是针对市民学习团队学习成果的线上展示与评比的便捷进行。

青浦区社区学院在创新市民学习团队过程性管理过程中进行了多次尝试，经过反复实践、反思和优化操作方法，最终找到了精准匹配工作任务、过程性环节的移动信息化平台。在实践过程中，青浦区社区学院创新市民学习团队过程性管理方法，形成了一套移动信息化背景下市民学习团队过程性管理的制度与方案，进一步提升了管理水平和工作效率。同时，针对学习团队骨干及成员的系列移动信息化技能培训也极大提升其信息化素养。

四、 总结与反思

市民学习团队随社会经济文化发展而发展，其繁荣壮大是市民精神文化需求提升和对美好生活向往的体现，更是终身学习和学习型社会建设的必然结果，在社区教育蓬勃发展的大背景下，结合移动信息技术与便捷高效的平台，加强对市民学习团队的管理是一次创新的尝试。一方面是对过程性管理环节和方式的更新，另一方面也进一步提升了管理人员及团队成员的信息化素养。如何进一步优化精简过程性管理环节，寻求更为匹配的移动信息化平台；如何拓展及推广使用移动信息化平台，将有效经验辐射更多社区及街镇成校是后续工作中需要进一步思考和探索的内容。

老 年 教 育

LAO NIAN JIAO YU

[综　述]

2022年上海老年教育继续深化“三类学习点”建设，先后召开“居村委特色学习点和优秀社会学习点建设现场交流推进会”，培育建成居村委特色学习点57个、优秀社会学习点40个和养教结合优秀学习点14个。

进一步实施老年大学倍增计划，发布了《关于印发〈上海市老年大学建设指导标准（试行）〉和〈上海市社会多元主体举办老年大学指导标准（试行）〉的通知》，静安区、嘉定区、金山区、崇明区以及上海中医药大学等新建老年大学，相继揭牌开班。

老年教育信息化工作深入推进。对接市政府“一网通办”，开发应用全市统一的“长者专版—老年教育”；根据市教委《2022年上海市老年数字教育进社区行动工作方案》要求，以“数字赋能”为要求，进社区帮助老年人解决数字技术应用方面的困难；开展数字学习场景建设，根据《关于做好2022年上海市老年教育智慧学习场景认定和新一轮智慧学习场景建设申报工作的通知》，首批认定通过了18个智慧学习场景；参与教育部组织开展的“智慧助老”优质工作案例、教育培训项目及课程资源推介工作，13个工作案例、17个培训项目、27个课程资源被教育部认定并向全国老年教育机构推介。

继续开展街镇社区（老年）学校优质校培育工作，全市16个区共计37所学校通过评审，获上海市街镇社区（老年）学校优质校称号。启动“十四五”老年教育兼职教师注册制工作，两百多位新入职兼职教师申请、登记、参加注册制学习。加强全市老年教育支持服务体系工作，举行“新时代　新实践　新探索——上海市老年学校素质教育指导中心成立10周年座谈会”；召开2022年上海市老年教育理论研究年会，发布2023年度课题指南；开展老年教育师资培训，全年共计办班48期，五所社会主体举办的专业型老年大学，承担了部分老年教育师资专业培训工作；制定《上海市老年智慧学习助学团队建设标准》，全年培育老年智慧学习助学团队283个。在疫情下，各市级（高校）老年大学在数字化教学、防疫复学以及课题研究等方面发挥了示范引领作用。各区在推进老年教育线上线下融合、数字教育进社区、老年教育助推社区治理等方面，创新发展，取得了一定成效。

创新老年素质教育　助推老年教育高质量发展

上海市老年学校素质教育指导中心

为促进老年教育发展，上海在“十二五”期间构建了全市老年教育支持服务体系。上海市老年学校素质教育指导中心（以下简称“指导中心”）作为本市老年教育支持服务体系组成部分之一，主要任务是对全市各级各类老年学校开展素质教育工作进行指导，促进老年教育内涵发展。

成立10年来，指导中心在上海市教委的领导下，在上海市委老干部局的大力支持下，在上海市老年教育工作小组办公室的具体指导和上海市老干部大学的积极承办下，聚焦素质教育理念，明确老年教育姓“教”的根本属性；围绕社会主义核心价值观，引导老年人在老有所学的基础上有作为、有进步、有快乐；推进课程思政探索，发挥课堂教学主渠道作用。从“摸着石头过河”的小步探索，到不断发展的谋篇布局，指导中心扎实推动全市老年学校素质教育工作由自发走向自觉，为提升老年学员素养，深化老年教育内涵，助推老年教育高质量发展发挥重要作用。

一、 成立实践基地和实验区，推进老年素质教育先行先试

实践基地和实验区是开展素质教育工作的先行军和试验田。在老年素质教育工作开展过程中，素质教育实践基地和实验区在实验项目、课题研究、主题活动方面发挥了示范引领作用，创造了老年学校素质教育实践的崭新经验。

（一）实践基地和实验区相继成立

指导中心先后设立了由4所市级老年大学和部分区、高校老年大学、街镇社区（老年）学校等16所老年学校组成的上海市老年学校素质教育实践基地，并确定闵行区和松江区为第一批上海市老年学校素质教育实验区。2022年又新增静安区、徐汇区为第二批实验区，进一步拓宽了素质教育工作覆盖面。实践基地和实验区的工作示范为素质教育的各项工作积累经验，有力带动了全市老年素质教育的实践推进和队伍建设。实践基地和实验区的建立，使素质教育的影响力辐射到不同层次、不同类型的老年学校，形成了以实践基地为示范点、实验区为辐射面的多层次实践共同体。

（二）实践基地和实验区作用发挥

指导中心制定了《上海市老年学校素质教育实践基地建设办法》，坚持季度例会工作制度，激发工作活力，创新展示平台，积极引导实践基地学校和实验区积极承担素质教育

课题研究,参加素质教育实验项目活动,交流总结开展素质教育活动的经验成果,对“我心目中的最美老年学员”等大型活动积极建言献策。闵行、松江实验区将素质教育实验项目、主题活动和课程思政覆盖至全区各街镇老年学校,发挥了先行先试、带头示范作用,不仅实现了区级层面的宣传与辐射,同时对其他区开展相关活动也提供了经验借鉴。指导中心重大实验项目多由实践基地和实验区牵头完成,指导中心专家顾问组、各类书籍编写组等均有实践基地和实验区的同志参与。

二、 开展理论研究和实验项目,形成老年素质教育多项成果

开展理论研究和实验项目,是搭建老年素质教育理论框架的需要,也是促进素质教育理念向实践转化的重要渠道。多年来,通过参与老年素质教育理论研究和实验项目,许多老年学校找到了开展老年素质教育的有效抓手,涌现出不少鲜活的工作案例。指导中心充分挖掘这些素质教育工作经验,形成多项研究成果,并推动素质教育工作由上海老年学校向长三角老年学校推广。

(一) 注重总结提炼,组织编写《上海老年学校素质教育百问》

多年来,指导中心围绕老年学校课堂教学、校园文化、学习团队、志愿服务等,组织开展多项课题研究和实验项目,先后出版了《老龄化社会的老年素质教育》《老年素质教育:实验与案例》等书籍。2022 年,指导中心于成立十周年之际,又出版了《上海老年学校素质教育百问》。这本书以老年学校素质教育基本理念、主要内容、实施途径、队伍建设、社会资源以及实例与品牌为关键词,回答了老年学校素质教育“是什么、为什么、怎么做”;反映了十年来上海各级各类老年学校在素质教育工作中的新认识、新体会、新做法;集中呈现了上海老年学校素质教育发展成果,对回应老年素质教育实践领域的现实问题、优化老年学校素质教育工作方法和路径都有重要意义和价值。

(二) 注重辐射推广,促进长三角区域老年学校交流互动

为推进老年素质教育理念向长三角辐射,指导中心开展老年素质教育长三角区域实验项目合作探究,分别委托金山区老干部大学牵头沪苏浙皖的 12 地市一起参与开展了老年素质教育红色文化研学资源开发实验项目;委托嘉定区安亭镇成人学校继续深化“学悦双城——学悦课堂”两地实验项目,形成了包括“青浦白鹤——鹤晨课堂”和“昆山陆家——菉溪大讲堂”在内的四地联动实验项目,切实拓宽了老年素质教育的参与面和辐射面。在老年学校跨区域协作下,2022 年,两个实验项目顺利结题,形成了红色文化研学方案、“学悦课堂”开展老年素质教育方案等较为丰富的项目成果,为加强老年素质教育长三角区域的交流互动、探索老年素质教育实验项目跨区域合作机制提供了鲜活经验。

三、 开展“最美老年学员”系列活动,展示长者风范

“我心目中的最美老年学员”主题系列活动将目光聚焦在老年学习者,以“最美老年学员”为切入点直击素质教育的目标——立德树人。作为指导中心重点推进的品牌项目,这一活动在宣传老年素质教育理念、提升老年素质教育影响力方面颇具品牌效应,对老年学员争做“最美学员”形成正面引导。

（一）以征文和讲述宣传“最美老年学员”感人事迹

为迎接党的二十大胜利召开，展现上海老年学校“最美学员”风采，指导中心面向全市老年学校启动了第二届“我心目中的最美老年学员”主题征文讲述活动。经全市百余所老年学校广泛发动和认真遴选，共选送 132 篇优秀征文参与指导中心组织的征文初评，其中 57 篇优秀征文入围终评并获得等第奖。这些征文从不同角度、不同方面生动描绘了老年学员们终身学习、学为结合的感人事迹，体现了老年学员在老年学校学习后的素养提升，充分展现了老年学员在老有所学基础上有作为、有进步、有快乐的精神风貌。在征文和各区甄选推荐优秀讲述项目的基础上，指导中心将继续举办主题讲述展示活动，邀请老年学员从不同的侧面、以不同的方式讲述“最美老年学员”的感人故事，形成积极向上的文化氛围，彰显了老年教育的社会影响力和凝聚力，促进上海城市文化软实力进一步提升。

（二）以摄影和书画弘扬“最美老年学员”积极风貌

作为“我心目中的最美老年学员”主题系列活动之一，指导中心还开展了主题摄影书画展活动。活动共征集摄影书画作品 385 件，其中 135 件作品荣获等第奖，指导中心举行了“在党的阳光下——上海市老年学校‘我心目中的最美老年学员’摄影和书画优秀作品展”，1 万余人次线上观摩或现场观展。“我心目中的最美老年学员”主题活动作为指导中心的品牌项目，被写入《上海市老年教育发展“十四五”规划》，不仅多途径、多形式地展示了老年学员的积极风貌，也从正面引导老年学员参与城市精神文明建设，成为城市文化软实力的一分子。这一品牌活动紧紧围绕学员素养发展的目标，积极倡导“树长者风范，做风范长者”，在作品中展示最美学员的长者风范，引导更多老年学员成为风范长者。

四、 聚焦老年教育课程思政，润物细无声

指导中心始终把培育和践行社会主义核心价值观作为核心内容，把课堂教学作为素质教育主渠道，积极开展老年教育课程思政探索。通过研修学习、教学展示等形式，提升老年学校教师课程思政意识和能力，打造老年素质教育示范课，将思政之“盐”融入课程之“汤”，贯穿老年教育教学全过程。

（一）组织研修学习，增进教师理解

指导中心紧紧抓住课堂教学主渠道，努力探索在老年教育各类课程中融入课程思政的策略和方法，开设了课程思政专题研修学习活动。2022 年，在面向实践基地和实验区试点开展研修班的基础上，指导中心和上海市老干部大学又联合举办了面向全市各级各类老年学校的老年教育课程思政研修班。研修班采取现场培训和在线同步直播相结合的方式进行，邀请知名专家学者作专题讲座，既有科研机构和高校关于课程思政的理念构想和实践探索，也有上海老年素质教育实践基地和实验区课程思政的初步尝试和交流反思。全市各级各类老年学校教师和办学人员近 500 人参加了培训学习，有效加强老年学校教师、办学人员的课程思政意识，增进老年学校教师对课程思政的内涵理解。

（二）开展教学展示，强化教师能力

在组织老年学校教师研修学习课程思政相关理论知识和典型教学案例后，指导中心在全市范围内开展了“上海市老年学校素质教育示范课交流展示活动”，进一步推进“课程

思政”融入老年教育课堂教学。经各单位遴选、申报，共 64 位教师参加现场交流展示，依据课程类型、教师年龄等因素，教学展示分为人文历史组、书法绘画组、音乐舞蹈组、生活科技组和综合组。教学展示全程拍摄录像，用于宣传交流和不断完善教学。这一活动为全市各级各类老年学校教师搭建了展示自我、切磋提升的平台，有效发挥了教师、课程和课堂教学在开展老年教育课程思政中的主力军、主战场和主渠道作用，有利于推进老年教育课程思政更大范围、更广渠道的宣传与探索，推出更多凝炼课程思政内核、厚植老年素质教育内涵的示范课。

党的二十大报告指出，要“发展素质教育”“深入开展社会主义核心价值观宣传教育”“提高人民道德水准和文明素养”。这为上海老年素质教育奋进第二个百年奋斗目标新征程提出了方向和要求。未来，指导中心将更加注重老年素质教育工作的政治性、主体性、创新性、开放性和示范性，为推进老年教育高质量发展作出更大贡献。

基于"一网通办"的上海老年教育大数据管理和应用

上海市老年教育信息中心徐汇区社区学院

一、 工作基础

随着人口老龄化进程的不断增速，老年教育人口数也随之逐年激增，学员的学习需求无论是"量"，还是"质"都有了新的变化。老年人凌晨排队，但依旧报名难的"一座难求"问题；老年人不知道哪里有学校、哪里有心仪的课程、什么时候及怎么报名的问题；老年人在不同的机构报名要反复登记，差异化的报名方式让老年人无所适从的问题，都在制约着老年教育的纵深发展。针对老年人在就学时遇到的实际问题与困难，在市教委终身教育处领导下，上海市老年教育信息中心(以下简称"中心")对接上海市政府"一网通办"项目，借助全国首个突破千万用户的政府服务移动平台，将与老年人密切相关的信息查询、报名、激励等功能，迁移到"随申办"移动端，打造全市统一的"长者专版—老年教育"板块，在"助老就学"的信息化领域开展建设与应用工作。

在工作推进过程中，"随申办—老年教育"应用产生了大量客观反映全市老年教育教学情况的过程性数据。同时，各老年教育专业领域内机构/平台之间也时刻产生着大量数据，且数据口径相对独立、信息孤岛情况较为普遍。因此，依托"随申办—老年教育"应用对接市大数据中心的有利条件，以多源数据归集和共享为核心，推动上海老年教育大数据应用，提供更为准确的数据服务，更为高效的管理服务，以及更为精准的学习者服务，成为顺应上海智慧城市建设，践行老年教育数字化转型发展的重要途径。

二、 工作进展

(一) 完成了上海老年教育已建并在用的六个主要信息化系统及主要数据字段梳理

中心于2022年8月份开展了面向本市老年教育信息化系统平台的调研，选择了老年教育教务管理系统、师资共享系统、团队管理系统、慕课管理系统、老年人学习网、上海学习网六个比较有代表性的系统及学习平台，详细了解各平台的服务重点、功能设置、数据规范，各平台对用户特征、数据管理情况以及数据应用现状。搜集了充足结果资料后，对这六个平台的学员、教师和课程体系进行了梳理。

通过对以上六个老年教育平台的字段梳理，这几个平台在学员、教师、课程等老年教育核心要素的数据字段设置虽然有差异，但可做对应关系表后，进行归集。

（二）搜集国家、省市级相关标准，梳理基本框架结构

中心组织人员对国家、省市级相关标准进行了梳理，社区教育、老年教育相关标准主要有以下 4 个，其中国家级的 2 个，地方级 2 个，具体如下：

标准类型	文件名称	区域/地方	标准类别/行业分类	分类号		归口单位	实施日期
				国际标准分类号（ICS）	中国标准分类号（CCS）		
国家标准	GB/T 39054—2020 社区教育服务规范	全国	管理	03.080	A 16	全国教育服务标准化技术委员会	2021/4/1
	GB/T 20647.3—2006 社区服务指南 第 3 部分：文化、教育、体育服务 现行		基础	03.080	A 16	全国服务标准化技术委员会	2007/6/1
地方标准	DB21/T 2179—2013 数字化社区教育（学习）实施规范	辽宁	教育	35.020	A 18	辽宁省教育厅	2013/11/14
	DB32/T 3452—2018 老年教育机构服务规范	江苏	公共管理、社会保障和社会组织	03.080	A 12	江苏省老龄服务标准化技术委员会	2018/9/30

在前期文献研究和调查研究的基础上，结合国家和地方标准文件，以及社区（老年）教育服务的术语和定义等相关信息，中心在考虑适用性的前提下，经过反复讨论，初步确定标准架构和内容要素，文本包括：范围、规范性引用文件、术语和定义、老年教育大数据管理与应用的要求和主要内容、管理机制、数据中心、教育环境、资源管理、系统软件平台和支撑软件、应用系统平台、数据传输、安全管理、信息服务、服务评价与改进。

（三）多源数据归集的实践与探索

长期以来，上海老年教育各级办学单位及支持服务体系的信息化平台建设与运用，在凸显信息化重要性，保障上海老年教育有序发展的同时，也为当下打破“数据壁垒”和“信息孤岛”，数字化赋能上海老年教育带来了亟待破解的难题。中心探索以“老年教育公共数据”为“数字枢纽”，在保留各已建平台相对独立性的基础上，实现各平台核心业务交互，完成上海老年教育的数据归集，即 PDP 模式，平台（platform）—数据库（Database）—平台（platform）。

1. 校级系统办学数据的归集实践

随着 2019 年“随申办—老年教育”应用在全市的启动，与市政府重点工作相结合，作为上海老年教育数字化转型重点突破方向，官方报名平台的雏形已逐步成型，绝大部分老年教育办学机构的办学数据已完成归集，但部分办学机构因为各种历史原因保留了校级系统的运行，对于这部分独立运行校级系统的数据归集，中心以市级平台的核心业务（包括随申办报名、学习卡缴费、电子发票打印等）为导向，以公共数据库为“数字枢纽”，在充

分尊重及保留校级平台功能和自主性同时，实现数据归集。以上海老年大学为例，项目组以实现市老年大学课程“随申办”的报名为前提，完成其办学数据的归集。

通过对比市老年大学报名系统及“随申办—老年教育”应用的数据字段。发现两个系统间“学员”与“教师”的数据字段差异，以少字段系统增加采集的方式实现同步，但课程体系的不一致，则需要充分发挥老年教育公共数据库的“数字枢纽”作用，通过预设对应关系表的方式，实现课程数据“数据清洗”之后，推送“随申办—老年教育”应用，完成市老年大学的“随申办”报名。同时，实现探索校级系统办学数据归集市级管理平台的实践。

2022 年秋季，上海老年大学通过“老年教育公共数据库”向“随申办—老年教育”应用，传送学员数据 22 452 条，教师数据 195 条，课程数据 510 条，完成市老年大学对接“随申办”报名。

2. 行业系统数据的归集实践

根据上海市统计局的要求，市教委从 2007 年起，每年对本市老年教育基本情况开展统计。统计数据的采集工作由“系统对接＋人工填报”的组合完成，“学校教育”部分对接市老年教育教务管理系统，“社会教育”“群文活动”则由各级办学机构专人填报。部分老年教育支持服务体系，每年也会对业务数据进行相关统计，对基层单位而言同类数据统计工作，存在重复且口径不一等问题。2022 年，中心以“年度统计工作”为抓手，以切实减轻基层办学单位工作为切入口，以公共数据库为“数字枢纽”，统一数据采集口径，对应数据项，实现条线数据的归集。以上海老年学习团队指导中心（简称：“团队中心”）为例，中心以实现团队中心数据直接纳入“老年教育年度统计工作”为前提，完成其团队建设数据的归集。

通过对比上海老年学习团队在线系统及上海老年教育数据统计系统的数据字段，发现上海老年学习团队在线系统以单个学习团队为数据采集单位，上海老年教育教务管理系统以市、区两级老年教育机构（含区级老年大学）中的团队总数为数据采集单位。从数据字段上来看，上海老年学习团队在线系统的采集字段基本涵盖了上海老年教育教务管理系统的字段。

从对两个系统 2021 年全市老年学习团队总数和学员总数的统计数量结果来看，差异较小，结果趋同。对老年学习团队在线系统的采集数据增加少量字段后，直接纳入上海老年教育统计系统，不仅实现探索行业系统数据归集市级统计平台的实践，同时避免两个系统数据的重复采集。

从以上两个案例的数据归集实践结果出发，中心认为，在上海老年教育领域内建设以大数据管理为核心的公共数据库条件已经相对成熟。公共数据库建成后，可通过各系统数据的汇集、融合和共享，尝试打通报名管理、教务管理、师资管理及配送、档案数据管理、学习团队管理等各类业务之间的堵点，为实现全市老年教育数字化管理打下基础。

三、 下一步工作方向

中心在接下来的工作中，将完成如下几项工作，一是基于前期对于国家级和地方级相关标准的研究，以及本市多个平台的调研结果，编撰老年教育数据标准。二是结合本市老年教育数字化发展需求,从提升老年教育数字化治理水平的角度,完成老年教育公共数据库的技术架构设计。三是以大数据为支撑的学习者个性化服务应用开发。四是完成2023年老年教育数据分析,并针对如教育资源分布、在线学习能力、师资队伍结构等重点问题,形成数据分析报告。

培育建设上海老年智慧学习助学团队

上海市普陀区社区学院

近年来,上海市教委等有关部门一直致力于推动老年教育数字化转型,探究"智慧助老"的新形势、新途径和新方法。其中,老年智慧学习助学团队建设是"十四五"期间上海市老年教育的重要任务,也是助力老年人跨越"数字鸿沟"的积极探索与尝试。面临新时期、新任务,上海市老年学习团队指导中心充分动员市、区级老年教育专家和骨干队伍的力量,群策群力、集思广益,经过反复研讨、磋商及试点推进,研制出了一套符合全市实际情况,且具有较强推广性的智慧学习助学团队建设标准,并精心试点培育助学团队,以点带面助推发展,有效提升了老年人数字素养和学习能力,为"智慧助老"提供了良好的思路。

一、 实施背景

智慧学习助学团队是上海实施"双百双千"计划的重要工程之一。根据《国家积极应对人口老龄化中长期规划》《关于切实解决老年人运用智能技术困难的实施方案》等文件精神,2021 年,上海市教育委员会出台《关于推进本市老年教育数字化发展的意见》,明确提出实施"双百双千"计划,将培育 1 000 个形式灵活、类型多样的智慧学习助学团队作为老年教育事业发展目标之一,引领智慧助老新风尚,全面提升老年人数字素养和数字化学习能力,大力提高老年教育数字化服务水平。基于上述文件,作为"双百双千"计划的重要内容,智慧学习助学团队建设是一个适应时代发展变化的崭新任务,需要经历从无到有,从初创阶段到发展成熟阶段、再到示范引领阶段的过程。

上海市老年学习团队指导中心(以下简称"指导中心")成立于 2013 年,由上海市教委终身教育处领导、普陀区社区学院承办。指导中心主要负责全市老年学习团队的培育任务,具备团队培育和建设的优秀经验和良好的实践基础,在老年教育数字化转型的大背景下,探索老年智慧学习助学团队建设标准,培育助力老年人跨越数字鸿沟的助学团队是指导中心面临的新使命、新任务。智慧学习助学团队有其自身的特点及培育要求,指导中心还需持续探索老年智慧学习助学团队的建设标准,以标准为引领来推动和保障团队的健康、有序、快速发展。

二、 主要做法

为探索上海老年智慧学习助学团队的建设标准,指导中心充分动员市、区级老年教育专家和骨干队伍的力量，群策群力、集思广益，经过反复研讨、磋商及试点推进，研制出了一套符合全市实际情况，且具有较强推广性的智慧学习助学团队建设标准，具体工作路径如下：

（一）精准界定概念，探索建设标准的评估维度

通过查阅智慧学习、老年学习团队等相关文献，在已有研究的基础上，结合全市老年教育工作的实际情况，首先厘清智慧学习助学团队的基本概念。老年学习团队是由年龄在60岁以上的老年人基于共同兴趣爱好自发形成的，为满足共同学习需求，在学习过程中共享经验、互动支持的一种学习型组织。在此基础上，将“老年智慧学习助学团队”界定为在学习团队培育中，以助力老年人跨越“数字鸿沟”为指向，着重培养团队领袖及骨干成员数字化学习能力及素养，团队活动聚焦智慧学习，辐射带动区域老年人数字化转型的老年学习团队。厘清概念及范围之后，通过“上海市老年人数字素养调查问卷”抽样调查全市范围内老年人的数字设备使用情况，通过深度访谈对老年人的数字化水平和应用能力有了更加全面的掌握和了解，重点涵盖出行、就医、消费、文娱、办事、理财等高频事项的数字化应用情况，前期准备工作为制定建设标准的指标体系明确了方向和具体维度。

《上海市老年教育发展“十四五”规划》中将培育智慧学习助学团队列为重要工作目标之一，指导中心在上海市教委终身教育处的指导下，承担了上海市社区教育实验委托项目《“助力老年人跨越数字鸿沟”智慧学习团队建设的实验》，依托项目凝聚共识、助推发展，通过多次召开项目研讨会，以实验项目推进为抓手，开拓工作思路和方法，也为标准研制指明了推进方向。

（二）精研指标体系，提升建设标准的科学性及操作性

指导中心根据智慧助学团队的特点和培育要求，结合全市老年学习团队建设的实践经验，制定了《上海老年智慧学习助学团队建设标准》(以下简称“标准”)。标准涵盖“团队理念”“基本保障”“团队活动”“信息素养”和“学习成效”等5项一级指标。二级指标共计12项，其中，团队理念包括理念引领和发展目标；基本保障包括组织保障、经费保障和制度保障；团队活动包括活动内容和活动形式；信息素养包括平台应用、技术运用；学习成效包括成员发展、团队影响和辐射效应。三级指标共计24项，具体从学习和助学两个角度凸显了智慧学习助学团队的内涵，在学习角度强调团队内部的智慧学习活动，在助学角度要求团队开展形式多样的智慧助学活动，助力更多老年人跨越数字鸿沟。此外，还对每一指标的观测点进行了相关说明，促进标准的具体实施。

评价标准的制定是动态的，需要经过不断完善而形成。指导中心借助外脑，吸纳市、区级研究员、社区(老年大学)从事团队建设的骨干力量，多方征求老年教育教学专家的意见，科学制订老年智慧学习助学团队评价标准，包括量化的评价指标和质性内容。首先，采用德尔菲法征询市级老年教育专家的意见，通过“背对背”的专家意见反馈修订标准；其次，利用头脑风暴法汲取孵化区各负责人的想法和建议，集思广益，群策群力，加强标准的针对性；最后，通过开展各区老年教育小组办负责人座谈交流会，增强标准的可操作性。经过一系列的研讨和反馈，最终确定了建设标准。

（三）精心试点培育，推动建设标准的有效落地执行

在指导中心推动下，全市老年智慧学习助学团队建设试点工作有序开展。第一，由指

导中心下发《上海老年智慧学习助学团队建设标准》;第二,各区老年教育小组办负责牵头,组织区老年大学、街镇社区学校做好智慧学习助学团队的申报、培育和总结等工作;第三,团队带头人组建并带领团队在标准的引领下开展智慧学习及助学活动;第四,组织智慧学习助学团队带头人参加市区级相关智慧助老和团队培育工作的培训,多种方式并举,上下联动,从而有效推动建设标准的落地与执行。实施过程中,指导中心实时跟进与了解建设标准的实际执行情况,经过一轮智慧学习助学团队的培育,不断完善和改进建设标准。

三、 成果成效

(一) 标准先行,为老年智慧学习助学团队建设工作提供指引

《上海老年智慧学习助学团队建设标准》作为全国首个智慧学习助学团队建设的标准,不仅为上海市老年智慧学习团队培育提供了参照标准和方向指引,在具体指标的科学性、规范性和可操作性方面较好,有效确保了"十四五"期间上海市培育 1 000 个老年智慧学习助学团队任务的实现,也为全国智慧助老团队建设提供了范例,开拓了智慧助老的新形式、新途径和新方法。在具体指标中,点面结合,根据老年人的整体信息素养情况,形成不同层级的智慧助学团队评价标准。标准从智慧学习和助学两个层面对智慧学习助学团队培育提出要求,同时致力于将智慧学习与老年学习团队结合起来,助力老年人跨越"数字鸿沟",有助于智慧助老工作的深入开展。

(二) 对标培育,促进助学团队标准化、内涵化和特色化发展

根据建设标准中对智慧学习团队的要求,团队成员通过线上、线下相结合等智慧学习活动,在出行、就医、购物等方面的信息化水平有了较大的提升,引领助学团队标准化发展,逐步形成街镇学校、区级、市级等不同层级的智慧助学团队。充分利用全市建立的智慧学习场景、学习品牌,拓展团队活动形式,丰富活动内容,提升助学成效,不断丰富智慧学习助学团队的内涵。在团队建设过程中,老年智慧学习助学团队或与星级团队融合,在原有的学习团队中融入"智慧"学习元素,或全新培育,全面助力老年人跨越数字鸿沟。在全市的共同努力下,打造出一批批特色鲜明的老年智慧学习助学团队。

(三) 成效凸显,全市老年人数字素养和学习能力显著提升

经过一系列的培育,智慧学习助学团队能够应用学到的数字知识和技能,为其他学习者提供助学服务。助学活动进学校、进社区、进家庭,助学活动辐射范围广,影响力强;助学活动形成典型案例,成效得到广泛报道,形成一批可复制、推广的助学团队。智慧学习助学团队与原有的老年人星级学习团队相辅相成、互为补充,共同促进了老年学习团队的繁荣发展。在助学团队的培育过程中,全市老年人的数字化素养和学习能力显著提升,切实促进上海市老年教育数字化转型。

四、 经验总结

上海市老年人学习团队指导中心在培育老年智慧学习助学团队的过程中,为助力老年人跨越数字鸿沟积累了一系列宝贵的经验,主要体现在以下三方面:

（一）科学研发，因地制宜定标准

一方面，从指导中心初拟评价标准，到分别征询市级专家、各孵化区负责人的建议，再到征求各区老年教育小组办和街镇层面负责人的意见，上下联动，成立工作专班，建立工作交流群，及时交流工作意见，不断改进和完善评价标准。标准的研发过程具有较强的科学性和可操作性，可以为同类标准的制订提供较好的参考与借鉴价值。另一方面，智慧学习助学团队建设标准的研发综合考虑到上海老年教育发展实际情况以及老年人学习团队的已有基础，从智慧学习和助学两个层面出发设定指标体系，在标准中注重强调团队的“助学”内涵，有利于扩大参与智慧学习的老年人群体受惠比例，先学带动后学，促进全市更多老年人跨越数字鸿沟。因此，在标准研发过程中需要紧密结合当地老年教育及学习团队的发展现状，多方考虑不同专家的意见，使得标准更接地气，更好地发挥标准的引领作用。

（二）试点推进，以点带面促培育

在标准制订后，指导中心坚持“典型引领、分类培育、全面发展”的工作思路，通过培育老年智慧学习助学团队示范点，打造特色助学团队，发挥示范引领作用，推动全市智慧助学团队的培育和创建工作。指导中心按照“一区一特色，一点一活动”的培育标准，通过前期摸排调研，将已有基础好、团队特色鲜明、活动影响范围广的团队纳入示范点建设，召开全市助学团队工作推进会议，综合分析与研讨，凝聚共识，确定全市首批老年智慧学习助学团队示范学习点。在此基础上，组织相关团队负责人外出参观学习先进经验，查找自身短板，引导示范点挖掘自身特色亮点，转换工作思路，同时借助上海学习网、上海老年教育信息化管理平台、老年人学习团队申报系统等网络平台做好示范点的申报、培育工作，对相关资源加以推介，以示范带动全局，促进助学团队培育工作扎实、有序、全面推进。

（三）智慧助学，助推数字化转型

培育智慧学习助学团队是推动老年人数字化转型的重要举措。指导中心依托智慧学习助学团队，聚焦于老年人在出行、就医、文娱、办事等方面的高频事项和服务场景中的实际困难，打造了一批批特色鲜明、指向性明确的智慧助学团队。经过一系列的培育措施，助学团队在全市范围内蔚然成风。通过形式多样的团队活动，彰显夕阳活力，不断扩大助学团队的影响力及助学成效，助力全市老年人跨越“数字鸿沟”，有效提升全市老年人的数字化素养和水平。

五、 经验总结

数字化转型是当前终身教育领域的关键任务。上海老年智慧学习助学团队建设工作是促进本市老年教育数字化转型的重要尝试。从评价标准的研制到标准的落地执行，从试点培育到全面推开，智慧学习助学团队建设并非一蹴而就，而是有其自身的发展和运行规律。经过实践检验，建设标准契合上海市老年教育的发展实际，科学性和可操作性较好，为助学团队培育提供了方向指引，在全国范围内也具有较强的参考价值。另外，助学团队的培育路径符合团队的生长和发展规律，以点带面，分层分类培育，促进标准的落地执行，形成了一些可复制和可推广的助学团队培育经验。最后，老年智慧学习助学团队建设工作启动以来，全市范围内积极响应，智慧学习和助学活动深受老年人群体欢迎，团队活动以“老年人帮老年人”，低龄老人关爱高龄老人，更易于让高龄老人接受，形成良性互动的学习共同体，助学也更有针对性，从而有效促进了全市老年教育数字化转型。总之，指导中心注重科学确定评价指标体系，及时总结经验与做法，充分利用已建设的优质课程和智慧学习场景等资源，大力推动助学团队纵深发展，形成了一批具有借鉴意义和推广价值的智慧学习助学团队，开拓了智慧助老的新路径。

附录：

上海老年智慧学习助学团队建设标准

<table>
<tr><th>一级指标</th><th>二级指标</th><th>三级指标</th><th>分值</th><th>观测点</th></tr>
<tr><td rowspan="4">一、团队理念（20分）</td><td rowspan="2">（一）理念引领（10分）</td><td>1. 以《关于切实解决老年人运用智能技术困难实施方案的通知》和《上海市老年教育发展十四五规划》等文件精神为指导，以问题为导向，认真分析和了解老年人在运用智能技术方面遇到的困难。</td><td>5</td><td rowspan="2">明确的理念及团队发展价值取向的表述。</td></tr>
<tr><td>2. 结合区域实际情况和老年人的现实需求，明确本团队发展理念和价值取向。</td><td>5</td></tr>
<tr><td rowspan="2">（二）发展目标（10分）</td><td>3. 制定团队的行动计划，结合老年教育数字化发展的总体目标，明确团队的行动方向和要求。</td><td>5</td><td rowspan="2">查阅学习团队计划和总结文本；实地调查。</td></tr>
<tr><td>4. 明确团队发展近期目标，形成年度发展目标，有详实的活动记录和年度工作总结。</td><td>5</td></tr>
<tr><td rowspan="6">二、基本保障（20分）</td><td rowspan="2">（三）组织保障（10分）</td><td>5. 所属系统领导重视，团队带头人及骨干擅长团队管理和信息技术，主动参加智慧助学相关培训。</td><td>5</td><td rowspan="2">学习团队平台及相关资料。</td></tr>
<tr><td>6. 团队成立初期，固定成员一般不少于6人，助学人次不低于18人。</td><td>5</td></tr>
<tr><td rowspan="2">（四）经费保障（5分）</td><td>7. 通过所属老年教育机构的资助和自筹，保证团队信息化学习和日常活动的经费。</td><td>3</td><td rowspan="2">查阅学习团队平台的年度预算、活动经费投入。</td></tr>
<tr><td>8. 每年有合理的团队活动预算。</td><td>2</td></tr>
<tr><td rowspan="2">（五）制度保障（5分）</td><td>9. 建立完善的团队章程和管理制度，尤其是适合团队发展的信息化管理制度。</td><td>3</td><td rowspan="2">团队资料查阅及实地调查。</td></tr>
<tr><td>10. 团队带头人和成员的职责清晰，有明确的分工和合作的要求。</td><td>2</td></tr>
</table>

(续表)

一级指标	二级指标	三级指标	分值	观测点
三、团队活动(30分)	(六)活动内容(15分)	11. 团队学习以提高自身信息化应用能力的活动为主要内容。	8	查阅团队活动文本材料。
		12. 助学活动围绕出行、就医、消费、文娱、办事、理财等高频事项和服务场景,以数字赋能为核心要求,提高被助学者的信息化应用能力。	7	
	(七)活动形式(15分)	13. 活动形式多种多样,可以是学习课程或专题讲座;可以有理论讲解和实践操练;可以包括线上、线下活动等。	5	实地查看;问卷调查;座谈会。
		14. 团队学习有保障,每月至少开展1次学习活动,每次活动出勤率在70%及以上。	5	
		15. 助学活动有保障,每月至少开展1次助学活动,每次活动助学人次10人以上。	5	
四、信息素养(10分)	(八)平台应用(5分)	16. 利用市老年学习团队管理平台等系统,完成团队申报、活动记录和总结工作。	3	查阅学习团队平台数据资料。
		17. 逐步做到团队带头人培训、团队活动展示管理信息化和常态化。	2	
	(九)技术运用(5分)	18. 团队具有多样的数字化学习渠道,包括网络课程、教育培训和智慧学习场景等。	3	信息技术与智慧团队深度融合的案例。
		19. 团队能够利用数字化手段解决学习及助学过程中遇到的问题。	2	
五、学习成效(20分)	(十)成员发展(5分)	20. 团队成员对信息技术的学习热情提高,信息技术方面的知识和能力得到提升。	3	学习需求及满意度调查、访谈。
		21. 团队成员能够应用学到的数字知识和技能,为其他学习者提供助学服务。	2	
	(十一)团队影响(5分)	22. 团队成员参加相关智慧学习类赛事获区级及以上表彰,如学习网、抖音、快手、视频号等平台作品。	3	具体案例和获奖证书等佐证材料。
		23. 智慧助学成果辐射范围广,助学经验得到区级及以上媒体的报道。	2	
	(十二)辐射效应(10分)	24. 打造团队智慧学习品牌,形成具有独特性、发展性和可复制的特色项目和经验。	5	统计数据、问卷调查、优质案例。
		25. 团队活动覆盖面不断扩大,活动满意度提高,带动更多老年人实现数字化转型,共享数字化发展成果。	5	

着力推进老年数字教育进社区行动落地见效

上海市黄浦区社区学院

随着数字化应用快速崛起，在给人们生活增加便利的同时，却给不少老年人筑起了一道“数字鸿沟”。如何帮助老人跨越“数字鸿沟”，打通智能设备使用的“最后一公里”，成为老年教育的一项令人注目的课题。

2022年，为进一步响应市教委、市民政局、市老龄办联合印发的《2022年上海市老年数字教育进社区行动方案》相关工作要求，将优质数字学习资源和课程配送到老年人身边，黄浦区积极开展老年数字教育进社区行动，为社区老年人群提供贴心的数字技能辅导。自2022年9月16日市教委工作通气会动员部署，到10月25日黄浦区学习型社会建设推进会层层落实，至12月8日最后一场线下活动圆满收官，我们抓住宝贵的窗口期，快速响应、全面动员、齐心协力，确保了老年数字教育进社区行动取得实效，惠及更多老人。截至2022年底，区级层面已面向全区169个居委学习点和多家养教结合学习点、社会学习点，统一开展了183场老年数字教育进社区线下活动，实现了居委层面的全覆盖。同时，街道、居委层面自主开展了104场活动。据统计，线下活动累计服务人数达5 510人，线上线下累计参与人数超3万人。在老年数字教育进社区行动推进过程中，黄浦集中优势完成了四方面重点任务：

一、 科学谋划，完善顶层设计

在市级文件基础上，黄浦区学习促进办制订了《黄浦区老年数字教育进社区行动方案》。10月25日，区学习促进办牵头召开2022年黄浦区学习型社会建设推进会暨黄浦区老年数字教育进社区行动方案调研会，就落实相关工作与各街道分管主任沟通，对行动方案进行了深入研讨，并于10月28日率先启动。面对老年人数字技能的实际困难和对传统授课形式兴趣度不高的现实，区级行动方案确立了以“人像摄影体验＋数字技能课程＋一对一志愿辅导＋在线学习群组”的工作流程，推出百场活动排片表，在四十多天的时间里，密集排班，全面铺开。对于组织活动有力、活动效果显著的单位或学习团体，和智能技术学习成绩突出的长者，予以表扬。结合实际，针对重点内容加强协调配合和督促指导，切实保障行动的实际效果。同时由区社区学院和五个社区教育中心统一派驻活动工作人员和志愿者，打消了居委干部的顾虑，也增强了参与的积极性。

星光摄影老年大学是经上海市教委正式授牌的全市首批社会多元主体举办的老年大

学。学校分设器材学院、影像学院和艺术学院,课程内容主要有手机摄影基础、单反相机入门、人像摄影技巧、短视频拍摄制作、影像后期等多门课程。2022 年,黄浦区社区学院与星光摄影老年大学联合打造的“星光智慧课堂”,更集成了智能拍摄、数字影像等前沿摄影技术,面向社区老年人开放体验,目前该场景已通过市级首批场景认定。老年人对于美好生活的需求,总是不断增大。很多长者喜欢手机摄影,在活动现场,星光老年大学还推出了智慧学习场景体验,很多居民纷纷学习手机摄影技能,用贴近生活、寓教于乐的方式互帮互学,这样的模式深受居民喜爱。

二、 对标需求,线上资源整合升级

整合市级优质学习资源,综合运用上海学习网、老年人学习网、老年教育慕课、金色学堂等多个线上学习平台资源,通过学在黄浦持续资源更新和平台功能升级,汇聚丰富优质的数字化学习资源,以老年人生活中实际问题为锚点,提供专项课程服务,“学在黄浦”微信服务号推出全新界面、分级菜单、实现学习轨迹可记录,新增“学习让生活更幸福”微信视频号,丰富在线学习矩阵。以智能技术运用和防范网络诈骗等为主题,研发课程资源,编制智能技术运用指导手册,为“智慧助老”助学志愿服务提供教学资源保障。

同时,结合线下活动开展,组建微信在线学习群组,提供志愿者在线答疑服务,为老年人提供持续的数字教育服务。截至年底,参与线上学习人数超 2 万人。

三、 全面覆盖,线下活动落实有力

通过“请进来”与“走出去”相结合,黄浦老年数字教育进社区行动在整合、优化数字学习资源基础上,依托星光摄影老年大学和智慧助老学习团队等专业力量,从老年朋友喜欢的摄影入手,聚焦智能技术学习,通过覆盖全区的终身教育网络,同步指导老年人学习扫码下载、网络连接等实用技能,关注老年教育学习资源,了解身边的学习场所,为老年朋友带来有温度的数字技能“移动课堂”,累计开展线下活动 288 场,实现了居委层面全覆盖。

在黄浦区社区学院的大力支持下,作为上海市级五星学习团队的“新天地电脑沙龙”学习团队的智慧助老志愿者们,作为此次黄浦区老年数字教育进社区行动的志愿者,与各街道社区教育专兼职教师一起,紧跟老年群体当下最需要的智能技术应用,精心设计编排学习资源,策划组织面向社区老年群体的智能技术应用培训活动。平均年龄近 62 岁的团队志愿者们,主动对接社区,策划组织了一系列丰富的智慧助老志愿服务项目,为社区居民精心提供了电脑、智能手机、智能情境体验等多种课程,帮助社区老年人及时解决智能技术应用上的困难和问题。学习团队的志愿者们还走出课堂,深入社区,主动提供上门服务和辅导,手把手地教老年人应用智能技术,增强了他们学习的自信心,也开阔了他们的视野、拓宽了社交渠道,让更多老年人获得拥抱数字时代的能力,收获智慧温暖的老年生活。

四、 品牌打造,扩大宣传影响

上海市教委相关领导对黄浦数字教育进社区工作开展进行调研指导,并希望黄浦能够先行先试,进一步丰富、优化学习形式,总结典型经验,在全市起到示范带动作用。黄浦充分利用新媒体平台、报纸、网络等媒体形式,通过线上线下相结合的方式,大力宣传“智慧助老”的具体措施和典型事迹,营造智慧助老的浓厚氛围。为进一步扩大宣传影响,黄浦将老年数字教育进社区海报、宣传折页配送到各个居委,区、街道、居委层面都对活动进行了大力宣传,相关报道持续在学习强国、看看新闻、新民晚报、“上海黄浦”“学在黄浦”微信号等超过20家主流媒体平台发布,上海电视台“金色学堂”频道也多次采访。在行动推进中,社区学院同步组织开展了终身学习满意度调研,得到了广大老年朋友的欢迎,也为今后老年教育工作开展吸引了更多“新面孔”。

本次老年数字教育进社区行动是学习贯彻党的二十大精神的务实举措,在市教委指导下,黄浦区不断丰富老年数字教育资源供给,创新老年教育服务模式,通过老年人喜闻乐见的形式,把最好的学习资源和师资送到老年人身边。其实,早在2021年,黄浦区就制定了《智慧助老志愿服务三年行动计划》,重点打造以“跨越数字鸿沟　共享智慧生活”为主题的“智慧助老”志愿服务项目,助力长者跨越“数字鸿沟”,融入智慧生活,更好地适应信息社会发展,切实提升长者运用智能技术方面的获得感、幸福感、安全感。

黄浦区学习型社会建设与终身教育促进委员会办公室、黄浦区教育局正联合多部门协同发力,一批适合老年群体使用的网站、课程也在逐步推广。结合老年教育智慧学习场景等项目建设,黄浦也将不断拓展新的学习空间,把老年数字教育进社区行动常办常新,取得实效,用暖心的服务帮助更多的老年人跨越“数字鸿沟”,持续获得数字化带来的便捷“红利”,共享人民城市幸福生活。

老年大学党员志愿者队伍建设

上海市宝山区老年大学

宝山区老年大学1992年建校,始终坚持“增长知识,丰富生活,陶冶情操,促进健康,服务社会”的办学宗旨,坚持“老有所学、学而有乐、乐而有为”的办学思想。在这片陶行知曾经留下过教育实践经历的土地上,学校坚持党建引领办学治校,立足老年教育党员志愿者队伍建设,积极推进老年素质教育。学校启动并开展宝山区老年大学党员志愿者队伍的建设项目,旨在将党建工作落实于老年教育中,为党员学员们提供发热发光自主平台。

一、 工作背景

党的二十大报告提出,统筹推动文明培育、文明实践、文明创建,推进城乡精神文明建设融合发展,在全社会弘扬劳动精神、奋斗精神、奉献精神、创造精神、勤俭节约精神,培育时代新风新貌。2016年10月,国务院办公厅下发的《老年教育发展规划(2016—2020年)》提出:“重点推进老有所为行动计划。广泛开展老年志愿服务活动,到2020年,力争每个老年大学培育1—2支老年志愿者队伍,老年学校普遍建有志愿者服务组织。”在国家老年教育发展的政策导向下,未来一段时间,倡导老有所为的老年志愿组织、老年志愿者将成为老年教育发展的重要生力军。党员志愿者是参与志愿服务的重要力量,在社会服务和老年教育中的作用不可或缺。

在宝山区老年大学在读学员中,党员数量众多,是党员志愿者队伍的重要组成部分。

如何有效地把学校的党员学员组织起来,发挥他们的先锋模范作用,更好地服务于社区大众参与老年教育,是摆在我们面前的重要任务。

二、 实施举措

(一) 成立课题项目组,明确分工职责

学校通过教职工大会招募实验小组成员,成立课题实验小组。召开组员会议,根据每位组员的特长,进行了分工,明确各自主要的工作内容及职责,并建立了实验小组微信群,便于组员之间互相讨论交流。

(二) 对学员进行摸底,开展问卷调查

通过问卷星平台,对在读学员进行问卷调查,共收到有效问卷378份,其中党员学员

200名，非党员学员178名。根据年龄、性别、专业特长、爱好等方面内容进行分类，建立党员志愿者资源信息库，帮助党员志愿者在老年教育的各项活动中发挥更大的作用。在对“您是否是党员”与“您是否愿意参加志愿者活动，如果愿意，您会参加哪些活动”这两个问题进行交叉分析时，发现在200名党员学员中，有41%的党员愿意参加社会各类文体活动的志愿活动，有29.5%的党员愿意参加“敬老活动”，有24.5%的党员愿意参加社会政策法规宣传与普及方面的志愿活动，有13%的党员愿意在“双减”后，为中小学校内兴趣课进行指导。

同时，把愿意参加同一类志愿服务的党员同志进行分类，便于后续开展具体的志愿服务活动时，可以有针对性的组织党员参加对应的活动。

（三）通过访谈，了解学员对于志愿服务的想法

访谈主要设计了三个问题，目的是了解学员对于学校开展志愿服务的一些意见和建议，以及大家在参与活动的过程中碰到的困难。党员学员都认为应该多开展一些党员志愿服务活动，党员学员也应该积极地参与进来，更加充分地发挥党员先锋模范作用，牢固树立全心全意为人民服务的意识。退休了，为人民服务的意识不退。学员们认为，在参与志愿服务的过程中主要碰到3个方面的问题：一是年龄大了，体力不支，一些需要体力的服务活动就无法参加。二是志愿活动的时间与家庭的日常生活安排产生冲突，导致无法参加。三是学员来自四面八方，把大家聚集在一起需要加强凝聚力的建设。针对“如何吸引更多的党员参与到志愿者队伍中来”这一问题，大家觉得：一是要建立一支有组织的志愿者队伍；二是对这支队伍要加强培训交流；三是多开展一些志愿服务活动，组织党员学员尽可能地参加；四是推进志愿服务活动的常态化。

（四）组建党员志愿者队伍

在前期的调研中发现，老年大学的党员学员人数众多，所以本项目研究的党员志愿者队伍的组建就是基于在老年大学内建立功能型党组织，通过功能型党组织的建立，形成“总支—支部—党小组”的三级组织架构。这样的组织架构不仅职责明确，也便于组织开展各项志愿服务活动。在建立功能型党组织的过程中，主要做了以下两方面的工作：

1. 摸清底数，合理配置。班主任对所属班级党员情况进行调查摸底。在摸清底数的基础上，本着“有利于老年教学管理，有利于党员发挥作用，有利于组织党员活动”的原则，规范功能型党组织设置，合理控制功能型党支部规模：以专业为单位，建立功能型党支部，以班级为基础建立党小组（凡有党员3人以上的班级，成立党小组；党员人数不足3人的，建立联合党小组）。党员学员一般相对固定参加有关党组织的学习、活动；个别跨学科、跨班级的党员学员，可自行选择参加某个专业的党支部及某个班级的党小组活动。

2. 选好配好支部书记、党小组长。班主任要组织协调所在班级选好配齐党小组长，在此基础上选好支部书记。坚持选配党性强、作风正、威信高、身体好、经验丰富，乐于奉献的党员学员担任支部书记、党小组长。根据所在支部人数情况或便于党员联络和活动开展，50人以上的支部可根据实际情况设立正副书记各一人。如果目前所在班级的班长是党员身份的，可同时兼任党小组长。

(五) 制定党员志愿者管理办法

在建立了功能型党组织之后,党员志愿者队伍也就组建了起来,为了更好地把这批党员学员调动起来,开展志愿服务活动,项目组制定了一套党员志愿者管理办法,主要包括开展注册制度、建立培训制度、打造品牌志愿服务项目以及探索激励机制等四个方面的内容。

1. 开展注册制度

党员学员通过上海市志愿者网进行实名注册,学校审核完成后,为志愿者建立志愿者档案,并发放志愿卡。志愿卡用于证明志愿者身份,记录志愿者基本情况,参加志愿服务等情况。学校统计党员志愿者名单,对党员志愿者资源进行有效的调整,合理分配资源。开设具体的服务项目,并根据实际服务的项目确立领导核心(一般由功能型党组织的支部书记或者党小组长担任)。

2. 建立培训制度

党员志愿者参与的很多活动涉及一些专业性较强的领域,要求志愿者应具备多方面的基本素质和基本技能,而多数党员志愿者满腔热情,面对一些专业性较强的活动却束手无策,帮不上忙。所以除了统一的党员教育活动之外,还应事先根据志愿活动所涉及的领域,传授有关知识,制定紧急情况的处理预案,确保党员志愿者在志愿服务的过程中能够有章有法,避免出现不必要的失误。

对新招募的志愿者进行志愿服务宗旨、志愿活动发展、志愿服务制度、志愿服务道德法规等方面的培训;对老志愿者进行专业服务知识等方面的培训,提高他们的服务技能。

3. 打造品牌志愿服务项目

打造一批特色鲜明、群众拥护、社会认可的党员志愿服务品牌项目。党员志愿者队伍要以"为民、惠民、利民、便民"为目标,以整合社会各类资源为基础,以放大特色品牌效应为抓手,注重创新服务载体,积极致力于塑造自身良好形象,提高服务品质,打造具有特色的公益品牌。

4. 探索激励机制

党员志愿者参加志愿服务活动较重视精神激励。以精神激励为主,物质奖励为辅,满足党员志愿者多元化的需求。物质奖励方面,可以考虑无形的物质奖励,采取存储志愿服务时间的形式,把志愿服务与优先享受志愿服务结合起来,建立"时间银行""爱心储蓄所"等,志愿服务成为"付出、积累、回报"的"助人自助"储蓄所,保障志愿者未来享受同等待遇。

(六) 组织开展培训活动

为了让已经成为功能型党组织中的党员学员们尽快地参与到各项志愿服务中,根据之前制定的《党员志愿者管理办法》,首先组织党员学员们在上海志愿者网上进行了注册,然后根据实际活动内容组织部分党员学员进行了培训。

1. 志愿者网上注册培训

学校在对党员志愿者进行前期调研的基础上,组织他们在上海志愿者网上开展注册工作。由于很多老同志在实际使用电脑和手机操作的过程中存在困难,所以在学校的机房内集中对党员志愿者进行一对一的集中培训。虽然老年大学的党员志愿者有400多名，但是许多老同志已经在社区完成了注册工作。

2. 党史宣讲培训

学校的党员志愿者们，尤其是党史宣讲队的志愿者们参加了宝山区老干部大学“四史”、思政课的开班仪式，并参加了上海市老干部大学时政系主任卢肖文的讲座学习。卢主任以“学习百年党史坚守初心使命”为题，从深刻认识开展党史学习教育的重要意义、准确把握党史学习教育的基本要求和落脚点、中国共产党带领中国人民实现民族复兴的历史进程、把党史学习教育的成果落实于实践等四个方面出发，用翔实的内容、生动的语言让志愿者们重温了党的百年奋斗历程，进一步坚定了老同志们的初心使命，锤炼了他们的党性修养。

3. “智慧助老”服务内容培训

学校组织召开了“乐龄申城·G生活”志愿培训活动，30余名党员志愿者就智能手机操作方法、智能手机常用图标、手机基本使用、叮咚买菜、订票等老年人迫切需要掌握的手机使用技能、应用场景等进行重点培训，从而进一步组织带动更多老年人跨越“数字鸿沟”，共享信息化发展成果。

4. 家庭教育志愿者培训

我校组织30名党员志愿者参与家庭教育志愿者的培训。普及家庭教育志愿者的从业要求和专业技术要求，宣传家庭教育理念和相关知识，推广家庭教育科学方法和成功经验，培育家庭教育师资，拓宽家庭教育人员队伍，组织和动员党员同志们以志愿服务的形式参与家庭教育公益活动。培训的内容包括：“当前家庭教育发展的现状与趋势”“家校社协同，合力推动家庭教育”“志愿服务的基本理论与实践”“家庭教育志愿者的基本素养与能力”“家庭教育志愿服务的实践探索”等。

(七) 开展各类志愿服务活动

在问卷调研的基础上，项目组根据学校的实际情况，与宝山区图书馆、淞沪抗战纪念馆签订了共建协议，并利用老年大学现有的专业课程优势，与宝山区广育小学结对，送志愿者上门，帮助他们开展书法课程的课后服务活动。同时，在宝山区老干部局的牵头下，党史宣讲队参与了“强国复兴有我”群众性主题宣传教育活动。党员志愿者们积极参与社区的各项志愿服务活动，提升了社区治理能力。

1. “强国复兴有我”群众性主题宣传教育活动

“强国复兴有我”群众性主题宣传教育活动是“从石库门再出发——学习党史国史、传承红色基因、争做时代新人”主题活动之一。在宝山区老干部局的牵头下，学校党史宣讲队的志愿者们积极参与该项活动。党员志愿者们用真挚的情感、质朴的语言、贴合百姓生活的事例，让大家深入理解人民至上理念。志愿者们进学校、进社区、进农村开展群众性主题宣讲活动，用正能量的声音践行“强国复兴有我”的诺言，凝聚爱党爱国奋进新征程的力量，不断朝着中华民族伟大复兴中国梦目标阔步前行，以实际行动迎接党的二十大胜利召开。

2. 辞旧迎新送春联

宝山区老年(老干部)大学的党员志愿者们在宝山区图书馆的协助之下，举办新年送春联活动。党员志愿者们挥毫泼墨,为社区居民书写百余副春联,让群众感受到了浓浓的年味和宝山区老年(老干部)大学的老年学员们学有所成、老有所为的精神风貌。借助春联这一中华民族的传统民间艺术形式,党员志愿者们在社区居民之间弘扬并传承了传统文化,也为老年学员提供了艺术交流与展示的平台,有助于营造良好的校园文化氛围。

3. "大清扫、大清理、大清整"——创全活动

我校的党员志愿者们积极响应宝山区教育系统"大清扫、大清理、大清整"的号召,党员志愿者们分别在校园周边、珠友宝莲社区开展"创全"志愿者活动,为宝山区高标准创建全国文明城区工作助力,充分展示学校作为上海市文明单位的责任、形象和风采。

4. "大手牵小手"——助力"双减"

宝山区老年(老干部)大学书画班学员、党员志愿者走进宝山区广育小学,开展助力"双减"——"大手牵小手"书法教育进校园活动。该活动不仅促进了学校党员志愿者不断提高书法学养,将学到的新知识、掌握的真本领,有效转化为教学实践。同时,也引领学生们感受优秀传统文化的魅力,提高学生们的汉字书写水平,有效推动学校书法教育,助力"双减"活动。

5. "人文行走"志愿者讲解

学校的党员志愿者们来到上海淞沪抗战纪念馆,为前来参观的观众,尤其是青少年提供讲解服务。在活动中,学校的党员志愿者们深入挖掘上海抗战史、上海解放史、革命先烈及革命文物背后的故事,引导广大群众特别是青少年学习历史、感受历史,培养爱党爱国爱社会主义情感,让红色基因、革命薪火代代传承,从党的百年奋斗历程中汲取奋勇向前的磅礴力量。

6. 助力跨越数字鸿沟

学校党员志愿者为来校学习的老年学员们提供智能手机使用指导、线上报名操作教学等服务,他们在报名工作启动之前率先学会了微信小程序、支付宝、随申办市民云等平台的报名操作流程,并在秋季学期的报名期间来校指导老年学员们报名。通过党员志愿者们的引导,老年学员们通过实际操作,掌握了线上报名的方法;同时,党员志愿者们也帮助了更多的老年学员们更快地熟悉了智能手机应用。

三、 思考与启示

(一) 完善党员志愿服务内容

拓展原有志愿服务项目与服务内容,丰富社区帮困、社区生活、社区环保、社区治安、文化娱乐等方面的服务,使志愿服务价值得到认同,党员志愿者精神得以推广。

1. 社区帮困服务。党员志愿者积极走访社区老年人、残疾人、下岗失业人员等困难群众家庭,了解他们的具体困难,提供诸如精神抚慰、义务家教、家务劳作等精神和物质方面的帮助。

2. 社区生活服务。拥有一定技能的党员志愿者积极为社区群众提供缝纫、理发、电器、电脑维修等方面的服务,以此来带动社区群众之间形成互相帮助、互相关怀的良好氛围。

3. 社区环保服务。党员志愿者充分利用节假日以及周末，在社区广泛开展植绿护绿、白色垃圾清除服务，大力宣传环保知识、垃圾分类处理和综合利用等环境保护活动。

4. 义务家教服务。党员志愿者联系一个家庭，特别是下岗职工和特困家庭，开展不计任何报酬的义务家教，用爱心去帮助他们，让他们真正感受到社会的温暖。党员志愿者为社区小学生们提供课业辅导、陪护托管服务，并根据青少年的成长需求，设计形式多样、内容丰富且具有积极意义的课余活动，助力“双减”。

5. 社区治安服务。积极配合社区警务室做好夜间及节假日巡逻，努力维护社区治安。

6. 文化娱乐活动。根据社区群众兴趣爱好和要求，以群众为主体，成立以歌会友、以舞会友、以拳会友的文化娱乐团，促进良好邻里关系的形成，丰富社区群众精神文化生活。

7. 社区医疗保健。通过走访了解居民的身体健康状况及辖区内各类医疗卫生资源，组建专业医疗志愿服务队伍，不定期在社区及有关楼院开展健康咨询、体检、义诊等志愿服务活动。

（二）加强培训，提高党员志愿服务专业化水平

建立“自上而下”与“自下而上”的双向培训效果反馈机制，根据反馈情况，对培训内容、方式、手段等作出改进与调整，实现培训向更高层次转变。这样，党员志愿者们可以更加充分地发挥自己的专业特长，参与各类志愿服务活动。广大群众得到贴心、周到的服务，就会逐渐接受、认可党员志愿者开展的一系列服务活动，进而参与到各类志愿服务活动中来。

落实“倍增计划” 建设新型老年大学

上海市静安乐龄老年大学

近年来,老年人群对高质量老年教育的需求不断提升。为进一步加大老年教育资源供给,扩大老年教育办学规模,提高老年教育办学质量,上海市教委在《上海市老年教育发展“十四五”规划》中提出,“十四五”期间实施老年大学“倍增计划”,支持高校、各区、行业、企业、社会组织通过各种形式举办或参与老年教育。在市教委统一部署、区教育局大力支持下,静安区率先新增一所区级老年大学——静安乐龄老年大学。建成一年多来,静安乐龄老年大学在规范办学的基础上,以学习需求为导向开设适需性和引领性的课程,以智慧教学和数字化为着力点打造智慧学习环境。学校不断扩大宣传,加强教学管理,多渠道优化学习资源供给,助力老年人跨越数字鸿沟,力求通过建设新型老年大学推动静安区北部地域的老年教育和终身教育事业更进一步,织密静安“8 分钟学习圈”,促进静安区老年教育南北均衡发展。

一、 项目保障

(一) 领导重视,现场指导

区教育党工委、教育局领导高度重视,将静安乐龄老年大学建设列入年度工作要点,成立了以区教育局局长为组长的专项工作组,领导、指挥、协调乐龄老年大学的建设,并将该项目纳入 2021 年区教育党工委党史学习教育“我为群众办实事”实践活动。建设期间,区教育党工委、区教育局等领导多次赴现场实地调研,组织召开乐龄老年大学建设专题会,研究解决相关实际问题,为静安乐龄老年大学的建设提供了有力保障。

(二) 科学谋划,深化落实

静安乐龄老年大学位于闻喜路 716 号,占地面积 1 500 余平方米,共设有 7 间教室和 1 间多功能会议室。基础配套设施设备由区教育局调拨提供,初步实现了教学办公信息化,可满足日常教学开展,为项目的开展与实施提供了硬件支持。建设初期,学校先后组织召开了 3 次专家座谈会,明确了新建老年大学创新发展、特色发展的理念,形成了“高起点规划、高水平建设”的共识;组织开展近 2 000 人次的居民学习需求调研,明确了静安乐龄老年大学的课程配置,并在此基础上,细化了专业教室具体建设要求。

(三) 管理团队,经验丰富

新建成的静安乐龄老年大学由静安区老年大学的管理团队负责教务教学管理工作,

该团队队伍稳定，管理水平出色。静安区老年大学历经十余年的发展，以内涵建设为抓手，坚持规范管理，创新驱动，围绕课程开发、教育教学和教育科研的职能，在整合老年教育资源、展示老年教育成果、提供老年教育服务等方面发挥重要作用。静安区老年大学还承担了上海市老年教育协会教学专业委员会工作，指导全市老年教育精品课程和教学大纲建设等工作，示范引领区域老年教育发展，在社会上具有较强的示范性、影响力和辐射力。

二、 主要工作

（一）融合现代信息技术，构建数字化教学环境

结合老年教育的发展趋势，静安乐龄老年大学打造数字化教学环境，校园内无线网络全覆盖，专业教室配备了数字化教学和体验设施，为开展线上教学和提供个性化教学支持服务打下扎实基础：

1. 智慧教室具备智慧生活、智慧健康、智慧学习等数字化智慧功能，配备 VR 设备、“健康云”交互一体机、易课堂应用服务一体机等，可模拟在线购物、出行、就医等学习场景体验；通过高清直播设备和无线拾音设备、利用纳米黑板与监视双屏幕等实现教学直播，有效支持协作式学习和沉浸式、模拟化的体验学习。

2. 书法教室配套有交互式临摹台、互动拍摄系统、书法字帖排版系统、书法课程讲义系统、中控系统等，可运用智能交互式的教学设备，达到一对一教学示范效果。学员也可以根据内藏课件、碑帖、示范视频等丰富的教学资源进行自主练习，借助科技为书法教育教学服务。

3. 钢琴教室配备电钢琴、无线话筒、功放音响等，还原传统键盘教学的真实场景，支持全班授课、学员自习、分组自习、教师监听指导等功能，实现教师教学一对多、学员弹奏互不干扰的环境，提高教学效果。

4. 茶艺教室配备标准茶艺桌、电磁炉，优化物理学习空间，便于学员现场观察、模仿教师的示范操作手法，打造安静舒适的教学环境，提升学习氛围。

除此之外，学校还设有多功能教室、美术教室、多媒体教室，配备有齐全的多媒体教学设施和抽拉式合唱台、画架、展示柜等，满足不同课程的教学需求。

（二）加强师资队伍建设，提升教师数字化教学能力

静安乐龄老年大学聚焦于老年学员学习需求，结合专业教室的功能，多方面挖掘师资力量，一是从学历教育中挖掘专业知识扎实的老年教育新教师；二是在静安区老年大学教师队伍中，推动南北老年教育资源共享工作；三是面向社会公开招募，扩大静安老年教育队伍。为保障师资质量，教师均具备老年教育资格证书或是通过试讲经由专家评定后纳入教学队伍。

学校也面向全体教师开展数字化技能培训，2022 年春季学期开展“提升直播技能　助力居家教学”和“群策群力　云端教学，助力线上教学质量提升”两场主题培训，2022 年秋季学期开展“社区（老年教育）直播课程的实践与分享”主题培训。通过培训，帮助教师熟悉数字化教学设备，进一步提升教师数字化教学技能，为老年学员提供更加优质

的教学服务。

（三）多元教学模式融合，提升数字化学习效果

1. 融合式教学，实现线下物理空间和线上虚拟空间的双倍增。随着信息技术的不断发展，数字化教育已成为当前老年教育的发展趋势和方向。疫情期间教学模式的大规模转变也为后疫情时代在老年群体中开展多元教学模式创造了新的发展契机，更多的老年人开始接受并逐渐适应线上教学这种模式。2022 年春季学期，静安乐龄老年大学面向社会免费开放 8 门课程，共计观看学习 3 141 人次。2022 年秋季学期，试运行开设 20 门课程，报名学员 1 644 人次。结合课程特点，静安乐龄老年大学选取部分课程开展线上线下一体化教学，进一步探索线上与线下的教学融合，如声乐等主讲类课程以线上讲解理论或示教为主，线下教学为辅；茶艺等实操类课程以线下教学为主，线上教学为辅，为学员创设更加多元化的教学体验。

2. 数字赋能，多校区协同教学。在静安区老年大学建校十周年活动、教师工作会、教学展示等场合，开展多校区协同教学。利用智慧教室的数字化设备，两所老年大学的课堂活动数据实时互传，静安乐龄老年大学的老年学员通过云直播平台，与静安区老年大学的老年学员同上一门课程，再根据不同教室的数字场景开展教学实践体验，把数字化的教育教学设备与“协同教育”理念进行有效的融合，进一步推动老年教育数字化。

3. 充分利用数字化资源，开展多样化的教学组织与设计。以老年学习者的学习满意度为核心，组织线下学习活动与学生沙龙活动，开设“诗词朗诵与音乐赏析”“钢琴基础知识”“书法基础”“英语口语知识”“茶艺基础”“素描基础”等体验课程和“聚源摄影”沙龙活动，让老年学员提前了解、熟悉学校的专业教室、课程设置、授课方式和学生活动。积极参与 2022 年上海市全民数字素养与技能提升月活动，聚焦老年人融入智慧社会的实际需求，开展数字素养体验活动。围绕“智慧政务”“智慧医疗”“智慧社交”“智慧出行”四大主题，结合学员学习能力及需求，灵活协调授课与体验两种形式，线上线下融合互补。利用书法直播教学系统、钢琴电子曲谱、VR 眼镜等数字化模拟实操为学员提供数字化学习体验，帮助老年人跨越数字技术飞速发展带来的“鸿沟”，让老年人在实际应用场景中“能用、会用、敢用、想用”。

三、 主要成效

（一）建设校园，打造智慧学境

静安乐龄老年大学已经完成校园文化与专业教室的初步建设，学校以智慧教室、书法教室、钢琴教室的数字化教学设备，让老年学员在学习语言、书法、钢琴等技艺的过程中，自然而然地享受数字化技术带来的便利。同时开设“老年智慧旅游”“智慧出行”“智慧医疗”等智慧助老专题课程和讲座，帮助学员针对性掌握数字化技能。并结合云屏发布系统、多媒体教学设备，推进构建教学技术与教学内容相融合的智慧学境，帮助老年人提高数字化素养，更好地融入新时代的智慧生活。

（二）共享师资，推动均衡发展

师资队伍建设是学校开展优质教育的重要环节，以学员需求与课程建设为依托，多管

齐下，目前已完成首批师资储备。静安老年教育师资自南向北输送的过程既为北部分享教育资源，也有效地推动南北校区在教学教务管理的标准和要求的统一。学校在北部区域招募的师资亦向南输送，7 名教师同时在南北校区开展教学工作，形成师资力量的双向补充。学校也鼓励、引导学员利用数字化的学习资源自主开展学习沙龙等活动，推动静安老年教育的南北均衡发展。

（三）定制课程，满足更多学习需求

以储备师资为载体，进而开发有质量、有保障、有内容、有技术、有深度的特色课程，在原有课程基础上，静安乐龄老年大学还新增了“老年智慧旅游”“日常实用拍摄技巧”“时装走秀基础”等课程，持续为老年学员提供优质的学习资源，学员的学习规模也得到了进一步的提升。

静安乐龄老年大学以智慧教学和数字化为着力点，把适需性与引领性的课程建设相结合，不断满足静安老年教育的新需求，赋能新时代老年教育的新发展。

区域老年教育资源共享机制的建设实践

上海市长宁区老年(老干部)大学

随着经济文化的不断发展,老年人对于精神文化的诉求越来越强烈,老年教育也被更加重视。然而,学员需求的迅速增长与教育资源的匮乏形成了鲜明对比。老年大学的课程已经远远不能满足学员的兴趣爱好和学习需求,如何整合区域老年教育资源形成共享合力,成为学校发展研究亟需解决的课题,为此学校逐步开始了一系列的建设和实践探索。

一、 区域老年教育资源共享的背景

老年教育资源共享已逐步推行,但各机构之间的优质教育资源共享始终处于低层次水平,没有形成一个完整的教育资源整体。各老年教育机构"各自为政",缺乏相应的机制及管理机构。一些机构认为,优质的老年教育资源是自己呕心沥血研发出来的,不愿提供优质的资源共享。另外,教育主管部门对老年教育资源没有统一的规划,缺乏统一的规范与标准。这些情况最终导致难以形成共享合力,老年教育资源共享无法取得良好的成效。因此,如何建立老年教育资源共享机制也成为我们所要思考的问题。

二、 区域老年教育资源共享的实践探索

(一) 统整机构资源,形成合力提升办学条件

长宁区老年大学有四个校区、五个教学点。区委区政府高度重视相关机构的资源整合工作,推崇合力办学。这一举措既满足了广大老年百姓日益增长的文化学习和精神需求,也提升了办学条件,形成各校区的办学特色。区民政局为老年大学提供教育场地,区老干部局提供思想政治教育,新泾镇除了共享优良的学习环境和设施设备,还共享了非遗资源。区卫健委每年为学校提供公共卫生宣传资料,让老年学员对预防老年常见病意识增强。区域内的企业为学校老年学员成果展示搭建舞台。社区学院为学校管理人员提供了诸多培训机会。各级各类资源的统整,让老年大学的办学条件和质量大大提升,形成了愚园校区和水城校区以"娱乐养生"为主、定西校区以"文化素养"为主、西部校区以"民俗民风"为主的特色。

(二) 建立数字共享中心,实现教学资源共享

为实现师生线上数字教学资源共享,学校开设老年大学数字共享中心的项目。主要

做法为老年大学负责信息技术应用的教师和专业公司组成数字共享中心团队，将一个数字共享平台、一个数字录播室、一个数字应用场景和若干数字教学资源包组成的数字教学资源库等组成老年大学数字共享中心，整合上海市老年学习平台资源、“金色课堂”、区社区学院“银龄课堂”、外区“云校”和本校“空中乐进课堂”等数字资源共享，实现师生线上数字教学资源共享，助力老年学员跨越“数字鸿沟”。

（三）扩大培训资源，提升兼职教师专业能力

学校积极主动利用上海市老年教育师资培训中心和开放大学资源，鼓励兼职教师参与各级各类培训，近两年学校共推荐了37名教师参与了复旦大学、东华大学、小白鸽舞蹈学校等教育机构的培训，为教师提升教学质量打下了坚实的基础。

学校作为上海市老年教育师资培训中心长宁分中心，将市老年教育专业委员会和区终身教育指导中心的资源引进，分别邀请了终身教育领域的专家进行专题讲座，对长宁区街镇老年学校兼职教师进行多方面的培训。

为切实优化师资队伍建设，学校还组织教师先后到上海市开放大学、长宁区社区学院市民中心、上海老年大学钦州书院、徐汇区业余大学老年学校、嘉定区人工智能基地和教育学院等兄弟单位参观学习，就课程建设等问题开展了深入的交流与探讨，分享工作经验和心得体会，并就在工作中遇到的问题及困惑交换了意见。

三、 区域老年教育资源共享机制的成效

（一）整合机构资源，实现管理经验共享

学校积极主动对接市老干部大学和区老干部局，并积极组织教师和学员参加市老干部大学和区老干部局组织的各项活动，获得各类奖项150多个，获得由市老干部大学颁发的“市先进集体”称号。定西校区还被评为“上海市老年教育学习成果展示工作先进集体”。

另外，学校委派有经验的管理人员担任长宁区老年大学西部分校（新泾镇社区学校）负责人，全面负责学校的日常管理和教学工作。输出管理人员3人、教师21人，每年把新泾镇聘任的兼职教师纳入学校教师培训和教研活动，提升教师的专业水平。通过输出课程，输出管理经验，长宁区老年大学西部分校（新泾镇社区学校）办学效应显现，就2015到2022年班级数实现从35个增加到74个，课程门类数拓展到27个，近两年内学校教师和学员共获得各种奖项99人次。

（二）整合师资资源，实现课程资源共享

学校积极努力营造一所没有围墙的学校，鼓励教师、学员到社区任教，实现优质的老年教育课程资源共享。近两年共有19位教师、学员到街道任教。部分声乐教师兼职了普陀区老年大学、社区学校合唱团教师。葫芦丝教师兼职于江苏路街道社区学校。舞蹈教师同时兼职于同济老年大学、华东师范老年大学。中医养生教师任职于天山中医医院，受邀执教学校中医养生保健课程，为大家分享普及实用的中医养生保健知识。还有不少教师参与了长宁区社区学院云视课堂的录制，让更多外区的学员了解了长宁区的老年教育课程，深受好评。

（三）整合社会资源，实现教学成果展示

学校积极开展动态、静态两大类教学成果展示活动，坚持“分校充分展示，总校集中精品展示”的原则，通过展示活动来体现各分校的教学成果。学校分别与长宁区文化艺术中心、虹桥街道老干部活动中心、逸仙敬老院等机构合作，展现学员的书画作品。同时，学校还与区委老干部局及少年宫合作，开展不同主题的教学成果展示活动，向社会展现学员教学成果。

另外，学校还与养老院建立了良好的沟通机制，定期到养老院等公益场所开展送教、送演活动，在逸仙第二敬老院、逸仙第三敬老院、金福第二养老院等建立了养教结合点。据 2015—2022 年数据统计，团队组织社会活动达 1 300 多次。2021 年年底，学校还与上海万宏养老服务集团、上海银行合作，组织学习团队赶赴长宁万宏悦馨第二养老院慰问演出，为老人们送上最诚挚的新年祝福。

四、 区域老年教育资源共享机制的进一步思考

（一）提升政府对老年教育资源共享的重视程度

要实现老年教育资源的共享，政府的作用是不可或缺的。依靠国家干预，制定相关政策，能在老年教育资源共享的意识不是很强烈的情况下，起到很好的引导的作用。推进区域老年教育进一步发展，亟需相关法律法规的出台，形成老年教育资源共享的法规体系，从而使老年教育资源共享规范化、制度化。

（二）建立老年教育资源共享管理机构

要实现老年教育资源的共享，仅靠各老年教育机构自发的推进沟通是远远不够的，必须依靠政府成立协调管理机构。上海市针对老年教育发展共建立了 13 个分中心，分别对应老年教育教学研究指导、老年教育师资培训、老年教育素质指导中心等。然而，在实际操作中，各机构对于老年教育的建设发展依然呈分散状态。搭建专门的老年教育资源共享管理机构，有利于协调各老年教育机构不同的需求，使老年教育资源得到有效利用，真正意义上实现老年教育资源共享。

（三）推进信息化实现老年教育资源数字共享

在老年教育资源共享工作中，数字资源共享具有迅速、便捷的特点。在数字课程成为主流教学模式的当下，大部分机构在发布课程资源时，只在本机构公众号发布信息。信息传播面不广。建立老年教育资源共享平台，在机构与机构之间搭建一个“空中桥梁”，使老年教育课程资源共享信息能迅速传递给广大的老年学员。

（四）推进老年教育资源多元化

要实现老年教育资源的共享，必须使老年教育资源内容多元化。大部分老年教育资源共享的内容还嫌单一。需要不断充实老年教育资源共享的内容，不仅仅局限于课程资源、师资资源、培训资源等，还可拓展至制度管理资源、场地资源、社会资源等，从而扩大老年教育资源共享的受益面，提升老年教育资源共享的效益。

老年教育资源共享是老年教育的发展趋势，是老年教育改革的必经之路。它被赋予了重大期望。要突破老年教育之间的院墙之隔，向校际、区域的共享推进。

老年数字教育进居村在行动

上海市奉贤区社区学院

一、 顺应时代发展，顶层设计

数字技术的飞速发展正在深刻改变人们的生活习惯，如何让老年群体融入数字时代的社会生活，享受时代发展所带来的红利，已经成为整个社会所关切的一大问题。为此，国务院办公厅《关于切实解决老年人运用智能技术困难的实施方案》要求坚持以人民为中心的发展思想，持续推动充分兼顾老年人需要的智慧社会建设，切实解决老年人在运用智能技术方面遇到的困难。

在此背景下，奉贤区教育局、区民政局、区老龄办等部门联合发起了“奉贤区老年数字教育进居村行动”，还制定了《关于2022年奉贤区老年数字教育进居村行动工作方案》，明确要以习近平新时代中国特色社会主义思想和党的二十大精神为指导，坚持以人民为中心，积极应对老龄化国家战略和数字时代发展要求，依托区、街镇、居村社区教育和老年教育三级网络，做到各街镇各居村全覆盖，为老年群体开展数字技能学习活动，填补老年人“数字鸿沟”，帮助融入数字生活，让老年人在数字时代有更多获得感、幸福感和安全感。《工作方案》在明确区教育局、区民政局、区老龄办等部门单位的此项行动职责分工的基础上，建立了老年数字教育进居村行动组委会，并在区教育局职成教科下设办公室，以加强统筹协调和组织管理，形成部门联动、各方协同、全面推进的工作格局。《工作方案》还明确了由区社区学院牵头落实老年数字教育培训的具体实施。

二、 落实有效举措，扎实推进

作为此项行动的实施主体，奉贤区社区学院把全面普及老年数字教育，切实解决老年人运用智能技术困难视为一种社会责任担当，以及老龄化背景下社区教育推动社会和谐发展的重要举措，牵头全区的街镇成人(社区)学校，从全面提升老年人数字素养与技能的社会要求和老年人面对“数字鸿沟”的现实困难出发，细化工作方案，精心组织实施，尤其是以实现老年人对智能手机老年人从“不会用、不敢用、不愿用”到“会用、敢用、想用”的转变为重点，落实有效措施，广泛吸引老年人参与学习活动，扎实推进老年数字教育。

(一) 形成三对接融合机制

在区老年数字教育进居村行动组委会统筹协调下，社区学院通过“三对接”形成了融合机制。一是加强与老年数字教育进居村行动指导思想和工作目标的主动对接，形成区域实施的合力;二是建立街镇老年数字教育工作群,加强与街镇成人(社区)学校暨老年学校校长、街镇民政干部、街镇老龄干部在组织动员、实施培训等工作的对接;三是加强社会舆论导向,促进鼓励老年群体智能设备使用与社会服务机构“数字反哺”相对接。

(二) 建立全覆盖工作网络

奉贤区东西最长约 32 公里,居村分布非常分散,为此社区学院根据全覆盖、广受益的原则,以全区 8 所街镇成校为枢纽,构建覆盖全区街镇、旅游区、集团(园区)325 个居村的老年数字教育“1+8”工作网络,并落实专兼职教师 40 人,会同居村教育干部负责老年数字教育的组织、管理和服务等具体工作。在此基础上,社区学院通过“腾讯会议”“微信视频号”等在线平台组织 3 期老年数字教育专项培训,共培训专兼职教师、居村教育干部 400 多人,从而使面上的工作得以顺利开展。已开展老年数字教育教学共 500 多场。

(三) 建设适用性课程体系

社区学院在充分利用市、区两级社区教育、老年教育数字平台课程的基础上,结合远城乡郊绝大多数老年人的手机认知现状及实际需求,组建专业教师的课程研发团队,并遵循图文并茂、简洁明了、易学易记、实用高效等原则,编写制作了包括入门操作、手机智联、软件安装、玩转微信 4 大系列内容的“智能手机应用(基础篇)”课程以及相对应的 31 个微课,不仅吸引老年人的学习,而且使老年人能在真实的资源环境中渐行渐近。为了进一步激发老年人的学习兴趣,课程研发团队还编写制作了“手机摄影”数字课程读本。

(四) 创新数字化学习载体

在老年数字教育进居村行动中,社区学院一方面通过街镇成校、居村委的市民学校、村民学校进行组班培训,一方面通过奉贤终身学习网和“乐学贤城”微信公众号进行课程推送。针对偏远的村民学校条件有限,只有电视机没有网络的缺陷,社区学院会同街镇成校创新基于电视机端的离线学习小程序的解决方案,就是将“智能手机应用”课程及微课通过优盘和小程序部署在电视机上,让老年人学习智能手机应用就像看电视一样方便。同时,为及时追踪老年人学习实效,并给予活动及时补充或适时调整,社区学院开发“乐学积分”管理小程序,目前已在全区 200 多个居村学习点位进行试用。

三、 惠及老人群体,继续前行

奉贤区老年数字教育进居村行动开展以来,社区学院牵头街镇成校以“智慧助老”的初心、“全面覆盖”的网络、“特色优质”的课程、“实用高效”的方式,诠释“畅享数字时代·拥抱智慧生活”的主题,打通远郊居村数字教育的最后一公里,让老年群体乐享数字时代的红利。老人们感受颇深,得益匪浅。

老年数字教育进居村行动在使老年群体乐享数字时代红利的同时,也有效激发了老年人进一步融入数字生活的欲望,他们真切地希望老年数字教育进居村能够持续下去。奉贤区社区学院为更好贯彻落实区老年数字教育进居村行动组委会关于持续提升老年智慧教育水平的工作要求,围绕深化融合机制、完善工作网络、优化课程体系、创新学习载体、提升工作实效,出台《奉贤区 2022 年老年数字教育进居村行动“双十双百”先进个人及优秀案例评选方案》,积极培育老年数字教育的个人典型和居村典型,召开老年数字教育进居村阶段性工作总结会，总结经验，表彰先进，蓄势再发。

虚拟世界里没有晨昏，“夕阳无限好”这句吟咏了千年的诗句在数字化时代能生发出新的内涵。事实上，数字时代的“银发族”早已不是“局外人”，如何帮助老人更好地适应当下智能生活，不仅是新时代关注的热点也是全社会共同关心的民生问题，同样是我们当前乃至今后的重点工作。奉贤区社区学院将继续紧抓机遇，利用好各种资源，扎实工作，努力做到以人为本、与时俱进，善待数字化时代的“弱势群体”，进一步推进老年数字教育的发展，提高老年人的数字素养和综合素质，提升他们的智慧生活的技能，为服务民生、造福百姓做出新的贡献！

创设智慧学习课堂　开展助老导学志愿服务

上海市浦东新区社区学院

为响应老龄化国家战略,提高浦东新区老年教育数字化服务水平,浦东新区社区学院在全区组织开展“智学课堂　导学服务”工作实践。工作过程着力开展“智学课堂”三项导学行动,取得了培育导学志愿服务队伍、创设三位一体智学课堂、开启智能技术破冰之旅和形成智慧学习全新格局等四个方面的成效。

一、 工作背景

为进一步贯彻落实习国务院办公厅印发的《关于切实解决老年人运用智能技术困难的实施方案》,更好地落实《上海市教育发展“十四五”规划》和《关于推进本市老年教育数字化发展的意见》文件精神,积极响应上海市为民办实事项目“开展100万人次长者智能技术运用能力提升行动”,提升浦东新区老年教育数字化服务水平,助力老年人跨越“数字鸿沟”,提高老年人数字素养和技能,上海市浦东新区社区学院组织、指导全区开展“智学课堂　导学服务”智慧助老导学志愿服务。

本项工作旨在通过开展智慧助老系列活动,切实解决老年人在运用智能技术方面遇到的困难,带领老年人从“不会用、不敢用、不愿用”智能设备的现状迈出跨越“数字鸿沟”的第一步,让老年人的沟通更加便捷,生活的安全感、获得感、幸福感得到提升,使老年人充分享受数字化发展的红利。

二、 工作内容

(一) 确定工作理念和工作目标

确定“爱心传递、智慧分享、志愿辅导、学有所为”工作理念。以全区范围内众多“家门口”的志愿者活动为主要载体,结合区内数字化校园建设的标杆——洋泾街道社区(老年)学校的智慧课堂,开展智慧助老工作。

确立“建立面向浦东新区老年群体的数字化学习平台和培训服务体系”的工作目标。积极引导浦东新区的老年居民及学员在享受数字化带来的便利的同时,积极参与老年教育,更好地适应并融入智慧学习,形成老年人智慧学习新模式,共享数字学习的乐趣,提升老年生活的品质。

（二）开展三项“智学课堂”导学行动

浦东新区智慧助老导学服务队伍本着“以人为本、服务民生”的精神，以助力老年人跨越“数字鸿沟”为契机，在全区范围内启动开展老年“智学课堂”智慧助老导学行动。针对不同数字化掌握程度、不同需求、不同区域的老年人，开展三种不同方式的“智学课堂”助老服务。

1. “智学课堂”网上导学行动

统筹智学课程。浦东充分发挥全区各街镇建设的智能技术在线学习资源和各街镇信息平台的功能，汇聚适合各类老年学员的网上智学课程，如“智能手机基础应用”“手机多媒体技术应用”“手机 App 程序安装应用”“手机安全管理应用”“手机智慧生活应用”“计算机综合运用初级”“计算机综合运用中级”“智能手机实操”等。课程融合了在线直播、课程录播、云视课堂等远程移动学习形式，通过手机、平板、电脑等多终端的学习渠道，为老年人呈现灵活、便捷、多样的学习内容。

配备线上导学员。将导学员融入线上班级群，深入老年学员中去。在各线上学习群里，导学员与班长、学员沟通，开展智学导引，班级群成员参与讨论互动。定期召开授课老师和导学员的课程教学座谈，梳理解决导学员在线上导学中遇到的疑难问题，提高导学员线上辅导的效果和准确性。

2. “智学课堂”随堂导学行动

开展线下随堂导学。配合老年“智学课堂”课程分类设计、分层教学和分期实施，志愿者导学员进入浦东新区各街镇社区（老年）学校“智学课堂”的现场，线下开展导学服务。在“智学课堂”随堂导学中，为帮助不同学习层次的老年人解决学习中的难点重点问题，确保讲解和示范具体充分，根据“智学课堂”的不同课程和导学员的不同专长，对导学员队伍分组、排班，每堂课都安排导学员辅助主讲老师的教学。随堂导学既促进了课堂的教学秩序，又提高了老年人的学习效果。

3. “家门口”延伸导学行动

组织前期培训。在深入社区开展导学服务的前期，先针对送教上门的志愿者教师和志愿者导学员进行专项业务培训，聚焦老年群体学习的热点知识，提升导学员自身的学习力和实践力。浦东新区社区学院紧紧围绕老年人日常生活中涉及的四大模块——“智慧政务”“智慧医疗”“智慧社交”和“智慧出行”，开发了区级统一的老年数字教育进社区培训用课件，作为送教进社区的培训内容，为导学队伍技术赋能。

送课程到“家门口”。以志愿者教师和志愿者导学员为主的“智学课堂”组成助学团，铺设社区老年人智学“移动教室”，方便老年人随问随学，享受家门口的服务。浦东新区把经过培训的一批“智学课堂”志愿者教师和导学员分组，每组 3—4 个人，确定一位志愿者教师为组长，分批深入全区 36 个街镇的数百个居委学习站点，进入居委“家门口”对老年人进行体验式课程教学。

（三）在教与学两大层面渗透“五个注重”

1. 注重老年智慧学习的零起点

秉持助老跨出“数字鸿沟”第一步的工作方向，开展智慧学习的基础知识导学。注重老年人数字素养的“零”起点教学，对帮教内容、导学进度、学习方法等制定有效的导学实施计划。

2. 注重现场学习的适用性

“智学课堂”导学中围绕老年人日常生活中涉及的“地图查询、公交打车、随申办、就医、支付”等看得见、摸得着、用得上的智能手机常用功能和应用，针对老年人的学习新需求，不断更新编制“智学课堂”导学内容。

3. 注重“手把手、面对面”的导学

浦东新区将经过培训的“智学课堂”志愿者导学员分组，确定一位骨干为组长，分批深入各个居村委老年学习点。通过体验学习、模拟应用、经验交流、互助帮扶等，辅导老年人熟练应对各种智能生活场景，实实在在地帮助老年人提升数字化能力。

4. 注重老年人的“智能”安全

手机上丰富多彩的应用虽然方便了居民的生活，但同时也带来了一些风险。特别是老年人，尤其要注重提醒和强调预防各类新型手机诈骗。为此，特别聘请了来自银行的老师加入导学队伍，进课堂、进社区，和导学员一起为老人们详细介绍安全使用银行卡的注意事项，包括注意防止信息泄露、设置安全性较高的密码、经常核实消费明细等。

5. 注重学习交流和自我展示

浦东新区指定有条件的学校开辟数码专用教室，每周固定一天的一个时段为“智学体验日”。老年学员和志愿者导学员在这里分享自己近期学习使用手机的新技能和心得，提增老年人的智学信心，也使得老年人有机会展示自己的学习成果和经验。定点、定时的智学体验活动成为助力老年人智慧学习的第二课堂，吸引了更多老年人参与学习。

三、 工作成效及思考

（一）培育导学志愿服务队伍

浦东新区凝聚各方力量投入为老志愿导学服务，募集、培训了一支以区社区学院全体青年教师、各街镇社区(老年)学校负责人、各街镇专兼职教师为主体，街镇老年学习团队志愿者导学员为补充的智慧助老导学志愿服务队伍。其中，洋泾街道社区(老年)学校率先组建智慧助老导学志愿服务队伍，积极探索志愿者导学员的服务模式和工作机制，在全区项目推进过程中发挥了示范作用。

（二）创设三位一体智学课堂

浦东新区依托这支队伍开展“智学课堂”导学服务，通过“智学课堂”网上导学行动、随堂导学行动、“家门口”延伸导学行动这三种智学课堂，实现“线上课程辅助导学＋线下课程随堂导学＋‘家门口’现场手把手导学”三位一体的系列教学，深入各街镇社区(老年)学校及居村委学习点，指导全区范围内的老年人使用智能手机。

（三）开启智能技术破冰之旅

“智学课堂 · 导学服务”志愿服务项目开启了老年人智能手机应用的“破冰之旅”。老年人在志愿者导学员面对面、手把手的指导下，从安装诸如随申办市民云、微信等常用应用软件，到学会使用在线问诊、线上配药、地图查询、公交打车等用得上的智能手机功能，达成了智学课堂导学效果。

（四）形成智慧学习全新格局

志愿服务扫除了老年人学习智能手机的畏难心理，提高了老年人的智能手机应用能力，形成了助力老年人跨越数字鸿沟的新模式。项目在年内开展智能手机使用培训讲座30余场，仅“智学课堂”网上导学行动这一种形式的学习人次达到3 000。项目的开展引领了智慧助老新风尚，形成“线上线下、以点带面、现场导学、互帮互学”的社区老年人智慧学习新格局。

通过这项工作的实践也形成了以下思考和展望。一是创建智慧学习场景。探索人工智能等新技术与日常教学的融合，创设“智学课堂”体验场景，为老年人提供丰富多样的智慧学习内容和仿真学习体验。二是赋能志愿者导学员队伍。探索建立“导学员管理制度”“导学员学习培训制度”等，促进志愿者导学员队伍的可持续发展，使队伍在导学的过程和方法上日益改善，队伍的导学服务范围有效扩大、服务水平持续提高。三是形成老年智慧导学新机制。通过资源整合，开辟“家、校、社”融合的智慧助老新格局。通过不断完善“智学课堂”导学工作机制，推动工作更有序、可持续发展。

加强老年教育精准服务和有效引领

上海市虹口区社区学院

教育是国之大计、党之大计。党的二十大报告指出,我们党“坚持以人民为中心的发展思想”,“维护人民根本利益,增进民生福祉”,“办好人民满意的教育”。根据党的二十大报告关于加快建设数字中国的系列部署,教育系统将积极深入实施教育数字化战略行动,不断推动教育变革和创新,构建网络化、数字化、个性化、终身化的教育体系,加强部门地区政策协调,促进学校社会资源共享,形成方式更加灵活、资源更加丰富、学习更加便捷的全民终身学习推进机制,奋力谱写新时代教育强国建设的新篇章。

《中共中央　国务院关于加强新时代老龄工作的意见》指出,“实施积极应对人口老龄化国家战略,加强新时代老龄工作,提升广大老年人的获得感、幸福感、安全感。”上海已进入老龄化社会,虹口区老龄化程度尤其严重,属于深度老龄化。根据2022年虹口区老龄工作委员会全体会议公布的数据,虹口区60岁及以上老年户籍人口达28.66万人,占全区总人口的43.20%,老龄化程度居全市首位。

一、 供需两侧矛盾:虹口老年教育困境

“需求侧”与“供给侧”原本是经济学中的概念。“需求侧”,简言之就是关于需求那一方的诸多问题;“供给侧”,即指供给方,经济学中的供给是指生产者在某一特定时期内,在某一价格水平上愿意并且能够提供的一定数量的商品或劳务。这里借用,以说明老年教育中学与教的关系。

我国老龄人口增速快,远超老年教育发展的脚步,促进老年教育供需平衡的普惠发展意义重大。近年来,上海市虹口区社区学院领导、全体教职工,认真学习贯彻党中央、部委、市区等各级关于终身教育特别是老年教育的方针、政策和文件,科学管理与规划切合实际的、创新性的区域终身教育(社区教育、老年教育),做到从居民教育需求出发,精准服务。

虹口区老年教育在满足老年人学习需求、扩大老年人社会参与、建设老年友好型社会等方面发挥着不可替代的作用。但受各种因素影响,老年教育也出现了课程供给量不足或者网络海量课程资源无人问津、存在结构性短板等问题。从老年教育的投入、发展规模等现状来看,“一座难求”“只读书不毕业”“数字生活盲”等供需失衡问题是老年教育未来所要关注的核心“短板”,因此,从供给侧的角度出发,从师资、课程资源、教学方式方法等方面,尝试解决老年教育普惠发展存在的难题。

2020年下学期起，在虹口区社区学院领导重视和指导下，教育科研部根据国家、市区关于终身教育(社区教育、老年教育)一系列的方针、政策、文件等精神，结合虹口老年教育实际情况，认真、科学制定问卷星，通过各老年教育机构进行老年教育学习需求的网络问卷调查，深入老年大学、社区学校、终身学习体验基地等老年教育三类教学点走访访谈，了解区域老年学习现状和需求，学院管理和教职工才能对老年教育以更精准地引导和服务。

二、 问卷与访谈：了解老年教育多元需求

下面以2021年与2022年的问卷调查为例，来看及时调研社区(老年)教育的重要意义。

2021年的问卷内容主要有：被调查老年人的个人基本信息(性别、学历、工作状态、月收入)、参加老年教育学习的情况(参加老年教育的机构、学习时长、课程、环境满意度、对教师满意度等)、对老年教育各方面(硬件设施、教师、教材)有哪些需求。问卷调查和访谈形成的《综合分析报告》反映的基本是老年教育常态化的情况，比如喜欢的课程基本是娱乐和艺术类的，对于理论、科技元素含量高的课程需求较少。

通过2022年问卷星调查分析，与2021年比较，有以下特点：1.以学历变化为例：大专、本科占比越来越重，说明老年的文化素质提升了；2.以对课程的需求变化为例：老年教育呈现多元化倾向，由集中需求在唱唱跳跳的休闲课程上，逐渐变为艺术修养、文化素养、健康教育、实用技能等课程的需求上。而其他方面，比如对教师的要求、对教学方法需求、对学习途径的需求、对教学设施和教学环境的需求等等，都有很大的变化。这就要求，老年教育管理者、老年教育教学者，对老年教育的国际国内形势、发展动态和趋势，要有敏感预判；并且要及时更新硬软条件，做到及时因时而变，与时俱进，因人而教，才能真正满足日新月异、瞬息万变的老年教育的要求。

三、 优化供给：构建智慧环境，拓展服务路径，提供数字化课程资源

根据市教委发布的《关于推进本市老年教育数字化发展的意见》和《上海市老年教育智慧学习场景建设指引》要求，虹口区社区学院在东宝校区开展了老年智慧学习场景的建设。利用虚拟空间技术打造数字课堂，完成了智慧健康、智慧医疗、智慧文化、智慧生活等四个线上数字化老年人学习场景拍摄制作；围绕“AI政务、AI医疗、AI健康、AI生活、AI文化”五个主题，建设老年智慧教室和老年教育数字化课程；组建一支以社区学院教师为主、善于组织和带领学员学习的专家讲师团，综合运用讲授式、案例式、体验式等教学方法，开展培训授课。并且打造虚拟教师“小虹”，突破学习时间、空间和人员的限制。利用现代科技互联网的优势，进行线上学习，根据各街道(居委)调研结果，利用虚拟空间技术打造数字课堂，让老人们随时随地可以进入虚拟课堂学习，已完成健康、出行、艺术等四个虚拟空间数字课堂的建设，并在街道(居委)培训。

为满足区域内老年学员数字化学习需求，虹口社区学院、学指中心通过社区教育三级网络等机构，宣传和推荐老年教育的官网、搭建智慧学习平台，如国家老年大学网站、上海老年教育信息化平台、上海老年教育慕课平台等，同时升级虹口区社区学院网站，优化虹

口社区学院的公众号，同时“借鸡生蛋”“搭乘顺风车”，即借助阿基米德、Bilibili 网络平台上传具有虹口特色的精品课程资源，如“虹口人文行走”“鲁迅小道上故事”“北外滩滨江建筑”等，受到老年学员的欢迎。

多元主体协同，全方位辐射立体式为老年学员及时提供优质、均衡、丰富、便捷的学习支持：在虹口区学促委的直接领导下，区学指中心、社区学院，通过各委办局、8 所街道社区学校及其教学点、社区科普大学、区终身学习体验基地、区老年教育三类学习点等，送到学员身边，供老年朋友自由选择，随时随地学习。同时，还利用市民驿站、菜场书屋等打造老年学习 15 分钟学习圈，充分满足了每位老年学员个性化学习需求。

“区老年教育三类学习点”2022 年推送的课程(讲座)，全年推送的线上课程和讲座等学习资源有：健康保健、艺术欣赏、智慧生活、科学普及、心理健康、家长学校等课程 460 多门；单是“悦音教育”一个教学点的一门课——讲座“一首诗朗诵决定了我的人生”，点击量达 3 534 人；区体验基地 2022 年组织开展活动共计 40 余场，市民体验达 12 280 人次，体验活动涉及法治、科普、武术、非遗手工、安全教育、传统文化等多个领域。

四、 双侧发力：既能精准服务又能有效引领

老年教育，应以老年人为本。

(一) 老年教育既要有“仰望星空”远见、新理念、顶层设计，又要有“脚踏实地”的实践探索，包括教育环境和设施设备的更新、教师成功的转型、专业知识的培训与掌握，教育教学的方式方法的灵活应变等等，让老百姓真正感受到“人人、时时、处处”的泛在可选，真正做到普惠和多元。

(二) 提升老年人学习需求的满意度。老年人因其心态、行为、学历、年龄、性别的不同，学习需求多样。特别是在数字化技术、高科技、多媒体的迅猛发展背景下，多元学习需求的日益增长对老年教育工作者会不断提出新的要求。培养适应现代社会发展的“新老人”，需要用信息技术手段发展多层次、多领域的老年教育。应以远程学习点建设为重点，从经费、教师队伍、教育体制上保障老年教育的数字化和智能化投入，让老年人感受到科技进步带来的便捷与快乐。

(三) 老年教育教学的中心问题是课程体系建设。老年教育课程体系建设，最终价值取向在于促进老年学习者的终身而全面发展；老年教育课程体系建设，应充分体现老年学习者主体性，发挥其主体作用，满足其主体性需要。老年学习者是评价老年教育课程体系建设的主体，应以他们的知晓度、认同度、参与度、满意度作为衡量老年教育课程体系的质量和成效的根本标尺。

(四) 以老年学习者需求为最基本的老年教育目标的建构依据，体现老年人的需要、兴趣、能力和已有经验，能充分考虑到老年学习者的特点和个体间的差异，这样的老年学习是有意义的学习。同时，从区域实际和多样化的学习需求出发，因地制宜开展老年教育；结合虹口深厚的历史、丰富的人文资源和民俗民风等特点，推动虹口老年教育品牌化特色化发展。

总之，老年教育以“需求”为方向，以“供给”为导向，既精准服务，又有效引领，提升老年人生活品质，丰富老年人精神文化生活，领航老年人获得智慧幸福。

职 工 教 育

ZHI GONG JIAO YU

[综　述]

深化企业职工教育是强化现代化建设人才支撑的一个重要环节，大型企业集团的教育培训机构围绕二十大“人才是第一资源，创新是第一动力”重要精神，结合企业发展的重点、难点和堵点，扬长补短，勇于开拓，塑造新动能、形成新优势。

沪东中华造船（集团）有限公司教育培训中心深入实施人才强企战略，把技能人才队伍建设作为一项战略工程推进，注重培养造就以“劳模工匠”为代表的高技能人才队伍，充分发挥他们的示范带动作用，围绕国家重点产品和企业核心战略产品，培育一批顶尖领军技能人才和劳模工匠队伍，有效支撑企业高质量发展和高端产品建造。

华谊集团党校、管理研修院坚持人才引领发展，围绕集团“青年、骨干、领军”人才培养体系，抓住“关键岗位、关键人才、关键任务、关键能力”进行专题培训，着力提升各类人员能力素质，发挥培训赋能作用，助推了企业跨越式发展。

上海港教育培训中心致力于不断创新企业教育培训模式，积极鼓励企业培训师不断尝试新的教学方法和技术，通过结合在线课程和面授课程、灵活运用场景教学、情景式教学、互动体验式教学、引入实践项目等方式，提供了高效、优质的培训服务，提升了职工教育培训实效。

弘扬劳模工匠精神　培育高技能人才队伍

沪东中华造船(集团)有限公司教育培训中心

沪东中华造船(集团)有限公司教育培训中心(以下简称教育培训中心)是沪东中华造船(集团)有限公司旗下培训实施机构,也是上海市首批国家级高技能人才培养基地的实施机构。长期以来秉承"服务企业、服务行业、服务社会"的宗旨,注重培养造就以"劳模工匠"为代表的高技能人才队伍,充分发挥高技能人才的示范带动作用,建立了"荣誉提升路线、专家培养路线、技能等级路线"三通道并举的技能人才培养体系。

以习近平总书记在中央人才工作会上的重要讲话精神为指引,2022年教育培训中心根据集团公司人才工作会议要求,深入实施人才强企战略,以培养"知识型、技能型、创新型"技能人才为目标,不断创新高技能人才培育方式,把技能人才队伍建设作为一项基础工程和战略工程来推进实施。围绕国家重点产品、大型LNG船、集装箱船等核心战略产品,通过弘扬工匠精神,树立先进典型,培育了一批包含顶尖领军技能人才和劳模工匠的高技能人才队伍,有效支撑企业高质量发展和高端产品建造。

一、弘扬"劳模工匠精神",营造崇尚技能氛围

高素质、高技能的产业工人,是公司高质量发展的"刚需"。弘扬"劳模工匠精神",就是要积极营造人人皆可成才、人人尽展其才的良好氛围。从"超大型集装箱船带货王""中国LNG全产业链链长"到"大国重器中国荣耀",一项项"世界第一",一个个"中国首次",这些科技成就、超级工程都离不开劳模工匠们严谨认真、精益求精的实干,刻印着能工巧匠一丝不苟、追求卓越的身影。面对我国正从中国制造向中国创造迈进的关键时期,大力弘扬劳模工匠精神,鼓励广大员工密切关注行业动态、产业前沿知识,瞄准技术变革和产业优化升级的方向,瞄准事业发展对技术的需求,执着专注、追求卓越,突破技术瓶颈,向高精尖产业进发,对标一流,不断提高技术技能水平,这是提升"中国创造"、推进"中国智造"的务实之举。

教育培训中心在高技能人才队伍培养上,把弘扬劳模工匠精神作为重要工作抓手。从公司近年来获评过"全国劳动模范、上海市劳动模范、中华技能大奖、大国工匠、上海工匠"等荣誉的员工中遴选了一批高技能代表人物,组织开展"楷模引领勇前进"先进事迹报告会巡讲、"匠心筑梦强国有我"劳模工匠进校主题宣讲、劳模工匠"追寻红色足迹汲取奋进力量"党史教育等一系列活动,846位企业员工、院校学生亲身参与各项活动及讲座。

通过劳模工匠宣讲活动，不仅展现了劳模风采、礼赞了工匠精神，而且也在企业中积极营造尊重劳动、崇尚技能、争当技能人才的良好氛围。通过充分发挥先进典型模范在企业发展中的引领示范作用，激励全体员工向先进榜样看齐，提升了企业的凝聚力，增强了广大职工战胜困难的责任感和使命感。

二、 深入推进工作室建设，拓宽人才培养平台

企业是技能大师成长的摇篮，以国家级技能大师工作室，上海市技能大师工作室，行业、市劳模工匠创新工作室建设为依托，积极推进公司“技能大师工作室”建设，探索技能人才培养的新模式，使作为技能人才队伍“塔尖”的技能大师发挥其在企业生产经营中其他人才所不能发挥的特殊作用，为高技能人才培养提供一流师资和培养平台。

(一) 教育培训中心将各类工作室建设落到实处

整合资源：将工作室相关专业的设备设施、优秀人才选入工作室，形成团队合力；

立足一线：工作室的每一项工作都要基于一线需要，要不遗余力地解决一线工作难题，围绕一线生产开展技术攻关和科技创新活动；

注重传承：要求工作室承担起人才培养的重任。不仅要开展岗位练兵活动，还要承担职业技能竞赛选手集训等人才培养任务；

交流合作：要求工作室成员要不断学习与提升，要加强跨部门间的交流合作；

总结推广：要求工作室在人员结构中年龄、技能等级等梯队合理；在项目课题攻关、工法研究、专利申请等方面，形成鲜明的“传帮带”效果，让工作室发挥的作用形成影响力。

(二) 充分发挥高技能领军人才作用

通过建设技能大师、劳模创新工作室，整合相关领域专业技能人员资源优势，聚焦重点产品，充分发挥工作室高技能领军人才作用，聚众智、汇合力、解难题、提效率、树形象、促发展。目前，公司各个工作室已逐渐成为相关领域专业的“智囊团”和“消防队”，在解决技术难题、开展技术创新和传承技艺等方面取得了一定成绩。通过扎实有效的活动，各个工作室推陈出新，硕果累累，多项创新成果已成功应用于实际工作中并申请专利，实现了工艺创新、设计优化。同时，各个工作室继续用好“传帮带”法宝，成为培育高技能人才队伍的“练兵场”，为一线技能人员尤其是青年技能人员的成长提供了互学互鉴平台。

(三) 青年技术能手迅速成长

在工作室及其团队的引领下，一批批青年技术能手迅速成长，在各自岗位上崭露锋芒，担当起了建造高端船舶的主力军。2022 年新增“何江华劳模创新”“张伟技师创新”“郑林设备维修创新”工作室 3 个。公司有各级工作室 15 个。工作室完成科技攻关课题 13 个，培育“全国技术能手”1 名，“上海市首席技师”2 名，“浦东新区首席技师”4 名，创新创效服务生产“23000TEU 双燃料大型集装箱船关键工艺技术研究”获上海职工优秀创新成果二等奖，“一种超大型集装箱船抗扭箱内综合性管束单元的设计方法”和“用于 LNG 船液货舱三向板 CM 节点的检测工装及检测方法”分别获 34 届上海市优秀发明选拔赛优秀发明项目奖铜奖和优秀创新项目奖银奖。

三、 畅通技能人才晋升通道，促进高技能人才发展

围绕集团公司人才发展战略规划，坚持以需求为导向，“三措并举”多路径打通技能人员成才通道，畅通高技能人才晋升成长渠道，促进高技能人才有序发展。

（一）高师带徒传承续薪火。为加强岗位适应性培训，制订师徒带教激励机制，通过签订带教协议、过程跟踪考核，并给予必要的经费、场地、设备等支持，确保高师带徒出成效。带教过程中，师傅要立足岗位传技能，言传身教促成长，师傅不仅要传授徒弟专业技能，还要带领徒弟熟悉岗位工作流程和安全知识，更要徒弟了解行业发展新趋势。2022 年教育培训中心以船舶行业工种为主体带教工种，从四级到一级成功签约 462 对，师徒双方不仅相互提高了自身实践作业能力，也为企业打开一条加强技能人才培养力度的通道，为企业高质量发展蓄积强大动力。

（二）职业技能等级培训促成才强素质。根据人社部《关于健全完善新时代技能人才职业技能等级制度的意见（试行）》，企业可增设特技技师和首席技师职务（岗位），补设学徒工，设置了“学徒工、初级工、中级工、高级工、技师、高级技师、特级技师（首席技师）”形成了“新八级”职业技能等级（岗位）序列。利用公司师资资源，选聘劳模工匠、技能带头人参与职业技能培训工作，及时更新船舶建造新工艺、新技术等内容，参与相关工种的课程开发、教材编写，在职业技能培训授课过程中严格按照教学计划和大纲实施培训任务，严管细教，确保学员全面掌握理论知识和操作技能。教育培训中心组织开展了船舶电焊工、船体装配工、船舶电工、船舶钳工等 11 个职业（工种）从四级到一级的职业技能等级培训，共计培训人数近 1 700 人，最终经评价认定有 273 人获得高级工及以上职业技能等级证书（含 10 人获得特级技师），为公司数量庞大的技术工人打通了职业发展新通道，壮大了高技能人才队伍。

（三）职业技能竞赛，比学赶超争一流。各类职业技能竞赛的举办，为技能人才发展打开了更加广阔的空间。坚持“以赛代培、以赛代训”，形成以部门级竞赛为基础，公司级竞赛为主体，国家级、行业竞赛为突破，大力开展各层级职业技能竞赛活动，积极为广大职工搭建互相学习、切磋技艺、提升技能、交流经验、成长成才的重要平台。2022 年正逢公司职工技能竞赛二十周年，共举办 3 项专业技术比赛和 9 项专项岗位练兵，承办了第十七届“振兴杯”全国青年职业技能大赛（电工）中国船舶集团选拔赛，比赛项目数量创历届竞赛新高，共计有 311 人参与各类不同层级的职业技能竞赛，其中有 45 人次获各类表彰奖励。职工技能竞赛是培养、选拔、评价技能人才的一个有力抓手，是加强高技能人才队伍建设的一项重要内容。通过竞赛，有利于促进企业职工技能水平的提升，激励和带动更多青年“逐梦深蓝”，走技能成才、技能就业、技能报国之路。

教育培训中心作为公司实施人才培养的一个重要部门，将不负“造船兴国，造舰强军”的神圣职责，不断加强自身核心能力建设，不断提升在培养高技能人才方面的优势与能力，构筑高技能人才队伍的培养平台，培养、造就更多优秀工匠和技能人才，为实施企业创新驱动发展、中国制造 2025 等战略，为沪东中华、船舶行业培养一支拥有现代科技知识和创新能力的高素质技能人才队伍，为建设造船强国提供坚实的人才保障。

不断打造人才培养体系　助力跨越式发展

华谊集团党校、管理研修院

华谊集团党校、管理研修院遵循集团“实现跨越式发展,再造一个华谊,建设具有国际竞争力和影响力的世界一流企业”目标。紧紧围绕集团“YHA”〔青年人才(Young Star)、骨干人才(High Performer)、领军人才(Ace Leader)〕人才培养体系,瞄准“岗位任职资格为中心的上岗类培训体系、解决问题为中心的管理研修体系、提高能力为中心的专业学习体系”建设,着力提升各类人员能力素质,发挥了培训赋能作用。

一、 建立和完善集团人员的培训开发体系

围绕集团发展战略,创新人才培养模式,以 YHA 人才“之”字形培养为基础,围绕“关键岗位、关键人才、关键任务、关键能力”与条线岗位任职资格相结合,强调培训的实战性和操作性,建立和完善集团一体化培训体系。

(一) 坚持分层分类培训。构建集团“关键岗位履职培训、关键人才专项研修、关键能力专题研修、关键任务推进”的“四个关键”分层分类培训体系,根据不同类型和层面的人才特点及需求,与岗位任职资格相结合,分别实施各有侧重的培训计划:对干部管理人员,强化以领导力和管理实务为核心的岗位任职资格培训及各类在岗研修,重点突出战略思维能力、综合协调能力和经营管理能力的提升;对专业技术人员,重点突出科研项目课题管理能力、专业能力和创新能力的提升;对操作技能人员,提升持证在岗比率,重点突出岗位操作能力、应急应变能力和总结创新能力的提升,解决现场实际问题。

(二) 聚焦专业化培训,构建任职资格培训体系。为适应集团“三元业务”发展模式要求,教育培训资源将向传统优势业务、新兴业务和海外业务的发展进行聚焦。加大对专业化人才培养的关注,结合集团正在开展的重点项目,教学和实践相结合,强调实训效果,从战略、生产、采购、营销、技术、财务、人力资源等方面深化纵向培训。

(三) 推进在线学习、“E 乐学”教育。推广员工在线学习,结合“在线人事服务大厅”平台的构建,在原有的 E-L 系统的基础上,先期推出移动端“E 乐学”,为员工提供个性化、更便捷的持续教育培训。将在线培训系统与在线考试系统进行集成,实现培训认证留档的业务流程闭环。探索构建集团内部知识共享库,整合、分享、传承集团的智力资产。在各子公司已有知识库的基础上,进行分类管理,推进集团内部知识和资源的共享。

二、以“YHA”为重点，推进标准化分类分层培训工作

（一）建立集团各层面数字化能力培训常设课程

1. 搭建高、中、初数字化能力培训课程体系

为贯彻集团干部大会精神，建立数字化专题课程体系，形成系统的数字化人才培养模式。参照国家职业资格、清华大学数字化能力营、宝武管理学院数字化课程等调研内容，构建集团数字化分层分级体系，设置数字化能力培训常设课程。分别以TOP50（数字化第一责任人）、二级公司副总（数字化分管领导）、二级公司中层管理（数字化业务经理）、专业技术人员（数字化系统直接使用者）四类培训对象为主要层级，根据培训对象数字化能力的侧重点不同，按照高、中、初分层分级建立集团特色数字化培训体系。

2. 实施数字化能力系列培训

打造数字化专题系列培训项目，该项目以线上线下相结合的授课方式向集团全员开放。邀请走向智能研究院大数据首席研究员、SAP公司高级顾问等在内的业内外专家在“智能制造与数字化转型”“SAP功能与应用”“SAP HCM系统实操”“数字化工作室”等多个方面展开培训。共举办数字化能力常设课程16项，培训1 577人次，培训总学时达9 088学时，其中初级项目9个，中级项目5个，高级项目2个。

3. 形成助推业务发展的数字化能力培训常设课程

数字化系列讲座聚焦各专业化模块实战应用、数字化能力建设、数字化转型的战略思维等多层次问题和内容进行交流和培训，并在线上E-Learning平台搭设数字化专区，涵盖数字化营销、数字化财务、智能制造等主要课程。此次常设课程以“灯塔工厂”“工业互联网”等专业话题为契机，以培训助推业务发展为目标，进一步推进数字化培训的深度和广度，切实落实集团数字化转型任务。

（二）完成生产类企业专业岗位任职资格、培训和认证，解决人岗匹配问题

加强机电仪岗位任职资格的认证和培训，提升机电仪人才质量。与智造中心针对集团机电仪专业人员知识的薄弱环节，共同整理机电仪类培训相关课程以及教学内容，确定课程内容体系。以信校实训场地为依托，进行机电仪类培训课程仿真实操培训。经过与信校、智造中心的多轮沟通，已确定侧重机械设备、电气自动化等方向进行课程设计，并筹备同步录制相关理论知识课程，通过E-Learning平台发布以辐射和覆盖更广泛的技术人员。

配合举办特种设备培训班、有毒有害有限空间培训班以及面向全集团的“化工污染控制技术创新与典型示范”“超材料技术研发人才培养项目”等专业技术课程，共培训1 007人次，计8 056学时，为生产类企业专业岗位的能力提升提供优质服务平台。

（三）提升一线员工能力素质，建立一线员工培训及技能评价体系，提高集团中、高级工和技师比例

1. 申请化工行业职业技能等级评定的首批备案站点，开展技能认证培训和认定工作

为技能等级提升搭建平台。2021年申请上海华谊（集团）公司为一级站点（首批全国共149个），安徽华谊化工、广西能化、常熟三爱富中昊为二级站点（首批全国69个）获批，备案含化工总控、有机合成、仪器仪表等在内集团主体工种的认定资质共18个，完成中国

石油和石化联合会组织的备案站点考评员、督导员岗位资格取证培训及考试,对备案的站点进行管理运营。站点能依据《国家职业技能标准》,对中级、高级、技师、高级技师进行认定,认定合格者可发放全国统一的《石油和化工行业技能等级证书》。将陆续针对高技能人才占比较少的二级公司开设全国技能认证培训和认定。在常熟三爱富站点组织对200余名一线员工进行化工总控工(中级工)的统一技能培训与认定。

2. 建立技能人才培训及评价体系,优化职业发展通道

根据集团技能人才发展的需要,调研下属单位职称、技能等级奖励激励制度,拟定《技能人才职业发展管理办法(试行)》。办法将技能人才与职级相对应,围绕一星操作、二星操作、三星操作、四星操作、准五星操作、五星操作、资深操作、首席操作8个层级建立技能人才职业发展评价体系,并设定了相对应的评价标准;同时为进一步优化技能人才发展通道,推进O序列职级岗位名称、职级、标准薪点、薪酬结构的统一,人事中心牵头与广西基地各家企业人力资源部门一起设计了标准O序列薪点表,已经在广西能化完成了上岗竞聘,薪酬落地实施,后续待广西新材料和氯碱投产人员进岗后进行切入。

(四) 支撑各部门专业骨干队伍梳理,配合梳理各专业岗位配置现状,组织专业培训,建立培训升级机制

1. 进行各专业条线人才盘点分析

根据集团重点工作会议安排,为做好集团层面的专业人才系统性盘点,支撑各部门专业骨干队伍梳理工作。人事中心收集专业人才盘点结果,对安全环保、技术研发、生产设备、采购销售、工程项目、资产财务、人事行政、党群等条线的专业队伍进行分析,着重对人事条线队伍进行盘点,梳理人力资源队伍学历、年龄结构、持证等基本情况,为后续组织人事条线骨干继续教育培训做好准备工作。

2. 开展营销经理任职资格培训

举办营销经理任职资格培训班,约80余名集团二级单位、三级单位销售经理、负责人及相关人员参加。培训班根据集团统一的任职资格培训标准化模板,采取线上线下相结合的方式,邀请巴斯夫及亨斯迈营销负责人进行最佳实践案例分享,分别进行了“大型企业营销活动管理与控制”“Brand Key品牌钥匙”线下讲座、集团营销管理制度宣贯等,进行了线上中欧微课“数字化营销”“营销审计”等内容的学习。所有学员根据所学所悟,制定营销方案并完成发布与阶段复盘。

3. 开展采购经理任职资格培训

举办2021年采购经理任职资格培训,分别进行了“数字化浪潮与企业转型”“集团授信制度宣贯”“民法典”解读、“固体废物与危险废物的管理要求”等内容的授课,并辅以“什么是供应链”“供应链与供应商关系”“供应链与产业结构决策”等基础课程,共有39名来自各二级公司的采购经理参加此次系列培训。

4. 开展财务骨干专题研修培训

策划实施财务骨干专题研修班,来自集团下属10余家二级公司的66名财务骨干参加培训。采用封闭式培训形式,内容包括财务知识、财务技能、通用技能三类专题课程,并组织小组研讨会。之后还开设了8门线上微课,涵盖税务、预算、成本、财务分析等各个模

块,并按照任职资格标准设置考试环节。

人才培养是一个系统化的过程,党校、管理研修院继续围绕集团发展战略,坚持人才引领发展的战略地位,加快形成有利于人才成长的培养机制、有利于人尽其才的使用机制、有利于人才各展其能的激励机制、有利于人才脱颖而出的竞争机制,有利于人才各得其所的评价机制,为集团建设具有核心竞争力的世界一流企业提供人才支撑,助力集团跨越式发展。

创新企业培训授课模式　提升职工教育培训实效

上海港教育培训中心

近年来,上海港教育培训中心始终致力于不断创新企业教育培训授课模式,为企业提供高效、优质的培训服务,积极鼓励企业培训师加大课程开发和授课模式创新力度,不断尝试新的教学方法和技术,取得了显著的成果。在创新企业培训授课模式上,通过结合在线课程和面授课程、灵活运用场景教学、情景式教学、互动体验式教学、引入实践项目等方式,富有针对性地提升了培训效果。

2022年,教培中心在创新实践过程中涌现了以情景党课"93天"、沉浸式党课"旗帜"、沉浸式党课"潜行"、"港口起重装卸机械模拟器培训""主题团队拓展培训"等一系列创新授课模式的职工教育培训精品课程,累计培训超过100场,达到675课时,培训企业职工达2 893人次。

一、培训模式的创新设计

(一)情景党课"93天"

课程开发背景:2022年3月以来,在打赢大上海保卫战的进程中,上港集团全体干部职工发扬了艰苦奋斗、不怕困难的精神,高效统筹疫情防控和生产经营发展,特殊时期体现特殊担当,全力保障上海国际航运中心核心功能稳定运转和全球产业链供应链畅通,体现了国企的责任担当。

课程目标:情景课程通过培训师对于真实案例情景演绎的方式,讲述在坚守的93天里,所有上港人团结一心、众志成城的故事,展示出勇立潮头的上港精神。通过演绎典型榜样的真实事迹,积极发挥榜样作用,激励广大党员职工发挥先锋模范作用,成为企业改革发展的排头兵。

课程授课模式:讲授教学、情景模拟教学、案例教学。

(二)沉浸式党课"旗帜""潜行"

课程开发背景:党的十八大以来,以习近平同志为核心的党中央高度重视党史学习教育,提出了一系列要求,取得了显著成效。2021年2月,中共中央决定的在全党开展党史学习教育,为强化企业党员职工党史学习的有效性、针对性、生动性,结合上海曾是中国革命寻求真理之路的启航港口,使新时代上港人更好传承百年党史的红色基因。

课程目标:沉浸式党课结合党史背景,将重要时间节点、重大事件、真实人物事迹等,以情景模拟、挑战任务、角色扮演竞赛积分等形式,加深党员对相关史实的学习理解,“设身处地”地增强对党的奋斗史和伟大成就的科学认知、价值认同、情感归属,进一步激发凝聚推动新时代事业发展的澎湃动力。深刻把握我们党过去为什么能够成功、未来怎样继续成功,做到学史明理、学史增信、学史崇德、学史力行。

课程授课模式:讲授教学、情景模拟教学、角色扮演教学、项目式教学。

(三) 港口起重装卸机械模拟器培训

课程开发背景:港口起重装卸机械是港口装卸货物的主要设备,为了确保操作人员的安全和提高装卸效率,需要对操作人员特别是新进操作人员进行专业的培训。传统的培训方式往往需要大量的人力物力投入,同时也存在安全隐患和高成本的问题。而基于虚拟仿真技术的港口起重装卸机械模拟器培训则可以在保证安全的前提下大幅降低培训成本,提高培训效果。

课程目标:针对企业新进港口起重装卸机械司机,更好理解起重装卸机械的原理和工作机制,掌握安全操作技能和方法。熟悉起重装卸机械的各项指标和性能参数,掌握正确的操作流程和标准化操作规程。培养起重装卸机械操作员的安全意识和团队协作精神,提高操作员的综合素质和应急处置能力。熟练掌握起重装卸机械操作技能,提高操作效率和准确性,降低作业风险和事故发生率,确保作业安全和质量。

课程授课模式:讲授教学、情景模拟教学、练习教学、项目式教学。

(四) 主题团队拓展培训

课程开发背景:团队在企业管理中的重要性日益突出。随着企业改革发展的步伐加速,需要更加高效的团队来协同完成任务。培养和管理团队成为了企业管理的一项重要任务。团队拓展课程进一步满足企业对于培养和管理团队的需求,帮助团队成员在参与团队活动的过程中提升团队协作能力、沟通能力、领导能力等技能,从而提高团队整体绩效。同时,通过团队拓展课程,团队成员可以更好地理解团队中其他成员的特点和行为方式,增强彼此间的信任感和凝聚力,进而提高团队的工作效率和效果。

课程目标:主题团队拓展课程以融合团队管理理念的若干团队活动为项目,串联成课程主线,围绕企业核心价值观,基于职工群体团队状态,旨在进一步培养团队合作意识和团队精神、提高团队沟通能力、培养团队领导能力、提高团队协作效率和绩效、增强团队成员自我认知和自我管理能力。

课程授课模式:讲授教学、角色扮演教学、项目式教学、合作教学、游戏化教学。

二、 培训体系的优化完善

(一) 培训需求定位

从组织、工作、个人三个维度进行课程培训需求的分析,把握需求主次关系,有效实现需求的有机统一。例如在党政类培训课程往往更侧重于组织层面需求分析,在情景党课“93 天”、沉浸式党课“旗帜”“潜行”中分别围绕“疫情防控”“党史学习教育”等主题贴合组织整体目标,有机结合工作和个人角度的培训需求和预期。

（二）课程目标设定

设置明确的课程目标可以为培训计划提供正确方向和依循的构架，能为授课模式创新提供重要依据，往往创新变革的关键点就是围绕培训目标的实现而进行的。目标设定需要不断分层次细化，使其具体化，具有可操作性。在“港口起重装卸机械模拟器培训”课程中，核心目标是熟练掌握起重装卸机械操作技能，但同时需要同步实现提高操作效率、降低作业风险等目标。

（三）授课方法选择

创新培训授课模式往往采用的是基于传统讲授法基础上多种授课模式的综合运用。组织培训的方法有多种，如讲授法、演绎法、案例法、项目法、角色扮演法等，各种培训方法都有其自身的优缺点，为了提高培训质量，达到培训目的，往往需要各种方法配合起来，灵活使用。

（四）培训课程准备

培训内容及授课方式决定着培训场所和相关准备工作。创新授课模式除了在模式上的创新外，往往依托与多样而个性化的场地和教具准备，为实现最佳授课效果提供有力保障。例如在进行《主题团队拓展培训》课程准备过程中要基于参训学员人数、具体拓展项目组成等安排培训场所和相关教具，实现最佳培训效果。

（五）培训效果评估

培训效果评估主要从内容效度、反应效度、学习效度等三个指标来具体考察。内容效度主要判断培训课程的各组成部分是否合理、系统化，分析其是否符合培训需求分析。反应效度主要判断参训学员反应，参训学员是否对此培训感兴趣，是否能满足参训学员的实际需要。学习效度主要判断传授的信息是否能被受训者吸收，受训学员培训前后意识、行为等的改变是否与期望的一致等。创新授课模式的表层效果体现来自反应效度，其次是内容效度和学习效度。

三、 今后的工作思考

（一）稳步推进企业教育培训课程体系建设

企业培训中心应根据企业的发展战略和员工的培训需求，确定培训课程体系，包括基础培训、专业技能培训、管理能力培训、领导力培训等。今后，教培中心将针对不同层次、不同职能员工的培训需求，制定培训计划和目标，以确保企业的整体发展与员工的职业发展相互促进。同时，根据培训课程体系，紧密将传统讲授模式课程与创新授课模式课程有机统一，在培训课程开发过程中充分考虑培训目标、培训对象的职业特点和学习能力，选择合适的培训方法和工具，以提高培训效果。

（二）不断提升自有培训师资综合能力素质

近年来，教培中心始终致力于打造一支专业素质过硬的自有培训师队伍，着力建立完善的师资培养体系，制定详细的师资培训计划，针对不同级别培训师定期开展师资培训，包括课程开发、教学设计、教学方法、教学评估等方面的培训，以提高培训师的教学能力和素质，更好地为自有师资进行创新课程开发提供有效保证。今后，教培中心也将继续通过安排实际项目实践、讲座分享、实地调研、行业交流等方式，为培训师提供更多的实践机会，探索与社会培训机构合作，邀请专业人士进行内外部学习交流，为培训师提供更广泛的视野和经验。使培训师能够更好地掌握行业和企业的前沿动态和实际案例，为其灵活将具体内容和案例运用于课程开发和内容设计过程提供有力支持。

（三）建立长效而稳定的企业培训沟通机制

建立沟通机制的目的在于更加高效地了解企业教育培训的培训需求、目标和期望，以便针对性地制定培训方案，提高培训的精准度和针对性。教培中心将在后续工作中更加及时地进行培训反馈，及时收集组织、学员对培训的反馈意见和建议，不断改进培训内容和形式，提高培训的质量。更稳固地建立企业培训长期合作机制，定期开展企业职工分层分类的各项培训，建立信任和互信，增强培训的连续性和稳定性。为企业培训中心不断更新培训理念和方式，不断提高培训水平和质量，提供更好的培训服务奠定机制保障。

服务企业职工培训　赋能城市软实力提升

上海市杨浦区学习型社会建设与终身教育促进委员会办公室

人的职业素质不是与生而来的,要靠职业教育和培训来培养。有着百年工业史的杨浦区,站在转型升级的重要历史阶段,高度重视职工职业培训工作,发挥教育的支点作用,推进产业高质量发展。

一、 精准落实政策　拓展服务企业渠道

2021 年 11 月,杨浦区人力资源社会保障局、区财政局、区教育局、区总工会为贯彻落实上海市《关于进一步完善地方教育附加专项资金分配使用办法加强企业职工职业培训的实施意见》《关于各区使用地方教育附加专项资金开展职工职业培训工作的指导意见》等文件精神,制定了《杨浦区关于使用地方教育附加专项资金支持本区企业开展职工职业培训的实施办法》。

(一) 明确工作机制　落实专项资金使用

为规范和加强专项资金管理,杨浦成立了由区人力资源社会保障局、区财政局、区教育局、区总工会、区审计局、区发展改革委、区科委、区投资促进办等部门参与的杨浦区企业职工职业培训工作协调小组,负责地方教育附加专项资金的使用管理和企业职工职业培训工作,协调小组下设办公室在区人力资源社会保障局。

该专项资金主要用于税收征管关系在杨浦区的各类企业职工职业培训补贴。职业培训内容包括职业技能、专业技术、岗位能力、综合素质和学力提升培训。培训可由企业自行开展,也可依托院校、社会培训机构等集中开展。补贴的对象主要为本市各类企业从业人员。

(二) 凝聚多元合力　盘活沉淀资金

协调小组每年对教育附加专项资金开展协同管理,聚焦小微企业需求,从企业管理、职业技能、综合素养等方面为企业的员工培训提供操作指导、资金审核、项目平台、培训资源,达成企业员工岗位能力与综合素养的双重提升,形成“企业点菜　部门跑堂　学院掌勺　政府买单”的运作模式,增进企业的综合竞争力与杨浦的营商吸引力,实现企业职工培训的常态化运作与企业人才队伍的可持续发展。

杨浦区教育局负责的是:综合素质和学力提升类培训项目的组织管理、补贴审核、政策宣传、监督管理、预算和预算绩效管理。参与工作协调小组相关工作的同时,需要加强

对社会教育培训机构的指导和监管。

（三）加强政策宣传　扩大企业受益广度

为充分发挥杨浦区企业职工职业培训工作协调小组的平台作用，区教育局与人力资源社会保障局、区财政局、区总工会协同联动增合力，建立了杨浦区培训工作QQ群推送惠企政策，群里有800余名来自全区各企业的相关工作人员。管理员会在平台中开展相关文件和政策的解读和宣传，对企业在申报过程中的疑惑进行辅导和解答，积极推进申请流程，服务企业培训申报工作。通过一系列的精准服务和责任落实，杨浦区拨付补贴经费从2019年的437余万元上升到2022年的13 099 985元，实际惠及了企业118家、职工达21 859人次。

二、凸显教育特色　打造企业学习品牌

2020年，区教育局坚持发挥科教资源禀赋优势，通过杨浦区学习型社会建设与终身教育促进委员会建设了学习型企业联盟。近年，在"专项资金"工作开展过程中，牢牢把握地方教育附加金政策机遇，不断激发学习型企业建设联盟工作活力。

区学习办通过推进终身教育，建设学习型社会；通过发挥教育优势，壮大企业联盟；通过培育企业行家，促进城市发展，为"专项资金"工作打上教育底色，把服务企业职工培训工作落实落细落地，切实提升企业职工素养，更好地服务杨浦经济社会发展。

（一）链接需求资源　打造学习型企业联盟

人是企业发展中最活跃的因素。培养一支优秀的学习型队伍，对提高企业整体素质的作用就越大。为此，杨浦区教育局聚焦到企业发展的重点和难点，以学习型企业建设为抓手，推进学习型城区建设，坚持"以学习力提升创新力，以创新力增强竞争力"为理念，不断提升学习型企业的创建水平，加速促进企业自身的发展壮大，促进产教深度融合。希望通过学习活动常态化、活动形式生动化、效果评估实效化、交流宣传广泛化，多措并举积极推进学习型企业建设，让学习成为企业的"吸铁石"、城区发展的"助推剂"。

杨浦区有学习型企业68家，包括国企(含央企)、外资企业、民营企业、私营企业、两新企业等。其中17家企业为杨浦区学习型企业联盟理事会成员，上海欧坚网络发展集团股份有限公司任"杨浦区学习型企业建设联盟"第一届理事会总干事单位，任期两年。

通过杨浦区学习型企业联盟召开中小微企业代表座谈会，区教育局跨前一步，开展线上线下相关文件和政策的宣传活动，服务企业培训申报工作，辅导帮助在申报过程中有困难的企业，鼓励更多企业组织开展职业培训。

（二）增强校企合作　深化产教融合新形式

以杨浦区"三区联动　三城融合"发展战略为导向，以"杨浦区学习型社会建设项目研究联合体"与"杨浦区学习型企业建设联盟"组织合力为依托，充分整合区内高校资源，梳理企业需求，深化校企合作，促进产学一体，创新建立"杨浦・企业学院"。2021年10月份，杨浦区学习型企业联盟"企业学院"首期培训班在杨浦区湾谷科技园举行了开班仪式。培训班按照计划每月进行培训，学习内容丰富，理论性、实践性、针对性强。2022年11月在东亚进修学院举行了培训班的结业仪式，并进行了培训基地揭牌仪式。"企业学院"通

过构建职工培训资源库,制定职工教育课程表,形成长效培训机制,实现了校企紧密合作、产教深度融合的职工培训新模式、拓宽了职工培训新途径、完善了在职员工终身教育服务保障体系。

(三) 扩大学习阵地　促进学习功能提质

通过调研、走访企业,杨浦区教育局根据楼宇白领及广大在职人员学习进修的需求,在"杨浦区学习型企业建设联盟"中遴选有条件、有意愿、有能力的单位,设立"杨浦・白领学堂"服务站,开展相关试点工作。2022 年 1 月在莱蒙国际中心创建了"杨浦・白领学堂"首个服务站点。莱蒙国际中心凭借在都市产业社区建设的专业能力,吸引了众多高端人才集聚于此,催生出白领群体对经济、文化和生活的多元需求。"杨浦・白领学堂"通过创新的办学模式、多元的学习内容、个性的课程设置、全面的学习服务,让众多生活、工作在杨浦的白领人士实现获取技能、开拓视野、培养情怀、扩大社交的新学习阵地。

(四) 首抓企业学习骨干培训　增强培训力量

"授人以鱼不如授之以渔",区学习办基于现有培训资源共享开放机制,尝试通过杨浦区学习型企业联盟培养企业学习骨干,鼓励学习骨干成长为企业培训新力量,以补充企业职工培训资源。通过以上举措,给参培企业更多选择和机会,形成企业职工培训工作新生长点。

三、 共享学习资源　优化企业人才队伍

(一) 寻找学习型企业榜样　激活培训动能

区学习办从教育附加金拨付企业中,遴选培训项目内容丰富,形式多样,效果明显的企业,邀请他们加入杨浦区学习型企业联盟。2021 年 11 月份到 2022 年 3 月份,区学习办通过线上沟通、了解意向,线下实地走访、介绍区学习办的终身教育资源以及企业学院、白领学堂的具体工作,积极争取了 5 个企业加入联盟,他们分别是安莉芳(上海)有限公司、欧尚(中国)投资有限公司、上海新动力汽车科技股份有限公司、上海国际时尚中心园区管理有限公司、上海市政工程设计研究总院(集团)有限公司。在走访中,认真发掘不同企业的培训特色工作和成功经验,以此树立职工培训榜样,引导企业见贤思齐,激活企业职工培训"心"动能。

(二) 云端互助共享　打造泛在可选资源

2022 年,为了确保企业职工培训不中断,尽管培训工作较之以往更为复杂,各企业培训管理员遇到操作、资源、培训政策等方面的问题,也比往年更多一些,区学习办在协作组组长单位的指导下按照政策协助企业共同解决问题,积极提供服务。

在了解到上海新动力汽车科技股份有限公司,急需学习培训资源后,学习办向公司负责培训的老师及时推送了杨浦区教育超市网址,新动力在线上学习资源中按需自取。同济科技园急需给园区员工进行"提升公文写作能力培训",区学习办积极联络高校导师资源,为园区送去专业的课程服务。同时,还向学习型企业联盟单位和 5 家新加入企业推送亲子、心理、人文精品讲座和课程,均受到好评。

杨浦区企业职工参加全民学习、终身学习活动蔚然成风。在落实企业职工职业培训

费补贴专项政策过程中，结合学习型企业建设工作，整合企业职工职业培训需求，集聚区域内高校和各类优质培训资源，以提高企业职工的综合素质和技能水平为着力点，为企业提供职工职业培训的支持和服务。力争通过造就一支适应杨浦区加快转变经济发展方式和产业结构调整要求的高素质人才队伍，切实提升重点产业领域的人才竞争优势，服务杨浦区夯实企业人才战略工程，让学习型城区建设助力杨浦国家创新型城区升级，推进杨浦学习型城区建设，赋能城市软实力提升。

农 村 教 育

NONG CUN JIAO YU

[综　述]

2022年，上海郊区的社区（成人）院校，继续贯彻落实《中共中央、国务院关于实施乡村振兴战略的意见》精神，遵循党的二十大进一步提出的“建设宜居宜业和美乡村”的指示，坚持为上海经济与社会事业服务的办学方向。立足三农、服务三农，充分发挥院校在师资队伍、课程开发、设施设备及人才培养的优势。

学习型乡村建设稳步推进，认定了16个第三批上海学习型乡村、31个第五批试点村。启动“乡村15分钟学习圈资源配送项目”，将优质学习资源进一步下沉到全市乡村学习点。实施村民素养与技能提高计划，积极开发职业技能培训项目。发挥团队智力优势，依托科研课题，助力乡村特色产业发展。积极组织区域各级各类农村农业、科技、教育等机构参与乡村振兴助力和服务工作。积极参与乡村农耕文化的挖掘、整合、传承活动，学校通过举办各类讲座，组织市民参观、栽种、团队体验农耕生活等方式，学习了解本土农耕文化、传统农耕技能，充分发挥乡风文明在凝聚人心、淳化民风中的重要作用。

推进崇明区乡风文明建设的研究

上海市成人教育协会郊区教育专业委员会　上海市崇明区社区学院

一、 项目意义

本项目拓宽了乡风文明建设的新视角，从学习型乡村建设的背景出发，通过社区教育因素的介入，满足村民的基本学习权利和终身发展需要，提升文明素养，有力推动乡村的精神文明建设工作的有序进行。

崇明区正值创建世界级生态岛的关键时期，乡村振兴需要文化内涵的支撑，需要通过学习来提升村民的综合素养。通过加强乡风文明建设，在乡村地区弘扬社会主义核心价值观、推行道德养成教育、引导村民树立正确的价值观，为实施乡村振兴战略营造良好的文明风尚。崇明区自 2017 年率先启动学习型乡村试点建设工程以来，至 2022 年，共形成 6 个学习型乡村和 8 个试点村。加快建设学习型社会的时代背景下，崇明以学习作为促进乡村发展的核心动力，充分发挥社区教育的优势，培养村民的学习意识与素质能力，有效促进乡村可持续发展和生态岛建设的顺利进行。

二、 崇明区乡风文明建设过程中存在的问题

(一) 道德素养和环保意识有待进一步增强

随着崇明区农村经济的不断发展，村民的生活水平显著提高，但在部分地方，互帮互助、邻里和睦等传统美德有所缺失。如虽然实行了垃圾分类制度，但环保意识薄弱，乱倒垃圾的现象依然存在，影响了乡村的整体生态环境。

(二) 活动参与率和参与面有待进一步提升

乡村振兴背景下，崇明农村地区的文化基础设施建设成效显著，图书室、健身广场等文化活动场所一应俱全。但文化活动与良好的硬件设施并不匹配，在活动对象、活动内容方面难以满足不同层次村民的需求，导致村民参与率不高，参与面不广等问题。相对于上海城区来说，崇明区地域面积辽阔而人口居住分散，仅少数居民居住在城桥镇等中心城区，大部分村民生活在 270 余个行政村。各种文化活动主要集中在各乡镇的镇文化活动中心，面向广大村民的活动项目种类比较单一，闲暇时间村民的娱乐活动仅限于看电视、打麻将、打牌等。

(三) 自治能力和主体作用有待进一步发挥

一是崇明区的乡村存在农村人口的老龄化和村庄空心化等问题，老年人和妇女关注

于家庭,对参与公共事务缺乏积极性,参与乡村建设的内源动力不足;二是崇明区乡村存在村规民约不健全、执行力度不均衡等问题,导致较多村民对于乡村建设不关心。乡风文明建设缺少载体和保障,不利于乡村进行有效治理,也不利于乡村振兴的有效推进。

三、 提升乡风文明建设的基本路径

崇明区是上海最大的农业生产区,农业人口众多,而且67万余名常住人口中,60周岁及以上户籍老年人占38.6%。通过乡风文明建设破解崇明乡村发展中面临的人口老龄化、乡村空心化、乡村治理能力薄弱等突出问题已经迫在眉睫。崇明区的社区教育尝试通过建设学习型乡村培养村民的学习意识,通过教育教化、文化宣传、道德舆论引导村民树立正确价值观,从而提升村民文明素养,繁荣农村文化,助力乡村振兴。

(一) 开展问卷调查,了解村民乡风文明学习需求

为了进一步了解本区村民对乡风文明的学习需求。经过问卷调查、数据分析、图表绘制,可以看到村民学习需求主要集中在"美化乡村环境""丰富农村文化内涵""提升村民素质"及"完善乡村制度"等方面。

(二) 深化内涵建设,创建乡风文明教育课程体系

乡风文明建设是一个大的系统,必须构架起较为完整科学的教育课程体系,使其建设工作有明确的目标和方向。基于前期的问卷调查,及乡村振兴中落实产业、人才、文化、生态、组织振兴的要求,崇明区社区教育坚持抓好以乡村生态教育、文化教育、治理教育、产业教育为重点的"四大类型"乡风文明教育课程的建设,将人才教育渗透到四大类型教育中,做到既"治标"又"治本"。乡村生态教育包括垃圾分类、污水处理、环境整治等内容;乡村文化教育包括乡贤文化、传统文化、文明礼仪、移风易俗等内容;乡村治理教育包括村规民约、家风家训、法律法规、道德教育等内容;乡村产业教育包括新型农业、新型文旅、新型康养等内容,形成具有崇明特色的乡风文明教育课程体系。

(三) 加强辐射推广,创新乡风文明建设的途径与方法

1. 通过项目联动,完善乡村治理

崇明区依托社区教育四级网络,创新社区教育与乡村发展的联动机制,即社区学校进行教育引导,各学习型乡村及试点村结合当地特色积极配合,双方以项目抓手,通过联合联动促进乡风民风建设,引导村民加强对社区公共事务的关心和参与,提升百姓的参与意识和参与能力,提升乡村的社区治理水平。如建设镇社区学校和虹桥村通过项目合作制定了合作社抱团守则及考核标准。该项目以"五个统一"即统一品牌、统一管理等,实行"政府引导、企业带动、村民参与"的自治管理模式。社区学校通过开展民宿业主、服务人员等培训,有力推动了"顾伯伯乡村民宿"品牌的形成,提升了民宿的综合效益,带动了村民共同致富。

2. 通过课程体验,守护乡土文化

传承本土特色文化品牌,让本土文化在村民心中落地生根。崇明区社区学院在"生态·长寿"课程体系下开发的课程涉及三大类六个系列共28门课程,为社区教育课程建设起到很好的示范引领与推动作用,促进了社区教育内涵发展和品质提升。各乡镇社区

学校根据村民学习需求以及本土文化资源开设相关课程，面向村民开展不同类型的课程体验活动，形成丰富的、富有成效的体验学习方式。竖新镇社区学校与仙桥村“木棉花开创意工坊”合作开展土布手工制作等体验式教学，开设布艺染织和创意土布制作课程，向不同人群展示土布古法工艺，并通过送课下乡等活动让更多的村民亲自操作体验创作布艺手工作品。

3. 通过主题活动，丰富精神生活

各乡镇社区学校在学习型乡村建设中注重与乡镇、村居多部门联动，利用社区教育网络优势，结合各类节庆活动在社区内开展各种形式的主题活动，通过体验学习、人文行走、线上学习、团队学习等创新的学习方式丰富村民的精神生活。如在元宵节，堡镇财茂村通过老年学习团队举办“元宵灯会”等丰富多彩、形式多样的系列活动；横沙乡在丰乐村人文行走学习点组织开展元宵印糕手工制作活动，把糕点送往边防站、消防队等单位，融洽了干群关系、军民关系。据统计，近年来仅区全民终身学习活动周期间，每年各乡镇举办的各项线上线下相结合的主题学习活动有200余项，参与的市民达8万余人次。港沿镇社区学校充分挖掘合兴村“51号地下兵站”的红色资源，组织开展红色事迹宣讲，编排红色节目演出，传播红色故事，激发党员群众爱国爱家的情怀，形成合兴村红色主题宣传阵地，助推文明乡风，不断丰富学习型乡村内涵。

（四）创新宣传教育途径，提升村民综合素养

1. 大力宣传文明新风

崇明区注重在完善制度上下功夫。各社区学校通过协助相关乡村修订完善《村规民约》、签订文明协议、推行《村民公约》等方式，大力宣传文明新风。如对农村打牌赌博、封建迷信等问题，以村民自治的程序和形式作出相应规定，并成立相关自治组织，以规范和约束村民的行为，自我管理、自我教育、自我约束，促进农村乡风文明建设的健康发展。

2. 全面推广生态理念

结合第十届花博会的举办，崇明区创新提出以自然生态美、乡风文明美等主要内容的农村“五美社区”建设目标。社区教育在课程实施过程中为助推“五美社区”建设工作从氛围营造、文明礼仪、安全出行、垃圾分类等方面，组织广大群众当好花博盛会的东道主，展示崇明区的生态之美、文明之美。崇明区社区学院组织开展最美庭院建设、人文行走线路打造、学习体验基地创建等活动，同时通过“绿色低碳生活进社区”“花博知识进社区”“生态文明进社区”等大型主题宣讲活动全覆盖渗透了生态文明教育的理念，引导和帮助广大村民养成节约能源资源、保护生态环境的自觉行为，形成生态文明的基本理念。

创建学习型乡村的目的是要助推乡村振兴，需要按照乡村振兴的总体要求开展教育工作。崇明区以学习型乡村的创建为目标，通过社区教育，满足村民的基本学习需求和终身发展需要，加强农村思想道德建设和公共文化建设，传承优秀乡村文化，培育文明乡风，形成淳朴民风，提高村民文明素养，从而让乡风文明为农村物质文明和精神文明的发展，为崇明生态岛建设作贡献。

终身教育助力　乡村“一稻”飘香

上海市青浦区赵巷镇成人中等文化技术学校

一、 背景与概述

2022年，青浦区赵巷镇党委、政府深入贯彻《中共中央、国务院关于实施乡村振兴战略的意见》和《乡村振兴战略规划(2018—2022年)》文件要求，积极组织区域各级各类农村农业、科技、教育等机构参与乡村振兴助力和服务工作。青浦区赵巷镇成人中等文化技术学校(以下简称赵巷成校)，结合区域经济与社会发展实际，主动融入本镇乡村振兴行动计划，积极助力“一稻”系列项目。

“一稻”系列乡村振兴项目位于青浦区赵巷镇方夏村，紧邻崧泽文化遗址、百联奥特莱斯、佘山旅游度假区，距离上海虹桥枢纽仅20分钟车程，交通便利、文旅环境优越。该区域规划布局了以水稻、蔬菜、瓜果和景观花卉组合为主体，集优质农产品生产及销售、亲子教育、度假休闲、乡村人才公寓等于一体的综合性乡村振兴项目。

项目以“一稻”系列开发运营为主题，旨在打造中高端农业品牌，致力于将产业导入乡村，实现乡村发展创新路径，为区域乡村振兴，经济与事业发展提供助力。“一稻”系列主动对接赵巷镇产业升级，通过市西软件园建设，实践基地建设与人才公寓建设，为市郊学生提供农耕体验，为软件人才提供乡村版的配套服务，使其逐步成为本市乃至长三角家庭及文艺青年度假休闲的目标地。

终身教育助力乡村振兴行动，根据区教育局与镇项目推进中对教育的要求，由赵巷成校牵头、上海旗岳企业发展有限公司具体实施、方夏村配合。内容涵盖“一稻农场”“一稻乡村研居所”“一稻亲子民宿”三大版块的学习培训和教育活动。

赵巷成校充分发挥成人教育(社区教育)在实施乡村振兴计划中的教育培训功能优势，将技能培训与社区教育有机地结合起来。培训课程与活动内容主要分为三类：一是对广大农民开展劳动技能培训，培养新型农民，提升广大农民的现代农业生产技术理论水平与实践技能；二是对区域居民、学生开展农业种植实践教育、学农体验等活动；三是根据乡村新业态，对乡村民宿、人才公寓服务人员、咖啡师等开展职业技能提升培训。随着赵巷镇乡村振兴行动计划的实施，学校不断加大涉农培训力度，将“一稻”系列乡村振兴项目作为重点培训内容之一，助力“一稻农场”——作为市级重点农业园区，在提高经济效益的同时，在社会效益、生态效益等各方面发挥更大的作用。

二、推进与实施

（一）健全组织，建章立制

为了更好地助力乡村振兴，在镇有关部门的支持下，赵巷成校牵头成立行动项目领导小组及工作小组，保障项目正常开展。领导小组由赵巷成人学校校长任组长，组员涵盖上海旗岳企业发展有限公司、赵巷成校、方夏村等单位的相关领导。工作小组也由三方工作人员组成，负责制定计划、过程管理、实训管理、内场管理、安全管理、课程安排、课程开发、教师聘任、技术指导、科普讲座、宣传推广、资料收集、成果总结等全过程管理工作。在项目实施前，落实任务分工，明确各自职责，协调和指导项目有序开展。

建章立制，健全保障，确保项目有序开展。行动项目结合实际制定本项目相关规章制度，如兼职教师聘任办法、志愿者招募与服务要求、学生社会实践管理办法等，确保项目各项活动有序开展。

加强协调，形成合力。健全工作例会制度。项目实施过程中，工作小组每两月举行一次例会，主要内容包括前期方案制定、论证、分工、日程安排、协调各自工作范畴内开展的相关活动等。例会的召开使项目工作小组及时发现并总结工作中的问题和典型个案，定期交流，推广成功经验，分享建设成果。

（二）多元培训，惠及乡村

“一稻飘香”项目显现了成人教育（社区教育）在乡村振兴的教育培训功能。在开展的各类培训活动中，赵巷成校将技能培训与社区教育有机结合，将农业技能培训与项目工作小组制定并落实了多项课程培训和活动安排。

一是针对当地农民（富余劳动力）进行劳动技能培训。开展了“农业土壤养护知识”培训，主要涉及有关耕地地力提升和科学施肥技术方面的相关知识。培训对象都是方夏村富余劳动力，都在“一稻农场”从事田间劳作，共培训技术农民 80 多人次。培训班邀请了区农委专家授课，旨在让农民了解更多的土壤酸化危害和化肥减施科普知识，专家从土壤酸化的成因与危害、化肥减施等方面进行深入浅出地讲解，并以现场互动的方式为农户答疑解惑。通过培训使他们掌握种植实用技术，减少化肥的使用。

组织了“稻田育种和插秧技术”培训。相关技术人员对“一稻农场”从事水稻栽培的 60 多人培训了水稻种植技术的理论知识和实际操作技能，并结合方夏村地形地貌、气候等环境，对精选良种、精量播种、精确施肥、病虫防治、机械插秧、田间管理等关键环节的科学化栽培技术进行了详细讲解。现场还进行了互动交流，技术人员对农户在实际种植中遇到的问题，进行了技术指导和现场答疑解惑。

“蔬菜品种选育和种植”培训，来自方夏村的农户共 100 多人次参加培训。培训采取理论讲授与现场观摩实操相结合的方式进行。农技员围绕玉米、茄子、黄瓜、番茄等蔬菜的高效栽培技术、病虫害防治、育苗技术、嫁接技术、移苗移栽、水肥一体化、大田管理及秸秆发酵还田等内容进行专题讲授。旨在开阔农民眼界，提升蔬菜种植管理水平，为蔬菜产业发展提供人才支撑。

二是针对学生开展农业种植实践教育。赵巷当地幼儿园、中小学、市区及长三角地区的 500 多名学生参与了学校组织的劳动实践教育，实践内容有高中生社会实践（耕种实践,包括插秧、除草、收割、打谷等)、初中生社会实践(收获体验,有田间除草、采摘等)、小学生社会实践(认识蔬菜);亲子活动(采摘蔬菜)等。

以"一稻农场"为依托,设计开展了针对不同市民的人文行走体验活动约 260 人次。对象有亲子家庭群体、老年人群体、职场白领人员,内容有绿色食品安全讲座、市民咖啡体验、时令特色食品制作。在"一稻研居所"内,针对不同的时令,让大家亲手学习农家食品(汤圆、粽子、月饼、蒸糕、酱大白菜等)制作,体验非物质文化遗产项目,在动手中感受宜居、宜游、宜业的"新农村"带来的新变化。

三是针对乡村民宿、人才公寓服务人员、咖啡师、电商等乡村新业态职业技能提升培训。"一稻民宿"共有 28 间对外营业客房,有周末休闲短租,也有附近市西软件信息园、长三角赵巷科技绿洲等高端人才常住,服务人员大都来自附近村民。为了提升民宿的服务,项目组共进行了约 70 人次培训与参观,内容有民宿管家技能培训、民宿客房技能培训、中西点心制作技能培训、咖啡及茶艺技能培训;通过系列培训,进一步提升乡村民宿服务水平,带动休闲乡村民宿发展,拓展村民就近就业,推动乡村宜居宜业,为休闲乡村民宿业发展提供人才支撑。学校组织 26 名从业人员参加中国成人教育协会乡村振兴专业委员会举办的电商人才培训,系统学习有关法律法规、创业指南、营销策略、视频制作等知识和技能。

三、 成果及反思

(一) 兼顾经济社会双重效益

通过本项目实施,该农场的农产品品种增多,质量明显提高,开发出更多农副产品,公司利润随之提高,农民的收入相应也有提升。同时公司规模扩大,解决了附近部分农民的就业问题。

项目实施期间,有约 600 户家庭参与了学农体验活动,给青浦区居民提供了一个走进大自然、了解农耕文化,进行社会实践的平台。活动也有助于提升居民的环保意识、热爱家乡的情感。

(二) 创设为农特色服务品牌

通过乡村新业态职业培训,创设了赵巷镇社区教育品牌项目"流动课堂"。"流动课堂"旨在通过灵活多样的培训,满足基层组织多元化的培训需求,通过本项目实施,当地新农民和从业人员不需四处奔走即可接受专业的技能培训,赵巷镇社区教育品牌项目"流动课堂"进一步发挥了它在社会治理方面的重要作用。

(三) 探索终身教育助力乡村振兴

政府大力支持,社区人士参与,社会各界配合,根据农民的现实需求设计社区教育项目,优化教育资源,终身教育助力乡村振兴行动在"一稻"项目实施中发挥了真正的实效。社区教育为农民提供帮助和指导,构建实用性更强的教育体系,推动乡村实现人才振兴和产业振兴。

社区教育在农耕文化的挖掘与传承中的作用

上海市金山区吕巷镇社区学校

党的二十大报告提出要“全面推进乡村振兴”，这是继党的十九大报告提出“实施乡村振兴战略”后对这一国家发展战略的进一步强化。在城乡差别导致农村人才流失，农耕文化也渐渐失根的背景下，吕巷镇党委政府把弘扬农耕文化作为乡村振兴的重要抓手，吕巷镇社区学校主动作为，积极参与本镇农耕文化的挖掘、整合、传承活动，学校通过举办各类讲座，组织市民参观、栽种、团队体验农耕生活等方式，学习了解农耕文化、传统农耕技能。

一、 工作背景

（一）乡村振兴战略是我国进入新时代的一项重大国家战略，是党中央关于“三农”工作的新要求、新部署，是未来一个时期“三农”工作的纲要。乡村振兴过程中文化的振兴是十分重要的，然而农耕文化渐渐失根，迫切需要对吕巷镇农耕文化进行有效的梳理整合、资源的充分挖掘、发展的有效规划、渠道的积极探索。

（二）金山区吕巷镇由于其独特的地理位置和气候因素，农业生产一直占据着农耕生活的主导地位。依托本地的农耕文化传统，吕巷镇在万亩水果公园核心区营造上海农耕建设基地的同时，镇党委与政府十分重视农耕文化的挖掘、整合、展示、传承，将弘扬农耕文化作为提升吕巷农业品牌、促进吕巷乡村文旅的重要途径之一。

（三）上海终身教育高度重视文化的传承，社区教育作为终身教育体系的重要组成部分，在文化传承中担任着重要的角色，在促进文化传承与发展中起着重要作用。基于新时代社区教育的使命，吕巷镇社区学校在积极开展农耕文化传承与发展的同时，使社区教育更好地助力本镇各个村的乡村振兴计划，提升办学干部的组织规划能力和村居民综合素养。

二、 主要做法

（一）梳理本镇农耕文化

根据“农耕文化”的科学定义，学校教职工及下属村居委办学干部、联合外聘农业达人、资深退休教师通过实地调研、历史资料研究、访谈等不同方法，对本镇农耕文化相关材料进行梳理与整合，了解本镇农耕文化的缺点与优点，可在社区教育领域内传承、开发相关活动或教学的部分，有的放矢，接地气、敢创新地进行资源的挖掘与利用。具体做法如下：

1. 挖掘二十四节气中的农耕文化

二十四节气是中国古人总结出的集天象、物候、时令、自然变化规律为一体的复杂系统，是指导古人耕作、生活的“时间表”，被誉为“中国的第五大发明”，蕴含着很多农耕文化，也蕴含着祖先的智慧与文化。

学校联合姚家村村委会因地制宜地打造了一条“二十四节气文化长廊”，并制作相关PPT课件送教至村居学习点以及村埭宅基头，运用硬件设备打造以及讲座、室内课堂、室外活动等多种渠道与方式，拓宽本镇社区教育的教学方式和范围，传承发展二十四节气中包含的农耕知识与饮食文化。

例如，春分时节，组织各村居办学干部及社区教育志愿者，一起通过行走参观等方式，在“二十四节气文化长廊”，学习相关春分与其他节气的由来与特征，学习二十四节气知识与相关节气对应的菜肴、地方小吃以及如何去制作这些菜肴与地方小吃。

2. 挖掘农耕文化之精神基因

学校着力挖掘本镇农耕文化中所蕴含或体现道法自然、和谐共生、孝友耕读、勤俭传家等精神基因，例如荡田村的农家书屋、蔷薇村村埭宅基上修建农家小学堂、太平村打造“忆农坊”等，将这些具有当地特色和民风民俗的事物移植入当代人的生活境遇和文化环境之中，将其化为挥之不去的乡愁，增强归属感、热爱家乡等传统情怀，使各种传统精神得以不断传承。

3. 挖掘本镇非遗文化中的农耕文化

其一，收集并梳理整合了干巷小白龙舞的由来与发展。在不断发展壮大小白龙舞龙队伍的同时，与镇文体中心、农委等部门联合编排白龙舞，修订编写与“小白龙”相关的校本简易教材，通过课堂形式、舞龙体验等方式进行非遗文化的传承与教学。并结合吕巷镇特有的全国非物质文化遗产“三月三小白龙信俗”，策划、组织富有本镇特色的舞龙活动、手工制作等。

其二，本地糕点的传承与创新。结合本镇小白龙非遗文化，由陆建强师傅带头的“白龙糕制作”成为了吕巷农耕文化又一张名片。同时，本镇水果公园里，正逐渐在原有传统糕点的基础上，进行与桃花相关的春季糕点的研发与制作，例如桃花青团、桃花塌饼等。根据各类传统佳节在各巷邻坊学习点、各睦邻点等推出一系列相关美食的宣传与制作活动。通过“做中学”“乐中学”的方式，有效地将本镇农耕作物以及其中包含的文化等要素灌输给年轻一代。

其三，土布文化的发展与创新。探寻本镇先辈们的“织造历史”足迹，结合当代社区教育发展规划，本校专职教师在金山区工匠达人的带领与指导下，不断开发“吕巷土布文化”“传承土布纺织手工艺”“土布衍生产品制作”等教学内容，除却课堂之外还送教进学习点、宅基头，例如“土布贴画”“土布包”“土布香囊”“土布旗袍”及“土布亲子装”等带有土布文化及工艺元素的作品及相关教学课程，在最后一公里处实现对村居民的普及，将农耕文化、土布文化与时俱进地送教给村居民，拓宽传承与发展这一文化的受众面。在2020年11月“上海社区教育助力乡村振兴——学习点亮生活”市级手工艺竞赛中，本镇的“土布贴画”“丝网花制作”等多个与农耕文化息息相关的参赛作品，获得了市级一等奖、二等奖的好成绩。

4. 科学耕种提升产品质量

与“燎原计划”紧密结合，农作物、经济作物等的种植体验内容丰富起来，通过梳理、研究近年来本镇特色作物“皇母蟠桃”“施泉葡萄”“火龙果”等种植研究，通过组织村居民实地体验、种植专业户现场演示与讲解等形式，与农耕文化紧密结合进行教学活动，普及科技种植知识与相关技能，做好传承发展的引路人。

（二）创意开展农耕文化活动

组织非遗传承人和教师队伍在学校、课外学堂、宅基学习点等场所，以讲座、宣传、活动等多种形式和渠道，开展农耕文化相关的课堂教学与系列活动。

开展符合不同年龄、不同需求的群体农耕活动，分批分层进行农耕文化相关内容的开展，以及农耕文化展示运动会。例如，2020 年 10 月，镇文教条线与村居委联合开展“千年农耕　稻香白漾　乐享健康”农耕文化运动会。2020 年 12 月，开展“千年农耕　稻香姚家　乐享健康”农耕文化运动会，包含插秧、赛龙舟、拔河等多种农耕运动，以求达到更佳效果，真正做到有所学、有所获。

（三）潜心汇编农耕文化书籍

在文化领域进行故事创编等活动，通过翻阅古籍、地方志、遍访文化匠人等多种方式，收集农耕文化故事与历史，并用“土布贴画”这一吕巷特色创作手法，再现了农耕文化相关的传统和场景，然后将其场景中展示的农耕文化相关知识编写成小故事，并对其土布贴画创作进行简要说明，不仅让人生动地体会到一些逐渐没落或消失的农耕知识，也能通过场景创作背后的故事，更好地了解各类土布知识，最后将创编的土布贴画与故事有机融合，编撰成书籍，以 50 余幅土布贴画生动还原了诸如“纺纱”“手工布鞋”“灶花文化”“赶集”“夏熟口粮分发”等场景，供翻阅、宣传与教学之用。

例如，在编写插秧文化和故事时，请退休老教师翻阅本地古籍，配上以前流行的童谣“面朝黄土背朝天，手插秧苗脚后移，都说后退没出息，此时后退却向前”，并在微信公众号进行宣传。

三、 特色亮点

学校特邀镇域内的非遗传承人顾林华、金山工匠姜永勋等作为传承与发展土布文化的带头人，以姜永勋为主创作了 50 余幅用于展览、教学、宣传之用的“农耕文化”土布系列作品。该系列作品受邀在多个场所与场馆进行展示，不断将本镇以土布创作的农耕场景、文化传播给更多人群。

从社区学校课堂教学到体验点制作，同时辅以进文化馆、社区等诸多场所的展示展览活动、农耕文化知识讲座、体验活动送教进宅基、15 分钟学习点等系列活动，由点到面，不断扩大农耕文化传承与发展的受众群体，教学方式和途径涵盖面广。

学校推出的农耕文化教学内容与体验活动具有吕巷本土特色，不管是已经获得全国非遗的“三月三小白龙信俗”“白龙糕制作”，还是“施泉葡萄”等栽种技巧，都有着浓郁的吕巷烙印,同时学校还注重让送教的教职工在活动过程中融入土布培育、灶花文化、孝贤文化、本镇非遗项目等诸多方面,让本镇年青、年幼一代能在体验过程中潜移默化地了解农耕活动包含的各类传统知识与精神象征。

该项目实施期间,学校培育了一支本地农耕文化传承团队,由教师、优秀学员与志愿者等人组成,兼顾了教学和活动过程中普通话和本地话联通授课的必要性和重要性,确保送教人群都能听得懂,并且学有所得,且在此过程中,不断提升了该支队伍人员的组织能力与教学能力。

四、 工作成效

依托农耕文化各类活动的开展,加速建成了“姚家村二十四节气文化一条路”“姚家村库浜学堂”“和平村网船埭学习苑”“璜溪学堂”“夹漏村为老服务中心”等体现农耕文化传承以及便于村居民学习的场所。

通过该项目的研究与探索,在社区教育领域内摸索出一些适合乡镇发展农耕文化的方式、途径。例如,宅基头宣教农耕文化,利用硬件设备的添置以及教学软件的辅助,便于村居民投入学习中;有效利用倍增学堂这些校外场所,定期举办体验式学习;通过线上教学和分享,面向更多人群,拓宽受众面等。

通过组建教学团队、非遗文化传承团队,以及策划、组织实际教学活动,不仅让更多村居民了解到本镇以及其他乡镇的一些农耕文化,也提升了教师与办学干部等人的组织能力、策划能力与教学能力。

赋能前行，农民培训稳步推进

上海市嘉定区农业农村委员会

2022年嘉定区农民培训工作坚持以党的十九大、二十大精神为指导，认真落实中央、市两级农村工作会议精神，围绕嘉定区现代农业发展需要，以提高农民科技素质、职业技能和经营能力为核心，以培养高素质农民为重点，加强领导，精心组织，狠抓落实、稳步推进，为促进农业稳定发展、农民持续增收提供了坚强保障。

一、 基本情况

（一）开展高素质农民培训

2022年全区计划培训高素质农民200人，完成培训200人，其中新型职业农民83人。结合全区农业生产所需，共开设6个班次，具体为水稻班32人，葡萄班30人，蔬菜班35人，动物防疫技术班28人，农机驾驶员班50人以及休闲农业与乡村旅游经理人培训班25人。

（二）开展认证管理，积极参加农业行业特有工种职业技能鉴定

按照嘉定区新型职业农民培育认定及管理办法，对2022年完成培训的学员，综合学习考核、产业规模、示范带动等标准进行认定。共认定新型职业农民79人（其中专业生产型63人，技能服务型16人）。目前，我区已培训新型职业农民1 180人，认定新型职业农民1 074人；累计共263人持有农业部特有工种职业技能鉴定证书。

（三）开展新型职业农民奖励扶持工作

为鼓励培育和壮大新型职业农民队伍，2022年根据《关于印发〈嘉定区农业科技型企业引进和培育补贴办法〉等4个文件的通知》（嘉农委〔2019〕112号）规定，对82名首次认定为本区户籍的新型职业农民并连续两年度参加继续教育考试合格的，给予一次性补贴1 000元，补贴金额共计8.2万元。

二、 主要措施

（一）加强组织领导，完善工作体系

一是成立区新型职业农民培训工作领导小组。领导小组办公室定期召开培训例会，及时传达上级要求，交流探讨经验，分析查找问题，研究整改措施；二是培训依托委属事业单位，建立区、镇两级培训管理队伍，各培训单位有专人负责培训，各培训班配备班主任

1名,教学管理人员1名,镇培训负责人1—2名,进行考勤登记,确保学员出勤记录完整、准确;三是建立嘉定区哈密瓜研究所、上海惠和种业有限公司、上海嘉定民欣农机专业合作社3个市级高素质农民培育教学实训示范基地,建立上海马陆葡萄公园有限公司、上海惠和种业有限公司、上海和桥粮食蔬果专业合作社、上海球明果蔬专业合作社、上海缘菊粮食果蔬专业合作社、上海翔旺农机专业合作社、上海农灯草莓生产专业合作社、上海愚农农庄有限公司、上海嘉定维高蔬果专业合作社等9家市级农民田间学校,运用"课堂授课+基地实习""田间学校教学模式+生产指导"等形式,增强培训针对性和实用性,培训基地能做到有场所、有人员、有制度、有档案;四是线上培训与线下实训相结合,分层分类开展职业农民培训。为确保按时保质完成高素质农民培育工作,区相关培训单位通过线上+线下培训,通过直播课堂等培训方式,科学合理安排培训内容,提升高素质农民培育工作的创新性、针对性和有效性。

(二) 周密制定计划,保障培训有序

一是制定符合全区实际的项目规划与扶持政策,建立高素质农民培育长效机制。《关于印发〈关于嘉定区农业经营主体实行参保补贴的实施意见〉的通知文》里明确了在本区农业经营主体从事种植、养殖工作,并建立劳动关系一年以上的本区户籍新型职业农民给予参保补贴;《关于印发〈嘉定区农业科技型企业引进和培育补贴办法〉等4个文件的通知》里明确了嘉定区新型职业农民扶持培育办法。制定《嘉定区2022年高素质农民培训实施方案》,下达嘉定区农民培训任务,按照"科教兴农"的战略要求,开展高素质农民培育工作。

二是深入调研,制订培训计划。今年受疫情影响,各专业开班前,明确调研内容和调研方式,设计调查问卷;组建各专业微信群,群上听取实际需求;深入田间地头进行个别走访调研,搜集生产环节中存在的问题,根据各类调研结果,科学安排培训内容,合理制订培训计划,增强培训针对性和实用性。

三是抓好培训档案建设。建立完整的培训工作开展情况记录和参训学员电子档案;对培训教材、教学管理手册、培训照片、台账等进行整理和归档;建立相应的课堂纪律,无论线上、线下培训,班主任还是一如既往做好上通下达工作,确保参训学员都能及时上好每堂课;督促培训单位及时上传和归档培训信息,定期进行网上检查,掌握教学进度。

(三) 强化组织管理,提高培训效果

各培训单位充分运用网络信息手段,建立农民培训管理群,确保按时保质完成培训任务;选择通俗易懂、实践操作性强的适合农民特点的培训教材。在统编教材的基础上,积极组织相关专业人员自编培训资料,培训资料紧贴生产实际,受到农民的广泛欢迎;各培训班在结业前组织学员对教师、培训班进行评价,适时检查教学实施效果,保证培育质量;加强考核工作研究,精心编制考核要点,认真组织考前辅导,进一步帮助农民巩固知识要点,掌握基本技能,坚持把教学与考核发证相结合,做到发证及时,发证登记信息完整。

(四) 加强培训监管,提升培训实效

一是各培训班开班典礼,召开培训工作动员部署会,进一步强化各级领导及培训人员对培训工作的认识,明确各自职责、培训任务及具体要求。二是采取临时抽查形式,深入教学现场，检查培训实际效果，清点人数、核实学员身份、检查办班实际情况，检查培训实训资料、班级管理资料、学员档案资料、学员信息台账、资金使用情况，听取学员意见，保证培育质量。三是组织学员对农民培训进行满意度测评，包括培训组织、培训内容、教师水平以及教学保障等多方面进行评价。四是强化年终综合考评力度，采取听取汇报、查看资料、召开座谈会、领导点评等方式，全面检查培训计划落实情况。

（五）注重宣传总结，营造良好氛围

一是做好新建农民田间学校组织推荐申报工作，上海嘉定维高蔬果专业合作社成功申报为2022年上海市农民田间学校。推荐马陆葡萄公园为农民田间学校在线培训分课堂。二是积极组织农业企业、合作社和高素质农民参加各类比赛。推荐维高蔬果专业合作社人员参加第六届上海市农村创业创新项目创意大赛暨第六届全国农村创业创新项目创意大赛上海地区选拔赛。组织参加第三届农民体育健身周高素质农民农耕运动会，嘉定队获得贤美之星奖。三是积极组织参加上海市农业行业职业技能竞赛，在10月12日举办的上海市新型职业农民职业技能大赛（蔬菜行业赛区）中，嘉定区遴选的高素质农民凭借专业知识储备和娴熟的操作技巧，最终获个人一等奖、团体二等奖，充分展现了全区优秀新型职业农民脚踏实地深耕农业的风采。推荐樊江锋、孙杰参加“大国农匠”全国农民技能大赛。推荐曹久青申报上海市首席技师。四是遴选优秀学员参加各类培训。遴选颜骅和曹永乐为新型农业经营主体“菁鹰”培养对象；遴选宋端威、余传婷、盛晓晨为2022年农业经理人培养对象；遴选陆云亭、樊江锋为上海市乡村产业振兴带头人培育“头雁”项目培育对象。五是加强职业农民宣传力度，挖掘优秀新型职业农民典型，通过“嘉定门户网站三农频道”等渠道，开展职业农民培育工作的报道。

三、 特色与创新

（一）依据产业发展需求，新设休闲农业与乡村旅游经理人培训班

本次培训班是嘉定区在休闲农业领域的首次开班培训，开展了理论与实践相结合的年度培训，目的是通过对一批经理人的培训，进一步提高休闲农业景区的管理水平和服务质量，提升应对市场变化的能力，推动嘉定休闲农业高质量发展。与此同时，积极探索更有效的培训模式，将培训和休闲农业发展更紧密融合，让学员在培训中学到真才实干，积极推动休闲农业和乡村旅游业态升级、设施升级、服务升级、文化升级和管理升级，使得休闲农业发展水平有显著提升。

（二）以学员需求为导向，让课程设置更对“胃口”

葡萄是嘉定区的特色产品，为了更好地发展葡萄产业，综合考虑各合作社的特点以及学员需求，为学员们量身定制课程。4—10月，共举办各类线上线下理论培训、现场观摩、评优品鉴、交流互动等培训7次56课时。培训内容有：绿盲蝽的病虫防治技术、葡萄幼果期栽培技术等技术培训，也有葡萄新品种栽培技术理论课堂和现场实践观摩，乡村振兴战略、绿色发展等政策内容。为检验和展示嘉定区高素质农民培训取得的成效，2022年7月底举办了“2022年嘉定区优质葡萄品鉴评优活动”。不仅为葡萄果农们搭建技术交流平台，更是让消费者了解更多嘉定葡萄的特色和新品种，进一步推动嘉定地产果品走进千

家万户,发挥葡萄产业在乡村振兴中的引领和示范作用。通过一系列的举措,让葡萄班学员在提升栽培技术的同时,也使“嘉定葡萄”得到了全面提质增效。通过“嘉定门户网站三农频道”“嘉定农业微信”等不同平台,积极报道葡萄高素质农民培育工作动态。

(三)与时俱进,课程设置紧跟热点需求

2022年上半年,在专题课程方面,着重增加了“农产品电子商务平台”“如何打造一个成功的农产品品牌”等方面的知识,为广大农户答疑解惑,指引方向。

同时,在农民培训课上,还增加了宣传乡村振兴的内容,目的是向广大农民们传授养殖新技术、新知识,为乡村振兴培育人才、储备力量。同时,以科学发展观为指导,以“节约能源资源,保护生态环境,保障安全健康”为主题,开展了全国科普日活动。向新型农民普及科学知识、倡导科学方法、传播科学思想、弘扬科学精神,促进全民科学素质的不断提高。

四、 主要成效

(一)农民知识水平和综合素质明显提高

通过参加培训,学员们切实感受到了标准化科学管理的重要性,在农业生产中,好的经验固然重要,但科学的田间管理同样不可忽略。学员们纷纷表示在以后的生产中将按照学习的新技术进行科学生产。学员们以培训为契机,互通有无,交流探索农业生产中存在的问题、解决的办法,以及产业发展方向和前景,相互之间增进了感情,提高了技能,增长了见识,也开阔了眼界。

(二)促进了新技术的推广应用

学员通过多形式的系统培训,水稻基质育苗、草莓水肥一体化技术、蔬菜病虫害绿色防控技术,土壤微生物制剂稳定技术及肥药一体化应用等技术在学员中得以认识推广,为全区的粮食、蔬菜及经济作物发展起到了积极的作用。

(三)锻炼了一批优秀指导员

通过田间学校培训模式,指导员们在技术指导能力方面都得到了很好的锻炼。带着如何突破原有培训方式的思考,培训教师与组织人员组建班级微信群,定期发放农情农事信息,随时解答学员生产经营中的问题。通过建立常态化的服务指导关系,指导员们能及时充分地了解农民在产前、产中、产后生产经营过程中遇到的问题及产生的培训新需求,从而更有利于做好培训后续技术跟踪指导服务。

依托科研课题，助力乡村民宿产业发展

上海市崇明区中兴镇社区学校

一、 工作背景

党的十九大报告中提出乡村振兴战略。2018 年，《中共中央国务院关于实施乡村振兴战略的意见》发布，民宿被列为乡村旅游建设的重点对象之一。随后，上海也发布了《关于促进本市乡村民宿发展的指导意见》，大力推动乡村民宿的发展。近些年，“乡创”成为一大热点，“农二代”回乡创业逐步掀起高潮。“民宿”作为传承乡村文化的重要载体，吸引了大批回乡者及消费者，带动乡村二三产业发展产生联动经济效益，发展民宿产业也成为实现乡村振兴的重要途径。崇明区中兴镇党委、政府根据本镇范围内产业发展的特点，结合崇明世界级生态岛建设和美丽乡村建设要求，在中兴镇“十四五”规划发展中，将民宿产业作为一项最能发挥中兴镇区位优势的产业来重点打造，提出了建立“具有中兴镇地域特色的农家乐、民宿镇”的工作目标，将民宿产业作为中兴镇未来发展的重要方向、引导百姓致富的重要产业。为了实现这个工作目标，区域内的各部门和单位积极行动，发挥各自优势，助推乡村民宿产业发展。

崇明区中兴镇“成超耕读之友社”学习团队（以下简称“之友社”），是中兴镇社区（老年）学校管理下的一个学习团队，它成立于 2018 年，由长期服务于“三农”岗位上已退休或即将退休的领导干部、行业专家、具中高级职称农艺师及相关合作社负责人等组成。团队成员来自各行业、各部门的精兵强将，他们资历深、能力强、技术过硬。之友社秉承“服务三农”的理念，突出以“农”为根、以“学”为本。2022 年，在镇党委政府、镇社区学校的关心和支持下，判断崇明花博会后的农旅文旅产业效应，契合本镇民宿产业发展需求，集聚团队人才和技术优势，申报了区科协的《中兴镇可复制生态民宿的研究》课题，依托课题研究，为本镇民宿业发展出谋划策，助力推乡村产业振兴。

二、 主要做法

（一）组建课题组。参与课题研究的人员除了之友社成员外成，整合了镇域范围内的行家里手，其中有镇分管条线的领导和社区学校校长；有农家乐、民宿的研究专业人员，更有经营农家乐、民宿的经营管理者等，课题组成员专业背景深、知识面广、技术能力强。

（二）开展实地调研。课题组组织相关人员分期分批对镇域范围内 19 家民宿进行实地调研，了解本镇农家乐和民宿发展现状。调研采取实地考察、座谈、问卷、书面报告等形式，重点对民宿的硬件设施、生态环境、经营情况、消费客源、管理服务、人才培养、营销推广等方面进行调研,听取经营者对政府或相关职能部门的意见和建议,及时提供给政府或相关职能部门。这19家农家乐和民宿,占中兴镇民宿总数的近四分之一,其中包括被评为区星级精品民宿7家,涵盖中兴镇高中低各类民宿,能够反映中兴镇民宿的整体发展情况。

(三)组织考察学习。组织课题组成员赴浙江莫干山民宿进行实地考察学习。通过实地考察学到了莫干山民宿开发建设理念和民宿管理的运行模式,提高了村民创办民宿的意识和积极性,课题组最终形成考察报告。

(四)召开专题座谈会。课题组邀请由本镇民宿经营者、行业专家与政府相关部门人员参加的民宿发展专题座谈会,就本镇民宿产业的现状基础、产业发展理念和发展方向,通过头脑风暴法为发展民宿产业献计献策。

(五)举办专题讲座。课题组邀请市农委退休老领导为农家乐和民宿经营主体做"休闲农业与乡村旅游"专题讲座等。内容主要包括民宿的现状和发展方向、发展民宿产业与乡村振兴等。

(六)组织系列研究活动。课题组针对本镇民宿产业发展特点,组织系列化研究活动,如组织农家乐和民宿经营主体者进行实地观摩和相互经验交流,做到取长补短、优势互补,相互学习,共同发展;组织课题组中的行家,下沉到各农家乐和民宿,向经营业主传授经营管理技术,就民宿规范化和品牌化建设进行个性指导;召开"中兴镇可复制生态民宿的研究"课题推进会等。

三、 取得成效与反思

(一)探索出了学习团队、助推乡村产业可持续发展的"1+2+N"工作模式

社区学习团队发挥队员的人才和技术优势,依托课题研究,参与乡村产业建设,服务乡村产业振兴,是社区学习团队的一项创新工作。结合课题实施,社区学习团队探索出了"1+2+N"工作模式。

一个基础,是具有智力优势底蕴的团队。"成超耕读之友社"学习团队成员资历深、技术能力强、文化程度高,有坚强的信念和目标,他们以"学农政、助农兴、联农户、授农技、享农乐"为办社宗旨,以专业技术资源与农户需求相对接、理论与实践相结合为主要特色,是一个富有战斗力的团体。

两个支撑,"成超耕读之友社"学习团队实施本项目得到了镇科协和镇社区学校的支持和指导。学习团队有了专业技术和管理服务这两个支撑,加上团队以"农"为根、以"学"为本的办队理念,才得以完美地发挥团队每个成员的智力优势,做到为乡村产业发展部门献计谋划。

N个农业经营主体,项目实施中有多个农家乐和民宿参与了进来,正因为有他们的参与,为项目提供了调研、示范、交流、培训等场所,学习团队才能把潜在的能力发挥出来,并充分融入乡村产业振兴计划、农民致富中。

(二)积累了若干个可复制生态民宿发展的典型案例

课题组通过实地调研、座谈访问和现场观摩,归纳出了陋居拾捌、久居民宿、西坡集团

品牌化连锁经营民宿这三个不同层次、不同类别、不同模式生态民宿研究案例。

1.“陋居拾捌”。“陋居拾捌”是中兴镇的中端民宿的典型案例，主要表现为在住宿之外，有较好的活动主题和活动场景。周边场地开阔，鹭鸟翔集，生态环境怡人。民宿由一栋独立民居改建而来，户外占地两千多平方米，分设快乐农庄、亲子拓展、户外烧烤等多个功能区。农家自产时令蔬菜，散养草鸡肥鸭，游客可以捕捞各类河鲜海鲜，在民宿主人的精心制作下，成为一道道地道的崇明特色美食。民宿主人精通咖啡制作，咖啡角可提供游客高品质现磨咖啡，也可提供咖啡点心 DIY 场景，进一步丰富了游客的体验。对于如“陋居拾捌”的中星级民宿：以独栋民宿为主，定位“小而精”，有鲜明的主题，专注特定细分市场。

2.“久居民宿”。“久居民宿”是中兴镇高端民宿的典型案例。主要表现在经营专业化、品牌化、高端化。2014 年，久居开始投资建设，经过几年的发展，实现了从民宿向开心农场的升级。设计风格兼顾乡村内涵和都市时尚，很好地迎合了城市消费者需求。后期的开心农场增加了公园区、亲水平台区、果蔬采摘区等多种体验区，进一步丰富了活动内容。久居民宿实行专业化经营，配置专业管家、专业厨师团队。并与村居合作，进行在地化管理，有作为区党建示范服务点的“久居初心小屋”；有精心打造的“久居睦邻”“久居姐妹微家”等。对于如久居的高星级民宿：以多栋民宿或多家民宿联合为主，投入规模大，进行专业化、差异化经营，能满足家庭、团队等客群多样化需求。

（三）中兴镇民宿业发展的经验做法，指明了民宿业转型升级方向

对于中兴镇民宿产业，经过几年的发展已开始进入快速成长期，亟需进行规范和引导，为产业发展指明方向。通过研究发现，本地 1.0 版本的独栋民宿，投资能力弱，可以走精品化之路，发展成如“陋居拾捌”这类主题民宿；对于如“陋居拾捌”之类的民宿，可以通过联合经营或者扩大投资规模，丰富民宿功能或各个民宿功能优势互补，抱团发展，利用乡村水系、果园等场地，增加垂钓、骑行等功能，发展成如久居之类的中高端民宿；而对于久居等中高端民宿，可以探索走品牌化之路，以民宿为基础产业，构建“民宿＋”多层次产业体系，实现民宿业转型升级。

（四）制订了中兴镇可复制生态民宿基本标准和品质标准初稿

工作组参考了国家及上海市生态民宿相关等级评定标准，结合中兴镇实际情况和特点，立足民宿建设和服务基本要求和未来行业发展趋势，经过多方认证，制定了中兴镇可复制生态民宿建设基本标准和品质标准，形成了实物性研究成果，为中兴镇民宿建设和品质提升提供了参考。建设基本标准涵盖规划选址、规范经营、交通便捷、空间设置、食品卫生等 13 类 38 个具体指标。品质标准涵盖选址合理、出入便捷、特色要求等 7 大类 25 项 87 个具体指标，从具体层面进行规范，丰富民宿的功能，提升民宿的体验品质，作为高端民宿服务的参考标准，为生态民宿的转型指明路径。

随着项目的深入实施，中兴镇的农家乐和民宿数量从 2020 年初的 40 家，发展到现在的 118 家。星级民宿也从原来的 4 家，提高至现在的 50 家。农家乐和民宿发展势头可喜，农家乐和民宿品位得到了有效的提升。民宿经济已渐渐成为中兴镇一个重要产业，成为乡村产业的振兴一大亮点。

全面建设终身教育“15 分钟学习圈”

上海市金山区社区学院

党的二十大报告指出“办人民满意的教育”“建设全民终身学习的学习型社会、学习型大国”。作为一个农业大国,如果农民不能实现全民学习、终身学习,那么我国的学习型社会、学习型大国就是不全面的。农民的学习主要靠社区教育,“15 分钟学习圈”的打造是金山区推进社区教育的重要措施,研究“15 分钟学习圈”对学习型乡村建设的推进,能更好地助力金山区学习型乡村的建设工作,促进学习型社会的创建。

一、 金山区“15分钟学习圈”活动与学习型乡村建设简介

(一) 金山区“15 分钟学习圈”活动情况

“15 分钟学习圈”即村民在步行 15 分钟范围内就有适合自己学习提升、参与各类文化活动或开展自主学习的场所。金山区“15 分钟学习圈”自 2016 年在全区各街镇广泛推进以来取得了显著成果。各街镇(工业区)已全面建成终身教育 15 分钟学习圈,实现圈内学习互动共享,形成学习圈全纳、开放、多元的终身学习模式。

1. 金山区“15 分钟学习圈”运行的规章制度

“15 分钟学习圈”的打造得到了金山区各级领导的高度重视。金山区文明办、金山区学习办联合下发《金山区推进终身教育十五分钟学习圈建设实施意见》《金山区终身教育十五分钟学习圈建设考核指标》。《实施意见》确定了十五分钟学习圈建设的总目标,各街镇(工业区)全面建成终身教育十五分钟学习圈,实现圈内学习互动共享,形成学习圈全纳、开放、多元的终身学习模式,提升市民精神文明素养与生活品质,推动“人人皆学、处处可学、时时能学”的学习型社会建设。各街镇(工业区)也相继制定《推进十五分钟学习圈建设的实施方案》以及《十五分钟学习圈建设村居学习点考核细则》。

2. 金山区“15 分钟学习圈”的学习内容

为提高社区居民的综合素质和文明程度,让村居民“听得懂,学得进,受教育,见行动”,各街镇(工业区)确定传统美德、文明道德、法制法规、安全知识、民俗文化、生活健康、休闲娱乐等方面的“15 分钟学习圈”活动内容,形成特色和品牌。

3. 金山区“15 分钟学习圈”的活动形式

针对村居居民文化、爱好、习惯等不同特点,各街镇(工业区)采用“巡展、巡讲、巡演”的方式,以及相约互动的方式开展学习活动,利用休息日或晚饭后休息时间,由志愿者到

点相约村居民前来参加讲故事、演小品、看演出、说案例、看展览等活动，接受教育。

（二）金山区学习型乡村建设的情况

党的十九大报告指出："实施乡村振兴战略，要坚持农业农村优先发展，按照产业兴旺、生态宜居、乡风文明、治理有效、生活富裕的总要求，建立健全城乡融合发展体制机制和政策体系，加快推进农业农村现代化"。随着乡村振兴战略的落地实施，上海在全国率先启动学习型乡村试点建设工程，探索通过发展乡村社区教育的方式建设学习型乡村，金山区积极参与了上海市学习型乡村建设工作。

2022 年，上海市学习型社会建设服务指导中心办公室组织开展了 2022 年度上海学习型乡村建设试点村培育和上海学习型乡村遴选工作。认定 16 个村为第三批上海学习型乡村。金山区有 3 个村获此荣誉，分别是廊下镇勇敢村、张堰镇建农村、枫泾镇中洪村。认定 31 个村为第五批上海学习型乡村建设试点村，金山区有上海湾区高新区欢兴村、金山卫镇塔港村等 10 个村入选，是上海学习型乡村及学习型乡村建设试点村最多的区。

二、"15 分钟学习圈"推进金山区学习型乡村建设的具体路径

（一）整合资源，为学习型乡村建设提供条件保障

"15 分钟学习圈"的参与部门比较多，区级层面包括区教育局、区文明办、区学习办等部门，在区级层面就需要整合各个管理部门的意见，统一管理与指导金山区的"15 分钟学习圈"建设。

各街镇层面，"15 分钟学习圈"涉及的部门包括街镇社区学校、妇联、科协等部门，需要对这些部门与"15 分钟学习圈"建设相关的资源进行整合，才能更好地开展建设活动。廊下镇在镇党委、政府的高度重视下，由镇文明办具体牵头落实。得到了 15 个村居、镇工青妇、科协、社区学校、文化体育服务中心、卫生服务中心、派出所、食药品检验所等部门参与，形成了齐抓共管氛围，从组织上保证了"15 分钟学习圈"建设。

"15 分钟学习圈"资源的整合，为学习型乡村建设中，挖掘、整合乡村学校、文化场馆、社会组织的文教资源，利用好上级单位配送的各类学习资源和老年教育慕课等资源，为村民的学习支持提供了保障。

（二）活动丰富，为学习型乡村建设提升学习内涵

"15 分钟学习圈"通过精心设计的主题内容，灵活多样的组织形式，统筹课程，按需施教，生动活泼的表现方式将社会主义核心价值观、文明礼仪、道德公信传播到村宅、楼组和村居民中间，有效地提升了农民的综合素质。

"15 分钟学习圈"提供了丰富多彩的学习活动，针对村民多元化的学习需求，开设内容适需、优质丰富的课程项目，提供方法适宜、方便可选的学习方式，保障村民想学乐学、学有所获；以及为乡村的青少年、老年人、妇女、职业农民、离土农民和外来务工者等重点群体精准提供差异化的教育培训，增强了居民的生活适应能力和自身发展能力这两方面提供了保障。

（三）队伍建设，为学习型乡村建设提供队伍保障

在金山区"15 分钟学习圈"打造的过程中，坚持加强队伍建设。组建一支专职兼职教

师——村居办学干部——志愿服务者队伍，成为“十五分钟学习圈建设”的重要人员保障。各街镇(工业区)将学习圈的队伍建设摆在重要位置，例如，石化街道通过整合社会资源，凝聚了一支来自各个领域的优秀师资队伍，除了吸引知名“大咖”外，还吸纳了知名艺术家、一线高级工程师、律师、退休老领导等一批本地的专门人才加入。

“15分钟学习圈”打造过程中的专兼职教师队伍建设，成为学习型乡村建设的师资队伍。通过安排专门人员承担具体的教学组织工作，招募社区院校教师、农科站技术员、社会能人、乡贤等充实教师队伍，为学习型乡村建设提供了支持。

(四) 强化自治，推进学习型乡村建设的自治行动

实现社区自治，坚持以人为本，是推进和谐社区建设的第一原则。“15分钟学习圈”建设，把课堂直接设在宅基、楼组、田头，设在村居民中间，面对面开展各类学习教育培训活动，有效拓展教育阵地，扩大了受众面，各类学习教育培训活动引导村民树立“我为人人，人人为我”的意识，踊跃参加自我管理、自我教育、自我服务、自我监督的社区自治工作。一方面是通过“15分钟学习圈”活动，提高了村民的综合素质和参与自治的能力，另一方面，“15分钟学习圈”的某一些活动，本身就是在参与和讨论与村民相关的具体事务，本身就是在参与自治行动。很多街镇的学习点都设有“议事堂”和人民调解工作内容，议事堂其实就是对村居委工作中的大事，提出建议措施，这对强化村居民自治，化解纷争起到了助推作用，是实现社区治理新的有效的形式。

“15分钟学习圈”的打造，有利于村民综合素质的提升以及自治活动的参与，为学习型乡村建设中培育乡风文明，推进农村精神文明建设，完善乡村治理体系，增强村民的参与意识和自治能力，深化村民自治实践，打造和谐有序的善治乡村具有重要的推动作用。

三、 进一步完善“15分钟学习圈”打造，推进金山区学习型乡村建设的思考

金山区终身教育“十五分钟学习圈”建设工作已经取得了明显成效。但是，还有不少地方需要在今后的工作中加以改进、完善和提升，如一些村居还是不重视学习点建设，学习活动走过场；学习点建设大多局限于村居，各街镇(工业区)多元化学习点数量还不多；个别学习点很少开展学习活动；学习点领军人物的培养还需加强力度；志愿者队伍服务能力尚待提升；学习点特色建设意识不强，特色品牌学习项目较少；学习点区域特色微课程建设几乎空白；学习服务社会功能薄弱，村居民社区治理能力发展不平衡等。

“15分钟学习圈”活动对资源的整合，活动体系的形成，在一定程度上，可以解决学习型乡村建设的难点问题，进而从队伍建设、强化自治等方面推进金山区学习型乡村的深入开展，为广大村民提供更优质、更便捷、更高效的教育服务，助力学习型社会建设。

社区教育助力乡村振兴的实践与思考

上海市嘉定区马陆镇成人中等文化技术学校

实施乡村振兴战略，是党的十九大作出的重大决策部署，是决胜全面建成小康社会、全面建设社会主义现代化国家的重大历史任务。党的二十大对乡村振兴作了更精细的阐述。乡村振兴战略的总目标是实现我国农业农村的现代化，具体的建设目标体现为十九大报告中的实施乡村振兴战略的“二十字”方针，即“产业兴旺、生态宜居、乡风文明、治理有效、生活富裕”。在推进乡村振兴战略过程中，产业兴旺是重点，生态宜居是关键，乡风文明是保障，治理有效是基础，生活富裕是根本。在乡村振兴的过程中，社区教育对于乡村振兴也起到了助推的作用。

一、 社区教育与乡村振兴的关系

乡村振兴的内涵十分丰富，它不单纯是指乡村经济的振兴，而是包括乡村经济、社会、文化和生态文明在内的全面振兴，既包括乡村经济的振兴、社会的振兴、文化的振兴，也包括乡村治理体系的创新和乡村生态文明的进步。因此，乡村振兴战略是一个内涵丰富、领域广泛的综合性大战略。

实施乡村振兴战略是新时代社会主义新农村建设的升级版，是党的政治建设、经济建设、文化建设、社会建设和生态建设“五位一体”布局在农村发展的具体体现，是统筹城乡发展、决胜全面建成小康社会的大战略。社区教育面向居民，是以促进人的发展和乡村发展为目的的教育活动，有利于促进“人的全面发展”和“对美好生活的向往”。社区教育通过满足不同人的不同教育需求和解决各类社会问题，从而推动人的全面发展和社会的全面进步。因此，社区教育在助力乡村振兴中具有不可估量的重要作用。

二、 创新发展社区教育阵地建设

(一) 党建阵地引领

阵地建设是乡村振兴的根本保障，基层党组织是实现乡村振兴的“主心骨”。社区学校与乡村深入互动并充分联结，以学导智，以育化人。在镇党委、政府的领导下，学校实施“打好组合拳，资源整合教育服务”；“坚持‘党校姓党’，不忘初心牢记使命”；“夯实基本功，厚植党建扎实工作”等三大举措。由此学校与北管村共建共学，通过红色动力微党课，宅舍文化课的宣讲学习，村风村貌优化升级，进而摸索出“四个百管”的村级治理模式。大裕村与学校开展学习共建中,逐步培育出“五美大裕”品牌,激活村民参与社区治理、党建的内生动力,提升美丽乡村内涵。学校以党建为抓手,将党的声音、政策传到乡村的每个角落,弘扬了正能量,彰显了学校的初衷和使命,为乡村振兴提供强有力的组织引领和阵地保障。

(二) 村宅阵地联建

为进一步实现“资源共享、优势互补、互相促进、共同提高”目标,学校与樊家村、戬浜村等“C+C”村村联盟推进“宅舍文化课程”项目,不断推进“村—居—校—社”协同发展,开创互利共赢、传承提升农村优秀传统文化,助力乡村振兴。学校申报的大裕村“俭以养德,宅舍文化”、北管村“党建引领社会治理,推动乡村治理精细化”2个项目获评“2019年上海学习型乡村建设项目”,并顺利实施。两个村也分别于2019、2022年被评为上海市学习型乡村。2022年,立新村、樊家村申报市学习型乡村试点村。农旅文化为特色的“嘉艺术—畅享艺术海洋”市民终身学习人文行走线路,为市民提供更多更优质的活动空间。

(三) 基础设施提升

基于教育学习的需求,提出“一村一宅一文化,左邻右舍育文明”的乡村文化建设目标,全镇11个村分别建有善学堂、敬乐堂、孝善堂等教育学习的阵地,开展“宅舍文化”学习活动,探索新时代乡村文化振兴之路。如北管村学习点,为了更好地开展学习点的工作,村内建有会议培训中心、老年活动室、图书室等场所,教学场所面积远超60平方米的要求;中心功能型教室分为大中小型三类共有5个,每个教室内配有电视机、电脑、投影仪等多媒体设备,可与户外电子屏连接同步播放。新建的北管村文化活动中心也正式启用,进一步充实培训的基础场所,成为社区教育的新阵地新场所。活动中心一楼为大型舞台;二楼为村党建服务站。活动中心设有手工活动室、书法室、织心坊、老年学校等工作室,老中青皆可在此进行活动。沈彪书记工作室也同时设立,定期开展相关讲座和培训。嘉定区图书馆也在此开设了分中心,藏书量4 000余本,不定期流转,供村民使用。文化活动中心实现了全区域的无线网络覆盖,该网络页面下村民可以进行电子阅读、影视节目观看、听书等活动。

三、 社区教育助力乡村振兴的做法与成效

(一) 助力“产业兴旺”,促进“生活富裕”

多年来,学校主动与镇农委等多部门联合,结合农村社区及当地产业对人才的需求,秉承“服务、开放、合作、创新”的办学理念,立足为地方经济和社会发展服务,贴近居民需求,积极开展丰富多彩的培训教育活动。马陆镇大裕村是闻名遐迩的“马陆葡萄”发源地,也是上海首批美丽乡村示范村。为了实现党中央乡村振兴的总要求,大裕村党组织通过围绕“马陆葡萄”的优势与品牌效应,把党的领导贯穿于葡萄产业发展的全过程,充分发挥党组织的资源整合与领导核心作用,将传统的“马陆葡萄”打造成为马陆地区葡萄种植企业与农户共同拥有的区域公用品牌,不断提升农户的获得感和满意度,实现优势产业“有温度”。学校与镇农委联合,为农户开展葡萄技术的知识培训。2020年以来,线下销售的葡萄产业也受到了一定的影响,学校通过对农户教授现代化的信息技术知识,利用互联网

让葡萄农户增加了经济收入。在城镇化进程中，特别是北管村统一规划，农民住进了新别墅。学校针对这种情况，主动与村联系，把适宜于新市民的课程菜单推送到村，开设了垃圾分类新时尚的素质教育、广场舞、公益讲座、剪纸、插花技艺、布贴画、摄影等各类社区教育活动，提高居民素质，让他们更快更好地适应新环境、新生活。北管村在原有的业务培训和健康讲座的基础上，借助社区学校的优势，拓展了课程教学内容，以“便利性、开放性、服务性、价值性”为导向，引进了社会组织，开设北管国粹文化课堂，定期在活动中心开展茶艺体验、书法体验、舞蹈教学、葫芦丝教学等各类培训和课程。暑期还开设少儿色空鼓、少儿软陶的制作培训课程。为村民提供了免费质优的教学服务，激发了社区教育活力。

（二）让家园“生态宜居”，营造美丽乡村

中国古代历来奉行“天人合一”的自然发展理念，家园广阔，山清水秀正是人与自然和谐统一理念在乡村的生动再现。乡村发展的目的最终是为了人民生存无忧，乡村振兴的生态理想还是回归自然，造福人类。

2011年起大裕村通过“退二进三”的产业结构调整，积极探索“一产＋三产”联动发展，先后淘汰劣势企业32家。2013年底，学校与大裕村共建，大力引进嘉源海国际艺术园区、艺源“非遗”体验中心、顾绣研究院、商用车模馆、艺外萄源民宿等文化产业，打造集葡萄产业、休闲观光、生态旅游、书画展览、休闲民宿于一体的“文旅游”发展新模式，更好地挖掘“马陆葡萄”附加值，使“文化”元素融入葡萄产业发展。经过多年努力，2019年大裕村获评中国美丽休闲乡村、全国乡村旅游重点村、2020年获评上海学习型乡村。

卓越为先，打造文化建设新格局。上海马陆葡萄艺术村经过几年时间的运营管理，通过优胜劣汰逐步升级的方式，引进了嘉源海艺术中心展厅、高谛巴塞罗那餐厅、上海高谛文化设计中心、艺源非遗传承中心、“艺外萄源”文化艺术园区及主题民宿、九悦久传统文化生活体验馆、露香园顾绣非遗研究院、特锐艺术品仓储物流展示中心等文化艺术相关机构，导入了一大批具有创新精神和艺术追求的文化企业、青年艺术家入驻，形成了整个园区满租的局面，促使艺术村文化产业蓬勃发展。与此同时，大裕村与嘉源海艺术中心利用各类资源，开展不同种类文化活动，吸引市民前来领略文化艺术之美。

责任为美，助力精神文明新发展。让传统产业与文化艺术牵手，在主体文化导入日渐成熟之余，社区教育逐步将文化内涵、精神文明建设进行再渗透。近年来，依托落户村内的企业与群众团队，结合传统、重大节日和民俗文化资源开展邻里节、民俗体验日、党员阅读马拉松挑战赛，组织辖区群众参与“感受传统文化、体会心中的廉”为主题的瓷刻、版画等系列活动，让非遗项目和社会主义核心价值观、传统中华美德等进行“碰撞”，增强文化艺术的影响力、渗透力和凝聚力，让群众在了解发展中传承文化、激发乡情。

（三）兴“文明乡风”，促进“有效治理”

文化建设助力乡村振兴，既要塑好形，也要铸好魂。乡风文明的基础在家风。习近平总书记指出：“对一个社会来说，家庭的生活依托都不可替代，家庭的社会功能都不可替代，家庭的文明作用都不可替代。”因此，总书记强调家庭、家教、家风建设。学校借助农村宅舍这个阵地开展了丰富的活动，以“百年复兴 · 宅舍有约”为主题，开展“红色佳音 · 唱响经典”家庭红歌大传唱、“百年传承 · 匠心筑梦”民俗技艺大比拼和“美丽乡情 · 同心同行”特色项目大展示活动。依托“百姓讲堂”等活动载体，联合“宅舍文化”指导员全新推出“宅舍学论语・礼乐好家风”少儿国学讲堂活动，用中华优秀传统文化反哺乡村振兴，培育良好家风、文明新风、淳朴民风。结合传统节日、纪念日等开展系列宅舍活动，组建文艺团队，创编沪语群口快板《一百个想勿到》等特色节目，引发广大农民群众的思想共鸣，使他们在接受视听艺术享受的同时受到文化的滋养。以宅舍文化建设为切入点，创新推进农村精神文明建设，得到村干部及广大村民的普遍认可和广泛支持，取得了一定的成效。聚焦满足群众美好生活需要，社区学校通过排摸，制定“宅舍文化课程”菜单，推送到各村，通过开展社区教育，促进家庭和谐共生，推动乡村振兴。

四、 工作思考

社区教育在提升人的素质、化解社会矛盾、促进乡村治理和建设、存续优秀传统文化、弘扬社会主义核心价值观、推动乡村振兴发展中，作用越来越明显，越来越重要，这也给社区教育人提出了更高新要求。要加强农村社区教育信息化建设，对于开展互联网＋社区教育，如何打造数字化社区教育学习平台、服务平台，值得去思考。要加强乡村社区教育资源建设、社区教育师资队伍建设、社区教育课程开发等，以适应乡村振兴发展步伐，从而更有效的助力乡村振兴战略的实施。

乡村精神文明建设必须坚持把思想、道德、观念等教育内容融入办文化、搞活动、做实事等有形的载体之中，使精神文明建设各项任务具体化实在化，实现村民自我服务、自我教育、自我提升。在实施乡村振兴战略的大背景下，把教育村民与服务村民结合起来，把提高素养与满足需求结合起来，实现育民与惠民的相互融合、相互贯通。

高校继续教育

GAO XIAO JI XU JIAO YU

[综　述]

2022 年上海高校继续教育 63 所办学机构以习近平新时代中国特色社会主义思想为指导，认真学习贯彻党的二十大精神，坚持党的全面领导，坚持立德树人的根本任务，持续贯彻全国教育大会、上海教育大会精神，以服务社会、服务学员为宗旨，以助力上海城市发展和学习型城市建设的需求为目标，办人民满意的继续教育。

2022 年上海高校继续教育具有强烈的时代特征、年代特点、继教特色，始终伴随着机遇与挑战、期待与探索。

努力对接政府决策需求，对接社会学习需求，对接企业发展需求，从基地的设计环节开始，打造平台推动了“双元制”职工继续教育的“高校—企业”联合试点；

努力创造条件，营造气氛，支持了在上海大学举办的第十八届上海市全民终身教育学习活动周开幕式；

努力创新教学方法，开展了继续教育“线下＋线上”“国内＋国际”的人才培养模式；

努力实践办人民满意的继续教育的理念，提高学习型社会建设的站位和自觉，积累了比较丰富的办学经验、形成了可资推广的案例。

2022 年上海高校继续教育在职办学人员 2 438 人，社会培训人数 105 万人；其中线上学习人数 1 706 万人，同比增长 140.26％。

面向社会经济发展需求　探索终身教育工作新途径

复旦大学继续教育学院

一、 建设背景与总体思路

教育的初心是为了培养适应未来需要的卓越人才，但是应当看到，当今世界变化迅速并且充满挑战：新一轮科技革命、气候变化、地缘竞争，未来具有很大的不确定性。

新发展阶段需要的，是 30 年以后能够站在世界文明高点的人才，或 30 年以后能够为中华民族复兴做出重大贡献的人才。因此，既要关心能力培养，也要关注价值塑造。让所有人更了解社会、更善于沟通，具备更强的社会责任感，能够发现兴趣、学习知识、实现创新，具备持续学习和可迁移的能力。

习近平总书记在党的二十大报告中提出，要推进教育数字化，建设全民终身学习的学习型社会、学习型大国。全民终身学习，涉及全民学习和终身学习两个重点维度，完善全民终身学习教育体系，需要全社会从实际行动出发，把学习作为一种生活方式，真正让"人人皆学、处处能学、时时可学"成为自觉，成为日常，让学习贯穿于人的一生，更好地适应经济社会全面发展。

继续教育在培养劳动者的技能、素质、终身学习习惯等发挥着重要作用。近年来，通过立法支持，明确了继续教育的重要地位，建立和完善了分级管理制度；通过政策支持，鼓励全社会积极参与，提供质高价廉的教育资源，促进学习型社会建设；加强技术支持，提供丰富的数字化教育内容，增加免费优质资源，创设全民可随时随地学习的环境，突破时空限制，提升自主学习效率。

围绕服务学习型社会建设，复旦大学以习近平新时代中国特色社会主义思想为指导，充分发挥"教育、科技、人才"的基础性战略性支撑作用，围绕学校"双一流"建设的目标，充分利用综合性研究型大学的学科优势，立足上海，面向未来、面向世界，遵循终身教育规律，积极面向社会经济发展需求，开展了一系列创新的继续教育工作，为群众提供更多的学习机会、丰富便捷的学习资源、更高质量的教育服务。

二、 主要举措

(一) 建立健全与新发展阶段、与复旦大学办学目标相适应的高等学历继续教育办学体系

加强与上海各行业和企业的合作，探索开拓符合市场需求、国家需要的应用型专业新

方向,优化调整专业结构。依托上海市“双元制”职工继续教育高校试点基地建设,统筹协调校内外各类办学资源,聚焦企业职工知识、技能“双提升”的目标和学历、技能“双证书”的任务,加强课程开发和数字化学习资源建设,夯实实践教学环节,依托复旦的学科优势、量身定制应用型人才培养方案。充分发挥继续教育与信息技术深度融合的优势,提升办学和管理智慧化水平。

(二) 建设一流终身教育体系,推动非学历教育高质量发展

深入调查研究,根据国家、地方、企业和师生个人发展需要,依托复旦大学和中组部干部培训基地的品牌优势,整合校内外资源,转变观念,树立服务意识,不断优化非学历教育培训课程内容和教学模式,扎实推进非学历教育培训工作,形成两大培训教育体系:

1. 建立具有复旦特色的政产研学融合的非学历教育培训平台:以学(培训)为主,整合本校、外校、企业、行业、政府、研究机构等教学、科研资源,围绕国家重大战略、区域地方经济社会文化与企(行)业发展需求,开展党建引领,专题丰富(包含乡村振兴、数字经济、“双碳”可持续发展、大健康等),培训和交流并重的1+7+X非学历教育培训工作。

2. 建设满足社会需求和个人发展需要的综合素质提升平台:服务全民终身学习需要,转变体制机制,积极融入学校事业发展规划和整体发展战略,加强与学校机关、院系的联系合作,开拓各类素质提升培训课程,做好社会、学校(院系)、师生的桥梁,为促进经济社会发展和人的全面发展提供有力支撑。

三、 特色做法

(一) 充分发挥复旦大学综合性研究型大学优势,为服务型社会建设提供丰富的学术支持和智力支持

1. 人文与社会科学方面

复旦大学在人文与社会科学领域拥有着深厚的学科积淀和丰富的教学资源,如哲学、历史、文学、法学、社会学等。这些领域的学科特点和优势,为复旦大学在继续教育和终身教育方面提供了宝贵的资源和支撑。学校利用人文与社会科学学科的特长,开设相关的继续教育课程,推出有关人类文化历史、文化遗产保护、社会发展趋势等方面的课程,丰富人们的精神生活和文化素质。

2. 工程科技方面

作为一所综合性大学,复旦大学不仅在人文与社会科学领域有着丰富的学科资源,在工程科技领域也有着卓越的学科特点和优势。利用在信息技术、医学工程、航空航天等领域的学科特长,推出有关大数据、人工智能、机器学习、医疗设备使用等方面的课程和培训项目,帮助人们了解和掌握当前科技发展的最新动态,提升自身的专业技能和应用能力。

3. 医学健康方面的继续教育

复旦大学医学院在国内乃至国际上均享有极高的声誉,在医疗教育和医学科研方面的学科特点和优势非常明显。近年来,针对老年人和中年人面临的健康问题,学校充分利用医学健康资源,开展相关继续教育,提高人们的健康意识和自我保健能力。

（二）针对不同群体，提供个性化和多样化的教育服务，满足不同阶段的学习需求

学校建立了完善的继续教育课程体系，开设了包括工商管理、金融、法律、文学、医学等多个领域的课程。同时，注重将优质的教学资源向社会开放，为社会提供高水平的师资和教学资源，形成了以线上课程、短期培训和专业认证为主的继续教育体系。

1. 对于青少年的综合素质提升，复旦大学通过科普讲座、微课、先修课程、步青项目等多种形式，帮助中学生了解自然、了解科学、了解社会，发现学科兴趣，开阔视野，发展创新思维和审美能力。

2. 对于在职人员面临的产业和社会转型，复旦大学提供具有实用性和针对性的培训内容，如市场营销、金融投资、信息技术等，配合职业技能提升培训，应对人工智能等新技术的发展和产业转型升级的需求，帮助在职人员掌握更多的技能和知识，提高自身职业竞争力，更好地适应产业和社会转型。

3. 对于老年人面临的健康和养老，复旦大学的终身教育项目提供健康管理、养老服务、心理疏导等多个方面的教育内容，提高老年人对自身健康和养老的认知和管理水平。同时，通过老年大学、退休教授协会，提供更多的文化学习活动，提升老年人的生活质量和精神层面的满足感。另外，复旦大学历史学系、人文艺术教育中心联合开设相关课程，面向社会公开招生，以中国传统文化为主题，提高学员的人文素养和文化修养，获得了广泛好评。

（三）不断改进教学模式和教学方法，适应互联网时代的学习需求，建立交流和服务平台

通过线上线下混合式教学、现场教学、送教上门等多种形式，将大学课堂和优秀课程延伸到社会，向社会公众提供高质量的学习资源，满足社会各个群体的不同学习需求。

充分利用数字技术，对在线课程资源进行改造，满足互联网时代移动学习的需求，实现终身学习多样化、灵活化。

同时，复旦大学继续教育项目不断加强校友服务功能，为各行各业的专业人士提供互相交流和学习的平台，促进不同行业之间的沟通和合作。

作为一所综合性大学，复旦大学在继续教育和终身教育方面有着广泛的学科特长和优势，根据不同群体的需求和特点，持续开展多种形式的教育和培训项目，为社会和个人的发展提供有力支持，帮助学员树立正确思想观，自主建构系统完整的知识体系，掌握终身学习与不断创新的能力，适应未来激烈竞争和个人持续发展的需求。

“以美育人,以文化人”　推进社会艺术教育高质量发展

上海音乐学院

高等继续教育是高等教育的重要组成部分,是构建服务全民终身学习教育体系的重要内容。党的二十大报告明确要求“推进教育数字化,建设全民终身学习的学习型社会、学习型大国”。《上海市教育发展“十四五”规划》提出,要进一步完善服务全民的终身学习体系,率先建成以城市学习力为驱动的更高水平、更高质量的学习型社会。

作为国家首批“双一流”建设高校,上海音乐学院始终秉持“养成音乐专门人才,一方输入世界音乐,一方从事整理国乐,期趋向于大同,而培植国民美与和的神志及其艺术”的办学使命。在习近平新时代中国特色社会主义思想指引下,上海音乐学院结合“双一流”高校建设,推动“教创演研”一体化人才培养模式建设与完善的同时,立足上海、辐射长三角、服务全国,积极践行“人民城市人民建”重要理念,拓展音乐艺术服务社会的内涵,为增强城市文化软实力和服务国家文化教育战略贡献力量。

一、　多维度　探索有别于普通本科教育的继续教育

上海音乐学院成人教育不断研究与探索有别于普通本科教育的继续教育特色发展道路,不断完善终身教育体系,立足主责主业、聚焦开放办学,构建意识形态阵地和教学质量统筹监管的常态化机制,突出个性化设计、灵活性开展、开放式办学、全周期服务等特点。培养品德高尚、基础扎实、贴近需求、特色鲜明的艺术应用型人才,进一步拓展上音人才培养的“活力源”。

为不断提升办学能力,上海音乐学院社会教育学院聘请学校相关职能部门负责人和教学单位学科带头人,成立高等学历继续教育教学指导专家小组,为学历继续教育的教育教学管理、师资队伍建设、课程建设、招生毕业、教学质量监测等方面进行咨询、研究与指导。聘用热心继续教育事业、具有丰富教学经验、学术造诣深、责任心强的专兼职教师进行授课,内涵式提升教学质量。

2022年11月,专家小组召开了首次研讨会。专家们听取了学历继续教育学位授予工作的新变化和新要求,以及自办专业、自聘教师的教育教学等情况介绍,就高等学历继续教育中关于授课教师的遴选审定、学位论文的检查评估、教学过程的研究处理等多个方面进行了深入的探讨。

上海音乐学院社会教育学院紧紧依托学校艺术教育全学科、高品质的资源优势，围绕人民日益增长的与美好生活相关的文艺需要，自2022年以来，在教材、课程等方面不断加强数字化转型力度。疫情期间，以线上线下形式多措并举，同步开展教学工作，保障了教学正常有序开展。

通过充分准备，2022年申请新增"艺术管理"专业获批。作为上海音乐学院特色专业学科，该专业于2019年获批省级一流本科专业建设点。以着力培养德才兼备，具有艺术鉴赏能力、领导能力、创新能力、解决实际问题能力、洞察市场变化和机遇能力、具有国际视野和行业前瞻思维的艺术管理行业的从业者和管理者为目标，根据系统性、前瞻性、有效性的原则，把完善师资结构、优化课程体系、注重教研成果、升级培养模式作为四个重点。学生未来就业前景广阔，涵盖在政府文化部门、各类文化公司、演艺机构、出版机构、艺术院团从事管理工作，以及有愿望自主创业的从业者等。

二、 多层次 推动社区教育服务能级

上海音乐学院社会教育学院在学校创作、表演、研究、应用"四轮驱动"的全学科体系下，开展面向政府、学校、企业、事业单位的订单式培训。依托学科优势，结合社会实际需求，积极开发社会公益课程，形成了音乐党课类、社会美育大讲堂类、艺术教学演出类等培训课程体系，不断推进非学历教育高质量发展。

为迎接党的二十大胜利召开，秉持"红色精神、专业特色、时代风范"的理念，以举办"服务地方、办学规范、规模适度、特色鲜明"的继续教育为重点，将优质社会艺术教育资源辐射全社会，为音乐学习者与爱好者提供灵活多样的学习机会为主旨，上海音乐学院与中国工商银行数据中心工会联合开展联建活动，举办"喜迎二十大 颂歌献给党"现场公开课。通过授课专家对一首首红色经典歌曲创作背景、历史脉络的回顾，演唱技巧的讲解示范、现场的排练指导，使学员在提升演唱能力的同时，以红色歌曲作为生动的教科书，进一步深入学习党的光辉历史，接受红色精神洗礼。本期课程共分开展两期红色音乐课堂，授课学员达百人。

为学习宣传贯彻党的二十大精神，发挥高校服务全民终身学习的重要作用，推进老年教育高质量发展，2022年10月，上海音乐学院与上海军休老年大学联合主办"声动党课——从红色经典歌剧中感悟初心使命"军休专场讲座。为老年人提供颐养康乐与奋发有为相结合的学习和生活的精神家园。

讲座中，授课专家对《白毛女》《江姐》《党的女儿》《洪湖赤卫队》等多部经典民族歌剧的时代背景、人物塑造、剧情情感等方面进行讲解赏析，结合舞台艺术实践和座谈交流，展现了党从石库门到天安门的光辉历程，深化了对中国革命历史、峥嵘岁月的感触与体验思想价值观念。军休干部纷纷写下心得体会，表达在新时代新征程不忘初心、牢记使命的决心。讲座通过"军休天地"视频号直播，近4 500名军休干部观看直播。

三、 多平台 推进优质社会艺术教育资源共享

近年来，为深入贯彻落实习近平总书记重要指示，上海音乐学院不断推进少数民族艺

术人才培养工作以及民族音乐的发掘、保护和研究，进一步加强民族地区美育和社会艺术教育建设。上海音乐学院专项工作小组于 2022 年 8 月、9 月前往贵州、宁夏 2 省(区)6 地，开展“文化育人”民族地区社会艺术教育专项活动。参加活动的各界代表就艺术教育的地区特点、困难需求、教材建设、评价体系建设、中小学音乐师资队伍建设等方面进行交流研讨，并对今后与上音在师资培训、艺术实践、文化传承与挖掘等方面的深入合作交流进行展望与期待。活动期间共开展 8 场讲座与公开课，近 1 500 名学员到场观摩，涵盖少年琴童、艺考学生、音乐教师、青少年乐团等范围。本次“文化育人”民族地区社会艺术教育专项活动旨在传承上海音乐学院和历代上音人服务民族地区的传统与精神，依托上音办学资源优势，坚持考级育人价值导向，挖掘与传承少数民族音乐文化。通过系列公益讲座、公开课、音乐会、排练指导、座谈会等形式，促进优质音乐教育资源向乡村辐射，带动提升乡村教育质量，为推动民族地区音乐美育和社会艺术教育发展搭建新平台，注入新活力，用艺术点亮美丽乡村。

2022 年 6 月，为减轻因疫情给全国考生在乐理考级备考方面带来的影响，上海音乐学院社会教育学院邀请权威专家教授，为全国考生与音乐学习者提供系统、专业的公益课程配套服务，帮助考生更加准备充分地的参加乐理考级。同时，也是以“上音人”的方式体现责任担当，感谢上海各相关行业、领域的工作者在抗疫一线的日夜拼搏，回报全体上海人民的支持与付出，感恩来自全国各省市区、企业对上海和对上海音乐学院的倾力驰援与鼎力相助。公益课程为期七天，共 244 212 人次收看讲座，除中国大陆及港澳台地区外，涵盖美国、英国、加拿大、新加坡、韩国、马来西亚、澳大利亚等十余个国家和地区。通过多元丰富的线上授课形式，使广大考生接受严谨系统的专家课程，为其在乐理学习方面遇到的疑难困惑提供了专业的解决方案。本次线上公益课程是一次全新授课方式的尝试与探索，使音乐普及教育突破时空壁垒，为开展社会美育提供了确实可行的实践经验。

接下来，上海音乐学院全面贯彻党的教育方针，落实立德树人根本任务，履行推动社会主义文艺繁荣发展、完善公共文化服务体系义务，赓续培植美育与文化传承使命。结合自身办学特点与资源优势，以人民需求为导向，不断深入高校在职业技术教育、继续教育和社会文化服务等方面的探索与实践，努力建设体系化的艺术教育终身学习平台和具有上音特色的社会教育品牌，构建“以美育人，以文化人”新格局，为推进社会艺术教育事业高质量发展和全民美育贡献力量！

发挥学校学科和资源优势
服务多样化继续教育需求

上海第二工业大学

上海第二工业大学是一所工科见长，管经文理艺多学科协调发展的上海市属普通高等学校，也是上海市唯一一所以“工业大学”命名的高校。学校在60余年办学过程中，历经成人教育、全日制本专科教育及至硕士研究生教育，始终坚持应用技术型人才培养办学定位，面向社会需求，服务国家战略，为国家和社会培养了以“抓斗大王”包起帆、“上海发明家”郁竑、全国劳动模范李斌等为代表的一大批科技骨干和管理干部，曾被党和国家领导人誉为“全国半工半读一面红旗”“成人教育战线的排头兵”等130余位全国和省部级劳动模范，被誉为“劳动模范的摇篮”。

学校坚持立德树人，深耕内涵发展，是上海市“高水平地方高校建设”培育单位，以工科见长，多学科交叉融合、协调发展，产学研紧密结合的高水平应用技术大学为建设目标，培养精技术、重责任、国际化的应用型创新人才。同时，学校重视继续教育，把继续教育作为学校落实人才培养和社会服务职能的重要方面，并纳入学校整体发展规划，通过试行“学历＋证书”的教学模式，积极开发线上教学资源，采用混合式教学模式，解决工学矛盾，并支持国家和省市各级劳模、职业院校教师和行业产业工人群体等多样化、多层次教育需求，服务上海学习型城市建设。

一、 适应新发展理念和新发展格局，多层次助力劳模进一步成长发展

为深入贯彻落实2020年习近平总书记在全国劳动模范和先进工作者表彰大会上的重要讲话精神，切实关心爱护劳模、做好劳动模范素质提升和人才培养工作，2021年2月1日，由上海市总工会和上海第二工业大学共建的全国首家省级劳模学院——上海劳模学院揭牌成立，全国著名劳模、二工大杰出校友包起帆任院长。学院依托学校在应用型人才培养方面的特色和劳模人才培养的传统优势，立足上海、服务全国，弘扬劳模精神、劳动精神、工匠精神，助力劳模成长发展，积极培养多层次，适应新科技创新和产业变革的高水平创新型、应用型、技术技能型领军人才。

2022年上海劳模学院推出劳模实验班，助力劳模开拓视野、提升能力，更好地适应新发展理念和新发展格局。劳模实验班项目培训期为10个月，以综合素养提升为目标，针对有学历提升意愿的劳模先进举办，采用半工半读周末集中培训的方式，培训内

容包括基础理论知识、政治素养、劳模素养、前沿科技、技能技巧等教学模块，并特别设计了交流学习环节，带领学员们走进科创一线，领略最新科研技术、创新成果，通过现场互动教学，进一步提升劳模对前沿科技的把握和应用能力。项目还与成人高考贯通，有意愿的学员可在培训结束后参加全国成人高校招生统一考试，合格者将就读劳模本、专科学历班。

劳模实验班项目一经推出，即受到劳模们的欢迎。项目最终录取了来自60余家企事业单位的95名劳模先进就读，其中全国劳模38名。培训的师资由劳模学院特聘教授、特聘教师组成，其中包括焦裕禄之女、焦裕禄精神传承者焦守云，雷锋精神传承者、“雷锋旅”政委孙树志，改革先锋、全国总工会兼职副主席郭明义，大国工匠、全国总工会兼职副主席高凤林，人民教育家于漪，以及钱锋、樊嘉、陈国强、褚君浩等两院院士，还有“七一”勋章获得者、上海市国棉十七厂原工会副主席黄宝妹，上海飞机制造有限公司高级技师胡双钱、东方航空公司乘务长吴尔愉等一批家喻户晓的劳模代表。本次项目的举办是落实习总书记在全社会弘扬劳模精神、劳动精神、工匠精神，助力产业队伍建设的生动实践，受到了社会各界广泛关注和赞誉。

二、 发挥职业教育文化传承和资源优势，全方位支持职教教师专业成长

学校作为全国职业教育师资培训重点建设基地，在职业教育与成人教育领域有着深厚的文化传承和历史沿革。2021年上海市职业技术教师教育学院在学校成立，致力于服务国家和上海职业教育发展战略和创新驱动发展战略，统筹上海市及长三角优质教育资源，成为展现中国特色、贡献中国智慧、具有国际一流水准的政策研究智库。

2022年学校继续教育学院、教师教育学院和高职学院，结合学校学科专业优势，承接了上海市职业院校教师素质能力提升研修与培训项目的申报和执行工作，共举办了“职业院校专业部(办)负责人专业建设与团队领导能力提升研修”“中高职衔接管理干部协同研修培训”“信息化教学资源开发与教师信息化素养提升研修”和“职业院校教师工匠精神与劳模文化高级研修班”四个不同主题的上海市职业院校师资培训班，完成184名来自中高职院校及职业本科院校的专业负责人、学科负责人、教研室主任、专业骨干教师和思政课授课教师的培训工作。该系列国培项目的实施，既帮助参培教师更新了职教和信息化教学理念，又有效提升了师德师风建设和课程思政教学能力，为职业教育高质量发展提供了持续不断的优秀师资提升保障。

除此之外，学校还承办了“2022中高职新材料领域专业骨干教师示范培训项目”，由职业技术教师教育学院统筹，能源与材料学院深度参与执行，通过创新新材料领域职教教师培训方案，高效整合校内外资源，组建由2名院士领衔，并包含全国劳动模范、知名职教专家等17名经验丰富的高校专业教师、职教专家、职业院校校长、职校名师及产业导师组成的师资团队，以双线混融模式打造教师云端成长生态，“技术＋教育”形成了具有模块化特色的培训课程体系，构建了教师深度学习共同体，实现了课程资源建设的良性发展，搭建了教师云成长空间，全方位支持教师专业成长。

三、加强在线开放课程思政建设，落实高校继教立德树人根本任务

2018年开始，学校继续教育学院便致力于探索以“工匠精神”引领、基于混合式教学模式的高等学历继续教育在线开放课程的思政建设路径，落实“课程思政育人”，实现专业课程与思政课程的同心同向育人格局，并逐渐形成自己的特色和模式，以及良好的成效，为上海产业工人的高质量继续教育培养保驾护航。

（一）在线开放课程思政特色和实施路径

在三全育人和立德树人的育人根本目标下，学校在线开放课程所在专业在人才培养方案制订中，重点以习近平总书记关于教育的重要论述为支撑，不断探索创新思想政治理论课教育教学改革，优化通识课程，深度挖掘培养计划中所有专业课和实践课课程思政元素，在教学中融入党的优秀组织管理经验、社会主义核心价值观、十九大、二十大精神等内容，并通过结合学校的劳模文化特色和学生的实际工作需求，将工匠精神作为主要的思政元素融入课程中，做到将思想价值引领贯穿课程教学全过程，努力实现专业知识与思政元素的深度融合。同时，通过提升和强化教师课程思政意识，结合混合式教学授课模式的特点，采用线上学习、实地参观、小组讨论和案例分析等多种形式来完成线上线下课程思政授课环节设计和实施，在全过程中达到“润物细无声”的课程思政育人成效。

（二）在线开放课程思政建设经验和成效

在近几年的在线课程思政建设过程中，逐步形成了课程思政建设应与学校人才培养目标定位相契合、教学方法应与学生学情和时代背景相结合、建立和不断完善课程思政教学资源库三大建设经验，并结合学校“厚生、厚德、厚技”校训，将工匠精神、劳模文化真实案例融入课堂，将李斌、包起帆、徐小平等劳模请“回家”，为成人学生专门录制学习视频，使劳模精神代代相传，激励学生不断地汲取奋进的力量，从而更好地工作与学习。在工匠精神和劳模文化的熏陶下，学校高等学历继续教育2019级学生葛守成获得全国物流行业劳动模范称号，成为学校在线开放课程教育下的新一代劳模。2022年学校取得继教在线开放课程“管理学”获上海市教委继续教育类课程思政示范项目、在线开放课程“基础会计”获得优秀课程项目、学校一名教师获继续教育类课程思政示范教学名师等丰硕成果。

四、融合校、政、行、企资源，探索“双元制”职工继续教育培养模式

学校具有校企合作、产教融合的丰富资源和实践基础，立足浦东社会主义现代化建设引领区，聚焦校区周边金桥功能区、自贸区、张江高科技园区开展校企合作，已与硬核产业头部上海华虹集团、中国商飞、上汽集团、上海电气集团、上海航天集团、江南造船集团等建立稳定的战略合作关系，建设“上海市重点现代产业学院——浦东智能制造产业学院”，积极开拓继续教育培训基地，为企业工程技术人员提供继续教育的平台。学校还拥有“第46届世界技能大赛机器人系统集成项目上海选手培养基地”“第46届世界技能大赛云计算项目上海选手培养基地”“教育部规建中心智能制造智慧学习工场”等培训基地。

学校一直致力于“学历＋技术技能”应用型人才培养模式。2022年，学校高等学历继续教育依托机械工程、计算机科学与技术等学科专业优势和校内外实验、实践基地，秉承劳模传统，注重培养学生的工程创新能力，在专业课程中融入政府和行业企业资源，实现

产教融合、校企合作、协同育人，使得产学研用紧密结合，探索“双元制”职工继续教育培养模式，促进成人继续教育数字化转型人才培养。例如，学校机械工程专业从2011年以来便已陆续开展卓越工程师教育改革、应用型本科建设、OBE理念等教学改革，并与精密制造、智能制造企业建立了深入广泛的校企合作关系，校内还建立了智能制造工厂实验室，获批国家级“一流本科”专业建设点。此外，学校从高等学历继续教育机械工程本科专业人才培养方案中遴选出8门课程进行提升打造，使其成为符合“双元制”企业职工继续教育要求的特色课程，除完成原学历教育教学内容以外，还融合了通过分解和细化的与本专业相关的行业企业技术技能学习任务，使得学生在获得学历提升的同时，还能依据不同岗位工作需求具备考取法国达索公司认证的(CATIA)证书、西门子UG NX CAD高级证书和UG/Solidworks高级证书，以及维修电工、钳工、数控铣工、数控装调与维修等与本专业相关的高级/三级职业资格证书能力，并可参加加工中心操作工高级职业资格证书考试的技能，申请见习专业工程师资格证(中国机械工程学会)。

学校将继续根据社会需求，适当举办各种层次的高等学历继续教育(业余)和非学历继续教育，并形成办学结构合理、教学手段先进、办学项目符合上海地方社会经济发展需要且规范、优质、高效的继续教育办学体系，并继续坚持以习近平新时代中国特色社会主义思想为指导，坚持社会主义办学方向，落实立德树人根本任务，加强内涵建设，服务全民终身学习需要，为促进经济社会发展和人的全面发展提供有力支撑。

校企协同产学研融合　服务学习型社会建设

上海杉达学院

上海杉达学院是在上海浦东开发开放的背景下，于 1992 年 6 月由上海交通大学、北京大学、清华大学部分教授发起创办的全日制民办大学。1992 年 8 月，经上海市高等教育局批准筹办，并于当年秋季面向全国招生；1994 年 2 月，经国家教育委员会批准正式建校；2002 年 3 月，经国家教育部批准设置为全日制普通本科院校，是上海市第一所本科民办高校；2005 年 8 月，经上海市学位委员会批准，增列为学士学位授予单位；2015 年、2020 年，先后通过教育部本科教学工作合格和审核评估。2017 年纳入上海市教委硕士点培育单位。建校 30 年来，学校恪守公益性、非营利性办学原则，坚持“以诚信对待社会，以严谨的教育管理取信于社会，以较高的教育质量回报社会”的办学理念。

一、 背景

高等学历继续教育是高等教育的重要组成部分，是构建服务全民终身学习教育体系的重要内容。上海杉达学院贯彻《教育部关于推进新时代普通高等学校学历继续教育改革的实施意见》的精神，将学历继续教育作为落实人才培养和社会服务职能的重要方面，纳入学校发展规划，立足于上海浦东、浙江嘉善两区办学的布局特点，密切对接长三角区域一体化发展战略，发挥上海杉达学院独特优势，坚持教学、科研、社会服务齐头并进。上海杉达学院拥有一支高学历、高职称、双师型教师队伍，聘请行业专家为学院兼职导师，面向社会需求，深化校企、校地合作，提升应用研究和社会服务水平。在努力做好学历继续教育的同时，支持各办学部门充分利用学院办学资源和办学特色开展非学历教育培训项目，提升终身教育能级，助力学习型教卫组织建设。

《上海杉达学院改革与发展“十四五”规划》针对应用研究与社会服务工作行动计划提出，2022 年完成长三角区域师资联动协作培养计划，创建基础教育培训资源库和教育领域联盟网络平台，深化校企校地合作，提升应用研究和社会服务水平。立足学校办学布局优势，深度拓展同浦东新区、嘉善县若干校地合作品牌项目，服务社会需求，依托行业合作伙伴拓展各类行业技能人才培养。充分发挥长三角区域优势，积极探索提升服务全民终身学习能力的路径，打造具有区域特色的终身学习新品牌。

二、主要举措

(一) 建章立制　助力继续教育可持续发展

上海杉达学院积极贯彻落实《教育部办公厅关于印发“普通高等学校举办非学历教育管理规定(试行)”的通知》《教育部办公厅关于做好普通高校非学历教育对照检查整改工作的通知》《上海教育现代化 2035》《上海市终身教育发展“十四五”规划》等文件精神和有关要求作为工作指导开展继续教育工作。

上海杉达学院结合工作实际,健全完善各项制度规范运作。根据学校发展的需要和工作中出现的新问题,积极进行制度建设,建立与完善中心内部的各项管理制度,确保各项工作有章可循,工作流程清晰,各培训项目运作责任分明,工作衔接牢靠,努力实现在现有分工基础上团结协作,相互协调配合,进一步增强部门人员综合工作能力和自觉意识。建立部门管理制度、项目创新制度、培训运营制度、质量评估制度、绩效考核制度等,初步形成适合继续教育运作模式的绩效考核激励机制,激发员工无限创新活力。

(二) 校企协同产学研融合　深化协同育人　提升社会服务能级

上海杉达学院管理学院(以下简称“管理学院”)的酒店管理和旅游管理专业,是国家级一流本科专业建设点和上海市一流本科专业建设点,并成功申报“定制旅行管家”和“旅游大数据分析师”两个教育部“1+X”证书项目、上海市首批新文科研究与改革实践项目、上海市首批重点产业学院。管理学院与金棕榈企业机构共同创建了“杉达—金棕榈数字化产业学院”,双方联手打造“产教优势融合”的新型办学机构,深化合作,着重推动大数据前沿课程的开发,构建旅游大数据人才培养运行机制。管理学院举办“旅游大数据论坛”,联合发布、出版旅游行业发展的大数据咨询报告和相关人才需求报告;联合开发旅游大数据专业核心课程,创建旅游高校新型的“嵌入式”课程教学范式。线下举办“上海旅游行业协会主办金棕榈承办杉达学院协办数字素养与旅游大数据分析证书培训班”“高等院校专业教师 1+X 职业技能等级证书培训班”“旅游大数据分析(TDA)师资培训班”等,接受培训人数超过 200 余人次。

上海杉达学院国际医学技术学院(以下简称“医技学院”)自 2010 年成立以来,护理学、康复治疗学、卫生教育专业先后入选上海市属高校应用型本科试点专业,并获批上海市一流本科专业建设点。2017 年医技学院与 AHA 大中华区(挪度)国际培训中心签订合作备忘录,成立心血管急救培训中心,成为 AHA 认可的心血管急救培训中心,获得开展两项由 AHA 心血管急救培训中心授权的培训,即基础生命支持(BLS)课程和拯救生命(HS)培训的资质。已开展培训上千人次,培训质量受到学员的广泛认可。通过 BLS 培训考核的学员将获得 BLS 实施人员证书,通过 HS 培训考核的学员将获得 HS 急救员证书。BLS 证书为国际认证、全球通用,被列为全球十大最有价值证书和专业救援人员必备技能证书之一。

上海杉达学院信息科学与技术学院(以下简称“信科学院”)现有 4 个本科专业中的计算机科学与技术专业,获批上海市一流本科专业建设点。信科学院先后与华钦科技、CSTQB、华为、中科曙光、中软国际、启明星辰、上海市大数据股份有限公司、商汤科技等企业合作,成立华钦金融 IT 学院、华为 ICT 学院、中科曙光大数据学院、中软国际数字化产业学院和商汤科技人工智能产业学院。在与上述产业学院合作中，以培养“四能”型人才为目标，专训结合，以达到“1＋M＋N”型人才的培养目标，其中做了多个公益性培训项目，受益人次超过百人。信科学院即将同公安三所合作承办为期三个月的浦东新区档案专业人员继续教育培训班，对完成规定课时和课程并经考试、考核合格的学员，颁发《上海市档案人员岗位业务知识培训合格证书》，有效提升档案人员的档案业务知识水平和管理水平。

（三）充分发挥实践基地作用　助力专业教师全面发展

管理学院建有上万平方米的集教学、科研和社会服务三大功能于一体，体现“前店后院、知行合一”国际先进教育理念的上海杉达学院酒店管理专业实验教学中心，拥有85套客房和酒店运营研究中心、数字移动网络教学中心、中餐宴会设计与食品营养分析中心、西餐与咖啡文化体验中心、“知行合一”酒文化与茶文化体验馆、烹饪制作和烘焙训练中心、智慧套房和五大洲文化主题客房的教学中心，展现了国内领先的“真实场景”实践教学基地风貌。管理学院依托教育主管部门、旅游教育协会、职业教育联盟等，为全国旅游院校专业教师综合素养提升提供优质服务。学院开设了数字素养与旅游大数据分析证书TDA培训班、高等院校“深化三教改革 提升教师能力”专题培训班、全国旅游院校酒店管理与数字化运营专业师资培训班等。

医技学院建有一批稳定优质的实践教学基地，拥有仁济医院、上海儿童医学中心、上海市第一人民医院、上海市第九人民医院、上海市儿童医院等三级甲等医院在内的30家医疗机构、50所中小学校等实践基地。基地近年来与上海市多家中小幼学校拓展了多项合作项目，组织有针对性、符合合作单位特殊需求的专项培训项目或科研合作项目。如接受上海市崇明区教育局、青浦区教育局、宝山区教育局等的委托，针对各区学校卫生老师开展专项主题培训；与上海市金山小学、亭林小学等学校开展项目合作，开展校级课程开发和教师培训；与上海市科技艺术教育中心合作，开展横向课题研究，探索学校卫生领域问题的解决之道。未来，基地将继续在服务上海市中小幼学校卫生保健人员能力提升上贡献力量。

（四）承办社会考试　为社会考生创造良好的考试环境

上海杉达学院受上海市教委、上海市教育考试院、上海市司法局、上海市财政局、上海市卫健委、复旦大学等政府机构和院校的委托，承接包括研究生考试、自学考试、司法考试、全国计算考试、注册会计师、经济师、税务师职称考试等在内的各项社会考试。始终以社会责任为己任，在资金紧张的情况下，花费数百万元改造现有教室作考场，以达到考试规范要求，为考生创造良好的考试环境。研究生考试、自学考试属于国家级考试，考试级别高，社会影响广泛，在试卷安全、考务管理上要求很高，不允许出现半点闪失，责任重大。2022年在社会面大范围新冠感染的情况下，为保证校内师生的健康安全，根据防疫要求做了大量应对工作，增加了大量防疫物资储备，增设特殊考场和应急考场，备足大量工作人员以应付突发情况，工作量之大前所未有。近两年，上海杉达学院所承接的国家考试、行业资格考试、社会考试等有20多种类，多达30多场次，提供考场数2 500余个，服务各类考生10万余人次。全校教职员工克服了重重困难，上下齐心，全面保障了考试的顺利进行,有效缓解各主办机构的考务压力,充分体现了高校的社会责任,受到多方好评与感谢。

三、总结思考

通过校企协同产学研融合,上海杉达学院在服务学习型社会建设的创新实践中,取得了良好的育人效果。在校企协同产学研融合为核心的继续教育实践中,积极探索校企合作、校际互动、企业委培等多形式、多方位、多层次、多需求的合作与交流,探索与政府部门、行业协会等的深度合作,构建校企合作战略联盟,开拓新的培训领域、开发新的培训市场,提升培训层次,扩大培训规模。为加强退役士兵教育培训工作,促进退役士兵提升能力素质,提高就业质量,也将积极探索对退役士兵培训的方法,从学历教育、职业技能培训等方面建立教育培训体系,积极探索高校继续教育模式持续优化创新,提质培优,增值赋能。希望学员通过培训,引发对工作的积极思考和主动探索,真正成为懂业务的“里手”和干事创业的“好手”,最终实现工作创新和业绩提升,为扎实推进学习型社会,全面建设社会主义现代化国家贡献新的力量。

学习型组织

XUE XI XING ZU ZHI

[综　述]

2022年，上海市市级机关工作党委（以下简称“工委”）持续推进党的二十大精神和习近平新时代中国特色社会主义思想的深入学习贯彻，认真贯彻落实中央、市委对宣传思想文化工作的要求，按照举旗帜、聚民心、育新人、兴文化、展形象的使命任务，坚持围绕中心、建设队伍、服务群众，扎实推进各项工作落实，为中心任务完成提供了坚强有力的思想政治保证。

上海作为全国改革开放排头兵和创新发展先行者，从坚持和发展中国特色社会主义的战略高度，高度重视学习型家庭建设与家庭文化建设。全市各级妇联组织积极贯彻落实习近平总书记“注重家庭、注重家教、注重家风”重要指示精神，以弘扬社会主义核心价值观、促进家庭美德建设为目标，不断探索、积极创新，开展了主题鲜明、形式多样的家庭文化建设工作。

2022年，上海工会以习近平新时代中国特色社会主义思想为指导，全面学习宣传贯彻党的二十大精神，扎实推进学习型企事业创建工作，充分发挥工会“大学校”积极作用。强化理论武装，及时印发学习宣传贯彻党的二十大精神通知文件，对工会系统学习贯彻工作作出部署。成立由一线劳模党代表为主体组成的宣讲团，深入基层一线、深入职工群众开展面对面宣讲。制作推出一批专题宣讲课件、宣讲节目、主题课程，打造工会“思想引领”线上课程菜单。开展理想信念教育，大力弘扬劳模精神、劳动精神、工匠精神，凝聚职工奋斗共识。推进职工文化建设，全方位调动职工学习积极性、主动性和创造性，引导广大职工牢固树立终身学习理念。

上海市持续推进学习型组织建设工作

上海市教育委员会

为了进一步推动本市学习型组织建设,市教委会同市文明办、市市级机关工作委员会、市总工会、市妇联等有关单位,研制了学习型组织建设工作制度和指标体系,并委托市教科院建立专门机构具体落实相关工作,推选出首批学习型组织。

一、 基本情况

经市教委牵头,会同各相关单位研制完善新一轮学习型组织建设的工作机制。下发《关于进一步推进本市学习型组织建设工作的通知》,公布了学习型机关(事业单位)、学习型企事业单位、学习型社区和学习型家庭等建设标准;发布《关于试点开展上海市优秀学习型组织推荐工作的通知》,开展了优秀学习型组织试点推荐工作;建设上海市优秀学习型组织建设信息化平台,为各类优秀学习型组织提供了线上展示空间;开展了“上海市学习型组织 Logo 征集活动”,营造了学习型组织建设的良好社会氛围,广泛宣传了学习型组织和学习型社会建设的理念和内涵。

二、 主要工作

(一) 建立推动学习型组织建设的工作机制

由市教委牵头,会同市文明办、市市级机关工作党委、市总工会、市妇联等单位,共同研制了“十四五”期间推动四类学习型组织建设和发展的工作制度和相关举措,通过编制并发布符合当前学习型机关(事业单位)、学习型企事业单位、学习型社区和学习型家庭等四类组织自身建设和发展特点的指标体系,进一步明确了推进各类学习型组织建设的分阶段目标和任务,构建了分工明确、多方协作的学习型组织建设工作架构。市教委还委托市教科院成立了“上海市学习型组织建设研究中心”,发挥上海学习网、上海市终身教育研究会等专业团队力量,共同推进落实各项工作任务。

(二) 打造“一组织一空间”的学习型组织建设与展示平台

市教委委托上海学习网建设了“上海市学习型组织建设与展示平台”,通过设置基础模块、动态模块和结果模块三个部分,支持电脑端和移动端两种呈现与访问方式,为各类获评优秀学习型组织的单位和家庭提供了“一组织一空间”的在线学习、资料归档和风采展示的特色舞台。该平台既可以为各类学习型组织在线存储和积累日常的过程性学习资料和各类档案,也可在线实时发布反映学习活动情况的文字信息或影音视频,充分展示组织成员的学习成果,使更多单位、社区和家庭能够以此为窗口,与广大参与建设的学习型组织互相学习、互相借鉴,使典型经验和有效做法得到更广泛的传播与复制。该平台还为每年举办的各类推荐评优、案例征集和主题活动提供了汇总、筛选和点赞、推广等功能,同时为各类优秀学习型组织定期推送各类终身教育优质资源,进一步促进各类学习型组织的成长和发展。

(三) 开展宣传学习型组织建设的特色活动

为广泛宣传学习型组织建设工作,扩大学习型组织建设的知晓度和影响力,本市于10月至11月中上旬,通过网络发动,面向全国开展了“助力学习型社会建设,赋能城市文化软实力——上海市学习型组织建设标志设计征集活动”。来自数十个省、市、直辖市的近150多个设计机构、广告公司和独立设计师共投稿作品164件。经专家初评后,筛选出10件作品在上海学习网上进行了公众投票,共吸引市民点赞6 700多次。最终,综合各方评审意见,选择了最能体现本市学习型组织建设内涵、最具独立设计理念的作品,并于本市第十八届全民终身学习活动周开幕式上进行了正式发布。该作品已通过版权认证,并委托专业设计公司进行视觉体系和衍生品研发。

(四) 组织推荐优秀学习型组织的试点工作

经市学习促进办的统筹协调,市教委会同各类学习型组织建设的牵头部门进一步明确了推荐及评选优秀学习型组织的工作程序。9月至12月,在全市有关条线及杨浦、徐汇、松江3个试点区开展了优秀学习型组织试点推荐与案例遴选工作。其中,市市级机关工作党委负责推荐市级机关系统中的学习型机关(事业单位),市总工会负责推荐局、产业等条块的学习型企事业单位,市学习型社会建设指导服务中心办公室负责统筹评审试点区学习型社区,市妇联负责统筹推荐和评审条线、试点区学习型家庭。经过层层推荐、专家评审和全市公示等程序,最终产生首批优秀学习型组织66个,其中,优秀学习型机关(事业单位)19个、优秀学习型企事业单位19个、优秀学习型社区9个、优秀学习型家庭19个。根据推荐产生的优秀学习型组织的建设事迹,编辑发布了《2022年上海市优秀学习型组织案例汇编》。本轮试点推荐和组织宣传发动的过程,激发了更多机构、单位、社区和家庭积极参与学习型组织建设的热情,为后续开展以评促建、阶梯式培育工作奠定了良好基础。

三、 主要成效与经验

(一) 抓机遇、破难题,筑牢学习型组织建设的“硬支撑”,打开推进工作的新局面

贯彻落实二十大报告有关“建设全民学习的学习型社会、学习型大国”的要求,根据本市提出的“率先建成以城市学习力为驱动的更高水平、更高质量的学习型社会”的终身教育“十四五”建设目标,通过跨部门合作共同研究、策划和出台推进本市学习型组织建设的若干政策文件,充分发动高校、科研单位、协会、研究会等社会力量共同参与研究,建立了各类学习型组织建设的课题研究指南,并在前期调研的基础上形成了多份调研报告、可行性评估报告,为构建新一轮学习型组织建设提供了理论支撑和制度保障,形成了具有上海

特点、符合时代特征的学习型组织建设模式和经验，使学习型组织建设成为推动学习型社会发展的重要支撑。

（二）夯基础、提能级，强化学习型组织建设的分层分类指导，形成长效管理机制

通过对各类优秀学习型组织的分层分类管理，强化了对获评优秀学习型组织称号的机构、单位、社区和家庭的过程性指导，通过组织年度特色活动、定期提供终身教育优质资源等，更加精准、高效地服务各类学习型组织，引导他们不断完善组织结构、提升学习能力、规范组织行为、丰富学习活动，指导他们对照各类学习型组织的建设标准，从优秀起步逐步提升建设能级，最终建设成为具有典型引领作用的示范性学习型组织，形成阶梯式培育的长效推进模式。市教委等牵头部门还通过组建专业研究团队，广泛开展对各区域、各类型学习型组织的监测、调研，及时总结、提炼各类组织的建设经验，从制度建设、经费保障、学习形态、品牌项目、组织发动等各方面总结优秀学习型组织的创建经验和特色做法，不断探索创新符合本市学习型社会发展实际的工作模式和运行机制，在全市营造互相学习、互相促进的学习型组织建设氛围。

打造学习型科技人才高地

上海市规划和自然资源局 上海市地质调查研究院

上海市地质调查研究院党委始终以习近平新时代中国特色社会主义思想为指导，高度重视学习型组织建设，坚持以学习为中心，加强班子建设和党员干部队伍建设，倡导终身学习理念，全面提振职工精神面貌，科学规范管理制度，形成领导班子团结有力，全院职工信念坚定，学习氛围良好，基层党组织特色鲜明，大地文化凝神聚气，卓越业绩引领行业的良好创建局面。

一、 领导高度重视，制度保障到位

学习型组织是增强单位创新发展能力的内在要求，是院党委的重要目标任务。院领导班子高度重视学习型组织建设工作，设立院精神文明建设委员会(学习型组织创建领导小组)，并下设办公室负责具体创建事务，安排专人负责学习型组织创建工作。按照干部管理权限，院里长年开展干部教育培训工作，每年发布填报《人员培训需求征询表》的通知，将各部门开展学习型单位创建活动的情况列入部门和部门负责人年终考核内容中去，充分调动全院职工共同参与学习型组织建设工作实施，职工参与率和满意度高。

按照局党组工作部署和直属机关党委推进要求，院里不断细化步骤举措，严格落实党员教育培训工作规划等相关规定，深化学习教育，院党委书记、班子成员、党员和预备党员，自上而下坚持“实”字当头、“准”字发力，“干”字为要，将学习与院实际工作以及改革发展事业相结合，推动学习型组织建设工作走深走实。院党委成员带头发表学习感想、带头进行批评和自我批评，党支部内部督促党员干部每天登录“学习强国”学习平台开展学习，确保学习参与度达到100%。认真执行上海市干部培训规划等相关规定，干部分层级落实学习培训要求，按时完成“上海干部”在线学习等年度网络培训学习。

二、 聚焦主业开展特色学习，资源经费充足

根据工作性质和队伍结构特点，院学习型组织建设以“学习型党组织创建”和群众性学习活动为主要载体。注重发挥领导小组关键作用和办公室枢纽作用，坚持集中培训、集体学习、个人自学和组织生活、实践锻炼有机结合，制定实施方案和计划安排，召开院动员部署会，明确学习内容、学习方式、进度安排和工作要求，不断增强党员教育培训工作的规范性、针对性和系统性。充分利用多渠道的党建资源，组织党员通过自学教材、集体讨论、

观看专题教育片等形式，进一步深化政治理论和方针政策学习。院党委加强干部教育培训工作，通过党校学习、干部交流、挂职锻炼和“大地论坛”系列讲座等形式，进一步提升干部的整体素质，调动全院职工更新知识、提高技能、大胆创新的积极性，激励职工岗位成才、自学成才，推动我院实现可持续发展。依托“青年大学习”平台持续开展青年线上学习教育活动，定期开展五四青年论坛、中秋青年座谈会和“青年讲坛”专题学习研讨会。开展院青年与退役军人座谈会、“地球日”地质知识科普竞赛等主题团日活动，组织新进职工参观院地质陈列馆，进行上海地质路线图专题研学活动，让理论学习覆盖到每一名青年干部职工，号召青年坚定方向跟党走。2013年市地质调查研究院获中华全国总工会授予的“全国职工教育培训示范点”称号。

利用上海地质陈列馆、地面沉降监测展示馆等场所，以具有专业知识背景的党团员志愿者为核心，以树立身边典型代表，线上微党课等多种形式，结合院史、地质行业发展史开展针对性教育培训，推动党员教育优质资源共享共用，不断优化整合资源，夯实基础保障。集中打造“跃・月学”学习型组织建设品牌，形成了包括名家开课、前沿沙龙、博士论坛、大家开讲等诸多学习品牌的活动体系，按需择优组织干部职工开展劳动素养和专业技能培训；在全院职工中开展“每季度读一本好书”活动，在职工阅览室设置学习专栏、童书漂流柜、捐赠书柜等特色专栏，培育良好自学和分享习惯，定期收集读书心得体会并编纂成册。运用大数据、“互联网＋”等技术手段，完善网络培训制度、加大宣传力度。对于创建学习型单位活动中涌现的先进个人、先进集体、优秀科研成果，利用院OA网、局OA网和上海市文明风采展示网站等渠道，进行广泛宣传和表彰奖励，倡导“学习改变命运”理念，在全院职工中形成终身学习的高度共识和自觉追求。

市地质调查研究院坚持以《中国共产党党员教育管理工作条例》和上级党组织的要求为指导开展党员教育培训基础保障体系建设工作，保障经费投入。院采取积极措施，切实保障全院职工学习培训各项经费的落实，每年将培训经费列为专项投入，并做好报纸、杂志和书籍的购置工作，为职工兴趣小组提供活动保障，为扎实推进学习型单位创建活动创造条件。

三、“三大平台”固化学习机制，多方齐抓共建

市地质调查研究院坚持党建引领业务，强化建党精神、精神谱系的学习教育和学习成效转化。认真贯彻落实中心组学习制度，2022年以来，院党委中心组开展了4次集中学习研讨，认真学习宣传贯彻市第十二次党代表大会精神，各支部开展了2次专题组织生活会；学习住房城乡建设系统模范人物先进事迹，形成书面报告材料；“七一”主题党日活动，院党委书记带领全体党员重温入党誓词；开展第七届全国文明单位和第二十一届上海市文明单位的“双创建”工作；组织全体干部职工收听收看习近平新时代中国特色社会主义思想《党课开讲啦》系列节目和中国共产党第二十次全国代表大会；将学习列入职工年度考核内容和文明科室考核内容，并对学习成果进行考核和反馈，与职工个人上岗、晋级、奖罚以及部门季度文明奖挂钩，进一步提高职工学习的积极性。坚持和完善党委中心组学习制度，落细落实“三会一课”、党风廉政建设等党内基本制度，落实全面从严治党“四责协

同"机制和责任项目清单,组织纠"四风"树新风警示教育大会,引导党员领导干部强化思想教育和党纪教育,促进优良作风形成常态。

创建学习型单位是一项系统工程,需要全院职工的共同参与。市地质调查研究院以"三大平台"建设为抓手,全面开展学习型组织建设,在地质园、停车场、大堂、电梯口等位置铺设宣传海报,推进学习型组织创建常态化。开展多种形式的群众性学习活动,结合院重点工作任务以及院"大地文化"建设工作,工会、共青团、妇女组织等充分发挥各自职能作用,定期举办名家讲堂、职工大课堂、读书沙龙、职工兴趣小组和职工科普等多种形式的学习活动,活跃院文化氛围,提高职工的综合素质,培育浓郁的学习氛围,打造的"业务平台""学习平台""生活平台"已取得一定成果。积极参与全国能源化学地质系统优秀职工技术创新成果展示和上海市职工创新成果评选等工作,围绕科技创新,全力提高职工队伍素质,服务中心工作。建立"大地"青年理论学习小组,完成长兴岛自然资源野外科普基地建设方案的初稿;积极组织地质科普活动,稳步实施院与七宝中学、上海中学等单位的合作协议,指导中学生开展课题研究。重视青年学习,修订发布《院职工执业资格认证奖励和年度津贴管理办法》,做好新进职工招聘和培训等工作,积极鼓励青年职工学历深造,利用社会优质资源,进行学历深造,提高学历层次,更新知识结构,让"活到老、学到老"的终身学习理念深入人心。

四、 打造规划资源人才高地，营造浓厚氛围

市地质调查研究院领导班子着眼于事业长远发展,以前瞻性、整体性的研究谋划和系统性的推进,打造出一支高素质专业化干部队伍。对照《2019—2023 年全国党政领导班子建设规划纲要》实施意见要求,强化经常性分析和日常调配等长效机制,创造有利于拔尖人才脱颖而出的文化氛围和制度环境,编制的《院"十四五"发展战略规划》中突出了人才发展规划内容,落实年轻干部储备的动态管理,建立年轻干部储备名册,对综合素质好、发展潜力大、群众公认度高的年轻干部及时提拔使用。院管干部中硕士研究生以上学历占比 62.7%(其中博士研究生学历占比 25%),包含土地管理、测绘、规划、地质、法律和经济管理类多个专业。自然资源部杰出青年科技人才 3 人,百人计划 1 人,高层次科技创新人才 3 人,上海市领军人才 1 人,获国务院政府津贴专家 1 人,基本形成一支既具有专业能力、创新活力、务实肯干又具有全局前瞻意识、协调能力、精通管理的复合型党政干部和专业人才后备队伍。认真落实干部轮岗锻炼制度,充分发挥传帮带作用,推动业务发展与人员匹配性的同步规划、同步实施,加强自然资源各专业和业务领域人才之间的融合和交流。完善专业技术和管理双序列双通道,落实党管人才和专业技术人才的双通道实施机制,形成干部人才晋升路线图,尤其是对年轻干部开展递进式培养、轮岗历练,给予重大任务、重大斗志和野外一线的实践锻炼。

市地质调查研究院积极贯彻落实人才高地建设战略,加强制度建设,实现工作机制高效运转。内设有部市级重点实验室 1 个(自然资源部地面沉降监测与防治重点实验室)、上海市工程技术中心 1 个(上海市地面沉降控制工程技术研究中心)、上海市专业技术服务平台 1 个(上海市地质资料信息专业技术服务平台)和市级机关劳模工作室 1 个。此

外，院内还有自然资源部资源环境监督检测中心（全国土壤污染状况详查实验室）、博士后科研工作站、中国地调局地面沉降研究中心和中国土地勘测规划院上海土地政策实证研究基地等多个科技创新和人才培养的高端平台。市地质调查研究院申报的国际地面沉降研究中心获联合国教科文组织地学类二类研究中心。“上海自然资源研究中心”入选首批上海市重点培育智库，深入开展高层次人才培养，进一步改善市地质调查研究院科研环境，提升行业内科研影响力。市地质调查研究院全面实施了科技创新团队培育计划，组建1个国家级、2个省部级和10个院级创新团队，其中“地面沉降防治创新团队”入选国土资源部科技创新团队。自1999年成立以来，市地质调查研究院分别从国土资源部、市科委、市建委等部门申请和承担了84个科研项目。先后获各类科技奖项90余项，其中省部级科技奖近40项，有国家科学技术二等奖1项，部市级科技进步一等奖4项、二等奖20余项，市科技进步三等奖近10项；取得发明专利2项、实用新型专利4项和计算机软件著作权14项。出版专业著作9本，参与编撰专著9本，学习型组织建设已取得一定成效。

积极探索　拓展路径　建设“军休样板”

上海市退役军人事务局　上海市军队离休退休干部活动中心

近年来,上海市军队离休退休干部活动中心(以下简称“中心”)深入贯彻落实《关于进一步推进本市学习型社会建设的若干意见》等文件精神,坚持以习近平新时代中国特色社会主义思想为指引,积极探索学习型组织建设新路径,始终树立“乐于学习、善于学习、依靠学习”的价值导向,努力营造“重视学习、崇尚学习、坚持学习”的浓厚学习氛围,不断提升干部职工综合水平和履职能力,为上海退役军人事业发展提供坚强的思想、组织保证和行动支撑。

一、 聚焦机制建设,把握创建工作“关键点”

突出“思维＋统筹”加强组织领导。成立中心学习型组织建设领导小组,下设领导小组办公室,形成中心党政主要领导亲自抓、职能部门具体管、党政工团共参与的工作格局。党支部、党小组、党员“三级联动”,党支部书记带头领学促学,带头讲党课,狠抓教育落实;班子成员坚持学在先、做在前;工团组织充分发挥各自职能作用,建立中心辐射、层层传导的学习教育矩阵,全方位、多层次、无死角覆盖到每一位党员干部职工。

突出“体系＋落实”强化机制建设。每年初,中心根据不同的学习重点,有针对性地制定干部理论学习计划,分层分级细化落实学习任务,使学习从“走过场”到“抓常态”。严格落实“三会一课”、主题党日等组织生活制度,聚焦政治热点、重点业务工作,设计有“党味”的主题党日活动和党小组互动讨论,开展党课、参观、交流等多种党性教育活动,确保主题党日“月月新”、小组学习“月月有”。近两年来,开展书记讲党课 4 次、领导班子(扩大)学习 34 次、党员大会 5 次、党员干部集中学习 29 次、小组学习交流 22 次、民主生活会 1 次、专题组织生活会 1 次。

突出“制度＋考核”健全制度保证。中心修订完善支委议事规则、党支部学习制度、职工学习教育制度、绩效考核办法、中层干部选拔任用办法等制度,不断细化考核评价的指标,持续巩固有制度约束、有纪律监督、有奖惩规则的刚性局面。如针对“学习强国”App 学习,党员、中层干部,每天学习积分不少于 20 分、其他职工每天不少于 10 分;针对“干部双休日讲座”,党员、中层干部全年不少于听讲 4 次,其他职工不少于 2 次;对所组织开展的各类学习教育活动实行量化考核,并将参与和完成情况纳入绩效考评中。对于学习深造有成果的干部予以一定奖励。截至目前,本年度干部职工“学习强国”活跃率达到

100%，党员干部“学习强国”日均积分达到37.98分，参与市委党校线上双休日讲座学习114人次。近两年，鼓励干部职工参加不同层次的培训学习600余人次，鼓励年轻干部进行学历深造，目前1位年轻同志在职硕士毕业、2位在读。71%的干部职工是中共党员，81.25%为本科及以上学历，干部队伍综合素质逐年提升。

二、聚焦阵地建设，拧紧长效作用“动力轴”

深植政治机关之根，建设思政引领阵地。紧扣退役军人事务系统的政治属性和本市军休系统思政引领“红色引擎”，建设“红色锦绣说”“云思政”系列品牌，设计推出富有上海军休特色的网络思政动漫人物，围绕“强国复兴有我”主题宣传教育、“聚焦二十大”等时事热点、开展“云学习”“云讨论”，并辐射延伸至全国15个省市军休干部共同参与，市委党史研究室资深研究员对每期“云话题”进行专业点评并对话题成果予以高度赞扬。探索推进新时代“大思政课”，原创设计制作16幅“乘风破浪的军休爷爷”海报，开展微党课示范赛，赛况第一时间获SMG新闻综合频道报道，直播活动累计观看量达24.7万人次，开创思政教育新模式。聚焦“头雁作用”，开展市军休系统基层党组织书记培训，融专题讲座、“好书记面对面”空中直播共话城市软实力等特色系列活动为一体，持续建强基层堡垒。聚焦军休系统党建成果，开展“思政之家”微视频拍摄，守正创新推动军休基层党建发展。

厚植政治建校之魂，建设课堂教育阵地。上海军休老年大学坚持政治建校原则，以打造有军休特色的思政课堂为核心，疫情发生以来，全力创新“云课堂”，通过直播、录播等形式开展全覆盖线上教学，超15万人次参加了各类学习。新开设党史微课让军休干部党史学习不出户、思想凝聚有动力，将系列微课上传“军休服务”App，甚至辐射全国军休系统，课程受到工休人员普遍欢迎和外省市兄弟单位点赞效仿转载，有效扩大影响力。“党史月月讲”每月一课不断档，“时政半月谈”半月一讲重时效，开展4期喜迎二十大军休讲坛系列讲座，线上、线下观看人次达1.5万人次，点赞次数达3.5万，军休干部们纷纷撰写心得，谈体会、促思考、强共识。

夯实宣传舆论之本，建设融媒宣传阵地。整合“军休天地”杂志、微信公众号、视频号、《上海军休工作简报》、“军休服务”App等五大融媒宣传平台，聚焦政治性、时代性和针对性，各有侧重、优势互补，打造学习宣传的强阵地。围绕喜迎党的二十大胜利召开和庆祝建军95周年主线，设立“党代表的故事”“建军95周年征文”“二十大主题专栏”等不同栏目，集中彰显政治性；设立“好家风”“艺术雅集”等专栏，多元呈现展风采。今年以来，“军休天地”微信公众号发布推文446篇，总阅读人次逾35万；“军休天地”视频号共发布74个视频、开展直播活动3次，总浏览量近34万人次，“军休服务”App集合以上平台咨询，共发布和审核通过系统内资讯605篇。与国家级重要新闻网站、“学习强国”App、中国退役军人事务部所属媒体平台，以及市级媒体等61家媒体平台紧密联系，共发表各类稿件近170篇次。杂志新增派送到各区府办，外省市北京、南京等十地兄弟单位和相关媒体人，不断扩大社会影响面。

三、 聚焦创新引领，激发实效作用“硬核力”

“初心课堂”用活资源走心学。充分利用上海红色资源，积极落实“节日里的党史教育”，组织党员干部瞻仰龙华烈士陵园、参观“南京路上好八连”事迹馆、国歌展示馆等教育基地，开展新党员入党仪式、老党员重温入党誓词、党员过集体“政治生日”“红色巴士”集体“重走百年路”等情景式教育，现场“充电”“补钙”，引导党员干部身临其境学党史，增信力行践初心。

“创新课堂”丰富载体深入学。以“主会场＋网络直播”“党课＋演唱”的形式，组织开展军休系统“音乐党课”；历时 3 个月，组织开展军休系统庆“七一”党史知识竞赛；挑选 100 位军休干部党员的光荣事迹汇编成少儿读本《光荣的铭记——庆祝建党百年百位军休老党员建功立业的故事》，开展“致敬老兵传薪火　童心向党庆百年”故事大王上海赛区比赛、“百年恰风华 · 益起新征程”红色文化公益定向赛等多项活动，不断拓展丰富学习形式，深化学习内容，促进红色基因传承，深化学习成效。

“先锋课堂”各有侧重系统学。工团组织围绕各自特点各有侧重组织丰富多样的学习活动。工会在“世界读书日”组织全体干部职工“读书、荐书”，交流读书学习心得；团支部建立“青年理论学习小组”，参加“阅读马拉松”等各项青年学习小组活动，深化青年理论学习工程。创建“军休青年向前冲”青年学习小组品牌，聚力搭建“学习、互动、实践”的平台，每年组织不少于 6 次活动。以主题团日活动为吸引凝聚青年的有力抓手，创新策划、组织实施，邀请军休干部与青年一起，开展互动学习专题活动等，打造有温度、有互动、有成效的学习阵地。“青年大学习”覆盖率达到 100%，2020 年阅马线下挑战赛中，中心青年所在组荣获了局系统第一的好成绩，团支部书记作为组长在读后感评比中荣获第二，个人总分排名全市前 6%。

四、 聚焦以学促干，扬起效果转化“先锋旗”

搭台子，注重实践锻炼平台搭建。从组织角度给干部提供多维度学习锻炼机会。去年党支部积极谋划并高位推动了内设机构和人员岗位大幅度调整。4 位中层干部调整岗位，占比 44.44%；24 位普通职工调整岗位，占比 72.73%。注重干部学习交流，近 3 年安排 7 名年轻干部参与部门间轮岗，8 名年轻干部被选派至局机关处室及局系统事业单位挂职锻炼，促使干部跳出“舒适圈”，进一步提升干部综合能力。

架梯子，注重学习方法引导引路。明确“政策学习”导向，在全体干部职工范围内组织“政策大学习、大考核”，尤其是以局系统“问不倒”岗位技能竞赛活动为契机，开展“学习‘政’当时　答题来检‘策’”系列活动，通过领导领学、青年分享、答题互动、组织“模拟考”等环节，加快党员干部职工熟悉掌握《退役军人保障法》和与军休业务相关的法规、规章、政策，进一步深化学习成效。明确“调查研究”导向，深化调研力度，辐射调研对象，先后组织开展“科室业务定向调研”“基础党建课题调研”“军休老年大学调研”等学习调研，让党员干部通过调研实践提升思维层级，提升综合素养。

压担子，激励党员干部实干担当。以重点工作为牵引，让党员干部在“一线练兵场”壮筋骨、长才干，淬炼过硬本领。在“闪耀的军徽”八一文艺活动、“光荣的铭记”新书首发、

“口述历史”项目等各项中心工作中，让干部职工广泛参与到从前期策划、组织开展到后续报道等各个环节，促使大型活动新意不断、亮点频现。以重大任务为考验，让党员干部在关键时刻，树形象、显担当，淬炼过硬队伍，彰显战斗力。在 2020 年举办的首次全国军休会议接待保障工作中，全体党员干部倾情投入其中，面对各种突发状况和不确定因素，沉着冷静、反应迅速，以热情、周到、精准的服务赢得了退役军人事务部“体现上海标准”的极高评价。在突发疫情中，中心党员干部以参与市级机关突击队、市局医疗保障服务、下沉社区一线、值班值守等不同形式参与抗疫志愿服务 830 人次，抗疫志愿服务累计时长超 3 400 小时，收到感谢信 12 封。

坚持党建引领　促进沪鲁两地社会经济高质量发展

中共山东省人民政府驻上海办事处委员会

2022年,山东省人民政府驻上海办事处党委积极开展优秀学习型组织创建活动。通过坚持党建引领、优化制度保障,坚持学用结合、努力履职尽责,坚持完善理论中心组学习制度、积极开展各类活动,坚持纪律当头、营造良好学习氛围,坚持注重学有所获、促进党员干部素养提升等,提高了全体工作人员的业务能力,办事处的桥梁纽带作用得到进一步加强,有效促进了沪鲁两地社会经济高质量发展。

一、坚持完善学习制度,优化学习机制保障

坚持把学懂弄通做实习近平新时代中国特色社会主义思想作为优秀学习型组织创建的首要任务,深入学习贯彻习近平总书记系列重要讲话精神。一是深化党委理论学习中心组领学促学机制,严格落实会议"第一议题"制度。注重和完善党委理论学习中心组学习制度,开展党委理论学习中心组专题学习研讨3次,主题党日活动2次,在上海疫情封控、居家办公期间,党委召开线上学习交流会议2次,专题学习贯彻中央及上海市有关疫情防控工作的指示精神,抓实党员集体学习和个人自学相结合。二是山东省人才工作站、工会、共青团、妇女组织等充分发挥各自职能作用,积极开展各类学习活动,协力推进学习型组织建设。三是努力践行"人民至上",让人民满意成为办事处各项工作的标准,始终坚持首问负责制,抓住群众最迫切的需求,明确责任、理顺机制,下真功夫解决好群众关切。四是成立"山东省驻长三角地区工作专班",将所有在沪山东机构、单位和商会纳入其中,融合服务资源,加强统筹协调,方便检查督导,注重压实责任,形成了省级办事处带动市、县级办事处(联络处),机关带动商(协)会,全员参与,各司其职,相互支持,同心协力,齐抓共管的新局面。

二、坚持学用结合,努力履职尽责

一是突出办事处的桥梁纽带作用,全力推动"双服务"工作深入开展,以落实《上海市人民政府　山东省人民政府深化大合作　构筑"两个循环"行动方案(2021—2022)》为主要抓手,主动与山东各地级市及有关部门建立联系,促使山东各相关单位与上海市有关部门进行对接,不断促进山东与上海的互动,山东省青岛市、临沂市与上海市的深度交流进一步拓展,行动方案中27个领域的合作项目均已得到不同程度的落实,先后有烟台张裕、

威海威高等数十家山东优质企业来沪投资，有效支持了上海市的总部经济。二是依托山东省人才工作站，与近 20 个大院大所联动；助力 149 位院士专家，为其成果转化服务。有 60 多个项目在该办的推进下落户山东，为山东的强链、补链行动作出了一定贡献；受上海市合作交流办的委托，先后为 10 余家在鲁投资企业协调当地政府部门，为企业纾困解难。三是及时做好有关信息和调研情况报送，助力鲁沪两地东西部对口帮扶，举办“对口帮扶之窗”。积极向省委、省政府报送政务信息 1 633 篇，被省政府办公厅《外省信息》采用 37 篇，累计分值 128 分。向市地和委办驻沪机构发送《长三角信息》17 期。完成调研报告 3 篇，省委约稿 2 篇。其中，3 月份报送的调研报告《以产业数字化赋能高质量发展——关于浙江省数字经济有关情况调研报告》，凌文副省长做出了重要批示。四是为了圆满完成进博会内宾接待任务，山东沪办对进博会内宾接待的特点进行了深入细致的研究，按照上海有关于接待工作的要求，把控关键节点，拟定工作预案并反复演练，保证了 1+5 重要团组的接待工作流畅顺利，准确无误，得到了上海市和山东省领导的充分肯定。

三、坚持注重学有所获，促进党员干部素养提升

一是大力倡导“严、真、细、实、快”的机关作风，及时优化办事流程，不断增强服务能力。从强化单位内部管理入手，结合巡视整改工作，进一步完善内部管理制度，逐步实现了内部管理科学化、规范化。二是严格按照《中国共产党党员教育管理工作条例》有关规定，落实党员教育培训经费，保证工作需要。及时订阅有关党建刊物，干部教育培训经费列入单位年度财政预算，积极派出干部参加党的二十大精神学习培训班、上海市和山东省第十二次党代会精神学习专班、新农村建设服务队、“四进”工作服务队、中青年干部培训班、疫情防控服务专班等，切实保证党员干部教育培训工作需要。三是通过优秀学习型组织创建，考核、使用、待遇一体化的学习激励机制进一步完善，办事处人员的工作能力与业务水平得到了有效提升，又博又专、底蕴深厚的复合型干部和高素质专业化年轻干部队伍得到了培养和锻炼，办事处党委的凝聚力得到了进一步加强，风清气正、干事创业、敢为人先、乐于奉献的学习、工作环境正逐步形成。

加强理论研究　促进上海家庭教育事业发展

上海市妇女联合会

2022年,上海市家庭教育研究会在上海市社会科学界联合会、上海市妇女联合会的坚强领导下,深入贯彻习近平总书记关于注重家庭家教家风建设重要论述,推动《中华人民共和国家庭教育促进法》宣传实施,在党的二十大精神指引下,在“双减”“三孩”等政策背景下,不断加强新时代家庭教育和家庭教育工作研究,以理论创新促进上海家庭教育事业发展,紧抓立德树人根本,为培养德智体美劳全面发展的社会主义建设者和接班人贡献力量。

一、 注重理论研究,推动家庭教育服务专业化发展

抓住热点重研究。结合当下家庭教育热点问题,进行2022年上海市家庭文明建设立项课题研究,形成《上海市家校社协同育人机制研究》《上海市未成年人网络文化产品使用状况研究》等,促进多学科、跨领域合作,加大研究成果转化,提升家庭教育实践的科学性、前瞻性、实用性。抓住核心重指导。认真学习贯彻落实《中华人民共和国家庭教育促进法》,结合上海地区儿童发展特点,联合市教委、市文明办共同编发《上海市家庭教育指导大纲(修订)》,满足新时代上海家庭教育的新需求,积极为决策咨询、宣传教育、公共服务提供助力。抓住专家重引导。举办第9届上海市家庭教育高峰讲坛,通过与新媒体人士联动,广泛整合专家会员资源,通过线上线下结合、平台回放与公号推文并行的形式推出10场专业讲座,部分单场受益人数超过10万人次,为上海家庭传道、授业、解惑。开拓国际视野,参与汇编并出版第12届上海“为了孩子”国际论坛论文集《品质生活与儿童发展》,用好理论研究的最新成果指导工作实践。

二、 丰富服务供给,推动家庭教育指导落地生效

注重广泛宣传,做好家庭教育理念提升。“5·15”国际家庭日期间,研究会克服线下活动无法开展的现实,充分利用传统媒体和新媒体优势,积极承办“同心守沪·共育未来”第24届家庭教育宣传周,组织《直通990》栏目特别访谈,围绕“如何贯彻实施《中华人民共和国家庭教育促进法》”等主题展开讨论,引导全社会共同注重家庭、注重家教、注重家风。继续以“树立科学家教,涵育时代家风”为主题,指导家庭教育指导服务进社区、进学校、进机关、进企业、进楼宇,推出亲职活动线上宣传指导、互动体验式课堂、社会融入式课

堂、生活实践式课堂等80场家长课程，直接受益近6 000人，帮助家长掌握儿童成长规律，促进儿童身心全面发展。注重活动指导，做好家庭教育实践指导。以2022年3月发布的《上海市家庭教育指导大纲(修行)》为指导依据，开展家庭教育赋能计划，坚持五育并举，指导开展德·家庭教育公益课堂、智·家庭教育阅读课堂、体·家庭教育运动课堂、美·家庭教育艺术课堂、劳·家庭教育劳动课堂共250场，直接受益达1.5万人，进行“爱在我家”亲子公益征文、亲子阅读视频、亲子劳动视频征集等丰富活动，共征集到征文202篇、亲子阅读短视频308组、亲子劳动短视频913组，以参与型、互动式活动帮助家长掌握科学有效的家庭教育理念和方法，提升家庭教育水平。注重普及推广，做好家庭教育课程充实。编撰《亲子公益指导手册》《亲子劳动指导手册》《亲子美育指导手册》《亲子阅读指导手册(二)》《亲子运动指导手册》等五本亲子活动指导手册，提升家长开展亲子活动的实际能力。继续用好603个“智慧家长系列家庭教育课程”微视频，指导制作10个“大手拉小手　亲子共成长”0—3岁家庭教育指导示范课程等，不断充实“上海家庭教育课程资源库”课程，发挥资源库作用，截至2022年12月中旬累计使用量达到135万人次，有效扩大科学育儿受益面。

三、 夯实自身建设，推动家庭教育工作提质增效

增强组织领导，完善班子结构。为了进一步规范市妇联及直属事业单位领导干部社会组织兼职情况，积极落实市委巡视整改任务，根据《上海市社会科学界联合会关于社会科学学术社团管理的规定》及《上海市家庭教育研究会章程》规定，2022年1月启动家教会法人变更工作，经社联报备、组织审定、离任审计、会员大会选举、民政审批等环节，产生研究会新的法人，进一步完善领导班子结构。目前学会有理事32人、会员110人。开展专业培训，提升队伍能力。联合上海开放大学举办上海家庭教育指导师初级培训班，通过集中授课、分组互动等多种形式，丰富培训课程，提升指导水平，2022年共培训家庭教育指导师(初级)96名，逐步建设以家庭教育讲师、咨询师为主的上海市家庭教育指导师资队伍。搭建交流平台，有效凝聚会员。创办“上海家庭教育乐享会”，通过线上与线下相结合的方式，围绕家庭教育的热点话题，发布家庭教育重大资讯，邀请嘉宾分享家庭教育研究成果与工作经验，搭建交流互动平台，进一步促进会员之间的联动，增强学会的凝聚力和吸引力。同时注重将乐享会的精彩内容分享给家庭教育工作者、志愿者和学校、家长等，让更多有意愿、有需求的群体能得到科学、有效的资讯，打造家庭教育新品牌。

四、 主动跨前出击，发挥会员力量更好服务社会

参与志愿服务传播公益精神。发挥上海家庭教育志愿服务总队的牵头辐射作用，各区家庭教育志愿服务支队立足本区域各级阵地，充分发挥区域内资源，放大“团长”功能壮大家庭教育指导服务力量，开展家庭教育讲师、家风家教宣讲、家庭教育咨询、亲子阅读推广、家庭阵地服务、家庭教育辅助等志愿服务活动。普陀区长寿路街道的张晓娟贴近社区，主动开展亲子阅读服务活动，得到了广大家长和孩子们的认可。松江陈亦明以“小豆豆梦想书屋”为品牌成立了一支由“全职妈妈、幼儿园老师、园长、企业管理者、心理咨询

师、大学教授”组成的讲师团，开展系列公益亲子阅读活动。主动对接新时代家庭教育需求。今年是《家庭教育促进法》实施元年，同时还推出了全新的《上海市家庭教育指导大纲(修订)》，广大家庭对新的热点颇为关切。为此，李林芳、邱吉青、宋昱恬、戴红娟、陶焱等会员发挥自身领域特长，找准问题发力，推出“专家谈‘依法带娃’——父母的家庭教育使命”等课程和短视频，为广大家庭释疑解惑，缓解焦虑。

崇明区家庭文化节举办34周年

上海市崇明区妇女联合会

一、 项目背景——深耕“三个注重”，涵养优良家风

（一）国家战略

党的十八大以来，以习近平同志为核心的党中央高度重视家庭家教家风建设。在《关于进一步加强家庭家教家风建设的实施意见》中要求，要加强习近平总书记关于注重家庭家教家风建设重要论述的学习宣传，让新时代家庭观成为亿万家庭日用而不觉的道德规范和行为准则；要以社会主义核心价值观引领家庭家教家风建设，升华爱国爱家的家国情怀、建设相亲相爱的家庭关系、弘扬向上向善的家庭美德、体现共建共享的家庭追求。2022年，习近平总书记在四川考察时也提到：“家风家教是一个家庭宝贵的财富，是留给子孙后代最好的遗产。要推动全社会注重家庭家教家风建设，激励子孙后代增强家国情怀，努力成长为对国家、对社会有用之才。”党的二十大报告中又将“加强家庭家教家风建设”作为“推进文化自信自强，铸就社会主义文化新辉煌”的重要内容，凸显了家风建设在国家发展、民族进步、社会和谐中的重要作用。

（二）区级层面

崇明区家庭文化节活动自1989年举办至今，已走过34年的光辉历程。通过发布《“家家幸福安康工程”工作方案》《家庭文化节活动实施方案》等文件，落地落实绘就了崇明家庭文明建设新蓝图，践行了崇明家庭文明工作新使命，推动了崇明家庭文明工作新发展，展示了崇明家庭文明建设新成果，为深入实施崇明世界级生态岛建设战略、建设更加生态美丽幸福、宜居宜业宜游、人与自然和谐共生的新崇明助力。

二、 项目做法——聚焦家庭文明，共享发展成果

（一）创新活动载体，扩大群众参与

一是开展系列活动。家庭文化节自举办以来，始终坚持时代性、艺术性、开放性、群众性宗旨，举办群众性特色品牌活动，每年围绕相关主题开展系列活动近80场，如生态崇明、喜迎花博、红色家风、双碳行动等，开展各类亲子阅读、手工制作、家风故事征集、文体表演等活动，同时结合传统节日开展具有传统文化风俗的节日性活动。为引导党员干部家属当好“廉内助”，开展廉政文化进家庭活动，为我区区管干部家属发放倡议书，充分发挥家庭在推动廉洁文化建设中的特殊作用，树立廉洁意识，营造“以家倡廉、以家助廉、以

家促廉”的清正氛围。

二是下沉项目资源。实施“百名家庭教育讲师进社区”及“家庭教育社区行”等项目,为全区家庭提供亲子家庭沙龙、家庭教育赋能讲座、心理疏导服务等 1 000 余场,形成“全区联动、上下互动;每月一动、每周一送”的家庭教育工作态势,传播科学家庭教育理念,形成家庭教育合力。依托家庭教育讲师团队伍开展家庭教育培训近 200 场,提升家庭教育能力水平,助力“双减”政策落地落实。深入实施婚姻家庭纠纷预防化解、高危家庭干预和心理健康大篷车项目,通过排摸、主题讲座、互动式团体辅导、一对一服务,深入各乡镇多维度开展特殊家庭矛盾调解、心理疏导和关护服务,提升妇女儿童心理健康素养和水平,增强家庭成员安全感和幸福感。

三是强化宣传形式。依托微信、微博、抖音等新媒体平台,围绕家庭教育进行线上线下宣传、展示、留言、讨论等互动活动,畅谈家庭教育理念,围绕《反家暴法》《中华人民共和国家庭教育促进法》发放宣传折页,广泛传播相关法律知识,提倡广大家庭依法带娃,呵护未成年人健康成长。成立区巾帼宣讲团,深入基层开展“巾帼大宣讲”活动,讲好中国特色社会主义制度故事,讲好在党的领导下妇女发展和家庭幸福的故事,引领广大妇女和家庭坚持党的领导、坚定制度自信,听党话、跟党走,推动习近平新时代中国特色社会主义思想深入人心为重点,让党的政策“飞入”寻常百姓家。

(二) 以“美”为核心,培树家庭典型

一是寻找“最美”。家庭文化节期间,在全区广泛开展寻找“最美家庭”“最美媳妇”等活动,通过基层推荐、群众推荐、资格审查、政审把关、社会公示等程序,挖掘出具有示范引领作用、得到群众一致认可的先进典型家庭和优秀个人,并择优推荐“海上最美家庭”“全国最美家庭”“全国五好家庭”等,通过选树将“孝老爱亲、爱党爱国、无私奉献、清正廉洁、勤俭节约、邻里互助、热心公益”等理念融入家风建设,引领广大家庭传承和弘扬新时代家庭观,以好家风支撑起好的社会风气。二是表彰“最美”。在家庭文化节开幕式上,设立表彰环节,对每年评选出的“最美家庭”“最美媳妇”等进行表彰,发放荣誉证书和奖品,现场播放获奖者的感人事迹,致敬先进代表典型,掀起一股“学习最美、争做最美”的热潮,进一步发挥先进典型的示范引领作用,推动精神文明建设,传递崇德向善的正能量。三是弘扬“最美”。开展“最美”巡展活动,在各乡镇居村以展板的形式展示优秀事迹,成立最美家庭故事宣讲团,深入基层开展最美家庭故事巡讲,展示崇明广大家庭诗书继世、爱国爱家、忠诚敬业、无私奉献的文明风采,发挥最美家庭的引领和示范作用,带动全区广大家庭行动起来,践行社会主义核心价值观,弘扬中华优秀传统文化,激励更多的家庭崇德向善、学习最美、争做最美。

(三) 落实关爱服务,帮扶特殊家庭

一是组建志愿者队伍。联合区文明办在港西镇北双村挂牌成立崇明小英关爱留守儿童志愿者服务联盟,培育一支高素质、能力强、有爱心的“爱心妈妈”志愿服务队伍,与留守儿童形成“一对一”结对,实时了解他们的学习情况、心理状况等,形成一人一档爱心成长档案,建立“生活上帮一帮,学习上补一补,心理上聊一聊,情感上连一连”的四位一体留守儿童关爱服务新模式。组建“邻家妈妈”队伍,一对一结对帮扶监护缺失儿童,特别是在疫情期间，“邻家妈妈”“邻家姐姐”“邻家奶奶”等志愿者团队分别结对留守儿童、困难儿童等特殊群体，时刻关注他们身心健康和学习状况。二是开展关爱活动。组织开展自强少年冬令营、夏令营活动，搭建寓教于乐的活动平台，丰富课外生活，培养独立自主生活的能力，促使他们形成自信乐观的积极心态，不断增强困境儿童的安全感、获得感和幸福感，优化困境儿童的成长环境，共同凝聚强大的关爱困难儿童工作合力，呵护他们健康成长。每年实施贫困家庭儿童文化福利补贴项目，为近千户困难家庭子女发放各类文学著作和图书，丰富儿童文化生活。三是扩充救助资金蓄水池。积极争取上海市志愿服务公益基金会、上海市瀛通慈善基金、上海新丽基金等资金支持，为患妇科重症的妇女、困难儿童、困难妇女送去关心和温暖，提供精准关爱服务，健全困难帮扶机制。

三、 项目成效——实施家庭赋能，共建幸福微家

家庭因爱而生，家庭因责而稳，家庭因礼而美，家庭因和而兴，家庭和谐促进社会和谐。崇明家庭文明建设协调小组以家庭文化节系列活动为载体，充分发挥家庭文化的导向功能、凝聚功能、激励功能、教育功能等，取得了显著的成效和良好的社会反响。一是提升了妇女儿童的幸福指数。通过不断创新与拓展家庭文化节活动内容与形式，以妇女、儿童、家庭为切入点，紧扣新时代家庭教育理念，丰富群众文体活动，多层次、多角度为我区妇女儿童提供了全方位的优质课程与服务，提供了展示风采的舞台，切实提升了妇女儿童幸福感和获得感。二是涌现了一批先进典型。通过开展家庭文化节系列活动、选树等工作，将“孝老爱亲、爱党爱国、无私奉献、清正廉洁、勤俭节约、邻里互助”等理念融入家风建设，群众的参与度和踊跃度不断提高，在社会上涌现出大批尊老爱幼、夫妻和睦、勤俭持家、邻里团结的优秀家庭，这些榜样的力量带动了全社会参与家庭、家教、家风建设，促进了家庭和睦，形成了“家家幸福安康”的生动局面。三是打造了新时代家庭文明新风尚。通过普法教育宣传、完善家庭教育工作体系、关爱特殊困难家庭等举措，引导广大家庭知法懂法守法，主动参与家庭治理，共建和谐温馨的大家庭，以好家风支撑起好的社会风气，打造了“爱国爱家、相亲相爱、向上向善、共建共享”的新时代家庭文明新风尚，为崇明世界级生态岛建设贡献了力量。

践行全员学习　促进企业发展

上海建工一建集团

企业间的竞争是人才的竞争，人才的竞争的实质是学习能力的竞争。面对新形势与新任务，上海建工一建集团有限公司积极推行学习型组织建设，倡导共同学习、鼓励集智创新，进一步提升企业整体的竞争力。始终围绕企业中心工作，从企业和员工共同发展的需求出发，把创建学习型组织作为企业文化建设的一项重要内容，不断营造职工全员学习、终身学习的氛围，通过不断的学习实践、探索提升，提升职工队伍整体素质，促进企业发展、提升企业核心竞争力。

一、 加强领导组织，完善工作机制

公司专门成立了创建学习型组织领导小组，要求基层单位、项目部、部门、班组都要开展创建学习型组织活动，做到党政工团齐抓共管，并要形成“四个有”的目标，即有一个企业发展共同目标；有一个不断开拓创新的领导班子；有一支追求一流的员工队伍；有一个在工作中学习、在学习中工作的良好氛围，全面提升企业的学习能力、竞争能力、创新能力。先后制订了《创建学习型企业发展规划》《创建学习型组织评估标准》等制度文件，明确了创建学习型组织的指导思想、主要内容、工作方法、考核机制等。坚持每年评估在创建活动中取得成效的学习型单位、学习型项目部、学习型部门和学习型班组，每年表彰一批学习型的领军人物和优秀团队。

根据企业发展战略规划与行业变化特点，不断完善实施规划与评估标准，近年来在组织自评的基础上，积极引入三方力量进行评估，加大评估成果的推广力度，目前已有一大批工程公司、部门、项目部、班组等各类“学习型组织”进行了评估。随着全国化步伐的加快，学习型组织评估及时向外埠区域公司、外部标志性工程延伸，南京华新城项目部、成都天府机场旅客过夜用房项目部等一批城市标志性工程项目先后通过专家评估，完善了企业“学习型组织”评估的拼图。

二、 升级培养体系，强化职业培训

“十四五”以来，一建集团立足企业战略目标，扎实推进人才培养“超越计划”，升级多角度、多层次、分阶段的人才培养体系，加强相关专业人才的培育，加快人才梯队建设。为匹配钢结构、幕墙工程、市政工程、城市更新、设施设备运维等领域的人才需求，2022 年重点开展了三层次培训体系建设，即基层单位开展业务培训基础班、总部各部门开展业务培训提高班和专业人才队伍储备的研修班，通过内培外训的形式加速专业管理团队的培育；围绕执业能力和职业素质的提升，持续深化项目经理继续教育培训，在培训课程、师资、实效上更有针对性。开展资深专家、资深项目经理专题讲堂，注重提升青年项目经理、新任项目经理的执业能力；积极打造以双休日开展学习充电为主的“周末大学堂”，制定精准的培训课程，满足跨区域全国化青年员工的学习诉求。2022 年完成了上海建工集团高技能人才培养项目验收工作，集团培训中心首次取得市人社局、市建委人才评价中心双 A 级评估。

三、 丰富学习资源，营造学习氛围

足额提取教育培训经费，完善各级单位硬件设施，打造良好的外部学习环境。一建集团职工培训中心建立了教学中心、职工图书馆、模拟实训基地，配备了服务器、投影仪、远程教学视频系统等硬件设施设备，开设了公众号与职工网上学习平台，为开展各类线上线下的职工继续教育、专题培训提供坚实的物质保障。在各基层单位、项目部设立职工书屋，在外埠区域工会服务站均设立了职工阅览室，丰富学习资源，为职工阅读学习提供充分的便利。

在完善硬件的同时，公司注重良好学习氛围的塑造。大力宣传和倡导终身学习的理念，积极倡导争先创优，注重培养一批优秀的施工总承包管理人才与科创团队；建立完善二级单位职工教育培训工作机制，将员工培训计划、实施与成效纳入年度考核体系中，公司把对员工的培训当作是一种投资，员工把培训当作是一种福利；提倡鼓励员工自学成才，员工通过学习提升学历、技术职称以及在技术创新、管理创新方面作出贡献的，与职业发展通道考核晋级晋升直接挂钩，引导职工全面提升自身综合能力。

四、 突出创建重点，创新工作方法

公司坚持将学习型组织创建工作与其他工作有机结合，准确把握学习重点。一是与企业的人力资源建设工作相结合。通过建立和完善“师徒带教＋导师带教”的两阶段带教模式，充分建立员工职业成长的良好环境，有序开展从新员工到集团管理干部的教学互动。2023 年 3 月，企业专家导师库进行了第五轮扩充调整，28 名导师与 40 名学员完成第五批次导师带教签约，加快培育领军人物、后备干部队伍建设的步伐。二是与坚持科技创新相结合。通过创建劳模创新工作室，充分发挥劳模先进的标杆作用，弘扬劳模精神，加快重大工程科技攻关的步伐，把重点放在不断提高企业的科技竞争力上。2021 年，由上海市劳动模范花力同志领衔的花力劳模创新型工作室获评为“上海市劳模创新工作室”。三是与开展立功竞赛、双献五小群众性活动相结合，不断创新工作方法，将立功竞赛、双献五小、QC 活动、技术比武等群众性活动向新市场区域、新工程领域推广，把重点放在不断为职工学习创新提供展示舞台上。四是与公司团青工作与社团建设相结合。打造学习型组织品牌阵地，建立了 10 个员工社团，组织了 19 届“先锋杯”足球锦标赛和 15 届篮球锦标赛等文体活动，“晨风书友会”为青年职工了提供分享交流学习心得的平台，把重点放在优秀企业文化的传承塑造上。

五、 注重活动成效，促进企业发展

近年来，公司大力培育劳动模范、五一劳动奖章、工匠等领军人物，发挥先进典型对学习型组织创建的示范带头作用。2011 年至今，集团共有 1 个集体被评为上海市模范集体、2 位个人被评为上海市劳动模范；共有 2 个集体荣获了上海市五一劳动奖状、7 位个人荣获了上海市五一劳动奖章；有 20 个学习型组织通过评估，公司荣获"上海市学习型企事业单位"称号；晨风书友会获评"上海市振兴中华读书活动 30 周年十佳读书团队""上海建工集团团建特色工作项目"。通过一系列富有成效的学习创建活动，企业科技创新能力不断提升，企业核心竞争力和品牌影响力不断彰显。

下阶段，一建集团将抓住发展机遇，继续深化创建学习型活动。始终围绕企业发展大局，创新突破、不断进取，让更多的单位、项目部、班组提升学习力，成为学习型的优秀团队，营造浓厚的学习氛围，不断推进企业高质量可持续发展。

学习赋能搭建人才舞台 奋进冲刺百亿目标

上海交通建设总承包有限公司

2022是不平凡的一年，是党的二十大胜利召开的重要一年，是全国各族人民坚定信心、踔厉奋发、勇毅前行，以中国式现代化开启第二个百年奋斗目标，实现中华民族伟大复兴中国梦的启程之年！上航局上海交建公司作为见证国家百年风雨、共历民族百年荣光、砥砺企业百年征程的时代先行者、企业排头兵，传承了上航局“百年老店”的悠久血脉，高度重视党的二十大精神的学习与宣贯，在上级工会和公司党政的领导和支持下，搭建起“五维学习”平台，将“精神学习、全民学习、对标学习、法治学习、专业学习”作为提升企业竞争力，提升职工素养的关键一环，组织开展专项大学习大讨论大落实活动，逐渐培育形成广大党员、干部带头读书学习，修身养志，全体员工坚持学习、增长才干的良好学习氛围，通过学习、培训、交流等系列活动将党的二十大精神迅速传递至每个项目、每个支部、每名职工，将党的二十大精神实质融汇广大职工心中，融入奋进百亿使命的交建血脉，为公司高质量发展注入赓续拼搏的“红色血液”！

一是坚持精神学习，聚焦思想宣贯，以赤诚之心点亮“红色版图”。2022年度，上航局上海交建公司党委全面贯彻习近平新时代中国特色社会主义思想，以学习宣传贯彻党的二十大精神为首要政治任务，扎实开展“大学习大讨论大落实”活动，公司各级党组发挥带头学习的旗帜作用。通过组织开展各类型的组织红色阅读，专题学习、例会学习、班组学习等方式，通过印发《形势与任务教育读本》等书刊引领广大党员干部深入学习习近平新时代中国特色社会主义思想，引导职工学习领悟“坚定百亿目标 锤炼专业能力 创新解放思想 聚力打造基础设施生态环保交通建设转型升级新样板”党课、“懂法守法、履职尽责，当好第一责任人”安全生产公开课、“学习贯彻党的十九届六中全会精神，推动国资企业高质量发展”等课程，号召广大职工齐心协力投入企业高质量发展之中。七一前夕，公司组织拍摄展播红色影视作品《交建穿越机》，以穿越故事再现自1921年至2021年的重大历史事件，进一步深化落实党的二十大精神宣传贯彻，树立精神宣贯引领高质量发展的“风向标”，号召广大职工乘美好年华，唱响奋斗之歌，以赤诚之心点亮上海交建“红色版图”。

二是坚持全民学习，深化素质建设，以求思之心再绘“职工书屋”。“职工书屋”是全国总工会创建的职工专属文化工程，是国家公共文化设施的重要组成部分，是上海交建公司提升职工素质工程的重要依托。近年来，上海交建公司坚持书屋建设，承梦前行，全力推动素质工程建设阔步迈进。持续丰富书屋内涵,坚持将职工书屋打造成为涵盖思想学习、运动修养、赋能建功的综合载体。目前,已建成公司本部及 60 多个项目职工书屋合计占地面积约 700 平方米,藏书 30 000 余册,累计投入 500 余万元。持续开展读书活动,以职工书屋为载体连续十一年举办主题读书活动,积极参加上级工会系列读书活动、上海市振兴中华 40 周年读书活动、“喜迎二十大、建功新时代”朗诵活动、“书香上航”阅读分享活动、“最美瞬间”照片征集、观影以及“读红色书籍有感”“我身边的党员故事”“追寻红色记忆、感怀党的恩情”等主题征文活动。上海交建公司结合党的二十大精神宣贯工作引导全体职工报送党的二十大精神感悟、创想系列征文 64 篇,汇集出版《踔厉奋进新时代,笃行筑梦新征程——2022 年度征文汇编》。上海交建公司职工书屋获评 2022 年度全国工会职工书屋示范点。

三是坚持对标学习,汲取先进经验,以不变初心追寻“百亿星河”。2022 年是上海交建公司全面深化改革向高质量发展奋进之年,全面启动“百亿交建”战略部署,聚焦高质量发展首要目标,统筹疫情防控和经济建设、改革发展和安全保障、党的建设和生产经营相统一,推动公司发展质量、结构、效率、安全取得新进展、呈现新气象。各条线部门与行业内一流企业对标学习,各项目之间组织开展区域内对标交流,通过公司对标、条线对标、项目对标形成对标交流报告,结合公司发展现状与发展需求,聚焦重点,从战略层面进行果断取舍,聚焦发展的重点方向、重点业务、重点区域。同时不断寻求突破,从城市更新领悟创造新的业态,从策划和运营上寻找商业突破口,置身于项目全寿命周期、全产业链,努力寻求模式与技术的突破,挖掘新的模式盈利点。强化对标提升。与业务和管理领域具有优势地位的企业积极开展对标学习,进一步拓宽企业、项目发展经营的思路,持续发挥先进经验助推高质量发展“辅助线”作用,为百亿目标持续注入行业内先进借鉴经验。

四是坚持法治学习,强化风险意识,以普法宣传铺设“关爱之路”。坚持新时代习近平法治思想的学习运用,推动企业在法治轨道上提升现代化治企水平。一是高度重视“宪法日”宣传,助力依法治企“新路径”,通过“宪法日”答题活动,大力弘扬习近平法治思想和宪法精神,大力推进法治建设,切实做到善法治、行合规、防风险,切实将宪法作为依法治企的根本和依托。二是加强《工会法》学习,打通工会工作“新思路”,设立“职工法律服务云平台”,贯彻落实《工会法》的修订内容,不断融促劳动法、民法典、安全生产法等法律法规、司法解释的学习运用,面对职工劳动纠纷、职业健康诉求,主动发挥工会组织的关心、关爱作用,充分进行调解,必要时提供法律援助服务。2022 年公司工会向职工提供关于“交通肇事法律责任分析”以及“客运承运人侵权责任分析”等法律服务共计 7 次。三是结合实事热点案例,打通职工学法“新通道”。针对职工生活中遇到的法律问题进行普法宣讲,主题由各基层工会向一线职工征集,通过“结合唐山打人案件分析正当防卫法律规定”“职工最关注的房产交易法律风险分析”“设租寻租相关违规担保问题法律分析”等司法判例分析讲解法律法规,帮助职工解决生活中的法律难题,维护职工合法权益。同时,针对项目管理法律实务,工会联合法务部门,紧密结合公司已结典型案件,对公司现存部分合规、合法问题进行宣贯引导。

五是坚持专业学习,激活素质建设,以实干笃行续写“红色画卷”。2022 年上海交建公司组织开展“加强三基建设·争做生态治理商典范”暨六比六创立功竞赛，持续创新开展“区域内协同，同类型、同模式对标”的多模式立功竞赛，根据项目自营或协作类别、规模大小、施工不同阶段等实施差异化考核指标及权重，做到项目全覆盖。在江苏启东吕四项目召开立功竞赛启动仪式，在山东片区项目召开了“鲁域对标创精品工程·同型互助塑先进典范”同区域、同类型项目对标立功竞赛推进会。年中，进行“关于坚定信心，勇毅奋进，全力落实抗疫达产要求，深入开展立功竞赛活动”的再动员，各职能部门协同联动共同推进。11月，组织开展“奋战60天·全力稳增长”节点劳动竞赛，号召以实际行动和优异成绩贯彻落实党的二十大精神。同时，会同党工部在公司公众号开设TOP10“产值月度排行榜”“竞赛专栏”等，不定期对优秀项目、工程进展、人物事迹在全公司范围内宣传，持续扩大竞赛影响力，营造竞赛氛围，确保立功竞赛周期贯穿全年始终、卓有成效。通过特色立功竞赛、全国“安康杯”竞赛、职工技术比武等活动，不断激励广大职工提升专业技能，推动企业高质量发展，现阶段公司有数百余名职工持有一级、二级建造师、注册造价师、安全工程师以及增项等资格类证书。开展全员素质提升工程，打造职工技术比武专业化平台，抓住关键业务，持续创新开展商务技术标书编制、BIM建模、VR安全隐患排查岗位练兵技能比武和全员半年度专业技术能力测评，展示职工专业素养，发掘专业人才，为企业发展不断注入“新活力”，学习型企业的精神内涵不断正向引导企业的进步与发展。

加强学习型组织建设　激发公司发展新动能

上海医药集团药品销售有限公司

上海医药集团药品销售有限公司（以下简称"公司"）是一家主营中成药、化学药制剂、化学原料药的销售公司。销售产品聚焦风湿免疫、精神神经、麻醉肌松等专业领域，销售范围覆盖全国各省会城市。曾荣获上海市五一劳动奖状、上海市优秀学习型企事业单位，上海上实集团先进基层党组织；普陀区五星级经济贡献重点企业；普陀区文明单位；上海医药集团"红旗党组织"；上海医药集团三年发展优秀奖；上海医药集团优秀经营管理企业银奖、铜奖和金奖；上海医药集团抗击新冠疫情先进集体、特别贡献奖；"先进职工之家"等荣誉。

一、 从实际出发，加强学习型组织建设

2022年上海医药集团药品销售有限公司在上海医药集团股份有限公司的坚强领导下，以习近平新时代中国特色社会主义思想为指导，增强"四个意识"、坚定"四个自信"、做到"两个维护"，大力弘扬伟大建党精神，落实党史教育常态化。切实围绕集团党建"三三三"工作思路、"五化联动"党建格局、上海医药"4＋1"发展战略，加强学习型组织建设。

（一）完善制度保障，强化创建机制

面对纷繁复杂的竞争环境，上药销售积极创建学习型组织，建立学习型雁式团队，永葆发展动力。公司管理层注重树立持续学习教育观念，建立学习型组织架构，由党总支书记、总经理牛锐同志总牵头，党总支副书记、工会主席余坤娇同志负责安排各具体事务，由党工团条线、各职能部门长等负责制定各板块学习内容，通过思想建设、业务知识培训、知识竞赛、各项团建活动等形式保障职能、营销等体系人员的学习机制完备，可以开展各类学习活动，使得学习成为常态化。

（二）弘扬劳模精神，开展争先创优

开展典型选树活动，发挥榜样的力量，涌现出一大批先进个人和团体，如李雪芹同志荣获"上海市劳动模范"称号、刘英同志荣获"上海市五一劳动奖章"、风湿产品组、精神神经产品市场团队荣获"上海市工人先锋号"等，我们积极宣传劳模和各类先进事迹，组织开展劳模宣讲会、先进表彰会，创建"李雪芹劳模创新工作室""刘英创新工作室"等，彰显示范引领作用，增强企业核心竞争力。

（三）提供专业平台，培育学习团队

公司注重学习型雁式团队培育培养，依托上药大学平台，上实青干班、营销中心的"菁

英"学习项目、"雁翔长空"学习项目等,从"学""习""变""传"四个角度出发,建立起系统的知识结构,自我突破、管理团队、业务管理的全局思维,提升个人的管理有效性,塑造自我成长的公司学习文化氛围。此外,公司每年足额提取教育培训经费,把"学习和成长"纳入员工的绩效考核中,多样化多角度多内容的学习任务覆盖到公司每一个员工,全面建立学习型组织。

二、 从创新出发,落实特色学习型体系

(一) 强化思想建设,提供学习资源

上海医药集团药品销售有限公司党总支以习近平新时代中国特色社会主义思想为指导,深刻领悟"两个确立",增强"四个意识"、坚定"四个自信"、做到"两个维护",大力弘扬伟大建党精神,以"聚神""反响""追忆"和"绘梦"四个板块为主题开展"学习二十大,党史润初心"二十大精神学习活动。二十大开幕当天,组织党总支委员、管理层和支部书记及委员,集中聆听学习大会报告,其他党员在家收看大会实况进行学习,感悟精神内涵。二十大开幕后,借助各种资源和平台,组织党员、团员和工会干部全面学习、全面把握、全面落实党的二十大精神,把学习贯彻党的二十大精神作为当前头等大事和首要政治任务,坚定不移听党话,矢志不渝跟党走,扎实推动党的二十大精神在企业落地生根,真正把党的二十大精神转化为推动企业高质量发展、推进高效能治理、造就高素质队伍的强大动能,助力企业各项工作实现新跨越、再上新台阶。

紧扣"学史明理,学史增信,学史崇德,学史力行"要求,开展年度"精神谱系永传承"系列活动。"精神谱系永传承"系列活动以伟大建党精神为开篇,认真学习伟大建党精神,上海医药集团药品销售有限公司党总支每月选取一种精神,围绕精神内涵、精神意义开展内容丰富、形式多样的学习活动,如参观伟大建党精神展学习建党精神、方舱和社区志愿者谈自身体会学习抗疫精神、党团员发表学习感想学习伟大抗战精神、制作 PPT 展示长征精神、寻找怀旧物件感悟改革开放精神、党员上党课学习"两弹一星"精神、录制感想视频学习抗美援朝精神、结合廉政月学习苏区精神、党总支书记上党课学习延安精神、党员实地参观拍摄照片学习红旗渠精神等,做到"学谱、悟谱、践谱",将学习内容、所思所想,融入工作中、融入行动中,践行初心使命。

(二) 搭建多元平台,加强创新载体

结合公司销售人员分散、属地化的管理特点,在"学"上,创新"五微"工作法,依托"微党课、微信群、微视频、微平台、微学堂"等载体,充分利用钉钉 E-learning SPIRE 酷学院、OA、公众号等信息化学习平台,搭建"SPIRE 指尖课堂",推动线上线下学习交互并行;在"做"上创新思路,争做先锋,将传统活动发展出新思维、新思路和新花样;在"促"上,创新机制,确保实效,构建销产研协同机制,加强沟通交流,提高工作效率,促进核心业务提升。根据企业发展重点工作及各条线具体情况,聚焦降本增效,市场营销、优质服务等内容开展劳动竞赛。2022 年聚焦疫情之后如何助力经济发展,以"抢时间、抓进度、保质量,岗位建功促发展"为主题,围绕企业经营发展为目标,以提高销售品种销量、完成年度各项中心工作为重点,组织开展劳动竞赛,收集立项 23 个项目,7 个项目立项成功。根据实际情况

对各项目进行沟通、集思广益、科学合理地制定竞赛方案。在竞赛途中，公司为了解各项目的中期进程情况，对各参赛的项目立项指标的完成进度、面临的工作挑战，以及下一步计划及措施进行了跟踪、总结和部署。

对于现在公司面临的挑战，公司积极发动群众开展“金点子合理化建议”“我为发展献一计”“我的岗位我创新”等征集活动，围绕集采过后如何拓展市场，如何转型发展，聚焦领域内可引入新产品信息、创新销售模式、提高运营质量、制度流程优化、降本增效等方面内容，鼓励员工积极献计献策，以“主人翁”的态度，为公司的长期发展助力。

（三）构建企业文化，强化员工认同

上药销售秉承“SPIRE”企业文化，螺旋式上升，追求卓越，永攀高峰。围绕“智慧、专业、创新、责任、进取”的核心价值观，强化员工综合素质培养，落实企业文化的宣贯，以达到员工对文化理念的认同，逐步达到知行合一的效果。“药”为你服务三大品牌，激活“SPIRE”文化。构建企业文化“金字塔”体系，以“药”为你服务三大品牌——“家・文化”“爱・健康”和“飒・英姿”三个品牌为载体，赋予丰富多彩的品牌活动，着眼职工凝聚力活动建设，以此对内增进沟通交流，对外增进品牌效应。2022 年开展“家・文化”系列活动 35 次，如“和衷共济，憧憬未来”系列活动、“接力奋进创新高，如虎添亿开门红”“千灯望福，嬉闹元宵”“疫同前行，童创未来 ”“瑜你抗疫，健康宅家”“静待花开，童创精彩”、夏送清凉、“中医养生”诊疗活动等。“爱・健康”系列活动 4 次，如“ 学雷锋日活动” “助学帮扶困难学生”“抗疫志愿者”“桃浦镇结对心愿单”等活动。“飒・英姿”为主题的女职工品牌活动 9 次，如“精彩女神，油你护我”、骑行、插花、瑜伽、跳绳等。此外，公司通过“新七不”规范、配合“交通大整治”活动、整治环境卫生、整理共享单车乱停、公共礼仪学习讲座、职业道德培训、《员工手册》宣贯、“中国梦・劳动美”主题职工网络大赛中文化寻访、趣味绘图等活动，加强职工职业道德引导和培育。公司强化完善各类民主管理机制，切实维护职工群众的权益。在开展各类读书、讲座、凝聚力活动前企业会开展关于兴趣爱好等信息的调查，活动后将开展员工满意度调查，通过调研来提升学习及活动的有效性，增强职工学习满意度，使得员工学有所获，促进职工知识、技能和素养的综合提升。

三、 从成果出发，加强组织建设未来思考

面对纷繁复杂的竞争环境，建立一支“想学习、爱学习、会学习”的学习型组织，永葆企业发展动力就显得尤为重要。虽然公司在政治思想建设、学习创新载体、“SPIRE”企业文化等方面形成了公司的学习特色，也荣获了很多荣誉。但是在落实学习体系的“五化联动”还需要进一步细化，推进企业创新发展的学习体制机制还要进一步完善；“金字塔”体系还应进一步提升；“SPIRE”企业文化的内涵还需要加强，让全体员工统一思想，做到知行合一，把学习成果切实转化为促进公司高质量发展的实际成效还有待提高。

上药销售将始终坚持党建引领，不断在营销能力创新、营销模式优化、大产品培养、营销资源协同等方面继续努力找差距、补短板，进一步挖掘潜力产品的市场价值，以直面困难的勇气和坚持不懈的努力，凝心聚力，向光而行，接续奋斗，强化学习，在学习中汲取营养和力量，为公司可持续高质量发展而不懈努力。

交流与合作

JIAO LIU YU HE ZUO

促进一体化发展的长三角老年教育研究协作组织

上海老年教育研究院

2018年11月，习近平主席在首届中国国际进口博览会发表的主旨演讲中明确指出：支持长江三角洲区域一体化发展并上升为国家战略，着力落实新发展理念，构建现代化经济体系，推进更高起点的深化改革和更高层次的对外开放。长三角地区将成为“全国贯彻新发展理念的引领示范区，全球资源配置的亚太门户，具有全球竞争力的世界级城市群”。

长三角区域一体化发展的国家战略，为长三角地区老年教育实现一体化发展奠定了坚实的社会基础，由此，我们提出“长三角地区老年教育一体化发展”的理念和设想。

一、长三角老年教育研究协作组织的建立

（一）建立研究协作机构的背景

2019年5月13日，中共中央政治局会议审议了《长江三角洲区域一体化发展规划纲要》。2019年12月1日，中共中央、国务院印发了《长江三角洲区域一体化发展规划纲要》。为贯彻落实习近平总书记这一重要讲话精神和《长江三角洲区域一体化发展规划纲要》《老年教育发展规划(2016—2020年)》《上海市老年教育“十三五”发展规划》等文件的要求，协调长三角地区老年教育研究资源，探索老年教育的发展规律，研究老年教育的基本课题，培养老年教育的研究人才，促进长三角地区老年教育研究工作的协调发展，上海市、江苏省、浙江省、安徽省三省一市有志于老年教育研究的老年教育(研究)机构组成长三角老年教育研究协作组织。该组织于2018年6月8日在上海成立，上海老年教育研究院作为其秘书处单位。成立时有9家单位，现参与单位扩展为27家。

长三角老年教育研究组织的成立旨在协调长三角地区老年教育研究资源，通过对长三角地区老年教育发展状况的调研，分析长三角地区老年教育发展的成就、经验、制约发展的主要突破口，研究区域老年教育发展规律，并在此基础上提出相应的对策思路，推进老年教育内涵发展和教材的共编共用工作，实现长三角老年教育资源的有效共享，推动长三角地区老年教育在创新、协调、高质量基础上进一步发展。

（二）创设条件与主要功能

长三角老年教育研究协作组织的工作人员均来自上海老年大学研究室，工作地点位于上海市黄浦区南开大厦18楼。上海老年大学为研究室配备了将近150平方米的办公场地，配置了办公设备、会议设备，用于课题研究、专家研讨、日常会议等。

长三角老年教育研究协作组织的项目经费主要来自上海市教育委员会。该组织根据国家相关政策要求，制定了《长三角老年教育研究协作组织章程》，建立了长三角老年教育研究协作组织运行机制。结合上海老年大学各项财务管理的规章制度，为项目经费的合规使用提供了制度保障。

长三角老年教育研究协作组织是一个非盈利性的老年教育研究组织。长三角老年教育研究协作组织依法合作，推动长三角国家发展战略的落实，促进老年教育协调发展。其主要功能包括：

1. 合作开展老年教育研究项目(课题)。
2. 组织长三角地区老年教育研究交流活动。
3. 组织长三角地区老年教育研究骨干培训。
4. 定期出版老年教育研究文集。
5. 组织成员单位考察互访。
6. 开展推动老年教育发展的公益事业和其他活动。

二、 组织长三角地区老年教育研究的实践活动

长三角老年教育研究协作组织自成立起，积极开展各项长三角老年教育研究协作活动，召集长三角地区各级老年教育机构的专家，通过组织长三角理论研究骨干培训和专家研讨会，交流专家意见，探索形成和完善本地区老年教育研究的合作机制。2018—2020 年共召开会议 16 场，包括工作会议、项目研讨和骨干培训。

表 1　长三角地区老年教育研究活动统计表

时　间	活动名称	地　点
2018 年 6 月	长三角老年教育研究协作组织成立	上海快乐学堂
2018 年 11 月	长三角老年教育高级培训暨合作机制研讨	浙江宁波
2018 年 12 月	长三角老年教育研究协作组织发起单位研讨会	江苏苏州
2019 年 1 月	长三角老年教育研究协作组织各省市召集人会议	上海东方绿舟
2019 年 5 月	《长三角老年教育新发展 2020》项目合作研讨会	上海东方绿舟
2019 年 7 月	《长三角老年教育新发展 2020》总项目组会议	上海老年大学
2019 年 8 月	“长三角老年教育协调发展”校长研修班	安徽省金寨干部学院
2019 年 11 月	《长三角老年教育新发展 2020》项目中期推进会	上海东方绿舟
2019 年 12 月	长三角省际老年大学学术研究协作会议	上海东方绿舟
2020 年 1 月	长三角老年教育研究协作组织 2020 工作务虚会	上海视觉艺术学院
2020 年 9 月	《长三角老年教育新发展 2020》项目专家咨询会	上海快乐学堂
2021 年 4 月	长三角老年教育研究协作组织召集人会议	浙江老年大学
2021 年 6 月	“老年教育助力老年人跨越数字鸿沟”研究骨干培训	常州老年大学

（续表）

时　间	活动名称	地　点
2021 年 11 月	“推进老年教育高质量发展”研究骨干培训	上海市普陀区老年大学
2022 年 9 月	科研引领老年教育新发展研究骨干培训	上海老年大学
2023 年 3 月	长三角老年教育研究协作组织召集人工作会议	上海快乐学堂

（一）组织长三角老年教育理论研究骨干培训

定期召开长三角区域相关老年教育理论研究骨干培训。这种有针对性、有一定层次的培训成效显著，受到好评。组织成立至今一共开展了六次培训活动，分别在浙江省宁波市、江苏省苏州市、安徽省六安市金寨县、浙江省杭州市、江苏常州市、上海市普陀区等地举行。六次培训活动聚焦老年教育的热点重点难点问题，研讨了长三角地区老年教育的合作机制、进一步明确了长三角老年教育协作组织的组织架构，交流了老年教育基本理论与实践问题、长三角老年教育协调发展的背景与路径、老年大学未来发展的研究思路与工作经验等内容，探讨了长三角老年教育协调发展新思路，为践行长三角老年教育共同发展打下了坚实基础。

（二）开展长三角老年教育发展调研的项目研究

2019 年 7 月，根据长三角老年教育研究协作组织相关会议精神，由上海老年教育研究院牵头，金陵老年大学、浙江老年大学、安徽省老年大学协会、上海老年大学共同组成总项目组开展“长三角老年教育新发展”项目研究，旨在体现党的十九大以来长三角老年教育的新发展、新局面和新特点，本项目研究的最终成果是编辑出版了《长三角老年教育新发展 2020》。此书目前已公开出版，内容包括长三角地区老年教育发展研究总报告、三省一市老年教育发展研究报告 4 篇，老年教育专题报告 12 篇和老年教育特色案例 38 个，共计 40 万余字。其中，长三角发展研究总报告由上海老年教育研究院负责撰写，各省市发展研究报告、专题报告、特色性案例由各省市总项目组副组长单位组成的省级课题组完成。

《长三角老年教育新发展 2020》一书通过对长三角地区老年教育发展状况的调研，分析长三角地区老年教育发展的成就、经验和制约因素，研究区域老年教育发展规律，并在此基础上提出相应的对策思路，推动长三角地区老年教育在创新、协调、高质量基础上进一步发展。《长三角老年教育新发展 2020》作为第一本长三角地区老年教育研究成果，为长三角地区老年教育机构摸清家底提供契机，通过对三省一市经济、老龄化、老年教育等方面数据的收集和分析，为政府决策提供一定的依据。

2023 年，长三角老年教育研究协作组织将进一步加强三省一市项目研究合作，挖掘老年教育特色案例，将老年教育理论研究成果结集成册，出版《长三角老年教育论文集》。

（三）长三角共编共用教材建设

定期召开长三角老年大学教材体系规范化建设论坛或研讨会议。分工协作形成区域性、科学化、规范化、系统化的老年教育教材体系，更好地为老年教育服务。开展共编共用特色教材编写与评优活动。加强校际、区域教材交流、展示和评选工作，实现规范化建设，提高教材质量,通过特色教材评优,形成优秀教材的示范效果。组织专业化老年教育教材专家参与、咨询与指导团队。参与教材编写、提出指导性建议、进行优秀教材的评优和推广等工作。

教材编写协作委开展了《智能手机基础教程》《智能手机进阶教程》《老年大学英语口语系列教材》(含初、中、高级,各上下两册)、"老年大学国内旅游系列教材"——《大美中华》1—4 册;"老年大学世界旅游系列教材"4 册——《美洲游》《欧洲游》《亚洲游》《大洋洲和非洲游》的项目任务。其中《智能手机基础教程》《智能手机进阶教程》两种教材是《智能手机实用教程(第二版)》的升级换代版本。2019 年,教材编写协作委完成了 5 种教材的编写升级任务。2020 年,开展了新一轮编写计划,12 月份分别在苏州、上海召开编者会议,组成专家编写组,分工编写《声乐教材》《老年朗诵》《老年大学英语基础教程》《老年大学数码摄影与影像制作系列教材》5 种教材,其中 4 种已完成编写并定稿,1 种完成初稿编写。

(四) 推动跨区域课程建设

上海率先开展了老年大学精品课程评选项目,评出精品课程。评选已进入录制课程阶段。推动跨区域"百门精品课程建设"项目,与远程教育相结合,联动长三角各方师资力量,打造高水平、高质量的课程。

三、 长三角老年教育研究协作组织工作的特色与创新

(一) 长三角老年教育研究协作组织工作具有创新性

长三角区域经济发达,老年教育的参与度居全国前列。长三角老年教育研究协作组织这一区域老年教育研究协作机构的创立,在全国是首创,为长三角地区老年教育协调发展提供了良好平台与基础。该组织覆盖沪苏浙皖多家老年教育机构,明确上海市由上海老年大学、江苏省由金陵老年大学、安徽省由安徽省老年大学协会、浙江省由浙江省老年大学作为长三角老年教育协作组织在各省市的牵头单位。其活动将在全国产生一定的社会影响,也将是长三角教育协作交流中最活跃、最有独创意义的工程。

老年教育理论研究开拓了全新的教育研究领域,极大地丰富了中国教育研究科学的发展。长三角地区是全国各级各类教育比较发达的地区,也是老年教育发展较早、老年教育资源较丰富的区域。近年来,长三角地区老年教育发展平稳,取得了显著成效,为学习型社会建设、城市和谐稳定发展奠定了坚实基础。

"长三角老年教育新发展"项目是自长三角老年教育研究协作组织建立以来的首个长三角地区老年教育理论研究单位之间的合作项目,志在紧密结合长三角各省市老年教育发展实践中的热点、难点问题,透过上海老年教育研究院作为本协作组织的秘书处的作用,将进一步巩固和提高上海服务长三角和长江经济带的资源辐射和带动作用,提升上海老年教育在长三角地区的影响力,起到辐射和带头作用。

(二) 长三角老年教育研究协作组织工作具有实用性

《长三角老年教育新发展 2020》的出版,为长三角地区老年教育机构摸清家底提供契机,通过对三省一市经济、老龄化、老年教育等方面数据的收集和分析,可以为政府决策提

供一定的依据。梳理老年教育网络有利于进一步完善老年教育体系。长三角地区各级各类老年教育机构不断发展壮大,上海市形成了市、区、街镇、居村委四级办学网络,江苏、浙江、安徽三省形成了省、市、县、街镇、居村委五级办学网络,已形成全方位、多层次、多渠道的办学格局,并不断向基层延伸,以扩大老年教育的覆盖面与受益面。理清脉络,完善终端,对长三角老年教育下一步发展起着重要作用。

“教材编写协作”项目与“百门精品课程建设”项目完全适应长三角区域老年教育发展的需要,已成为包括长三角区域20余所老年大学共创、共建、共享的主要的老年教育平台。2018年首批教材推出后,受到长三角区域众多老年大学的欢迎,教材供不应求;新的需求也在不断推出。在此基础上,完成了跨省市的“百门精品课程建设”项目,为打造一批高水平、高质量的课程,发挥“示范、引领、辐射”的作用,扩大了上海老年教育、长三角老年教育的影响力。

定期召开长三角老年大学教材体系规范化建设论坛或研讨会议。开展特色教材共同编写与评优活动。加强校际、区域教材交流、展示和评选工作,实现规范化建设,提高教材质量。通过特色教材评优,形成优秀教材的示范效果。组织由专家参与的老年教育教材专业化团队,指导并参与教材编写。

四、 长三角老年教育研究协作组织的影响和效益

推动长三角更高质量一体化发展,是新时代服务国家大局的战略支撑。在老年教育中,整合长三角区域老年教育资源,在促进实现老年教育理论研究领域各地自我发展的同时,加快协同本区域老年教育的整体发展。在项目中,长三角地区开展实地考察、互相交流,为探索更适合长三角区域老年教育研究的组织方式和行为载体,发挥更大的社会效益作积极贡献。

通过协调联动带来融合、统一的动力。通过长三角地区老年教育的“一体化”发展,各级政府开放联动,促使教育资源和要素在区域中自由顺畅地流动。

通过长三角地区老年教育“一体化”发展,在统一的规则下,老年教育主体拥有健全的信用制度、强有力的财产权制度,灵活多样的教育资源流动方式和渠道,以及良好的交互作用秩序。

长三角地区内老年教育基础能力、各类老年教育机构服务能力获较大幅度提升。老年教育教育内容不断丰富,老年人终身学习的需求不断得到满足,老年教育规模进一步扩大,覆盖广泛、灵活多样、特色鲜明、规范有序的老年教育新格局基本形成。

长三角地区开放教育学分银行建设

上海开放大学　上海市终身教育学分银行

“长三角地区开放教育学分银行”(以下简称“长三角学分银行”)作为长三角地区重点协作项目之一,积极服务长三角地区终身学习区域联动机制和学习型社会建设。近年来,长三角学分银行由上海市教委牵头,与苏浙皖三省教育厅和相关负责部门共同积极推进长三角学分银行的各项建设任务,不断探索地区间学习成果互认机制,探索学生校际流动与培养互认机制,推进地区内课程互选和学分互认,促进终身教育资源共享,推动了长三角地区终身教育的发展。

一、 长三角开放教育学分银行的建设情况

(一) 成立长三角学分银行管理委员会

为有效推进长三角学分银行建设,召开了长三角学分银行管理委员会会议,审议并通过了相关文件,苏浙皖沪三省一市教育行政部门领导共同签署《关于成立长三角地区开放教育学分银行管理委员会的决议》。长三角学分银行管理委员会正式成立。长三角学分银行管理委员会作为长三角学分银行的决策机构,负责审定长三角学分银行建设方案和发展规划,协调制定相关政策,对长三角学分银行构建与运行进行宏观指导与决策。长三角学分银行管理委员会的成立,标志着长三角学分银行正式运行,并进入深入实施阶段。

(二) 围绕“十四五”谋篇布局

为进一步细化长三角学分银行建设责任分工,协同构建新发展格局,召开了长三角学分银行管理委员会第一次(扩大)会议,并首次发布了长三角学分银行 LOGO。会议审议通过了长三角地区开放教育学分银行的“章程”和“管理办法”。长三角学分银行管理委员会委员围绕“十四五”期间的发展目标,聚焦专家委员会建设、信息化平台建设、学历教育学习成果认定标准建设、区块链技术在长三角学分银行的应用等方面谋篇布局,推进长三角学分银行进一步发展。

(三) 明确工作运行机制与分工

建立了《长三角地区开放教育学分银行领导组织框架》,明确了由三省一市四方组成的管理委员会办公室组成人员、管理中心组成人员,并建立了各项工作运行机制,进一步明确了各方采取轮值召开工作例会的轮流牵头工作机制。明确长三角学分银行管理中心秘书处设在上海开放大学,负责牵头推进长三角学分银行建设。

（四）开发“区块链＋”应用场景

在教育数字化的大背景下，充分利用数字化技术及支持能力，探索区域学分银行在核心业务和功能服务上不断创新是必然趋势。长三角学分银行开展了“区块链技术在长三角开放教育学分银行中的应用”相关研究和实践，针对现有学分银行的典型业务内容进行梳理与分析，确定潜在的典型“区块链＋”应用场景，并形成典型应用场景清单，并对典型应用场景提出基本应用目的、潜在收益及其建设需求。

（五）推进长三角学分银行信息化平台建设

为了确保长三角学分银行能够实现跨区域互联互通，长三角学分银行总行业务与三省一市各分行系统既可独立运行又可形成整体，满足学习者不同层次的学分积累、认证和转换的需求。上海开放大学（上海市终身教育学分银行管理中心）牵头完成了长三角学分银行信息化平台的调研、需求分析和申报立项，开展“长三角学分银行信息化服务平台”门户站点、数据对接及公共数据建设，为个人用户提供综合信息查询、个人数据查询、统一身份认证等服务，实现地区学分银行与长三角学分银行的数据对接与同步，并对接长三角“一网通办”。

二、 长三角开放教育学分银行的主要成果

（一）统筹标准体系，促进学分认定与转换

开展长三角地区学历教育学习成果认定标准体系建设。统筹苏浙皖沪 4 家学分银行现有的学习成果认定与转换标准体系，建立通用共享的学习成果标准体系，制定了计算机技术科学与技术（含软件工程）（本科）、计算机信息管理（专科）、学前教育（本科）、学前教育（专科）、会计（本科）、会计（专科）、行政管理（本科）、行政管理（专科）8 个专业的学习成果认证与转换标准体系，方便学习成果跨区域认定与转换。

开展长三角地区社区（老年）教育课程认证标准制定。组织专家组开展调研，了解长三角三省一市社区（老年）教育组班式课程学习成果认证与积累情况。基于上海市终身教育学分银行社区（老年）教育课程申报前期实践，进一步升级完善市民组班式学习成果认定标准和存储的实施方案，形成了适用于长三角地区社区（老年）教育学习成果认证与积累的规范。

（二）共享数据，构建全方位运营体系

在长三角学分银行信息化平台建设的基础上，根据上海市教委信息处的指导精神，长三角学分银行接入长三角“一网通办”平台，采用三省一市学分银行先行接入各地大数据中心和一网通办平台，再由各地大数据中心将三省一市学分银行接入长三角“一网通办”平台的策略。目前，上海、江苏和浙江学分银行已顺利接入其所在省的大数据中心和“一网通办”平台，安徽学分银行也正在抓紧推进接入安徽省大数据中心的工作。长三角学分银行接入长三角“一网通办”平台，构建起了多渠道、全方位、立体化的运营体系，这将为长三角区域的市民提供更精准、更便捷、更智能化的终身学习服务。

（三）共同部署，完成长三角学分银行区块链技术的落地应用

完成长三角范围“学分银行＋区块链”业务场景。选定“基于区块链发放数字化学习

证明凭证，通过智能合约自动完成学习成果的凭证核验与存入”“学分转换课程目录与转换规则链上发布”“区块链在跨域、跨校数据与资源共享领域的应用，以及区块链业务信息的可视化应用”三个应用场景，优化学习成果跨域认证服务。上海、江苏、浙江、安徽四地均已成功部署复旦大学区块链工程中心研发的系统，形成了各地学分银行数据分布式存储、数据可追溯且不可篡改的格局，促进了长三角地区的数据可信流通与人才跨域流动。

(四) 加强合作，成立长三角学分银行与继续教育合作联盟

组织召开长三角学分银行工作会议，总结前期工作重点，并落实长三角学分银行与继续合作联盟，联盟由苏浙皖沪的上海开放大学、江苏开放大学、浙江开放大学、安徽开放大学、合肥工业大学、上海师范大学、上海商学院、江苏大学、宁波大学、安徽财经大学、杭州科技职业技术学院、合肥职业技术学院共12所院校联合发起倡议，并拟定了《联盟章程》。该联盟促使三省一市形成合力，共享优质教育资源，打造长三角地区继续教育品牌，推动长三角一体化发展。

三、 长三角开放教育学分银行的运行成效

(一) 长三角学分银行成果互通促进跨区域人才培养

长三角学分银行基于三省一市的开放大学系统，成功实现了四地1 520万名学习者数字化学习档案的异地同存、共享互认，也为长三角地区45余所高校提供了学习档案大数据服务。长三角学分银行建立和完善学习成果认定与转换机制，建设长三角地区各类学习成果的标准体系建设，为长三角地区12万多名本专科学生提供了学分转换，实现了长三角区域间终身学习成果的互认互通，跨区域人才培养取得显著成效。

(二) 长三角学分银行应用服务促进学习者升学自主便捷

长三角学分银行为学习者提供了跨校选课、学分互认等应用服务，为长三角地区学习者升学提供便利，促进长三角地区人才流通。在长三角学分银行的运作支持下，上海地区区块链基站为上海市39个高校提供了快捷、有序地跨校选课服务；安徽省学分银行实现9 000余门课程资源的跨校共享；江苏开放大学参照长三角学分认定与转换标准制定了《江苏开放大学2022年学分认定与转换标准》以及《苏锡常都市圈职业教育学习成果认定标准》；浙江省学分银行与“浙江省高等学校在校开放课程共享联盟”协作开设慕课课程4 000余门，服务学习者跨区域选课。

(三) 长三角学分银行运行模式产生区域辐射效应

长三角学分银行建设是落实长三角一体化发展的重要举措，也是为建立健全国家学分银行制度和学习成果认证制度所做的重要试点探索。经过近几年的发展和运行，长三角学分银行的建设成果在国内产生较大影响，在多个省市区域学分银行建设中产生示范和推广效应。“成渝地区双城经济圈学分银行、云南省学分银行、辽宁省学分银行、北京市学分银行”在组织机构、信息化平台建设、学分认定标准、学习成果转换等方面不同程度参照了长三角学分银行的机制，为推动技术技能型人才跨域流动提供了长三角经验。

2022年，在对长三角学分银行成立和运行以来的建设情况与成果进行梳理和总结实

践经验的基础上，形成了《长三角地区学习成果认证和人才培养新机制研究与实践》教学成果，并获 2022 年上海市级（高等教育）教学成果奖特等奖，同时由上海市教委推荐继续参评国家级（高等教育）教学成果奖。上海开放大学（上海市终身教育学分银行管理中心）作为秘书处，将不断总结长三角学分银行建设的成果与经验，不断创新，牵头做好建设和运行工作，更好服务长三角地区高质量一体化建设。

长三角终身教育区县协同发展机制研究

上海市金山区社区学院

伴随长三角一体化战略上升为国家战略以及长三角一体化的推进,长三角终身教育的协同发展显得尤为重要,既是长三角一体化发展的重要内容,也是重要的推动力量。以“金嘉吴宣”终身学习共同体的发展为例,探索长三角终身教育区县协同发展的机制,对于长三角终身教育的协同发展具有重要的现实意义。

一、 协同发展机制的内涵

(一) 机制

本文中的“机制”,指“金嘉吴宣”终身学习共同体的结构,功能及其相互关系。

(二) 协同发展

本文中的协同特指“金嘉吴宣”终身学习共同体内的四方在确定目标达成共识之后,共同协作完成所拟定目标的和谐有序的状态。

(三) 协同发展机制

结合“金嘉吴宣”终身学习发展共同体的发展实际,“协同发展机制”,是指“金嘉吴宣”终身学习共同体内部的各要素随着共同体由简单到复杂,由浅层次合作到深层合作,确定各阶段目标并达成共识之后,共同协作完成所拟定目标的和谐状态,所逐渐形成的共同体的结构、功能及其相互关系。

二、“金嘉吴宣”终身学习共同体简介

2010 年 12 月,由上海市金山区教育局倡议,启动“上海金山—浙江嘉善”社区教育合作论坛。2013 年江苏吴江参与合作,2019 年安徽宣州加盟,正式成立“金嘉吴宣”终身学习共同体,进一步推进终身教育区县协同均衡发展。

(一) 举办论坛,构建交流平台

“金嘉吴宣”终身学习共同体至今经历了 13 年的发展。成立初期,主要是通过合作论坛的形式,推动区域合作。

2022 年,第十二届“金嘉吴宣”终身学习共同体论坛的主题是:家庭教育的社区视角,围绕论坛主题,征集到论文及案例 35 篇,24 人获奖,一等奖 4 名,二等奖 8 名,三等奖 12 名。

（二）开展结对活动，孕育合作项目

为了更好地促进“金嘉吴宣”终身学习共同体的发展，探索社区教育发展新模式，扩展办学思路，培育特色课程，促进区域终身教育健康、有序、可持续发展，在四地开展社区学校结对活动。结对的社区学校可以针对共同关注的相关问题开展研讨，促进共同发展。结对单位活动的形式主要有：双方不定期地开展交流活动；组织教育成果展示活动；撰写社区教育论文、案例和体会，编撰论文（经验）汇编等。

（三）开展联合师训，提升专业水平

“金嘉吴宣”四地社区教育的不断发展以及社区教育功能的发挥，离不开一支能力不断提升的专职教师队伍。2022 年 6 月 28 日、29 日，“金嘉吴宣”终身学习共同体在线上开展 2022 年度联合师训。培训包括专家讲座、规划解读、经验分享等丰富多彩的内容与形式。深化了四地社区教育共同体成员间的交流与协作，进一步联通不同地域之间的终身教育发展经验，提升了社区教育工作者的专业能力。

“金嘉吴宣”终身学习共同体 13 年合作的经验还有：搭建活动参与平台，促进区域交流进步等。这些丰富的合作经验为四地六方共同体项目的开展奠定了坚实的基础。

三、“金嘉吴宣”终身学习共同体建立的合作机制

制度建设是共同体建设和发展的战略基点，“共同体中虽然并非没有无知、误解和冲突，但作为共同体，就应有相应的集体行动，要有任何集体行动，都需要一些相互理解，并且共同工作的经历会加强这种理解”。

（一）合作交流机制

1.“金嘉吴宣”终身学习共同体合作交流的原则

首先是平等协商原则，四方在互相尊重、互相信任、平等互动的基础上协商在合作交流中的有关事宜。其次是互惠互利原则，在合作交流过程中，四方要以优势互补，取长补短为出发点，互通有无，互相学习，共同提高。再次是科学实效原则，四方在合作交流过程中，要贯彻科学发展观，避免形式主义、本本主义，使得合作交流认真踏实地开展，取得实效。

2. 合作交流的组织架构

成立由四地院校领导组成的合作交流领导小组，四方主要领导轮流担任领导小组组长，下设由学院有关部门领导及街镇社区学校领导组成的工作小组。建立合作交流领导小组及工作小组会议磋商制度，定期召开会议，总结、交流、部署阶段性合作交流事宜。合作交流过程中所涉及的诸如场地、人员、经费等事宜由四院合作交流领导小组协商解决。

3. 合作交流的内容规定

四方商定，要开展全方位的合作交流，特别是在以下几个方面：社区教育的科研项目，集体申报中国成人教育协会等的科研课题以及科研项目，共同合作开展研究，共同提高四地的科学研究能力。

四方开展的全方位合作还包括：社区教育的师资建设、资源共享、社品牌推介以及管理模式等方面。

(二) 建立工作与保障制度

1. 工作制度

加强工作协调,制定共同体工作方案、年度计划;召开年度工作会议,研究具体工作方案,讨论共同体各成员单位工作计划;指导各成员单位开展项目实施工作。

"金嘉吴宣"终身学习共同体形成了"六个一"工作制度,即每年召开一次项目组工作会议、开展一次专题研讨会、一次项目专题培训、一次专家指导、一次成果展示和一次集中学习活动。"六个一"工作由项目组牵头,各成员单位轮流承办。

2. 保障制度

四地的领导对"金嘉吴宣"终身学习共同体的发展给予高度的重视,在活动经费方面给予保障。每个共同体成员单位都有专门的领导来推进共同体项目的各项工作,为共同体工作的开展提供师资保障。

建立合作交流领导小组及工作小组会议磋商制度,定期召开会议,总结、交流、部署阶段性合作交流事宜。建立社区教育科研和实验项目学习研究制度和社区教育课程开发交流制度。建立学院、社区学校、教师的学习交流机制,定期互邀互访,增进了解,增进友谊,互相交流,互相学习,互相激励,共同提升社区学院、社区学校的管理水平,提升社区教育师资队伍的综合素质。

3. 签订协议

"金嘉吴宣"四地通过签订框架协议、编制方案的方式将合作机制落到实处。四地签署的主要协议、编制的方案包括《"金嘉吴宣"终身教育合作联盟市民终身学习体验基地建设方案》等,通过签订协议,编制方案的方式,督促将工作落到实处。《上海金山·浙江嘉善·江苏吴江·安徽宣州终身教育合作联盟交流框架协议》,从合作交流基础、合作交流原则、合作交流内容、合作交流机制四个方面做了明确的规定。

四、 完善"金嘉吴宣"终身学习共同体合作机制的对策

(一) 已有合作机制带来的发展成效

1. 促进了四地终身教育的协同发展

调研发现,"金嘉吴宣"终身学习共同体四地的领导与老师们对于共同体的已有制度、方案与协议基本都有所了解。访谈的12位领导与老师都认为现有的机制"明确了各自的权利和义务,明确了共同体发展的目标以及每年相应的工作计划和方案";"明确共同体工作要求、分工职责,规范工作行为,统一工作要求";"对于共同体发展起到一个推动作用,每年的活动可以有效地将项目落地、落实、落细"等,促进了共同体四地终身教育的协同发展。

2. 促进了四地社区教育教师专业能力的提升

社区教育教师能力的提高对于四地终身教育的发展具有极其重要的作用,因此,要不断提升社区教育教师的能力,促进其专业化发展。

四地社区教育教师的专业能力得到了不同程度的提升:开阔了眼界、提升了专业技能、合作能力、科研能力、写作能力等。四地的领导与教师们都提到,共同体为自己带来的

提升是多方面的，开阔了眼界，了解到其他省市终身教育的情况；掌握了先进的理念；提升了自己的写作、研究等专业能力。

（二）完善“金嘉吴宣”终身学习共同体机制建设的对策

1. “金嘉吴宣”终身学习共同体机制建设需要坚持的原则

对“金嘉吴宣”终身学习共同体后续机制完善应坚持的原则，共同体四地的成员都希望制度具有可操作性、系统性、合法性、平等性等，概括来说，就是要进一步坚持协同发展与利益一致的原则。

坚持协同发展的原则，要求“金嘉吴宣”终身学习共同体是一个更加开放的系统，在四地政府的主导下，社区学院、社区学校等在课程设计、师资培训、项目开发、课题研究等方面，通过更加深入的交流、合作，实现资源的进一步共享与交互，共同体才能更深入地发展。

贯彻利益一致的原则。在后续机制完善过程中，需要全体成员共同参与，既保持个性发展空间，又要强调合作；既追求四地终身教育工作者的个人发展，又要实现四地协同发展的整体利益。

2. “金嘉吴宣”终身学习共同体深化发展需要调整与建立的制度

综合四地领导与教师的观点，“金嘉吴宣”终身学习共同体的后续发展需要做出的调整包括：将已有的制度进一步完善；团队建设、科研引领、特色课程、师资队伍、推广宣传等制度进行调整。需要建立的制度包括：四地师训制度细则、课程建设和研讨制度、教育成果的共同发布制度等。为了保证制度的完善、制定与执行，需要有专人负责，制定详细的制度调整与建设计划，同时要制定相应的监督机制来保障制度的执行。

“在实践终身教育理念，构建终身教育体系过程中，应当着力推进我国教育资源的开发与整合”，相信随着进一步坚持协同发展与利益一致的原则，不断调整与建立与共同体发展相适应的制度，一定能够促进“金嘉吴宣”终身学习共同体的深入持续发展，为学习型社会的建设贡献积极力量。

跨区域联合构建“学悦课堂”

上海市嘉定区安亭镇成人中等文化技术学校

跨区域联合构建“学悦课堂”，是以上海市老年学校素质教育指导中心为指导方，上海市嘉定区安亭镇成人中等文化技术学校为主导方，江苏省昆山花桥经济开发区成人教育中心校、上海市青浦区白鹤成人中等文化技术学校、江苏省昆山市陆家成人教育中心校等为参与方共同完成。旨在通过“学悦课堂”的创新构建改变老年教育休闲娱乐化倾向，以老年人能紧跟时代发展步伐，共享改革发展成果为目标，着力提升老年人能学、会学、善学的能力，适应社会发展的能力，主动参与社会服务、促进社会和谐的能力，有效提升老年人的自我效能感和幸福感。

一、“学悦课堂”线下课程运作机制

“学悦课堂”课程运作机制，是指以嘉定安亭和昆山花桥“学悦课堂”、青浦白鹤“鹤晨课堂”、昆山陆家“菉溪大讲堂”等三个成熟型终身教育课堂为基础，通过“求同存特”后形成了新“学悦课堂”为主体，开展课程教学的运作。

（一）课程安排。首先，每月 20 日至 25 日，由嘉定安亭通过“学悦双城·1＋”项目具体工作沟通钉钉群——“在线编辑”方式，完成下月实施课程的内容、各区域安排节次等准备。其次，通过学校推菜单、学习点预定(抢)菜单方式，完成课程菜单的“落地”。最后，通过“学悦双城”微信公众号实施“学悦课堂”课程发布。

（二）课程实施。教学落实，由课程负责学校全程落实。学员落实，由课程预定学习点全面落实。教学反馈落实，教学实施后统一填写“学悦课堂”教学反馈表，并反馈至课程负责学校。

（三）保障执行。首先，教师和教学所涉及的经费，由课程负责学校承担。其次，如线上课程涉及学习包，则由课程负责教师，通过“点对点”“点对面”“面补点”的方式实施保障。最后，教学过程中的安全保障，教师安全保障归课程负责学校，学员安全保障由课程预定学习点承担。

二、“学悦课堂”专兼职师资队伍

截至 2022 年 11 月，“学悦课堂”拥有一线专职教师 17 名，优秀兼职教师 37 名，骨干教学志愿者 23 名。

（一）专职教师。充分利用安亭成校区级社区教育基地和《“学悦双城·1＋”项目专职教师“校际轮岗”制度》，进一步完善了“学悦课堂”校本教研平台，实现了专职教师专业能力和专业素养的双向提升。

（二）兼职教师。充分利用《“学悦双城·1＋”项目兼职教师聘任管理制度》实现了“学悦课堂”兼职教师的择优聘任、共同聘任，使兼职教师从优者为师向能者为师发展。兼职教师柳玉成在“上海市第五届社区教育教学评比活动”中荣获三等奖。

（三）教学志愿者。充分发挥教学志愿者的一技之长，一技之优，实施“学悦课堂”基础性教学工作。同时全面利用“学悦课堂”校本教研平台的拓展，实施骨干教学志愿者向优者为师发展的共同培育。

通过“学悦课堂”专兼职师资队伍有效性联合组建，安亭“大块头·茶馆”、“百合讲堂”、花桥“音乐荟”、白鹤“沪剧课堂”、陆家“国学讲堂”等一批教师教学特色和全民终身学习品牌项目得到辐射、互补、融合发展，形成了师资队伍建设成果共享。

三、“学悦课堂”老年素质教育课程体系

充分借鉴、利用了上海市老年学校素质教育指导中心和上海老干部大学《老年素质教育课程建设研究——基于老年核心素养的视角》的研究成果，聚焦区域老年素质教育，通过自身课程的梳理，优质课程的引入，“学悦课堂”老年素质教育课程体系初步联合形成。

（一）“美好品德”系列，有“中国共产党党史教育”“志愿者服务礼仪”“民法典”等14个课程内容。

（二）“科学文化”系列，有“茶文化体验”“智能手机应用”“沪剧”“药食同源话养生”等34个课程内容。

（三）“终身学习”系列，有“安亭药斑布”“白鹤历史文化名人”“舞龙”等12个课程内容。

（四）“社会实践”系列，有“草莓种植”“DIY纸艺系列”“高层住宅消防安全体验教育”等21个课程内容。

（五）“责任担当”系列，有“家庭教育”“健康生活湿地文化参访体验学习”“社会主义核心价值观”等16个课程内容。

（六）“完满生活”系列，有“疫情封控时的自我心理疏导”“青少年家庭教育”“生命的奥秘参访学习活动”等10个课程内容。

通过“学悦课堂”老年素质教育课程体系的建设，使得四区域的老年素质教育课程资进一步跨区联通、老年素质教育课程教学进一步跨区域延伸，让四区域老年市民学习内容的选择更具丰富性，让四区域老年市民“想学”“能学”的学习行动更具自主性。

四、“学悦课堂”老年素质教育教学资源库

（一）“学悦课堂”老年素质教育教学资料

截至2022年10月底，“学悦课堂”自建教学资料，共有课程教学大纲23篇，教学典型性优秀教案79篇，教学PPT112个，教学自编材料（讲义）29件。其中“安亭药斑布”系列

微课入选 2022 年全国社区教育“能者为师”特色课程推介行动。

(二)“学悦课堂”老年素质教育支持系统

第一,截至 2022 年 10 月,“学悦课堂”拥有一线专职教师 17 名,优秀兼职教师 37 名,骨干教学志愿者 23 名,助学志愿者 75 名,学习团队领军人员 259 名,92 个基层学习点管理干部 100%拥有本科和专科学历。

第二,截至 2022 年 10 月,通过跨区域“学悦课堂”的新构建,学习型社区跨区域一体化建设的“四个学悦”支点,“学悦课堂”“学悦团队”“学悦之旅”“学悦活动”逐步成型。

第三,“学悦双城”微信公众号成为“学悦课堂”教学资源、教学实施、教学成果宣传平台的作用,进一步显现,截至 2022 年 10 月,累计关注为 6 933 人。

(三)“学悦课堂”老年素质教育教学环境

一是,截至 2022 年 12 月,四地累计完成了 35 个基层标准化学习点建设,并项目期内启动了 6 个数字直播课堂建设。

二是,截至 2022 年 11 月,四地累计完成了“上海汽车博物馆”“百蒂凯现代农业生态园”“好孩子”6 个市民终身学习体验基地建设,其中“上海汽车博物馆”“天福国家湿地公园”“上海大来时间博物馆” 先后被评为长三角市民终身学习体验基地。

三是,截至 2022 年 11 月,四地累计完成了“嘉亭荟城市生活广场”“花桥杰出历史人物管”“草莓姑娘庄园”“海斯威尔”14 个社会学习点建设,逐步推进了多元社会主体参与本项目的实验。

五、“学悦课堂”老年素质教育成果

(一)区域老年人“老有所学”,文化底蕴素养逐步提升

2021 年和 2022 年,“学悦课堂”共吸引了老年人 4.91 万人次参与。“学悦课堂”青浦白鹤“沪剧”、昆山陆家“国学”区域特色课程,先后开展了 17 期(次)的两线教学,共有吸引老年学员 2 930 多人次;“学悦课堂”智能手机运用线上和线下课程,吸引了超万人次老年人的集中学习和自主学习;“学悦课堂”每月菜单预定,以“秒杀”完成等多个方面数据,佐证了区域老年人进一步养成了想学、能学、善学等素质。

(二)区域老年人“老有所悦”,自主乐龄素养逐步提升

截至 2022 年 11 月,嘉定安亭、昆山花桥、青浦白鹤、昆山陆家项目覆盖四地新增老年人学习团队 34 个,获评上海市老年五星团队 1 个,江苏省、苏州市优秀团队 2 个,嘉定区、青浦区、昆山市市民优秀学习团队 8 个。另据不完整统计,项目期内,92 个学习点中老年人开展“老党员重温入党誓词”“退休课堂”“健康生活”等等自主学习活动 780 余次。

(三)区域老年人“老有所为”,长者风范素养逐步提升

据不完整统计,区域内老年人有约 2.3 万人次参与了自己所在小区的新冠疫情宣传、楼道管理、小区入口“两码”检查等等防控工作;有近 0.5 万人参加了自己所在小区的“文明养犬”“露天茶馆”“楼组课堂”“垃圾分类”等等社区自治项目;有约 1 150 人成为了社区关工小组成员,开展了“五老讲堂”“绿芽三点半”“老船长讲故事”等关心下一代健康成长工作,嘉定安亭玉兰第一社区朱慧珍被评为 2021 年上海市关心下一代工作先进工作者;

老年人开展邻里互助、弱势群体帮扶等展现老年人“老有所为”的工作则是数不胜数。

通过跨区域“求同存特”形成了“学悦课堂”的运作机制、队伍建设、课程建设、资源建设等，形成了推进老年素质教育的跨区域聚智、聚力、聚行，正是符合了习近平同志提出的“长三角一体化发展战略”之要求。

通过跨区域联合构建“学悦课堂”，使得各区域的老年素质教育优质课程、优质教学资源得以辐射、整合、互补，最大限度促进了区域老年人能学、会学、善学等能力的提升。

通过跨区域联合构建“学悦课堂”及其延伸性工作，使得区域老年素质教育得以有效推进，有效促进了区域老年人适应社会发展的能力，主动参与社会服务的能力、促进社会和谐能力的提升，有效提升了老年人的自我效能感和幸福感。

打造智慧学习场景　推动老年教育创新发展

上海市黄浦区社区学院

建设老年教育智慧学习场景是应对“银发浪潮”和“数字鸿沟”问题，实现积极老龄化的必然选择。智慧学习场景建设在满足老年人学习需求方面具有巨大优势，基于老年学习者的终身学习个性需求，打造智慧学习空间，开发适老化学习资源，提供合适的支持服务，逐步克服老龄群体参与数字化学习的障碍因素，将在老年人继续社会化领域中扮演日益重要的角色。黄浦区共有6个老年教育智慧学习场景在建，聚焦摄影、戏曲、茶艺、园艺、地域文化等特色主题。同时，黄浦区老年教育智慧学习场景建设作为黄浦综改教育数字化转型项目，已纳入区域教育数字基座共同建设，有效提升了项目建设能级。

一、 工作背景

伴随着老年人精神文化需求快速增长，老年人口总量与结构持续变化对全市老年教育的资源供给能力提出重大挑战。通过“数字化转型”推进老年教育发展，扩大老年教育供给水平的要求日渐迫切。数字技术与老年教育的有机融合为老年教育的发展创设了新的空间，推动了老年教育的规模化发展，进一步促成更高品质老年教育所关注的多样化与个体化、均衡化与优质化。

2021年4月，上海市教委发布了《关于推进本市老年教育数字化发展的意见》(沪教委终〔2021〕8号)，正式提出实施“双百双千”计划，深化和推进数字赋能老年教育，开拓老年人智慧学习应用场景，创造包容、普惠、友好的老年数字生活新图景，进一步形成与上海打造具有世界影响力的国际数字之都相匹配的老年教育数字化发展新格局。2022年3月《上海老年教育智慧学习场景建设指引》发布，上海老年教育智慧学习场景建设之路愈加清晰。

智慧学习场景的打造，是推进老年教育数字化转型的重要基础。相较于日渐完善的上海终身教育四级办学网络，囿于经费、场地及人力资源投入的限制，围绕老年数字化学习的智慧学习场景以及服务老年数字化学习的特色环境建设，从数量和规模上还远不能达到转型发展需求。此外，老年教育数字化学习资源虽然数量不断增长，但是真正遵循老年人学习规律和特点开发建设的资源却相对不足，帮助老年人从生活各方面消除“数字鸿沟”的专题课程和学习资源，与学习场景发展的需要相比还存在很大的缺口，老年数字化学习方式和品牌创新仍然任重而道远。

为进一步提升区域老年教育数字化发展水平和建设能级，黄浦区积极推进老年教育智慧学习场景建设，逐步构建完善的老年教育数字化发展生态，助力老年教育的转型升级。

二、 建设内容

黄浦区老年教育智慧学习场景坚持以老年人为中心，基于老年教育资源集成化的架构，以数字技术为载体，通过在基础配置、场景形态和功能集成方面的科学打造，创设面向未来的学习场景、流程和机制，打造开放连接、现实和虚拟融合发展的空间结构，形成5G、大数据、人工智能(AI)等结合的基础平台，构建需求引领、科技赋能、创新生态的老年教育数字化学习空间。

黄浦区老年教育智慧学习场景立足于新型的老年人学习空间，打造泛在智慧学习环境，适应信息化条件下的教学需求，推动老年教育线下学习与线上学习的有机融合，实现有效支持个性化、适应性学习的数字化学习支持服务，在智慧学习场景中，信息技术、学习资源、学习主体充分融合，为老年人提供“泛在”的智慧学习时空。

在基础配置上，黄浦区老年教育智慧学习场景建设依托完善的数字化基础设施设备配置，确保教育场所5G网络全覆盖并接入互联网。配备与办学规模相适应的数字终端，以及与老年人智慧学习支持服务相适应的各类智能设备。场景规模具备适应老年教育办学规模、办班数等实际需求，满足老年人了解新事物，体验新科技，普及传统文化，开展科学性、趣味性、娱乐性教学活动和社交活动需要的空间体量，并为未来应对区域人口老龄化发展留有一定的空间余量。

学习场景构建的空间选择上，各场景通过物理空间和虚拟空间的结合，打破学习空间与非学习空间的界线，确保空间的连续和贯通。通过空间转变、重组、整合与功能重构，实现空间内部功能叠加复合，空间转换顺畅灵活。

在实践中，“西门智域老城厢智能博物馆”通过将展品与现代感元素融合，设计新的老城厢景观内容，打造线上文旅目的地，通过沉浸式3D互动体验，展示老物件的使用及小区当时的生活框架，了解物件背后的故事。

“戏曲智慧坊”打造基于“角色扮演”的沉浸式学习模式，沉浸式学习模式可以实现教师和学生虚拟的面对面，通过“云端”课堂进行情境创设，让学员通过“角色”扮演演绎展现戏曲学习的情况。

“茶科堂”智慧学习场景则通过建设“茶”科普虚拟学习区，设计模块化茶知识数据库，数据库内容融合中医药(性能理念、配伍原理)和茶科学原理，架构成应对不同人群不同需求的知识体系，为智慧学习场景的构建创造开放、灵动的空间条件。

此外，黄浦区在学习场景建设中探索运用大数据、人工智能等新技术，实现物理空间和虚拟空间的融合，构建虚拟与现实融合的互动体验式学习场景，为老年人创建出行、就医、消费等各类数字化生活模拟应用场景。其中，“豫智慧生态学习体验空间”利用线上线下融合授课的形式，支持课程嵌入，以老年人为中心，以课程模块为核心，体现老年教育的人文特色、区域特色和教育规律。促进老师和学员之间形成良好的互动学习氛围，通过开展“城市菜园园艺师”系列智能课程，运用多种样式呈现知识点，如在平台上通过互动答题形式来呈现知识点等。

瑞金社区拥有深厚的历史文化积淀，独特的“红色文化”构筑了瑞金的城区底色，“遇见·魅力瑞金”智慧学习体验区通过打造数字文化墙，运用电子导览来了解红色瑞金相关知识，展示传承城市根脉文化的街区建筑、名人故居和一系列开展党史教育和革命传统教育的初心始发地红色资源。智慧学习场景中的课程及活动支持教与学方式的灵活多变，支持丰富的学习体验，通过数字技术增强学习效果，对接新知识、新技能前沿，及时更新课程，促进学习交流、协作和共享。

通过“智慧”硬件和空间的集成，社区学院与星光摄影老年大学打造“星光智慧课堂”学习场景实体，实现传统课堂的革新，并顺利通过市级认定。本场景主要架构包括场景化的设置，即以摄影为主题的“沉浸式博物馆”的场景打造，引导参观者学习浏览，以“绿幕摄影+无人自拍馆”的体验式学习，体验数字智能化的学习方式；数字化的体验，即利用VR、AI智能技术，以知识图谱等工具自动解答知识类问题，精准推荐学习资源。同时，实体空间可以逐步与社区、场馆等其他教育场景远程对接，开拓多维学习新空间，助力老年人开展无边界学习。“星光摄影课堂”已通过市级场景认定。

三、后续思考

（一）完善顶层设计。在老年教育智慧学习场景建设过程中，需要关注完善各项工作制度和资源、经费保障机制，确保老年教育智慧学习场景的规范建设与创新应用。通过技术赋能，鼓励居民主动参与到老年教育的数字化学习中，通过不同端口接入上海市老年教育信息化管理平台、制定相关激励政策措施，实现优质学习资源共建共享。

（二）提升师资队伍数字化服务能力。在社区教育师资尚普遍匮乏的背景下，需要基于社区专技人员特点与社区居民学习需求，培养一支结构精良的社区教师队伍，并着力开发社区居民感兴趣和实用性强的数字化学习资源。此外，通过社区教育数字化学习平台搭建和社区师资力量扩展，能在学习和授课过程中挖掘社区教育发展的痛点和难点，针对不同问题开展精准施治。

（三）健全智慧学习场景共建共享机制。积极组织开展各类交流与分享，搭建公众参与的平台，调动各方面主动性、积极性和创造性，各区、各部门广泛发动社会各方力量，形成各类老年教育智慧学习场景建设共建共享新格局。黄浦区6大场景正在建设中，建设过程中普遍面临考核标准、项目建设审批等问题，通过引入社会力量参与建设，可以改善资金短缺等一系列问题。同时，社会力量参与可引进和建设优质的教育资源，提升老年教育品质，从而产生教育品质与社会资源互为补充、良性循环的效果。

（四）加大宣传推广力度，引进多元主体参与建设。宣传与引进是学习场景营造的前提。作为新生事物，老年教育智慧学习场景建设尚处于探索阶段。需要加大对于广大居民的宣传推广力度。除通过线下宣传和线上宣传相结合的方式外，还可构建以政府为主导，社会各界积极响应的宣传机制，强化服务对象对智慧学习场景的理解，拓宽居民对学习场景营造的需求，为将来老年教育智慧学习场景的深度开发打下坚实基础。

推进区域老年数字教育

上海市宝山区社区学院

随着数字化时代的发展，越来越多的智能化应用正在改变着我们的生活和工作，让我们的生活和工作越来越便捷和高效。

我国老龄化程度在加剧，老年人群体的数量逐年增加。以上海为例，截至 2022 年 12 月 31 日，全市 60 岁及以上老年人口 553.33 万人，占总人口的 36.8%。由于“银发城市”和“智能社会”的同时来临，老年人正成为“快时代”里的“慢行者”，在出行、就医、消费等日常生活中遇到不便，无法充分享受智能化服务带来的便利，老年人面临的“数字鸿沟”问题日益凸显。智能时代，要帮老年人跨越“数字鸿沟”。这对于提高老年人的生活质量、增强老年人的自我保护能力、推动老年人积极参与社会等方面都具有重要的意义。推进老年数字教育势在必行。

一、 多措并举推进区域老年数字教育

随着信息技术和人工智能技术的广泛发展，新技术革命与各行业深度融合，生活方式越来越智能化和人性化。但是老年人运用智能技术困难多，适应数字生活的障碍日趋显现，老年数字教育的认识和重视得到共识。老年数字教育就是通过计算机和互联网等数字化手段，向老年人传授数字化知识和技能的过程。数字化知识包括了如何使用电子邮件、搜索引擎、社交网络等数字化工具，数字化技能包括了如何上网、如何使用计算机等技能。

(一) 加大老年数字教育投入

政府加大了对老年数字教育的投入，提高了数字教育资源的供给，建设了更多的老年数字教育平台。如为解决老年人在运用智能设备、智能技术方面遇到的困难，提高老年人数字素养和数字化学习能力，上海学习网隆重推出“老年人智慧学习”专题页面，让老年人可以在上海老年教育慕课平台以及上海老年人智慧学习营平台获取紧贴上海市老年人需求特点而建设的课程资源。

(二) 推广多样化的学习方式

各类老年教育机构积极探索多样化的学习方式，如课堂教学、在线学习、线上线下融合教学、智慧学习场景等，让老年人能够随时随地学习数字技能，共享智能生活。而且为全面提升老年人数字素养与技能，各区老年大学、社区学院、党群服务阵地等借助社区教育、老年教育专兼职教师、助学志愿者等，用不同形式向老年人讲解各类智能设备和手机

应用方法，让老年人会用、常用和熟用。譬如为帮助老年人跨越“数字鸿沟”，让老年人充分享受数字化、智能化带来的生活便利，上海市学习型社会建设服务指导中心推出了《智慧助老　跨越“数字鸿沟”——老年数字教育学习手册》，深入开展“智慧助老”，聚焦老年人实际需求，帮助老年人提升智能技术运用能力。手册共包括“e 入门”“e 社交”“e 生活”“e 数码”“e 出行”“e 就医”六册内容，涵盖老年人智慧生活的方方面面，助力更多老年朋友，智慧生活，轻松跨越“数字鸿沟”。

（三）部门联动加强社会组织的参与

俗话说：众人拾柴火焰高。多部门的携作可扩大老年数字教育的覆盖面，让更多的老年人受益。以宝山区教育局提出的“1＋N”师资配送为例，从学校层面来讲“1＋N”是指一所社区学校，托管 N 个街镇；从教师层面来讲，“1＋N”是指社区学校的一位专职教师，负责送教指导 N 个居村委学习点，两者叠加辐射面广。如借助“1＋N”师资配送可加强与社会组织如养老院、日间照料中心等的合作，发挥各自优势，利用“1＋N”师资配送，积极推动解决老年人在运用智能技术方面遇到的困难，推进老年数字教育的发展，帮助老年人跨越“数字鸿沟”。

二、 多形式智慧助老学习助力银发族跨越“数字鸿沟”

各层面老年教育从课程开设、内容选择、精品打造等，带领老年人突破时间限制、空间限制、模式限制等，让老年人适应当今智慧教学模式。从智能手机入门到玩转视频、抖音的制作，从学会网上购物到掌握网上预约挂号流程，各类在线平台积极参与，不断学习，颇有成效。老年数字教育的不断推进、不断创新、不断完善，多部门联手推动周边区域的老年人更从容适应时代发展、科技发展，助力老年人跨越数字鸿沟，从而享受智能福利，学会智能生活。

（一）各层级老年大学、社区学院、老年学校、社区学校等积极开设智慧助老课程，内容丰富多样

以宝山区社区学院的课程表为例，手机类课程就有十多门：“智能手机课”“手机也能拍大片”“‘剪映’——零基础”“抖音短视频制作”“手机摄影”等，还有电脑相关课程如“会声会影”“PS 基础”等、连 IPAD 都开设相关课程，让老年人有选择性地开展智能学习。

（二）各层级老年教育学校通过不断打磨课程，提升课程品质，打造精品课程

通过问卷调查、座谈等形式了解老年人对智能课程的需求，筛选出部分如“智能手机课”“手机也能拍大片”“智能出行”等课程编写校本教材，录制微课小视频，提高老年人开展智能学习的便捷性。

（三）利用立体化、多形式线上学习平台，扩充数字化线上学习渠道

建立以“钉钉”“腾讯会议”等直播学习平台为线上数字学习阵地，微信公众号作为展示窗口，定时为区域内老年人提供线上数字学习资源，在“直播”平台上投放课程，延伸微信群功能，利用各类平台有效提高老年数字教育学习覆盖人数。

1. 为不同年龄段、不同家庭状况的老年人提供“度身定制”数字教育培训精准服务

切实关注数字学习障碍人群，以一对多教学、同时辅助以一对一的志愿服务进行指

导、讲授，借助组建微信群和智能学习点位，打通数字教育助老“最后一百米”，时时、处处解决老年人的数字困难。

2. 通过数字化赋能，教学中投入使用智慧学习场景，开启老年人沉浸式智能学习

根据市教委发布的《关于推进本市老年教育数字化发展的意见》和《上海市老年教育智慧学习场景建设指引》要求，各层级老年教育机构相继开展老年智慧学习场景的建设。智慧客厅、智慧生活、智慧厨房、智慧金融、智慧康养等智慧学习场景的相继投入教学使用，为老年人提供沉浸式、体验式的学习场景，推动上海老年教育数字化转型进行切实有益的探索。

3. 多部门联手开展老年数字教育专项活动，形成老年人积极参与学习的良好氛围

2022 年上海市教委联合市民政局、上海市老龄办动员全市近万名社区教育、老年教育专兼职教师，招募助学志愿者 5 万多名，深入社区教授老年人各类智能设备和手机应用方法。此次专项活动积极配送各类学习资源，据统计截至 2023 年初，组织区、街镇、居村委等不同层次的活动过万场次，尤其是居村委的覆盖率达到 99％以上。

在推进老年数字教育过程中，在不断提升老年智慧教育水平过程中，老年人在智能社会发展中有了更多获得感、幸福感和安全感。

开展"专项行动",助力老年人跨越"数字鸿沟"

上海市静安社区学院

切实解决老年人运用智能技术困难,是数字时代增进民生福祉的迫切需要,是静安区高水平学习型城区建设的内在要求,更是提高人民生活品质的重要标志。静安区是最早进入深度老龄化的城区,截至 2021 年底,全区户籍总人口 90.69 万人,其中 60 岁及以上老年人口 36.94 万人,占全区户籍总人口 40.7%。2022 年 9 月,上海市教委发布《2022 年上海市老年数字教育进社区行动工作方案》后,静安区认真研究、精心谋划,面向全区开展"智慧助老"专项行动,助力老年人跨越"数字鸿沟"。

一、 实施背景

2019 年,静安网校被评为上海市终身教育学习品牌项目,后又被评为全国终身学习品牌项目。静安网校是静安社区数字化学习推进的有效载体,网校小区分校已经在 259 个居委全覆盖,拥有良好的电脑、投影、网络等数字化教学设施设备。2022 年 2 月,对标《上海开放大学 2022 年工作要点》中"扩大社区教育服务规模""推进老年教育内涵发展"和"提升社区教育系统服务能级"三项重点要求,静安社区学院加强全民终身学习氛围营造和资讯传播、学习平台优化提质、学习场景创新应用、学习资源建设推广、学习活动策划实施。9 月,上海市教委发布《2022 年上海市老年数字教育进社区行动工作方案》后,经过认真研究、精心准备,静安区学促办牵头,依托区社区学院,加大老年智慧学习场景建设、开发适配场景的交互式教材,深挖"静安网校"品牌建设内涵,汇聚各方优质数字化学习资源,面向全区 14 个街镇、259 个居委开展"智慧助老"专项行动,就近满足老年群体数字化学习需求,助力老年人跨越"数字鸿沟"。

二、 行动内容及开展情况

(一) 系统筹划,精准聚焦"智慧助老"需求

老年人数字素养与技能提升,以及老年人智能技术应用困难问题,是事关民生的大事。市教委工作方案发布后,静安社区学院起草静安区老年数字教育进社区行动工作方案(草案),经区学促办讨论后进入具体项目实施阶段。一方面,教育局与区委宣传部、网信办、大数据中心等部门形成合力、协同推进,为老年人量身定制授课方案,推进"智慧助老"活动的顺利开展。另一方面,为了能更有效、更精准地对接 259 个运行中居委学习点

的智能技术培训、智慧助老学习需求，静安社区学院立即启动了“静安网校数字化学习推进活动”线上调研。一周时间，各街镇完成了117场次的“智慧助老”服务需求反馈，学院基本掌握了静安区老年人运用智能技术的困难所在和重点领域，并据此优化师资培训，形成了智慧沟通、智慧政务、智慧医疗、智慧出行等重点领域的培训方案，为深入落实市教委《2022年上海市老年数字教育进社区行动工作方案》打下了基础。

（二）科研引领，探索设立“智慧助老”标准

静安区制定了《提升静安区老年人数字素养与技能三年行动计划》，明确提出，力争在2025年前，显著提升静安区老年人数字素养与技能，跨越数字鸿沟。

“科研引领”是静安学习型城区建设和终身教育推进事业的亮点特色。2022年初，静安区学促委提出了要制定助力老年人跨越“数字鸿沟”的“静安标准”，在静安区教育局的统筹下，静安区业余大学、静安社区学院、静安区老年大学以及13街1镇给予有力支持。研究团队细心规划研究进程和研究路径，即时调整研究任务和研究方法，在理论推演、先期调研、方案试验的同时，还组织了终身教育领域专家和政府部门专项咨询会。汇聚了上海终身教育相关专家和政府相关部门的智慧，《静安区老年人跨越“数字鸿沟”标准指南》的草案于2022年11月初成型。

该文本基本涵盖了老年人数字生活的全部内容，分初、中、高三个层次：初级是帮助老年人开启数字生活，倡导学会9类基本操作；中级是帮助老年人乐享数字便捷，倡导掌握8项数字应用；高级是弘扬社会主义核心价值观，倡导践行5项数字文明。突出了“终身学习”“静安实践”“静安渠道”三方面内容，做到普遍性与特色化相结合。

（三）有序推进，全面实施“智慧助老”行动

1. 加强统筹协调，成立项目工作组汇聚合力

将智慧助老工作纳入全区社区教育工作的重点内容，在静安区社区教育工作例会上部署推动。2022年9月22日，在静安区业余大学举行了社区教育工作例会，各街镇社发办主任、社区学校常务副校长参加了会议。会议希望各街镇对该项工作引起重视、统筹协调好相关事宜，将助力老年人跨越“数字鸿沟”工作做实做细。

根据市教委专项行动工作要求和市开大相应工作要点，学院对“静安网校助力老年人跨越数字鸿沟行动”项目确定了工作组，由学院院长担任组长，校务办公室、社区教育部、信息实训中心三部门为项目组重点落实科室。组长召集了相关科室负责人进行项目分工，各科室根据既定方案，协同面向全区安排100余场次的社区“智慧助老”服务活动。

2. 注重数字赋能，建设老年教育智慧学习场景

从老年学习者的高频需求与学习痛点出发，聚焦数字生活与中医养生两个重点方向，以课程教学为抓手，建设了物理与虚拟混合的“乐享智生活”和“慧学智中医”智慧学习场景。前者以提升老年人数字素养，提高数字化学习与生活能力为目标，后者从智能中医体质识别和个性化养生方案出发，通过数字化路径为老年学员保持身心健康提供指引。场景分别从基础环境、专业设施设备、数字化平台与应用、数字化资源、学习与场景数据分析与可视化等方面进行了建设，并构建了融教学设计与实施、支持服务与管理于一体的运营保障团队。

同时,适配场景的应用同步开发了线上线下融合的交互式教材,并辅以配套的数字化资源和自适应学习平台,从多维度为老年群体提供泛在化的学习支持。此外,利用模拟仿真、VR、AI 分析等数字化设备与技术提升学习的交互性与体验感。场景的建设充分融合教学设计,既是支持也是引领,通过沉浸式的学习增强了老年学员的用户感知,打破传统老年教学的边界,从时间和空间上拓展了老年教育的服务范围。

3. 遴选优质资源,依托线上学习平台集中推介

完成"静安学习网"和"e 读静安"小程序的近千件数字化学习资源的梳理工作,有序向辖区老年人推介,打磨了可供大规模使用的相关教材、微课和短视频,设置了"静安学习网"网校数字化学习推进活动专题网页,方便学习者一键可达。社区学院在全区范围内对老年数字教育优质资源进行分层次、分类别推介,线上资源主要依托"静安学习网"供老年人在线学习;实体资源,主要以平时供给和培训供给相结合的方式及时进行线下资源配送。

4. 组建志愿团队,统一培训打造专业师资队伍

在"上海静安"和"乐学静安"公众号平台发布项目志愿者招募公告,并先后对静安社区学院全体教师和招募的社会志愿者,开展了专业培训,统一教案、统一培训、统一考核。100 多位志愿者教师深入社区,开展了助力老年人跨越数字鸿沟的培训指导工作。

5. 深入网校分校,全面推进老年数字教育进社区

就在线上调研截止日的第二天开启了线下第一场培训,主题为"智慧社交"。为进一步引领社区居民感受数字化学习的魅力,静安社区学院于 2022 年 10 月推出了"老年智慧学习场景"体验学习,其内容包含智慧生活模拟体验、数字化学习体验、中医养生体验。2022 年 11 月至 12 月,在静安区社区学院数字化学习体验中心也推出了"数字化学习体验,提升市民数字素养与技能"数字化学习体验活动,引导市民参与手机、平板、电脑、图书阅读机、点餐和收银一体机等多种智能设备的沉浸式体验学习,同时进行智慧出行、社交、就医和政务等内容讲解,共开展了 4 场活动。全面铺开的老年数字教育进社区行动,得到了各街镇分管领导、各街镇职能科室、各居委学习点、区教育局、区业余大学、区社区学院等部门和单位的积极配合。社区学院发挥策划与联络优势,从调研反馈、项目保障、实施评价等,确保项目有效、高效、科学化推进;各街镇有效发动、积极支持,确保智慧助老学习阵地建设;各居委学习点积极排摸,老年群体走出家门、来到家门口的学校,热情参与学习与答疑。该专项行动满意度为 100%。

三、 主要成效

(一) 整合老年数字教育资源,保障了"智慧助老"质量。除充分动员现有的社区教育机构外,学院还广泛发动高职院校、医院、图书馆、各类社会组织积极参与,初步呈现出精准服务、多方参与、协同推进的工作局面。通过多方协作,围绕静安老年人数字生活、学习等需求,运用视频、动画、虚拟现实、直播等载体形式,做优、做强数字资源。区级教学课件、学习资源统一上传至静安学习网网校数字化学习推进活动专题栏目。加大数字资源配送力度,充分利用智慧场景、数字化学习体验中心等先进设备设施,向老年人提供沉浸

式学习。

（二）编制发布标准指南，科学谋划老年人数字素养提升。制定了《静安区老年人跨越"数字鸿沟"标准指南（1.0版）》和《提升静安区老年人数字素养与技能三年行动计划》，凸显行动在静安社区的个性化特点。2022年11月30日，在上海市静安区全民终身学习周开幕式上，《静安区老年人跨越"数字鸿沟"标准指南》（1.0版）发布。这是一份帮助老年人跨越"数字鸿沟"的区域性、标准性文本。1.0版是静安破解老年数字教育的一次尝试和探索，今后将进一步聚焦实际问题和突出困难，加强整体设计和优化，推动学习场景与生活场景相融合。通过小步快跑、迭代更新，切实起到惠民实效力争在2025年前，显著提升静安老年人数字素养与技能，跨越数字鸿沟。

（三）强化项目团队建设，提升了专项行动服务能力。打造了专业化师资队伍。"智慧助老"志愿者队伍已近200人规模，包括了大学生、白领、老年人等人群，打造了一支善于组织和带领老年学员学习的志愿者讲师团，形成了专业教师和志愿者两支工作队伍。

立足新时代发展要求，静安区开展助力老年人跨越"数字鸿沟"专项行动，要全力提高覆盖面和服务质量。一方面依托"静安网校分校"主阵地与品牌基础，持续辐射优质数字化学习资源，为网校居民提供个性化的服务，不断提升静安老年数字教育水平。另一方面探索建立长效服务机制，在静安数字化学习推进队伍的培育、活动的开展、协同推进机制等方面的进一步完善。

探索“数字学习” 推进“智慧助老”

上海市杨浦区学习型社会建设与终身教育与促进委员会办公室

杨浦区是上海的人口大区，也是民生大区、养老大区，近年来老龄化程度日益加剧。全区有60周岁及以上户籍老年人41.44万人，占户籍总人口的39.5%，老龄化现象凸显。伴随着互联网技术的高速发展，数字化学习打破了传统的方式，“老龄化”遇到“数字化”，已成为当前社会热点问题，随着信息化技术的普及，助老跨越“数字鸿沟”迫在眉睫。为进一步推动解决区域内老年人在运用智能技术方面遇到的困难，使老年人更加便捷地接受数字教育，杨浦区学习办稳步推进开展老年数字教育进社区行动。以“课程推送、彩虹课堂、睦邻云学堂和人文云行走”等项目为抓手，通过“社区学校、居委学习点、学习团队”三个渠道全覆盖推进老年数字教育，不断提升智慧助老工作的新成效。

一、 广泛开展调研，培育数字教育师资力量

在上海市老年教育教学研究指导中心的指导下，杨浦区开展了上海老年学员在线学习情况的问卷调研，发现老年人的在线学习，女性优于男性，学习者主要集中在70岁以下，大多是街道老年学校学员。通过调研得知，绝大多数老年人使用智能手机主要是用来微信聊天、看视频等休闲娱乐活动，也有部分老年人在日常生活中尝试去上网课、网上购物，甚至在线缴费等，但大部分老年人存在操作上的困难。数字信息化时代，如何让更多的老年人能轻松运用手机学习、娱乐、出行、消费等，就必须要教会他们正确操作和使用智能手机，这是摆在老年人面前最深、最宽的“数字鸿沟”。“数字学习、智慧助老”工作已经成为当前老年教育工作的重中之重。杨浦区在调研的基础上，切实了解老年人的数字学习需求，建立智慧助学队伍，加强师资队伍建设。全区各街道170名专兼职教师参与了老年数字教育行动，通过团队活动和线上课程等形式，组织老年居民开展各类型课程的线上学习，帮助老年人掌握智能化手机的运用。同时，还结合“睦邻云学堂”和“人文云行走”项目，招募到了一批有志于服务社区老年教育的大学生、企业白领、医务工作者等志愿者共同参与老年数字教育，助推智慧助老工作。

二、 借助市级平台，推送智慧助老课程资源

杨浦区积极参与上海市老年数字教育进社区课程资源建设，梳理并上传线上课程资源10门，其中部分课程被选入全市专题网站。同时，坚持因地制宜，指导各街道社区(老

年)学校开展灵活多样的学习服务,将进社区海报、宣传折页配送到各个居委,同时向辖区内居民学习点推送上海市数字教育课程和资源,做到线上应推尽推,能学尽学。各街道社区老年学校将服务下沉到“班级学员、居委学习点、学习团队”中。一是社区学校班级学员。在班级群中,及时发送课程公众号和平台链接,让学员们自主学习,遇到困难及时向其他学员请教,负责人是各班班长。同时,学校组织教师和部分学员开展线上教学的操作培训,让大家熟悉和掌握“腾讯会议”等 App 的使用。二是各居委学习点。由居委文教干部负责,覆盖全区 12 个街道的居委学习点。通过学习点组织老年居民集中学和分散学、自学和交流等形式,尤其是课后进行模拟指导实践,帮助社区老年人“玩转”智能手机。三是街道各学习团队。团队自学互助开展智慧助老,由团队负责人组织队员开展数字学习和交流,把数字教育融入团队学习活动中,有效进行整合,充分发挥老年学习团队的作用。通过“三渠道”的落实层层推进,让数字学习从“云端”到“地面”,实实在在走进老年人。

三、 完善线上课程,打造彩虹课堂区域平台

在数字化普及的大背景下,杨浦区积极整合多方资源,依托智慧学习平台的打造,开发数字“彩虹课堂”,让老年人数字学习变得更为容易和便捷。“彩虹课堂”借助于杨浦区“三区联动”的优势,由高校和企业园区、社区学院和 12 所街道社区老年学校提供优质的线上课程资源,结合老年人关心的衣食住行医等方面的需求,合力打造“彩虹课堂”数字资源库。平台共有“实用技能、文化素养、健康教育、艺术修养、体育健身、市民教育、其他系列、大美江南”共 8 大类课程可供老年居民选择。使辖区老年居民学习不受年龄、地域、空间、时间的限制,选择适合自己的手机课程开展学习,突破了学习时间、空间的限制,有效提高了服务老年人的效率。老年人通过“智慧就医、智慧出行、智慧购物”等课程的学习,帮助区域内老年居民切实解决使用智能手机的困难,不断提升杨浦“智慧助老”的工作成效。下阶段,杨浦区还将进一步从老年人的学习需求出发,用心用情把最好的数字化学习资源送到老人身边,在“彩虹课堂”中增设“大思政课”和“数字金融”等栏目,进一步完善线上课程的种类,搭建智慧学习新空间。

四、 满足个性需求,分层教学提升学习成效

面对区域内老年人的不同需求,辖区内各街道的社区老年学校进一步采取个性化措施,通过精准服务,切实提高“银发族”的数字意识和数字技能,使老年人更加便捷地接受数字教育。其一,关注不同年龄老人的教育需要。对于年龄较轻、活动能力良好的老年人,开展课堂实践活动,在实践体验中进行教学;对于年龄较大、活动能力较弱的老年人,加强录像和课堂示范,发挥志愿者的帮扶作用。透过一系列有针对性的教学活动,让老人了解到智能科技应用的课程并不困难,在轻松愉快的环境中进行,促进老年人对智能技术的兴趣以及学习的积极性。其二,制定多样化的数字教学课程。对于有一定智慧生活经验的老人,安排较为复杂的网上购物、旅游、娱乐等课程,以适应其对智慧生活的需求;对零基础且智能生活全无的老年人,则安排日常出行、购物等相对基础的课程内容,满足其日常生活的基本需求。

五、 整合多方资源，立足项目拓宽学习渠道

杨浦区以“睦邻云学堂”和“人文云行走”等项目为抓手，助力老年人跨越数字鸿沟，全面提升老年人数字化学习能力。其一，“睦邻云学堂”项目。后疫情时代的到来，人们的生活习惯悄然改变，老年居民对健康的关注更加全方位。杨浦区学习办联合上海教育报刊总社(康复杂志社)，推出睦邻健康学堂线上线下相结合的宣教活动，通过线下观摩讲座、线上直播课堂，以及课程的配套教材，满足居民的不同需求，既可以随时随地进入线上睦邻学堂，也可以与专家面对面进行交流互动。“‘医’心向党　健康同行”“秋冬鼻炎保卫站”和“肩周炎运动康复”等睦邻学堂的线上活动，累计参与人数近 2 500 人，帮助居民了解掌握更多的科学健康知识，提高老年居民的健康素养。其二，“人文云行走”项目。杨浦区积极启动线上云游，通过学习上海市民终身学习人文行走公众号、相关网站等有关人文行走学习点的介绍视频、VR 影像等资源，整合杨浦滨江人文市民学校、杨浦区少年宫优质资源实现“人文云行走”，带领老年居民们探寻杨浦百年文明的红色基因和杨浦历年来不断转型发展的辉煌成就。2022 年 10 月以来共开展数字行走活动 5 次，累积参与人数 7 000 多人。正在积极研发人文行走数字课程，为市民数字智慧行走提供可视资源。

从活动开展至今，杨浦区老年数字教育行动共覆盖全区 288 个居委学习点，覆盖率达 100%。配送资源有线下课程 23 门、数字资源 2 947 个、读本(折页)3 250 本；参与线下行动 19 484 人次，线上学习人次 53 546 人次。通过数字学习智慧助老行动的开展，为老年人享受智能化带来便捷与福利，使老年人的晚年生活能拥有更多的获得感、幸福感和安全感。下阶段，杨浦区将进一步规划老年教育“智慧学习场景”的建设，结合优质校评审中专家组提的意见和建议，继续加强“智慧场景”的打造，依托各街道“智慧学习场景”开展智慧助老的数字体验教学。同时，需加大培训和研讨的力度，通过前往市级第一批“智慧学习场景”的观摩与学习，探索如何以老年人学习需求为导向，结合各街道的特色项目打造智慧学习场景，引领老年人沉浸式体验，逐步实现区域老年教育数字转型、智能升级和融合创新。

“老吾老以及人之老”。相信随着数字化与老年教育的深度融合，必将助推智慧助老的新发展，让“银发族”们体验智慧生活，享受“数字关爱”。

老年数字教育进社区的“浦东样本”

上海市浦东新区社区学院

在信息化、老龄化、数字化深度发展的时代背景之下，老年人的数字化生存、数字化生活和数字化学习越来越成为全社会普遍关注的问题。为了积极应对人口老龄化，贯彻落实国家战略，推动解决老年人在运用智能技术方面遇到的困难，乐享数字化技术的发展成果，浦东新区教育局、民政局、老龄办协同发力，共同探索数字助老、智慧助老的“浦东样本”，以社区学院为龙头全面推进“老年数字教育进社区行动”。

面对浦东地广人多、量大分散、区域不均衡等复杂现状，在市教委指导下，浦东新区在全区范围内开展老年数字教育进社区行动。整个行动历经三期、历时 6 个月，在充分考虑人员不足等问题的基础上，精心规划行动方案，从顶层设计到压茬推进，在平台、团队、资源、活动、科研等多个方面发力，提升了浦东老年智慧教育的水平，营造了社区浓郁的终身学习氛围，专项行动覆盖 36 个街镇、1 407 个居村委，共开展区级行动 118 次、街镇行动 347 次、居村委行动 964 次，各级行动中开展超过千场培训活动，就近满足 20 多万人次的老年群体数字化学习需求，有力助推社区教育、老年教育在 15 分钟社区生活圈的影响力和服务力，让社区老年人在数字时代乐享品质生活。

一、 一个平台，亮出数字助老“新名片”

为服务并融入浦东社会主义现代化建设引领区的新发展格局、按照“浦东能突破、全市能推广、全国能借鉴”的要求，创新探索“互联网＋”时代智慧养老新模式，推进老年数字教育进社区行动，营造良好的老年数字化学习氛围，浦东新区统一筹划，设计宣传标识，打造行动品牌，上线了“浦老惠”服务平台，合力打造浦东助老服务新名片，提升老年数字教育进社区行动的品牌影响力。

作为一个汇聚全区各类养老服务资源、完善系列服务功能的平台，“浦老惠”已初步实现了“养老地图一键可知、场景监管一键可查、养老服务一键可达”。整合了入住养老院、护工上门、辅具租赁、紧急设备申请、养老顾问、适老化改造、法律援助等 11 个养老场景，解决老年人日常生活需求。这些功能又整合了政府资源、社会资源、市场资源，为老年人提供多元化、专业化、个性化服务，让老年人享受高品质养老服务。后续将充分运用“互联网＋养老”思维，持续优化完善“浦老惠”平台建设，推出更多科学化、精准化的便民利民服务举措，切实让养老服务事项更加规范透明，服务选择更加灵活广泛，群众办事更加便捷高效，办事成本更加节约惠民，管理监督更加及时到位，让“浦老惠”成为浦东养老服务的新名片。

二、 两大团队，打造数字教育“强队伍”

浦东新区社区学院第一时间组建“青年助老讲师团”，组织全体青年教师参与并集体教研备课，深入街镇社区、居村一线，以面授、模拟情境、现场演示等方式，“手把手”教会老年朋友应用智能设备，掌握数字技能。各街镇社区(老年)学校校长、居村委文教干部和志愿者导学员建立“智慧助老导学志愿者”团队，以线上观摩、送教上门等学习形式，认真配合整个行动的开展。两支队伍建立起“青年教师现场讲解＋志愿者导学员指导操作＋老年学员实践体验”为一体的活动形式，通过线上线下融合授课，全方位、立体化地扩大活动参与范围，打破银发一族与数字生活之间的壁垒，让老年人体验智慧科技带来的获得感、幸福感和安全感。

例如：洋泾街道社区(老年)学校组建了“志愿者讲师和导学员”队伍，集中进行教学研讨和导学业务能力培训；编制行动计划，分组实施，每组安排一名讲师并配备一名组长负责管理和联络，确保进社区活动数量和教学质量；导学员们将优质教育资源送到老年人的“家门口”，引导老年学习者能够在熟悉的环境中，就近、方便地学习数字技术，克服老年人对数字技术“不愿学、不敢学”的心理障碍，激发老年人对数字技术的学习兴趣，提升数字操作和应用能力。

三、 三个注重，凝聚数字行动“向心力”

一是注重数字教育进社区行动的全覆盖。发挥各街镇社区(老年)学校的主阵地、主战场作用，认真做好数字课程配送、志愿者队伍的组建、办学干部的培训，以及服务空间拓展延伸等工作，力求送教服务至家门口的老年学习点、为老服务中心，甚至是村里的老年日间照料中心，实现辖区内各居村委学习点的数字化全覆盖。二是注重行动过程中的及时复盘。通过收集、整理和反馈活动的照片、数据、视频等资料，对每阶段的活动进行复盘，记录过程、回顾梳理；对推进过程中存在的共性问题、难点问题，及时研究、优化方案，不断探索行动新路径、新方法。三是注重搭建交流展示平台。浦东新区成功举办“智慧畅享引领区，终身学习向未来”成果展示暨老年数字教育进社区行动阶段性总结会。在活动的第三篇章“智能——畅享未来”中，用影片的形式对本次老年数字教育进社区活动进行记录和回顾，通过影片对前期行动成果进行复盘；在互动采访环节，围绕全面推进“老年数字教育进社区行动”，活动的组织者、参与者纷纷表示，此次行动聚焦智慧医疗、智慧出行、智慧政务与智慧社交，关注到了老龄化碰撞数字化的热点与痛点，体现了社区教育扎根“社区”的本质属性。

例如：高桥镇社区(老年)学校向全区分享了行之有效的“传、帮、带”方式，鼓励辖区内的各方力量以传递接力棒的形式，推动整个行动的可持续发展，并向全区终身教育工作者和市民朋友发出倡议，邀请大家共同参与到智慧助老行动中。

四、 四大课程，聚焦数字生活“痛难点”

为更好满足老年人的需求，新区坚持以老年学习者为中心，精心设计本次专项行动的课程内容，聚焦老年群体最关心的社会热点与生活痛点，整合15分钟生活圈的各方优质资源，努力弥合36个街镇的城乡差异，开发了“智慧出行——尽在掌握、智慧社交——联通你我、智慧医疗——助力健康、智慧政务——便捷生活”四大专项课程，融合了“智慧助老体验基地、长者智慧课堂”等一批智慧助老场景体验资源，并通过“学习＋体验”的模式，让老年人真切感受到数字技术发展带来的便利。

例如：新场镇社区（老年）学校的“走近村级老年人日间照料中心”活动，与周浦医院、浦南医院、仁济医院和曙光医院等多家医院联动，为老年人提供互联网医院的在线咨询、复诊配药等，通过专项行动提供的课程，手把手教会老年人使用智能服务设备，使老年人的数字学习和数字生活联系地更为紧密。

五、 持续研究，提升数字教育“高质量”

浦东新区老年数字教育进社区秉持在行动中思考，在思考中行动的理念。在行动前期，开展了对老年人数字化生活和学习需求的大调研，力求教育回归生活，将数字教育进社区行动与老年人实际生活相融合。在行动中期，一线教师和科研人员更是走进街镇活动现场，通过田野观察、采访学员、拍摄视频等方式，生动记录老年学习者在数字教育进社区行动中的行为表现，基于老年学习者的视角了解现实情况和问题点所在，反思行动进一步推进的方向和路径。在行动后期，依托浦东老年教育进社区行动阶段性总结的契机，开展了关于“老年人数字化学习参与度”的实证调研，通过对老年学员和授课教师的预访谈形成对老年人学习过程参与程度的研究思路，通过文献研究，搭建研究框架，编制老年人数字化学习参与度调查问卷，收集区域参与本次行动的老年学习者的一手资料，进行量化分析，用数据解析此次行动开展的现实情况，并对影响老年人数字化学习参与度的因素进行探究，以期构建促进老年人数字化学习参与的解决方案和路径。

浦东新区老年数字教育进社区行动涵盖数字医疗、数字政务、数字社交、数字出行等多个领域，通过面对面、手把手地教会老年朋友应用数字设备，掌握数字技能，提升数字素养，打破了老年人与数字化之间的“最后一公里”，有效地助力老年群体跨越数字鸿沟，乐享品质生活。在此过程中，我们也进一步认识到老年数字教育仍然需要持之以恒的推进，数字助老服务仍然需要不忘初心的坚守。浦东新区将继续积极探索、主动作为，全力打造数字赋能老年教育的新模式，让浦东老年数字教育跑出加速度和温馨度，书写新时代助老跨越数字鸿沟的浦东篇章。

为老年群体研发智能手机交互仿真系统

上海市长宁区推进学习型城区建设指导委员会办公室
上海市长宁区社区学院

作为上海市智慧城区的“排头兵”,“数字长宁”是长宁区重要的发展战略。为进一步深入贯彻习近平总书记关于老龄工作的重要指示精神,落实党中央、国务院关于切实解决老年人运用智能技术困难的决策部署,长宁区深入开展“智慧助老”行动,并牵头上海市终身教育数字化学习协作组专门为老年人研发了智能手机交互仿真系统。“老年智学手机仿真系统”针对老年人学习智能手机软件慢、难等“痛点”,适配手机端与平板端,包含“智能手机随心学”“老年智能生活”两大版块,系统的 H5 界面智学小程序模拟还原手机操作界面实现辅助教学,内容涵盖“手机入门”“微信”“支付宝”“随申办”四大模块在内的智能手机常用功能学习内容,切实增强老年人运用智能技术的获得感、幸福感和安全感。该系统现已获得专利审批,配套课程资源获教育部推介为“智慧助老”优质课程资源。

一、 基本概况

面对社区教育深度老龄化的严峻形势与老年人面临的“数字鸿沟”问题,长宁区不断创新形式、拓展内容,以终身学习云视课堂优化整合终身学习精品课程;智慧学习场景扩大教学效能和辐射作用;智慧学习数字导学员为老年信息素养提升工作的推进提供有力支撑。为了让老年人更加直观、真实地学习掌握智能手机的功能,长宁区社区学院组织精干的专业技术人员,与有关部门通力合作,专门为老年人研发出智能手机仿真系统,以帮助老年人增强运用智能技术的能力、提升信息化时代所需要的各种素养,让老年人尽快适应信息技术的迅猛发展。

“老年智学手机仿真系统”是由长宁区牵头上海市终身教育数字化学习协作组专门为老年人研发的智能手机交互仿真系统。系统适配手机端与平板端,包含“智能手机随心学”“老年智能生活”两大版块,内容涵盖“手机入门”“微信”“支付宝”“随申办”四大模块在内的智能手机常用功能学习内容。老年人可以在系统提供的沉浸课程中进行仿真练习,将“学”与“习”二者统一起来构成完整的学习过程。系统的 H5 界面智学小程序模拟还原手机操作界面实现辅助教学,每一步操作配有引导词提示,当出现失误操作后会有错误提示;再次错误后会有引导箭头指示正确位置,是一款适合老年人学习特点的模拟仿真智能手机系统。“老年智学手机仿真系统”研发成果不仅获得了国家专利,还得到了教育部和上海市教委的推广。

二、 主要做法

（一）以学习者为本，凸显人文关怀设计理念

在老年人数字化学习中无论是了解数字化生活还是运用数字化技术，其学习效果都受制于老年学习者的身体状况、心理接受度。随着年龄的增长，老年人群的身体机能弱化，在记忆力、视听觉能力、行动能力等方面都会出现不同程度的衰退。老年人身体机能的衰退导致老年人容易出现注意力不集中、记忆力下降以及反应速度变慢等问题，对智能技术的学习能力会随着年龄的增长出现明显下降。基于此，长宁区社区学院为老年人数字学习专门研发的智能手机交互仿真课程，在开发该仿真系统时始终立足于以为老年人为本，解决传统的线下/线上的课程学习很难实现对应的练习功能，从老年人群的数字学习特征和心理特征出发，满足老年人群数字技术学习所需的练习和及时回顾的需求，切实提升老年人对智能技术的接受力和使用力。《老年智学手机仿真系统》彰显人文关怀的设计理念，老年人能借助 H5 界面智学小程序反复进行交互仿真操作练习，在自主尝试过程中不断试错，加深印象，通过开展更具交互性、体验感的沉浸式学习，达到强化学习的效果，畅享通过数字化学习所带来的乐趣。

（二）丰富内容模块，满足多元化学习需求

“老年智学手机仿真系统”包含“智能手机随心学”“老年智能生活”两大版块，内容涵盖“手机入门”“微信”“支付宝”“随申办”四大模块，每个模块配套研发 H5 界面智学小程序。对应开发了“智能手机仿真学”课程，具体包含“手机如何联网”“手机怎么设置更安全”“开启手机‘简易模式’”“手机 App 软件的下载安装”“微信好友如何添加”“发起微信聊天”“支付宝实名认证”“支付宝绑定银行卡”“支付宝付钱”“支付宝安全设置”“随申办—注册”“随申办—预约挂号”“随申办—寻医问药”“随申办—查询交通”“随申办—随申码乘公交”“随申办—叫出租车”“随申办—生活缴费”“随申办—老年教育在线报名”等 18 项智能手机常用功能的课程学习内容。“智能手机仿真学”课程依托 H5 界面智学小程序，以仿真交互学习，结合操作指引，设计丰富的学习内容，同时为老年人提供反复操作练习平台，满足老年人对智能手机的基本需求和多元化学习需求。

（三）保障实施效果，优化数字助老导学员队伍

为了进一步保证老年教育数字化课程实施的效果，促进提升老年人数字化学习质量，长宁区从 10 个街镇所属的社区（老年）学校、居委教学点、睦邻学习点等多级办学网络中的社区数字化工作专兼职教师、数字化学习推进员中选拔，组建数字助老导学员队伍，为老年人开展数字化学习给予支持和保障，在“智能手机仿真学”课程教学与老年智慧学习场景中开展课程学习导学工作，切实解决老年人在学习过程中遇到的困难。导学员由长宁区社区学院专业教师带教，定期组织相关信息素养提升方面的培训工作，保证数字导学员队伍在技术、业务方面具有较高理论水平、为老年信息素养提升工作的推进提供有力支撑。

（四）迭代更新资源，彰显数字化课程生命力

“智能手机仿真学”课程资源建设秉持不断更新、不断创造和不断完善的理念，课程资源与 H5 界面智学小程序每年跟随智能手机功能以及微信、随申办等应用软件的更新而更新，通过课程资源的迭代更新使课程教学具备与时俱进的实用性，而由课程资源带来的

"智能手机仿真学"课程体系也就更加具有了生命力。

三、 经验成效

在数字化时代下,智能手机业已成为现代生活的必需品,长宁区为老年学习群体"量身定制"的"老年智学手机仿真系统",将教学与沉浸式练习紧密结合,促使"老年智学手机仿真系统"适用于老年智能手机课程辅助教学以及各类老年智慧学习场景。

(一) 改善老年学习者学习效果

老年学员通过系统 H5 界面智学小程序模拟还原手机操作界面实现辅助教学,使不熟悉智能手机运用的老人能借助智学程序体验智能手机实际操作,通过仿真模拟以引导、鼓励老年人使用智能手机,并针对老年人由于身体机能下降导致学习能力降低的学习特性,通过操作指引,及时纠正智能手机使用时的错误以提升学习效果。此外,教师在线下/线上课堂教学过程中通过使用 H5 界面智学小程序完成对应知识点的交互练习,测试老年人对于课程知识的掌握程度,老年人亦可以及时发现学习中的不足之处,弥补遗漏知识点,通过智学小程序练习不断加深印象,强化了数字化课程学习效果。

(二) 满足老年学习者沉浸式学习

老年人通过对智能手机的仿真交互练习,实现了学练一体,打破老年人对智能设备的心理抵御,通过反复练习,切实解决了老年人数字化学习痛点的问题。该系统还将在老年智慧学习场景中进行布局和配备,通过在场景中部署类手机大屏设备,设备模拟还原智能手机操作界面,搭配导学员讲解与演示,通过交互性更强、体验感更加真实的沉浸式操作体验,帮助老年人顺利掌握和熟练使用智能手机,助力老年人跨越"数字鸿沟"。

(三) 形成了可推广的老年人智能学习方式

为积极响应和落实党的二十大报告中所提,要"办人民满意的教育"。长宁区将数字化融入终身教育中,"老年智学手机仿真教学系统"是长宁区在深化"学在数字长宁",建设高品质、智慧型、现代化学习型城区的一次新的尝试和突破。"老年智学手机仿真教学系统"不仅获得国家软件著作权证书,仿真教学系统及其所搭载的触控一体设备也已在长宁区建成的 5 个"学在数字长宁"智慧学习场景与 10 所街镇社区(老年)学校内配备,供社区老年人更加便利直观地练习和学习,形成了可复制的常态化老年人智能学习方式,更使得"学在数字长宁"彰显出其独特的魅力。

(四) 对老年群体数字化教研进行了有益的探索

为进一步响应教育部关于开展智慧助老三项任务的推介工作,长宁区以"数字赋能"推进"智慧助老",积极组织发动、挖掘培训优质工作案例、教育培训项目和课程资源,打造更多"智慧助老"优质课程资源。开发"老年智学手机仿真教学系统"是长宁区发挥区域数字化优势,针对特定的老年学习群体开发智慧学习课程,打造智慧学习资源,开展智能技术运用能力培训的一次有益的探索。以此为经验,长宁区也将继续扩大老年数字教育进社区专项行动的推进力度,进一步扩大智慧助老服务范围,进行更多的有益探索,助力老年人跨越"数字鸿沟"。

搭建信息“立交桥” 推进区域终身教育特色化发展

上海市虹口区社区学院

构建互联互通的信息“立交桥”，促进区域内各级各类终身教育纵向衔接、横向沟通，满足区域内居民多样的学习和发展需求，是建设“人人皆学、时时能学、处处可学”的学习型城区的重要抓手。近年来，虹口区社区学院以满足学习者需求为导向、以信息资源为基础、网络技术为手段、协同合作为方法，把各种资源要素有机融合并使之优化，多措并举搭建信息“立交桥”，推动区域终身教育特色化发展。

一、 用活各大平台，确保优质教育资源的共建共享

为提高优质教育资源综合利用水平，推动信息技术与教育教学深度融合，区社区学院积极探索，用活各大平台，努力实现云上服务优势互补，优质教育资源共建共享。一是用好区域三级网络平台，畅通线上、线下两条通道，将课程资源、课程信息、活动信息等及时在四级网络平台（区社区学院—街镇社区学校—居民教学点、市民驿站）上发布，让市民第一时间了解相关信息资源，主动选择、有效学习；二是自建平台，不断完善区级平台（“虹口社区教育”微信公众号、虹口区终身教育门户网站、虹口区社区（老年）教育直播课堂等）的建设，将区域优质课程资源在平台实现共享，鼓励教师和市民利用平台进行教学与学习；三是主动对接公共平台，不断探索与各大公共平台（Bilibili、融媒体、阿基米德、上海人民广播电台、上海学习网、“金色学堂”等）的合作，利用大平台的大流量和大影响力，最大程度实现优质课程资源的共建共享，提升宣传辐射功能和区域影响力。

二、 创办特色院刊，实现信息的纵向衔接和横向沟通

院刊《虹口终身教育》（季刊）于 2022 年 3 月创刊，是由虹口区教育局主管、虹口区社区学院主办的刊物，主要刊发反映国内外及区域内社区教育、老年教育、社区科普教育以及各类终身教育机构等各办学门类的理论研究与实践探索，全面宣传展示虹口区终身教育工作成果。内容广泛，知识丰富，无论是栏目设置、图文选择，还是排版设计，力求做到文质兼美、“人无我有，人有我特”。

作为区级院刊，既要紧贴时代的脉搏，领会最新教育理念和思想观点，准确把握时代方向，与时代同频共振，又要充分展示专业动态，科学引领、精准对接、有效指导区域终身教育研究工作和实践活动；既要有前沿的理论研究，注重视角的宏观性、全局性和指导性，

优先采用紧跟学科前沿,有学术深度、理论创新之文稿,又要有丰富的实践案例,多多采用经验提炼、总结之文稿,为终身教育专兼职教师和工作者的专业发展提供理论指导与实践指南;既要展示区域终身教育工作全貌与成果,做好全“面”宣传展示,又要注重展示个别重点工作、特色工作和重点单位、特色单位,做好“点”上宣传展示;既有展示区域专兼职教师和工作者全“面”深入思考的科研大文章,又有展示区域专兼职教师和工作者具体工作“点”上的实践小思考;既要设置展示教师风采的栏目(如“探索研究”“教育科研”等栏目),又要设置展示学员风采的栏目(如“学员天地”等栏目),甚至还有专为优秀教师和学员量身打造的“人物风采”栏目;栏目设置上坚持“变”与“不变”双重,重点特色栏目(如“思想前言”“专家论坛”“政策文件”“探索研究”“教育科研”“人文虹口”等)相对固定,保持“不变”,但可以根据区域终身教育阶段工作重点和稿件内容,灵活“变”动,进行栏目微调整。

院刊《虹口终身教育》,是全面贯彻终身教育先进理念和展示区域终身教育工作的重要载体,是富有区域独特个性的文化载体,为区域专兼职教师和工作者提供了展示才华的平台,具有内凝人心、外塑形象的作用,是社区学院与外部往来无法替代的有效载体。我们将一如既往发挥院刊的积极作用,努力为终身教育改革与发展服务,为提升区域品牌影响力,推动区域终身教育特色化发展提供思想保证、舆论氛围和精神力量。为更好地推进数字教育进社区活动,培育更多优质数字教育资源,去社区学院计划于2023年第1期开始,在印发纸质院刊的同时,着力打造数字院刊,进一步提高院刊的辐射面和影响力。

三、 开拓展示空间,创新终身学习课堂形式与学习场景

(一) 建立科学创新+非遗文化传承为核心的主题学习坊

从科技创新的视角学习和传承非遗文化,以更好地服务广大市民的科普需求,积极推动非遗传承教育活动的普及。区社区学院积极响应上海市教委号召,打造的主题学习坊以科学创新和文化传承为核心,充分挖掘区域内非遗传人及其课程资源,从科学创新助力非遗文化传承的视角,精心挑选近10个非遗主题课程,组建线上配送平台,最大程度扩展受众面,取得良好的成效。2022年至今,主题学习坊以腾讯会议直播的形式配送皮艺、面塑、弦丝画等非遗课程,达到6 000余人次;采用手机小程序视频播放的形式面向全市配送药斑布、剪纸、折纸、面塑等非遗课程,累计参与人数近1 000人次。今后,区社区学院将进一步加强与科技协会的合作,依托科技手段与力量,探索非遗文化与科技教育相结合的有效路径,引导市民了解、学习非遗文化背后的科技力量与科学知识,助力非遗文化传播传承、发展壮大。

(二) 利用虚拟空间技术打造数字课堂

发挥现代科技互联网的优势,利用虚拟空间技术打造数字课堂,让市民随时随地可以进入虚拟课堂学习,目前已完成健康、出行、艺术、“文化三地”人文行走等虚拟空间数字课堂的建设。同时着力打造虚拟数字人教师“小虹”,以人类教师、虚拟数字人教师和智能机器人教师组成“三师课堂”形式,协同授课,突破了传统学习时空和人员数量的限制。开发数字生活模拟应用课堂——“老张的智慧生活”,利用VR技术模拟现实,构建虚拟与现实融合的互动体验式学习课堂,将打车、就医、购物、云视听等智能手机应用课程以移动学习

形态进行呈现，助力老年人“跨越数字鸿沟”。

（三）引入元宇宙创建智慧学习场景

引入元宇宙，打造系列智慧学习场景——智慧生活学习场景“智能会客厅”、智慧健康学习场景“智能运动室”、智慧购物学习场景“智慧厨房”、智慧心理学习场景“智能心理辅导专用教室”。举办线上音乐会（虹口区终身教育第一届“音为有你”虚拟空间音乐会）、线上绘画展（虹口区终身教育第一届“艺在云端”虚拟空间绘画作品展）、线上艺术节（虹口区终身教育第一届“艺在云端”虚拟空间绘画作品展、“永远跟党走”虹口区老年大学第六届云端艺术节）、线上非遗作品展示（“中国梦·非遗韵——华夏记忆”——2022 年“虹口杯”非遗手工创作比赛线上作品展）等活动，在融合了宇宙舞台、真人数字化和 AI 交互等形式的智慧学习场景中，市民的学习有更加强烈的体验感、沉浸感和代入感，真正达到“入眼入脑更入心”的学习效果。

四、 开发文创产品，提升区域文化叙事能力

2016 年文化部等四部委《关于推动文化文物单位文化创意产品开发的若干意见》指出，要加强文化资源梳理与共享，推动文化创意产品开发。虹口是上海“党的诞生地”和“初心始发地”重要区域之一，被誉为“海派文化的发祥地、先进文化的策源地、文化名人聚集地”。“文化三地”是历史赋予的宝贵财富，区社区学院从加强文化资源开放和共享角度出发，结合人文行走工作，开发文化创意产品——人文行走地图小扇子。通过精心设计，将我区 3 条人文行走线路绘制成 3 幅行走地图，分别印制在布质小扇子上。人文行走过程中，小巧精致、便于携带的小扇子深受市民欢迎，作为行走地图指导行走行动的同时，还可以作为扇子在行走中在日常生活中使用。人文行走地图小扇子的制作，通过创新赋予区域优秀文化资源时代的生命力，让区域优秀文化资源“活起来”，并融入市民日常生活。一把把精心制作的小扇子，是文化内容（虹口“文化三地”资源）和立体实体产品（扇子）相结合的产品，具有独特的文化性格，担负着文化“信使”的职责，走进千家万户，给市民朋友带来更多独特的对虹口“文化三地”文化内涵、文化主题、文化表现的直观感受和深入思考，在助力区域优秀文化资源的共建共享，推动文化创造性转化和创新性发展，提升区域文化叙事能力等方面迈出了关键一步。

区社区学院将加强与文化文物单位、社会力量的深度合作，促进文化创意产品开发的跨界融合。如结合人文行走工作，与文旅局、文化馆合作，开发更多地融入“文化三地”资源要素的文化创意产品；结合非遗课程开展工作，与非遗传承人合作，开发更多地融入非遗文化资源要素的文化创意产品。不断满足市民多样化的文化需求，更好地探索文化资源共建共享的可能性，进一步丰富区域终身教育服务内容，提升区域终身教育服务能力与服务水平。

五、 深耕学分银行，构建终身教育成果互认互通平台

探索新形势下学分银行学分兑换方式与奖励机制，是构建更加平等开放的终身教育体系、建设学习型社会的重要举措。上海市学分银行存储了大量学习者数据和学习成果

数据，能根据学习者学习画像的特点，有针对性地为每一位学习者提供个性化学习支持服务，有力支撑个人未来的学习与职业规划。近年来，市学分银行一直致力于研究构建终身教育学习者学分激励机制，以社区（老年）人群为切入点，依托街道社区（老年）学校开展激励试点工作，希望通过构建科学、合理、完善的激励机制，满足老年人终身学习的需求和对美好生活的向往，从而促进老有所学的终身学习体系建设。区社区学院深耕学分银行，不断壮大区域学分银行学习者队伍，加大区域学分银行课程开发力度，尽力打通终身教育服务平台的底层数据库通道，实现社区教育、老年教育和非学历培训项目等各类学习成果数据自动对接到上海市学分银行信息平台，力求实现多个平台间深度融合，逐步建立面向每个学习者学习成果档案库，积极探索学分互认转换方式和奖励机制，为区域学习型城区的构建添砖加瓦。

当今社会是信息资源高度网络化、数字化的社会，建立信息“立交桥”的初衷和本质就是实现资源共享，提高资源利用率，避免走各自为政、重复建设的老路。区社区学院主动对接“上海北外滩、浦江金三角、世界会客厅、浦西新地标”的区域地位，充分利用拥有的丰富人力资源和信息资源，努力打通区域内部、区域之间的信息壁垒，搭建衔接融通的信息“立交桥”，为深入推动区域终身教育工作特色化发展进行有益的探索与尝试。

助力老年人玩转"'悦书房'读书号短视频"

上海市普陀区社区学院

一、 项目背景

阅读,可以增长人的学识,开阔视野;阅读,可以填补内心的空虚与迷茫,给心灵以慰藉。普陀区一直以来致力于构建"人人皆学、时时能学、处处可学"的学习型社会,基本形成了主体多元的市民终身学习服务体系,每年的"市民读书节"通过高质量阅读活动拓宽全民阅读覆盖面,营造了浓郁的书香普陀文化,极大地推动了文明城区的建设。"'悦书房'读书号短视频"建设项目作为"2022年普陀区市民读书节"的一个品牌活动,在培育市民读书习惯,营造书香普陀氛围上体现了重要的品牌效应。"悦书房"读书号项目以抖音、快手、微信视频号为平台,积极发掘更多"阅读+"新兴模式,充分利用微信、短视频等网络技术,实现学与思、演与讲、智与行多元阅读融合、阅读与实践结合。

本项目致力于通过教授老年人短视频剪辑技能,让老年人以短视频的方式,与大众分享其读书心得、感悟等和阅读相关的内容。以抖音、快手、微信视频号为主要平台,充分利用微信、短视频等网络技术,通过招募普陀区内老年居民,对其进行系统、专业的视频剪辑技术培训,帮助区域中老年群体以信息化方式共建共享其阅读成果,交到爱好一致的朋友,以书会友,积极融入信息化社会,勇敢跨越"数字鸿沟"。

二、 具体实践

"'悦书房'读书号短视频"建设项目通过"面上动员、点上培育、培训助力、志愿赋能"四大策略来推进项目的实施。

(一) 面上动员。对愿意创建读书号并参加相关培训的市民,从多方面、多维度展开动员,以期有更多市民可以坚持在自己的"悦书房"读书号上发布好书推荐、读书感悟等类型的短视频。招募"读书号"创作者。通过全区范围的项目宣传,开展读书号创建意愿调查,招募100名乐于参加项目的社区居民,帮助他们成为短视频"读书号"的内容制作者和成果传播者。"读书号"内容主要围绕好书推荐、读书感悟分享等类型开展创作,并将视频在自己的读书号发布。在各短视频平台上吸引热爱读书的市民,寻找志同道合的朋友们,传播读书的乐趣与美好。

(二) 点上培育。针对性培育"种子选手",统一头像(logo),规范读书号名称,由专业的教师提供内容指导,力求每一个创建的读书号都有高质量的内容输出。在基础培训的基础上,又开展了"读书号"创作者种子选手计划,对掌握了一定的视频编辑技术的学员,专题开展读书号内容创作指导培训,促进他们的原创能力提升。

(三) 培训助力。定期进行"尚学云学堂"课程培训,通过"主讲+助教"模式,教授短视频制作技能,持续提供阅读资料和短视频素材,引领学员理解读书号短视频的设计技巧,助力学员逐步掌握独立创作的能力。以"尚学云学堂"为平台,开展在线直播培训,分三轮培训,共计 30 次 60 课时,另外,借助微信群进行线上答疑解惑。

(四) 志愿赋能。学校组建一支志愿者助学团队,帮助学员顺利完成学习任务,在微信群里答疑解惑,保障项目的有序推进。建立志愿者培训师队伍。由上海市普陀区社区学院组织建立短视频剪辑技术和读书号建立培训师队伍,以"主讲+助教"的组织形式负责对市民进行技术培训。与社区教育志愿服务普陀工作站合作,招募助学志愿者,形成核心团队 3 人,负责管理、课程开发与培训;助学团队 10 人,负责活动开展,组织开展课程学习与交流,指导创建读书号。

三、 项目成效

(一) 建立了一支志愿者培训师队伍

由上海市普陀区社区学院组织建立短视频剪辑技术和读书号建立培训师队伍,以"主讲+助教"的组织形式负责对市民进行技术培训。以"易学云学堂"为平台,开展在线直播培训,分三轮培训,共计 30 次 60 课时。另外,借助微信群进行线上答疑解惑。同时,与社区教育志愿服务普陀工作站合作,招募助学志愿者,形成核心团队 3 人,负责管理、课程开发与培训。组建助学团队 10 人,负责活动开展,组织开展课程学习与交流,指导创建读书号。

(二) 招募了一群"读书号"创作者

通过全区范围的项目宣传,开展读书号创建意愿调查,招募了"悦书房"抖音读书号创作者 113 名,"悦书房"快手读书号 122 名社区居民,帮助他们成为短视频"读书号"的内容制作者和成果传播者。"读书号"内容主要围绕好书推荐、读书感悟分享等类型开展创作,制作好的视频在自己的读书号发布。在各短视频平台上吸引热爱读书的市民,寻找志同道合的朋友,传播读书的乐趣与美好。

(三) 打造了一批高质量"读书号"

打造包括抖音、快手和微信视频号在内的三种质量较高的"读书号"近 100 个,设计统一的"悦书房"读书号 LOGO 标识,统一的短视频片尾,形成较多数量的"读书号"矩阵,通过"悦学普陀"微信公众号向普陀区所有社区居民推广,逐渐形成规模效应,营造"人人皆学、处处能学、时时可学"的读书氛围。

项目自开展以来,累计开展 30 余次在线直播授课,200 多名社区居民参与短视频剪辑技术的相关培训,培训社区居民 1 500 余人次,微信群答疑逾百次,培训取得了很好的效果,赢得了社区居民的信任和赞誉。

在上海市振兴中华读书指导委员会办公室组织开展的"2022 年上海市振兴中华读书活动示范项目征集活动"中,"'悦书房'读书号短视频"建设项目被评为 2022 年上海市振兴中华读书优秀示范项目和2022年上海市终身学习品牌,“助力老人玩转‘悦书房’读书号短视频”入选全国第三批“智慧助老优质教育培训项目”,在社会上产生了广泛的影响力,取得了很好的社会效益。

四、 实践反思

“助力老人玩转‘悦书房’读书号短视频”项目虽然在助力老年人跨越“数字鸿沟”方面取得了较好的效果,但依旧存在一些突出的问题:受益的老年人群不够广泛,参与的机构和助学志愿者还比较缺乏,还没有形成一个持续运行的良好机制和支持更多老年人参与学习的数字化平台,这些问题都值得反思和进一步解决。

(一) 老龄化社会背景下,要增强解决老年人被信息社会边缘化问题的意识

我国已进入老龄化社会,未来20年我国人口老龄化形势将更加严峻。第七次人口普查数据显示,上海60岁及以上人口为581.55万人,占23.4%,高于全国平均水平4.68个百分点,位于全国第二,比2010年提高8.3个百分点,人口老龄化程度进一步加深。从历史来看,上海老龄化程度一直是全国最高的地区之一。

随着大数据时代的来临,信息化与智能化建设对经济发展、社会治理、国家管理、人民生活都产生了重大影响。信息化与智能化作为社会发展的必然趋势,显然是不可逆转的。但同时,我国老龄人口数量快速增长,不少老年人不会使用智能手机,或者使用智能手机的能力较差,老年人被信息社会边缘化这一问题不容忽视。上海市学习型社会建设服务指导中心办公室颁布的2021年工作计划中提出“积极开展2021年上海市为民办实事项目‘长者智能技术运用提升行动’,将加强老年人运用智能技术能力列为社区教育的重点内容”。

(二) 智慧助老行动刻不容缓,要构建政府主导、多方参与的社会支持体系

从老年人的社会支持系统来看,要构建政府主导、多方参与的老年“数字鸿沟”社会支持体系。社区教育机构要将数字素养培育融入老年人的终身教育中,为老年人提供继续学习的设施和机会。要充分发挥社区学院、老年大学、社区学校等教育机构以及志愿者服务团队的作用,为老年人提供互联网和数字信息科技的培训,帮助其提高信息化应用能力。要善于依托互联网平台,为老年人提供学习和运用智能手机、互联网等现代信息科技知识和能力的课程和机会,破除其心理障碍,提升老年人使用智能设备的参与感和体验感,让老年人更专业地掌握数字设备和智能技术。

(三) 关注更多老人的现实需求,要形成数字化学习社区助力老年人跨越“数字鸿沟”

要进一步关注更多老年人对于信息化技术的学习需求,要不断优化机制,建立由学习者(学生)和助学者(教师)共同组成的数字化学习社区,以完成共同的学习任务为载体,以促进成员全面成长为目的的,强调在学习过程中以相互作用式的学习观作指导。老年群体学习社区的建立,有助于老年人重新融入集体,增加自我增加值的认同感和集体价值的认同感,有利于形成共同学习、共同进步的积极氛围。

智慧学习赋能市民终身教育新业态

上海市嘉定区社区学院

一、 实施背景

面对智能化、数字化的新兴生态系统，全面推进城市数字化转型，引导全社会共建共享数字城市成为重大城市战略。在数字中国战略部署下，深化和推进数字赋能市民终身学习，开拓市民终身学习智慧媒介和场景，打造开放共享的教育数字基座，创造包容、普惠、友好的市民终身学习新图景，努力形成与上海打造具有世界影响力的国际数字之都相匹配的终身学习数字化发展新格局。

嘉定区作为全国首批数字化学习社区先行区，不断深化和推进数字赋能市民终身学习，营造泛在可选的市民终身学习数字生态。围绕完善市民数字化便捷学习服务体系，聚焦"课堂、平台、资源、方式、素养"五个着力点，以市民学习需求为中心，融合面向未来的智慧学习场景，形成智慧学习赋能市民终身学习线上线下融合发展新模式，助推嘉定新城建设文化软实力提升，扩大社区教育的在地显示度，让市民，尤其是老年人在数字时代有更多获得感、幸福感和安全感，在数字化学习中无界分享，在2022年初上海学习型城区监测中展现了嘉定样本效应。

二、 推进举措及工作成效

（一）开发数字课程，提供市民泛在可学资源

上海市嘉定区社区学院（以下简称学院）聚焦"夯实数字课堂根基、优化数字服务平台、推动资源泛在可选、变革数字学习方式、提升市民数字素养"五个着力点，以区社区学院为龙头，依托街镇社区学校、居村学习点等学习场所，以社区教育专兼职教师、志愿者、学习团队骨干为主要力量，编制与实施智慧数字课程，开展社区数字教育活动。

学院联动学校，聚焦数字化、多元化、个性化学习需求，围绕医疗、交通、购物等数字生活应用主题，开发"移动支付一点通""抖音"等200余门数字教育课程，提供学习者泛在可选。6门课程在全国、市级社区教育优秀微课程评选中荣获一等奖，《能者为师——安亭药斑布》系列课程入选全国能者为师课程共享活动，录用于"学习强国"平台。上海"金色学堂""银龄课堂""上手乐"等栏目，轮番播放了嘉定推送的"智能手机运用""我和我的银发学子"系列课程。

此外,学院每年开展“社区健康行”“科普教育”资源进社区数字学习活动,将非遗文化、健康管理、科普知识等课程,通过数字化方式,配送到 12 所社区学校、学习点、学习型乡村,惠及数万人次。

(二) 深耕智慧课堂,持续市民终身学习动力

数字技术助力智慧课堂构建,推进线上线下融合的教学探索,推动“一体两翼多轮”课堂模式形成。“三个一”课堂转型。寻找云技术与教学活动的结合点,赋能教学展示、评比活动,将过去传统模式的“三个一”转换成融合数字化、智能化的新型“三个一”,线上线下融通方式,扩大了学习受众面,弥补了区域资源不平衡的短板。云课堂全覆盖。作为上海市数字化协作组首批成员单位,在数字赋能市民终身学习中持续贡献了嘉定模式和经验。学院定期推出“市云课堂菜单”,已有 16 门课程在市级云视课堂同步直播。学院在市数字化协作组区域推进会上交流分享。多类型课堂直播推送。学院牵头多部门联动,依托职工学堂、白领课堂、银龄课堂、家长讲堂、乡村学堂、365 课堂等多样课堂,通过数字直播技术,城乡融合推进,赋能多元人群数智学习、终身学习需求。

2022 年开展“老年数字教育进社区”行动,共享数字化发展成果,帮助老年人跨越“数字鸿沟”。社区学院以南翔镇社区(老年)学校为试点,统筹规划,挖掘潜能,指导开展智能手机学习大篷车项目,“‘智慧生活大篷车’让老年人不再‘脱网’”被教育部评为“智慧助老”优质工作案例,在 2022 年第十九届上海教育博览会展示平台作“云上”展示。学院联动菊园新区社区学校,创新“市民 365 课堂”终身学习品牌项目,探索“云端教学”模式,持续推动市民学习动力提升。在市论坛和推进数字教育两次会议上,南翔镇社区学校进行经验分享,展现区域成效。

(三) 创新乡村建设,促进城乡融合均衡发展

基于嘉定五大新城建设要求和乡村数字化学习相对薄弱的现状,学院重点关注乡村人群,尤其是乡村老年人智慧学习能力提升工作。结合上海学习型乡村创建,以市实验项目“新城建设背景下构建学习型乡村‘文化网’的实践研究”为引领,着力促进终身教育城乡一体化均衡、优质、融合发展,充分发挥调研、服务、培训、指导功能,开展数字化学习资源共建、数字学习师资队伍共育、数字学习场所共享、数字学习活动共融,构建学习型乡村“文化网”,架构城乡数字文化建设“立交桥”,保障学习型乡村建设成果惠及人民源远流长的根基。截至目前,嘉定学习型乡村创建涉及 8 个镇 14 个村,入选上海学习型乡村 6 个,上海学习型乡村试点村 8 个,上海学习型乡村建设品牌项目 2 个,在助推乡村农民数字化学习中发挥了积极作用。

区社区学院牵头联动文明办、团委等部门,组建数字学习复合型师资队伍,开展导学志愿服务。学院通过指导培训,为街镇学习点、学习型乡村提供精准的数字教学服务。区社区学院志愿服务项目“疫情背景下社区教育‘云’助学志愿服务”被评为上海市社区教育志愿服务品牌项目,项目组建了 100 名“导学志愿者”构成的数字导学服务队,通过需求导学、送教上门、网络导学、菜单式导学等多种助学服务形式,在城乡融合推进过程中努力发挥数字学习导学作用。学院每年评选数字导学志愿者为“最美志愿者”并予以表彰。

(四) 打造云端平台,赋能教化新城动能提升

"学哉嘉定"公众号是嘉定社区教育数字化转型的全新学习平台。集终身教育、在线教育于一体,汇聚了多类型、多领域的优质资源,畅通了共享数字资源配送渠道,构建了一体化推进数字学习服务支持体系,打通知识传播最后一公里。

"学哉嘉定——数字课堂"是提升市民数字素养的新载体。2021年,区学院参与了区教育局、区文明办、文旅局等区学促委成员单位出台《关于推进社区(老年)教育"学哉嘉定"数字课堂建设的实施意见》的相关工作,致力于打造标准化、移动化、便捷化的数字化云端平台,促进教化新城建设软实力提升。"十四五"期间,区学院将扶持12个街镇,以街镇邻里中心为阵地,以直播课堂等数字技术为载体,建设60个"学哉嘉定"数字课堂,注重引导老年人积极融入数字生活,在嘉定新城建设背景下,为社区(老年)数字教育转型发展注入新动能。已经完成6个标准化数字课堂的建设,起到了示范引领作用。

(五) 拓宽学习维度,助力长三角一体化联动

学院聚焦市民数字学习需求,数字赋能智慧学习场景建设、数字学习活动开展,创新市民学习路径和学习方式。数字化学习覆盖面逐年递增,市民参与数字学习的路径进一步拓宽,主动参与数字学习的需求进一步满足,提升了学习者的获得感、幸福感和满意度。

社区学院牵头,依托毗邻社区学校,推进长三角地区市民终身学习、数字学习联动发展,在数字学习资源共享、管理互认等方面开展先行先试,探索长三角一体化联动辐射。开展"学悦双城"学习型社区跨区域一体化建设活动,建成2个长三角市民终身学习体验基地,开展"学悦课堂"跨区域社区探索,促进数字学习领域互惠互助,进一步扩大数字赋能市民终身学习的影响力和示范辐射效应。

此外还建设了"'银火虫'益学堂""'尚学练祁'长者智慧学堂"等智慧学习场景;探索"元宇宙"虚拟情景,制作了大来时间博物馆、生活遗艺体验馆等5个终身学习体验基地全景漫游VR;策划了5个体验基地及人文行走vlog;发布了5条市级人文行走线路,引导市民在"虚实相融"的线上场景漫游中实现体验学习。集聚社会多元主体,融合"我嘉书房"文化空间,开展全民阅读推广分享活动,组织市民参与市网上读书活动,提升市民数字学习的参与率、活跃度,近五年连续获网上读书活动优秀组织奖。

三、 反思与展望

嘉定社区教育数字化系列课程日渐丰富,智慧学习师资团队不断壮大,线上线下融合、校内校外联动的混合式教学模式逐步完善,区域人群数字素养与技能不断提升。面向未来,随着数字技术的迭代升级,伴随人口的导入和增长,智慧学习赋能市民终身学习,需要通过借势借力,多打"组合拳",进一步加强资源整合,深化智慧学习资源共同体建设;优化资源配置,精准开展数字学习场景的适需配置;加强专业保障,吸纳新理念、新技术,以更为专业的保障应对新问题、新挑战。

嘉定社区教育将以智慧数字化转型为引擎,赋能市民终身学习,致力于推动嘉定终身教育高质量发展、创造市民高品质生活、实现社会高效能治理。

融入智慧社会 享受智慧生活

上海市崇明区社区学院 上海市崇明区庙镇成人中等文化技术学校

一、 实施背景

据调查，截至2021年6月，我国网民规模为10.11亿，其中中老年群体网民规模增速最快，60岁及以上网民群体占比为12.2%。2021年崇明区60岁及以上老年人占户籍总人口38.6%，预计到2025年，60岁以上人口占比将达到43%左右。人口老龄化和社会信息化发展的同时推进，加剧了老年人融入信息社会的鸿沟。为帮助老年人跨越数字鸿沟，国务院办公厅印发《关于切实解决老年人运用智能技术困难的实施方案》，上海市教育委员会发布《关于推进本市老年教育数字化发展的意见》，上海市和崇明区人民政府办公厅分别印发《老龄事业发展“十四五”规划》。

为贯彻落实党的二十大关于“建设全民终身学习的学习型社会、学习型大国”“实施积极应对人口老龄化国家战略”的重要精神，进一步解决崇明老年人在运用智能技术方面的困难，根据市教委、市民政局、市老龄办联合印发《2022年上海市老年数字教育进社区行动工作方案》的通知，崇明区教育局组织开展老年数字教育进社区行动。

二、 基本做法及成效

（一）各级重视、落实行动

1. 召开工作会议。崇明区教育局高度重视，把“老年数字教育进社区行动”列为成教系统年度重点工作，在第一时间联合区民政、区老龄办召开“老年数字教育进社区”区级专项工作会议，成立了区级专项工作领导小组，社区学院和6所成人学校组建校级工作小组。召开区级、院(校)级相关工作会议13次。各级各项工作会议的召开和区、校级工作小组的成立有效保障了该项工作的顺利实施。

2. 制定工作方案。成职科第一时间制定了《崇明区老年数字教育进社区》活动方案，社区学院制定区级层面数字下乡镇行动方案。方案皆以“畅享数字时代 拥抱智慧生活”为主题，对成职系统各单位推进该工作做了明确要求；各成人学校一校一方案，对各校推动该项工作做了进一步部署。

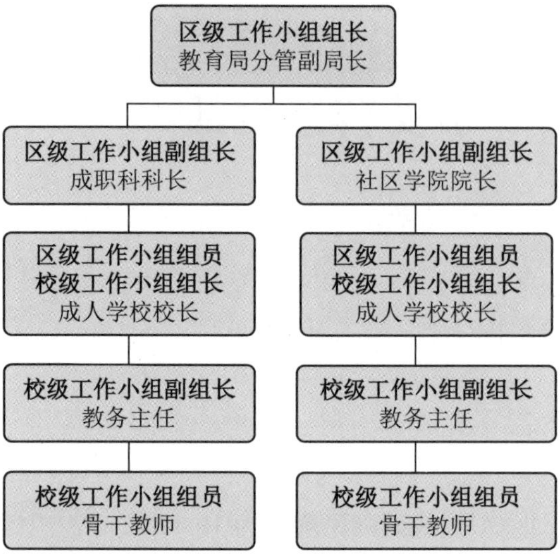

图1　区、校两级工作小组成员

（二）多措并举、推进工作

1. 成立讲师团队。社区学院牵头成立由40个主讲教师和69个辅助人员组成的区级讲师团。讲师团成员由院(校)专兼职教师组成。区级讲师团由主讲教师带领辅助人员分批次进社区。社区学院在区级层面上做到18个乡镇全覆盖,成校乡镇层面上做到351个居村委全覆盖。

2. 创建学习平台。崇明教育整合“上海学习网”“上海老年人学习网”“金色学堂”“银龄课堂”“云视课堂”等市级学习平台,结合“乐学崇明”微信公众号等区级学习平台,各成人学校微信公众号等校级学习平台,辅以班级、团队、社区(居村委)学习点微信群等形式向学员、市民推送学习资源,创建了市、区、校加多种形式的“3+N”线上学习平台。

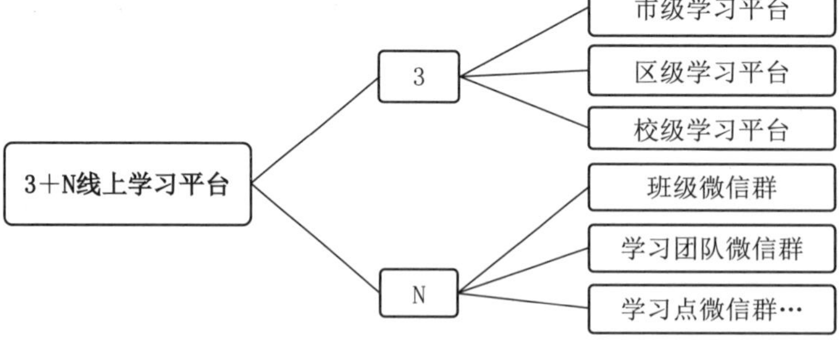

图2　“3+N”线上学习平台

3. 建设学习资源。适切的课程资源是决定数字教育进社区行动成功与否的基础。全区结合老年人关心的衣、食、住、行、医五个方面的需求,合力打造“两书十门百课千本万册”数字学习资源库(“两书”:《老年人数字化技能运用学习手册》《跨越数字鸿沟　享受智慧生活》;“十门”:数十门数字微课视频;“百课”:百余门课程;“千本”:印刷数千本数字学习手册;“万册”:下发数万册数字折页)。

4. 全面推进培训。崇明采取了线上线下相结合、灵活多样的“四式”数字教育模式推进数字教育进社区行动:一是“帮忙式”。每次活动确保至少有三位教师(志愿者)到场。以主讲老师为主,其他不少于两位辅助人员为辅。辅助人员不仅为主讲老师“当下手”,更要做好学员的指导老师,“一对一”帮助老年人跨越数字鸿沟;二是“自主式”。对于简单、基础的数字教育内容,如手机扫码付款、扫码互加好友、微信聊天等,通过3+N学习平台放手让老年人自行学习;三是“联合式”。各成人学校提前做好对居村委办学干部、志愿者、团队负责人的对接、培训与指导,充分发挥他们的指导与辅助作用;四是“配送式”。各学校通过村居委、三类学习点、学习团队等向老年人推送、发放实用、方便、可以反复使用的数字资源,符合老年人需要反复学习的特征。

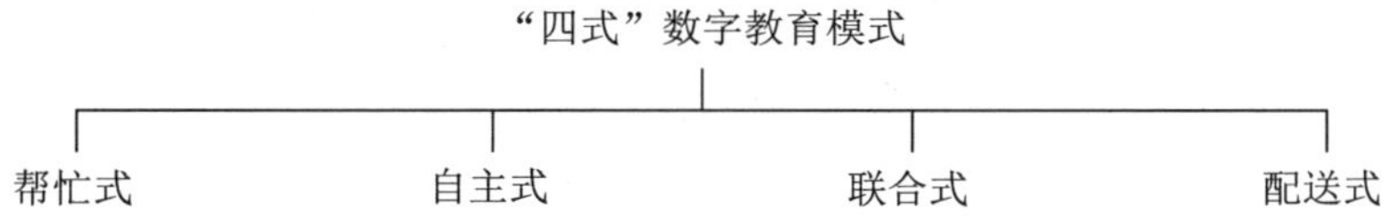

图3 “四式”数字教育模式

在“四式”数字教育模式的全力推进下,在区级层面,社区学院牵头建设、下发学习手册和折页75 750册,学习视频82个、教学视频6个,实施培训19次。在校级层面,根据老年人的学习需求和兴趣爱好开发特色课程,并开设了“智能手机应用”等智慧助老教学课程或专题讲座153门(个),街镇机构实施培训286次,居村委实施培训342次。全区参加线下数字进社区行动的市民达到5 652人次;线上数字进社区行动的市民达到20 832人次。

(三) 聚焦需求,创新模式

1. 授课方式的创新。除了区级讲师团队,6所成人学校都组建了助学团队。助学团队的加入让主讲教师可以根据学员的实际情况灵活安排授课时长,增加“一对一”服务时间,把原本传统意义上老师台上讲,学员台下听的“一对多”授课模式转变成“手把手”的团队授课模式。这种模式增加了老师与学员的互动,提升了教师信息服务的质量,让老年学员能够更好地掌握学习内容。

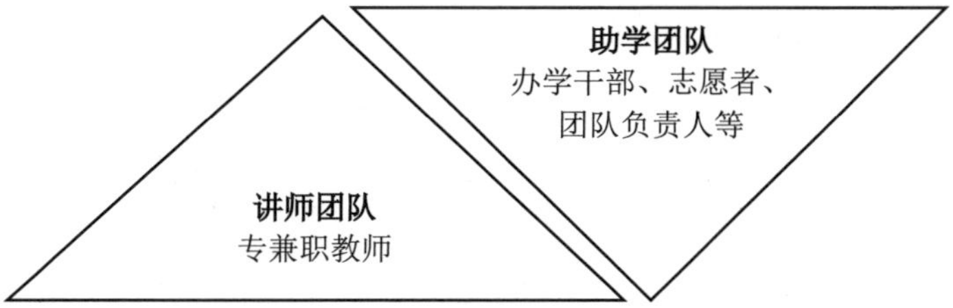

图4 崇明区数字进社区行动师资组成

2. 学习平台的创新。除了“3+N”线上学习平台外,各成人学校在线下学习平台的创建中也呈现了各自的特色,比如新河镇成人学校在校门口、党群服务中心等市民相对集中的地方设立“数字生活充电站”,每周两次定期指派教师现场指导,周边居民群众享受到了更周全、贴心、直接的信息服务。堡镇成人学校积极探索由数字学习体验教室和数字学习一体机组成的数字化学习体验基地建设,为老年人创设体验学习的场所和途径,搭建学习交流的平台。

3. 学习模式的创新。在成人学校的引领下,市民的学习模式也有新的突破。如陈家镇成人学校香英农家学堂团队负责人施美英、向阳花农家学堂团队负责人黄赛金皆为该校智能手机班的学员。她们利用在校学习的机会,把手机班推送的智能手机视频教程一一分享到她们所在的团队微信群,让团队成员们一起学习。同时她们还牵头在群里讨论学习方法、分享学习心得,让团队成员数字学习的劲头十足,她们成功地完成了由“学员”到“教员”的转变。又如城桥镇成人学校利用数字化平台开展各类竞赛活动:利用“抖音”“剪影”等平台开展线上社区短视频制作比赛;利用“腾讯会议”组织线上沪剧表演唱比赛。通过这些线上比赛,以赛代练,有效巩固了老年学员热门软件等数字化应用的能力,也进一步提高了老年学员参与数字化学习的积极性。

三、 未来思考

(一) 建立联合工作机制。教育部门联合民政、老龄办等部门及社会涉老机构,建立联合联通的工作机制,做到:一是共享资源。在智慧助老推动网络、学习资源(应用场景、课程等)、师资团队、资金等方面共建共享;二是共做项目。许多部门、机构和组织近年来都有智慧助老的项目。由于主题一致,相通的内容各部门、单位一起做,不同的内容各自创新做,这样起到事半功倍的效果;三是共推宣传。对于共同推进的活动,通过多种渠道做好宣传工作,引导社会各界关注参与“智慧助老”行动,扩大“智慧助老”的知晓度、影响力和辐射力。

(二) 创建信息课程菜单。以老年人的实际需求为依托,提供足够充足、精准的服务和管理,才能真正做好智慧助老工作。在课程资源这方面建议:一是进行需求调研。为了更好地推进数字化培训工作,可以通过问卷调查、实地访谈等方式进一步对老年人信息化的基础、现状、需求等进行调研、汇总、分类、总结;二是分类建设课程。根据调研结果,针对不同层次老年人的实际需求进行课程资源的建设,形成多类别的课程菜单,为提供多样化和个性化的服务打好基础。如在普及智能手机基本知识的基础上,开设诸如短视频制作、抖音等软件使用、手机摄影等课程,为有更高层次需求的老年朋友服务。

(三) 提升师资服务质量。为实现数字科技与社区教育、社区治理的高效对接,亟需构建一批高知识、高技能、高素质的人才与之相对应。一是启动四级带教模式。可以共同、全面推进“金字塔形”四级带教模式:由极少数数字行业专家或信息专业教师组成的专家团队带教由成人学校专兼职教师组成的讲师团队;有限人数的讲师团队带教由村居学习点办学干部、志愿者、学习团队负责人等组成的助学团队;有待扩展的助学团队带教更多优秀的老年学员,让他们由“老”及“老”,将智慧助老向更广范围的辐射开去;二是扩大助学团队规模。专家团队和讲师团队人员无法满足大量的需求,来自民间力量的助学团队大有可为。我们可以通过各种途径充实助学团队的力量,如让各级各类学校的孩子们、家人及优秀的老年学员成为智慧助老的志愿者；三是加大各级各类培训。面对不同的师资团队，区级及校级层面开展各类高质量、接地气的信息知识、技能培训，提升其信息素养，从而能够更好地做好智慧助老工作。

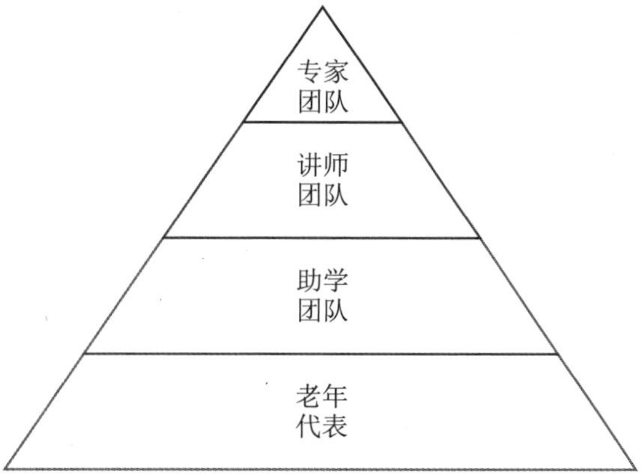

图 5 金字塔形四级带教模式

（四）探索线上温度教学。疫情倒逼着教育者和学习者把智慧助老的战场由线下转到了线上。如何让线上教学凸显温度，让各乡镇村居及老年人乐于接受，是我们迫切需要探索的。一是内容贴切化。如目前疫情放开的情况下，我们可以针对疫苗接种预约、核酸点查询、网上问医买药等方面调整教学、培训内容，切实解决老年人的生活难题；二是形式多样化。除了通过举办线上活动达到以赛促练、凝聚人心的目的，我们也可以尝试通过课前课后的线上辅导、线上主题式聊天等形式，让老年人在线上也能感受到和线下学习一样被关爱、被照顾；三是对接主动化。我们在智慧助老的过程中要始终把乡镇村居需求和老年人的需求放在第一位。因此我们要主动对接，想他们所想，做他们所做，主动对接联系，才能得到他们的支持、理解，扩大受众面。

研 究 与 探 索

YAN JIU YU TAN SUO

第二轮上海可持续发展教育社区行动计划要点及实践进展

华东师范大学 上海终身教育研究院

作为联合国教科文组织全球学习型城市网络成员城市，联合国教科文组织2021全球学习型城市奖获得者，上海在第一轮可持续发展教育社区行动计划结束之后，在市教委终身教育处的领导、支持和联合国教科文组织终身学习研究所的助力下，继续在全市范围启动第二轮相关工作，履职可持续发展教育专题组协调城市职责，与德国汉堡、日本冈山等更多城市于国际层面共同推动全球可持续发展教育，助力可持续发展目标达成。

根据第一轮的工作经验，项目组认为，一份设计良好的行动计划仍旧是在全市范围有序推动可持续发展教育的有效举措。从2022年初开始，项目组基于第一轮行动计划基础，结合可持续发展教育实施的国内外动态背景，经过起草、咨询、审核、修订等基本环节，于2022年底在第十届终身教育上海论坛上正式发布该行动计划，为上海市进一步推动可持续发展教育工作提供建议指南。以下将对本轮行动计划的主体内容予以阐释说明，并就相关实践工作推进进行阶段反思。

一、 背景与目标

第二轮行动计划的制定综合考虑了国家、上海和国际三个层面的新近发展背景。首先，可持续发展既是我国新发展理念的重要构成部分，也是国家积极参与全球治理体系改革和建设的明确任务。“十四五”规划明确指出，“我国已转向高质量发展阶段”，要解决仍旧存在的发展不平衡不充分问题，原则之一就是要“坚持新发展理念。把新发展理念完整、准确、全面贯穿发展全过程和各领域，构建新发展格局，切实转变发展方式，推动质量变革、效率变革、动力变革，实现更高质量、更有效率、更加公平、更可持续、更为安全的发展”。要“积极参与全球治理体系改革和建设……积极落实联合国2030年可持续发展议程”。其次，上海市“十四五”经济社会的全面绿色转型和创新发展，上海市终身教育发展“十四五”规划提出的终身教育要提升服务能级和助推城市可持续发展的新任务等，都需要可持续发展教育的持续和深度助力。第三，联合国教科文组织《2030年可持续发展教育》(ESD for 2030)、《柏林可持续发展教育宣言》(Berlin Declaration on ESD)相继发布，再度向全球积极倡议和清楚地表明，人类要继续走好可持续发展道路，就必须在经济、社会、文化等方面进行结构性的根本变革。教育是促使人们心态和世界观发生积极转变的有力手段,教育可以协助整合可持续发展的各个方面。

基于上述背景并结合对上海可持续发展教育推进情况的判断,项目组认为必须坚守如下核心工作目标:支持个体通过教育和学习获得促进可持续发展所需要的重要能力,增强社区教育服务城市可持续发展的能级,以及进一步挖掘本土有价值的经验,以更高的水准继续参与全球可持续发展教育的合作与交流。

二、 实施要点

根据第一轮行动计划的实践进展基础、国家和上海市“十四五”规划的相关内容,以及联合国教科文组织《2030 年可持续发展教育》的建议,新一轮行动计划聚焦如下实施要点。

第一,继续深化“四大”优先行动领域。“十四五”期间,上海在经济社会发展方面有许多重要工作和项目需要推进,如深入实施健康行动、启动第八轮环保三年行动计划、提升优质公共服务供给能力、开展职业技能提升行动等。新阶段的行动计划将继续聚焦社区环境、社区和谐、社区健康和职业能力四个行动领域,并予以深化拓展。如建议在健康领域加强个人健康与社会健康之间的联系,倡导从健康社会化视角拓展健康终身学习的内涵。在社区教育作为基本公共服务的理念指导下,建议在社区和谐领域进一步突显教育的包容性,加强对各类群体的终身学习支持,打造特大城市所必不可少的社区韧性基础。建议环保领域强化对韧性城市、海绵城市、“双碳”工作、气候变化、生物多样性等内容的项目开发和行动推进。职业能力领域以社区教育系统专长或优势领域为基础,提升机构的专长服务能力,在区域范围内主动寻求和承担更多的职业能力发展支持活动。

第二,推崇行动与实践导向。可持续发展教育包含认知、情感和行动能力等不同要素。上海社区可持续发展教育倡导、坚持可持续发展教育的整体观,在注重认知、情感和行动能力相互联系的前提下,倡导社区可持续发展教育项目对行动、实践、参与等要素的前置和落实,使可持续发展教育源于生活又用于生活,最终帮助全体市民在行动力上带来可见改变,为城市和社区的可持续发展实践作出实质性贡献。

第三,激发更多的青年群体参与。根据联合国教科文组织的倡议和上海已有的社区可持续发展教育参与群体基础,上海可持续发展教育需要拓展青年群体的参与。项目组将继续巩固、发展社区教育工作者和研究者队伍的核心力量,广泛联结各类学校、企事业单位、社会组织中的青年群体(含外来务工青年)加入。通过引导他们关注身边的可持续发展问题、带头创建和参与相关主题的集体活动、组织基于经验的分享与讨论、听取与整合他们的建议、支持参与相关社会活动等,发挥青年群体的创造力和影响力。在这方面,本地高等教育机构和城镇职工是需要密切联系的合作伙伴。

第四,充分运用信息技术。随着上海终身教育数字化转型的深入推进,本阶段将充分关注各类数字技术对可持续发展教育社区行动计划品质的提升作用,促成更多的教育和社会机构开展可持续发展教育,提高可持续发展教育的实施效率。一方面,要确保新技术的获取、开发和使用足够安全并能为所有人公平获取,这本身就是信息化时代对可持续发展教育提出的新要求。另一方面,需要以批判性思维和可持续原则为基础,对技术介入可持续发展教育进行适当的评估与预判，坚持科学、合理地使用技术，防止技术使用带来新的不可持续发展问题。

第五，建设国内外可持续发展教育节点平台。国内已有10个城市先后加入联合国教科文组织全球学习型城市网络，无论各城市目前参与的国际专题组如何，坚持可持续发展都是国内各城市经济社会发展要面临的共同任务。上海作为国内终身教育和学习型社会建设的探路者和教育对外服务窗口，需要以可持续发展教育项目为关注点，主动担任起国内学习型成员城市的联络角色，积极推动国内可持续发展教育的广度和深度发展，推动上海成为可持续发展教育的国内外交流的重要节点城市。

三、 推进动态

第一轮行动计划的顺利实施及其积极结果的激励，更多的社区教育机构和社区教育工作者的加入，项目成员更明确的可持续发展意识及其在日常社区教育推进工作中的嵌入等，推动着第二轮行动计划的前行。

（一）联结更多的合作者在地推进

2022年，项目组继续与区属社区学院及其社区学校合作，为本土实践探索提供智力支持。例如，在与可持续发展教育有关的节日主题活动、新时代文明实践带的形式与内容创新、特定领域的素养开发、青少年校外营地教育、区域经济社会发展规划等方面嵌入可持续发展理念和实施可持续发展教育，实现原有项目的可持续发展转向和升级。

（二）坚持对相关理论动态的学习

项目组联合合作伙伴组织翻译了《萨尔茨堡绿色校园和户外学习宣言》，了解国外可持续发展教育在绿色校园主题方面的网络搭建、行动举措、联盟倡议等方面的动态。项目负责人也就国外可持续发展教育的最新政策发展背景、上海第二轮行动计划分享了最新思考，并组织第一轮相关项目核心成员就第二轮活动建言献策。系列在线沙龙活动使项目成员更为明白上海可持续发展教育的基本方向和实施要点，及时了解国外举措与实践动态，也帮助相关项目成员和参与者更好地定位和实施上海本土社区可持续教育发展项目。

（三）外拓网络进行广泛交流

项目负责人应邀在北京、福建等地的社区教育、终身教育平台上就上海社区可持续发展教育的成果和进展进行分享。通过可持续发展教育，项目组联结到国内更多同行，旨在打造国内可持续发展教育工作网络，建设沟通国内国外的双循环的交流平台，使得可持续发展教育的理念和实践能够辐射、影响到更大的社会相关群体。

四、 反思与前瞻

我国是联合国可持续发展理念的坚定支持者和实践者，上海更是在其城市发展规划中将可持续发展融入其人文、生态、经济、社会等发展工作当中。无论是从联合国《2030可持续发展议程》，还是《中国教育现代化2035》、“碳达峰碳中和”等重大相关工作来看，留给我们的时间并不充裕。社区是面向全民开展终身教育的重要场所，可持续发展应该和社区教育有更为紧密、频繁的联结。

上海可持续发展教育项目团队在继续推动本土相关社区实践,但需要在政策细化、群体意识、合作推动、系统设计、理论研究等方面获更有力、更明显的支持。正如联合国教科文组织《2020—2030 可持续发展教育路线图》中所建议的,“可持续发展教育必须着眼于可持续发展所需要的大变革,并提供相关的教育干预。大变革理念意味着个体行动的改变与社会结构的重组相交相织。”上海第二轮可持续发展教育行动计划已在路上,我们继续在各类教育点位上推动,但更需要浸入上海社会经济发展的结构性大变革现实场景中,去做广泛的社会联结,通过有成效的示范行动,争取为上海城市的可持续发展作出更大贡献。

上海市民终身学习监测的实践探索与未来展望

上海开放大学市民终身学习监测研究中心

《中国教育现代化 2035》中明确提出要构建服务全民的终身学习体系。在我国迈向教育现代化的过程中，建设学习型社会，构建服务全民的、供给与需求相匹配的、高质量的终身学习体系，需要掌握市民的终身学习现状与特点，分析并预判市民终身学习的需求及变化趋势，评估市民的终身学习能力及发展状态，才能逐步构建起服务于城市发展、适切于市民需求的更加开放、便捷、灵活的终身学习体系。上海市在"十三五"期间率先开展"市民终身学习需求与能力监测研究"（以下简称为"监测项目"），2014—2018 年在理论研究、国际比较研究的基础上，研发形成有关市民终身学习需求与能力监测的理论框架与指标体系，初步形成监测题库。2016 年开展了面向上海市民的第一轮监测，并向社会公开发布了项目组的阶段性成果。基于该监测项目建立了市民终身学习监测的常态化研究机构，负责持续开展市民终身学习监测研究。

为何开展市民终身学习监测研究、市民终身学习监测有何特点、如何开展市民终身学习监测研究（具体包括监测目的、内容、工具与方法等）是市民终身学习监测研究需回答的几个基本理论问题。本文从应然的理论思考、实然的项目研究进展两方面对上海市民终身学习监测研究进行理论梳理与实践总结反思，并在此基础上提出未来展望，以期对国内推进市民终身学习监测研究提供借鉴与参考。

一、 开展市民终身学习监测的背景与意义

自罗伯特·哈钦斯(R. M. Hutchins)的《学习型社会》问世，联合国教科文组织的《学会生存》报告正式提出应把"学习型社会"作为未来的社会形态，学习型社会中的基本细胞——个人的终身学习已成为个体适应社会发展，追求更加美好的幸福生活的必备能力。于个体而言，终身学习与一个人的职业发展、能力提升、社会融入等息息相关；从国家来看，市民的终身学习状况是衡量国家人力资源水平的重要指标。随着信息技术革命的来临，个体终身学习的重要性已上升到增加个人福祉、影响国家战略的高度。

（一）市民终身学习监测是国家人力资源提升的重要助力

20 世纪 90 年代以来，联合国、世界银行、经合组织等国际组织和政府对成人终身学习的现状与问题日益重视，将成人终身学习与国家的国际竞争力、人力资源质量紧密关联，相继开展了一系列成人学习监测的探索与实践活动。如 2012 年至 2016 年，欧盟实施

的“欧洲终身学习创新发展与人力资本追踪调查”主要调查企业发展与终身学习的关系，具体包括成功企业如何运用终身学习战略提升竞争力，公共政策如何促进企业员工的终身学习等。再如，2011 年经合组织实施的规模最大、最具国际影响力的“国际成人能力评估项目”(PIAAC)，调查成人的数学能力、阅读能力和信息技术环境下的问题解决能力，并于 2018 年开始实施第二轮评估。2012 年联合国教科文组织终身学习研究所发布的《成人学习和教育全球报告》提到：“在考虑影响成人教育质量的关键要素时，必须考察学习者特点、环境、增能投入与成果”。对成人的学习及能力展开持续的监测，除了可以得到关于成人终身学习及其学习能力的数据和信息外，还可通过分析这些数据和信息，获得成人的学习现状和教育质量情况，继而直接或间接反映一个国家的人力资源水平。常态化、持续性地开展相关监测，掌握市民的终身学习需求，评估市民的终身学习现状，可以为完善终身教育政策、预测城市人力资源的未来发展趋势提供参考依据。

（二）市民终身学习监测为构建服务全民的终身学习体系提供重要依据

终身学习“通过一个不断的支持过程来发挥人类的潜能，它激励并使人们有权利去获得他们终身所需的全部知识、价值、技能与理解。”终身学习更强调从需求侧的视角出发，通过学习者面对社会需求与自身发展所产生的学习动力，进而以学习主体的自觉性激发多元学习诉求，使学习者在终身的时空范围内不断追求自身的全面发展和人生价值。构建服务全民的终身学习体系一定是建立在对全民终身学习的现状、特点等精准把握的基础之上。市民的终身学习贯穿其一生的发展，与个体的年龄、职业、学历、经历等密切相关。从整体上看，市民的终身学习又具有差异性、复杂性、丰富性、多元性的特点。故而实践中，市民终身学习需求与终身学习服务供给之间常存在缺位、错位现象。市民终身学习服务的多元化、多层次特点与政府提供终身学习服务之间的差距需要采取措施加以弥合。因此，通过一定的监测工具和方法，对市民终身学习展开持续性的监测，掌握不同行业、不同人群、不同年龄阶段市民终身学习的现状、特点及问题等，可以为科学、有效地构建服务全民的终身学习体系提供数据支撑与决策依据。

（三）市民终身学习监测是学习型城市建设的重要组成

2017 年教育部职成司印发《关于开展学习型城市建设监测项目实践的通知》，首次在北京、上海、杭州、成都等 8 个城市启动学习型城市建设监测。在概念的外延上，市民终身学习监测是学习型城市建设监测的组成部分，落实学习型城市建设的动力来源于每一位市民的终身学习。推动市民的终身学习、促进市民的终身发展是学习型城市建设工作的应有之义，市民终身学习状况及对终身学习服务的满意度等也是反映学习型城市建设成果的重要组成部分。

基于以上对市民终身学习监测的价值判断，借鉴国际成人能力评估等国际项目的经验，立足建设学习型城市的大背景，上海市率先选取市民的终身学习需求、终身学习能力作为突破点，开展市民终身学习监测的理论研究与实践探索，以期从学习者的视角，主动监测、动态引导市民的学习需求，洞察和测量市民的终身学习能力，建立起通过市民终身学习监测发现问题和为完善终身教育政策提供决策依据的良性互动。

二、 开展市民终身学习监测的理论思考与实践探索

（一）监测目的

《现代汉语词典》中将“监测”定义为“监视检测”，比如监测卫星、环境监测、空气污染监测。不同学科、不同领域对“监测”的理解不尽相同。“监测”有三大功能：第一，采集数据与信息，具体指通过一定的手段、方法采集来自监测对象及其组成要素、影响因素等相关数据与信息；第二，观察与评估，具体指通过对数据与信息的分析处理，观察评估监测对象的现状，并分析存在的问题；第三，预测发展趋势，具体指通过定期、持续地监测，累积关于监测对象的信息与数据，再结合多角度的数据分析，预测监测对象的未来发展趋势。“监测”与“调查”“评估”有一定的联系，区别在于，监测具有时间的持续性，是通过若干次、定期的调查和对监测对象状态的评估，从而发现问题并预测未来发展趋势的过程。

市民终身学习监测是以市民的终身学习为监测对象，持续并常态化地收集关于市民终身学习的需求、能力、行为等要素特征的信息与数据，再根据对相关信息与数据的分析，了解市民终身学习的整体状况，并研判预测其发展态势的活动。第一轮上海市民终身学习监测的目的包括：(1)发现市民终身学习过程中的问题，比如不同市民群体终身学习之间的差距，并基于数据给予相应的政策建议；(2)提供教育决策依据，对不同群体的市民终身学习数据进行分析，为科学精准分配终身学习资源、开展公共服务问责、出台并完善相关政策等提供决策依据；(3)预测研究，通过持续、常态化监测，积累不同层面、不同类别、不同年度的监测数据并进行分析评估，对市民的终身学习、学习型城市建设开展预判性研究。

（二）监测主体

有关谁来监测市民的终身学习状况与特征这一问题并没有统一规定，市民个人可以通过非正规的小游戏、小程序自测自己的学习能力，也可以通过参与正规的科学的测验来了解自己的学习能力。一个企业可以自行组织调查企业员工的终身学习状况，并根据调查做出改进与完善。市场中具有专业研究能力的第三方机构也完全可以自行开发一套关于市民终身学习的监测工具进行监测。市民终身学习监测是一个持续的过程，涉及监测方案的制定、监测工具的开发、监测的组织实施及数据分析等多个环节。个人、企业、政府等均可开展不同范围、不同方式的市民终身学习监测，但各自开展监测研究的能力与优势各不相同。不同的监测主体会有不同的监测目的，而不同的监测目的又会导致监测内容与监测方式的差异。相较于个人与企业，政府部门开展市民终身学习监测在监测组织与保障方面更具优势。

监测项目由上海市教委设立，并委托上海市教科院、华东师范大学等专业研究机构协同推进。2014 年至 2018 年以项目组的方式开展了第一轮市民终身学习需求与能力监测的理论研究与实践探索，2017 年在上海开放大学设立市民终身学习需求与能力监测研究中心（以下简称为“监测研究中心”），持续推进市民终身学习监测研究。

（三）监测对象

在《现代汉语词典》中，将“市民”解释为城市居民。在研究中，更多学者将“市民”与“农民”概念对照理解，将“市民”理解为“长期或固定生活、工作在城里，以非农业产业为劳

动对象的居民”。本研究中将“市民”界定为长期或固定生活、工作在城市里的居民。作为具体监测对象的“市民”,广义的界定可包括所有年龄段的公民;但在具体监测任务中,根据不同的监测目标与任务,会根据“市民”的年龄、行业等分别展开监测。监测项目在第一轮监测中聚焦于上海市16—65岁的户籍与非户籍常住人口展开监测。在总结第一轮全市监测经验的基础上,监测研究中心从2019年开始,逐步探索全市层面与区域层面相结合,市民整体与分行业、分人群相结合的市民终身学习监测模式。

(四)监测内容

监测目的与监测内容的选择密切相关。市民终身学习监测的目的主要在于准确了解市民终身学习的现状与问题,为教育决策提供信息、依据与建议。在某种程度上,这样的监测目的与监测定位决定了监测内容的选择,即更加关注与终身学习资源配置、终身学习服务改进密切相关的监测内容。因此,监测项目在借鉴国际成人终身学习相关监测经验的基础上,重点聚焦于市民的终身学习需求、终身学习能力、市民对公共学习资源的满意度等方面开展监测,初步形成了关于市民终身学习需求与能力监测的理论框架与指标体系。

1. 终身学习需求

终身学习需求及其影响因素是市民终身学习监测的重要组成部分。通过长期的、科学有效的监测掌握市民的终身学习需求及影响因素,可转化为完善终身学习资源配置的依据。在监测项目第一轮测试中,终身学习需求由学习愿望水平、自我满足能力、资源供给水平等3个一级指标,15个二级指标组成。项目组认为,终身学习需求受学习者意愿、学习者自身条件、资源供给三方面因素的影响。学习者意愿是终身学习需求的原动力,学习者的自身条件和能力是影响学习需求的重要因素,资源供给水平决定着学习需求的规模。

2. 终身学习能力

终身学习能力对于增加个体的生活能力,促进个体的职业发展等均非常重要;同时,个体所取得的生活与职业成就也是其终身学习能力的表征。监测项目对市民终身学习能力的监测不仅关注其“学习能力”,更关注其“终身学习能力”,包括市民学习的持续性、在学习中的自我认知与反思、自我导向与调控、运用所学知识解决问题等方面。在第一轮测试中,对市民终身学习能力的监测包括基础认知能力、自主学习能力、自我认知能力、社会学习能力、信息技术素养和持续学习能力等6个一级指标和14个二级指标。

3. 对终身学习服务供给的满意度

满足市民的终身学习需求,为市民提供优质、便捷的终身学习资源与服务,促进市民的终身学习与终身发展是政府的基本职能。政府向市民提供的终身学习服务与资源是否与市民的需求相匹配,市民对政府提供的终身学习服务与资源的知晓度、参与度和满意度如何也是市民终身学习监测的重点内容。通过对市民终身学习需求、能力及对终身学习服务供给满意度的监测,掌握市民终身学习的现状与问题,了解市民对目前终身学习服务供给的整体评价、个体诉求等,为后续改进与完善提供了数据支持。在第一轮监测中,监测项目对老年大学、博物馆、图书馆、培训机构等教育机构提供教育服务的满意度、职场学习的机会和资源供给等进行了监测。

从项目设立至今,对市民终身学习监测内容的选择与认识经历了不断深化的过程。从内容上来说,市民终身学习监测除终身学习需求、终身学习能力、市民对终身学习服务供给的满意度以外,还可以对市民终身学习的行为特征、认知与意愿等展开监测。在第一轮监测中,监测目的是为上海市终身学习服务与资源的精准配置提供依据,因此项目将监测聚焦于市民的终身学习需求与能力监测。同时,出于对第一轮监测可测量性、可操作性的考虑,监测主要关注成人的正规学习与非正规学习,而对于监测难度较大的非正式学习监测则仍处于理论研究阶段。

三、 市民终身学习监测的未来展望与思考

《中国教育现代化 2035》明确提出,"到 2035 年,总体实现教育现代化,迈入教育强国行列,推动我国成为学习大国、人力资源强国和人才强国,为到 21 世纪中叶建成富强民主文明和谐美丽的社会主义现代化强国奠定坚实基础"。实现成为学习大国、人力资源强国和人才强国的目标,离不开每一位市民的终身学习与成长,因此,进一步推进市民终身学习监测研究具有较重要的现实意义。上海市近 9 年开展的有关市民终身学习监测研究的探索与实践,初步形成了关于市民终身学习监测的理论框架,也积累了实践经验。同样,在研究推进的过程中,也发现了市民终身学习监测的难点。但毋庸置疑的是,进一步深化和推进市民终身学习监测的研究与实践是我国推进学习型社会与学习型城市建设的重要抓手。对此,本文提出以下几点思考与展望。

(一) 市民终身学习监测需进一步研究的问题

在开展市民终身学习监测研究的过程中,有三个基本问题始终贯穿整个过程:一是对市民本身及市民终身学习的多元性与复杂性的充分认识。市民的年龄、行业、学历等不同,会导致其终身学习需求和终身学习能力的差异。对于每一位市民而言,个人的终身学习具有主体性、独特性的特点,但对于市民终身学习监测而言,在监测评估中研究的不是市民个体的特征,而是市民整体在终身学习监测中呈现的特征与问题。对这一基本问题的认识应贯穿于监测测验与问卷题目的设计与应用、监测的组织与实施及监测数据的分析评估中。如何处理和认识市民终身学习的整体性与市民个体的主体性、独特性特征,是市民终身学习监测需进一步研究的问题。二是市民终身学习监测的理论研究与监测组织实施之间的异同与联系。市民终身学习监测的理论研究与监测组织实施之间相互影响、相互促进。无论是市民终身学习监测的理论研究还是监测组织实施均要求具备专业性、科学性和有效性,但两者之间又存在差异,具体表现在:市民终身学习监测的理论研究更关注系统性、完整性,而监测的具体组织实施更关注阶段性解决一个问题而不是所有问题;市民终身学习监测理论研究的语言更加学术、严谨,而在监测组织实施中,最重要的是监测问卷题目的语言应通俗易懂,让市民可以完全理解。市民终身学习监测的抽样、监测方式与技术等科学性要求如何在监测组织实施中具有可操作性,"不走样",是监测研究中始终要思考的问题。三是平衡阶段性监测研究与持续研究之间的关系。监测评估某种程度上是一项基础研究,具有投入大、历时长、见效慢的特点。做好市民终身学习监测研究

的长期规划，确定分阶段、分类别、分层次开展市民终身学习监测的具体目标与实施策略，也是监测研究过程中要始终关注的问题。

(二) 建立多来源、多类型、常态化的数据信息采集渠道与机制

不同的监测对象与监测目的需要匹配相应的监测方式与监测手段。市民终身学习监测有哪些监测内容，匹配哪些监测方式与手段等，需在理论研究与实践探索中不断创新发展。因此，建立来源广泛、类型多样、常态化数据信息采集与专题定向数据信息采集相结合的监测渠道与机制非常重要。持续推进市民终身学习监测需要有规划、有目的地布局市民终身学习监测的工作体系，培训一支专兼职相结合的监测评估队伍，形成常态化数据信息采集的制度与策略等。

(三) 建立市民参与终身学习监测的制度和机制

市民既是市民终身学习监测的监测对象，也是市民终身学习监测后的服务对象。也就是说，市民既是监测的出发点，又是监测的终点。如前所述，市民及其终身学习的主体性、特殊性决定了市民终身学习监测的复杂性、多元性。因此，逐步建立相关机制是推进市民终身学习监测更加规范、科学、有效的保障。一方面，应通过多种方式建立市民参与监测评估的网络平台和信息沟通渠道，便于市民及时反馈意见与建议；另一方面，应建立市民终身学习监测的成果发布与转化应用机制，及时向社会公布市民终身学习监测的成果，将监测评估成果转化为改进市民终身学习状况的依据。

(四) 建立监测评估与政策完善之间的良性互动

建立市民终身学习监测评估与终身教育政策完善之间的良性互动是市民终身学习监测研究发展的方向。首先，确定市民终身学习监测的对象与内容，要优先关注具有普遍意义的对象或当前终身教育政策中的难点、热点问题，通过监测评估发现问题、分析问题并寻找解决问题的策略与方法；其次，要建立市民终身学习监测研究机构与监测对象、相关政府部门、社会组织等主体之间的沟通、衔接与互动机制；最后，逐步建立市民终身学习监测与终身教育政策之间的引导机制、激励机制、预警机制和问责机制。通过多种形式及时向社会公布市民终身学习监测成果，引导和激励市民更有动力地进行终身学习；及时发布市民终身学习监测中发现的问题，发挥监测评估的预判预警功能等。

(五) 监测的方法与工具

监测方法、监测工具的选择与监测目的、监测内容密切相关。在某种程度上，监测目的与监测内容直接决定了采用哪些监测方法与监测工具。常用的教育监测评估方法主要有观察法、测验法、问卷法等。不同的评估方法有与其相匹配的监测工具。在综合考虑了第一轮监测的监测目的、监测内容和监测对象后，市民终身学习监测确定了评估方法和工具类型。

1. 采用问卷法监测评估上海市民的终身学习需求和满意度

监测上海市民的终身学习需求和对终身学习服务供给的满意度主要采用问卷法，其对应的监测工具为问卷，即由一系列问题构成的调查表，收集被评估者的心理特征、行为、态度及事物的基本特征等信息。通过调查问卷在短时间内可收集到市民终身学习的现状与需求，具体包括想学习什么内容、通过什么方式学习、对政府资源配置有哪些诉求、对目

前的终身学习服务供给是否满意、哪些方面需要改进等等。

2. 采用测验法监测评估上海市民的终身学习能力

测验法是依据一定的心理学理论，按照一定的操作程序，给人的行为做出某种数量化的解释的评价方法和技术。测验法使用的工具是测验，即一套事先设计的、标准化的题目。项目组在借鉴 PIAAC 的基础上，研发出测试市民基础认知能力和非基础认知能力的试题。基础认知能力主要测验市民的阅读能力、数学能力和信息技术环境下的问题解决能力，非基础认知能力则通过五分量表题目来测验。

无论是监测市民终身学习需求及满意度的问卷，还是监测市民终身学习能力的测验试题，都是由多学科、多专业背景的研发团队，经过监测工具的编写、专家论证、试测、修订与完善、专家再论证等环节制定而成的。2015 年 12 月开展了对杨浦区、宝山区、浦东新区、崇明区 4 区 320 份样本的试测，全面模拟正式测试，来验证监测工具的适切性，监测组织实施工作的科学性和合理性等。试测后，根据试测的组织过程和试测结果进一步完善了监测工具和监测工作方案。2016 年第一轮测试采用 PPS(按规模大小成比例的概率抽样)方法，完成了全市 16 个区 5 000 份样本的抽样调查。监测项目第一轮测试后于 2018 年向社会公开发布了阶段性的研究成果。在监测项目实施过程中，无论是对市民终身学习监测的理论思考还是实践组织，均积累了宝贵的经验与教训，这些成果、经验与反思总结为后续推进市民终身学习监测研究奠定了基础。

松江区新浜镇推进“乡风文明”建设的实践探索

上海市松江区新浜镇成人中等文化技术学校

在党的十九大报告中,首次提出了乡村振兴战略,并将该战略作为新时代做好“三农”工作的总抓手。其中,“乡风文明”作为乡村振兴战略的重要内容之一,是乡村振兴战略的灵魂与保障,对实现乡村振兴战略起着积极的推动作用。

一、“乡风文明”的内涵及建设意义

(一)“乡风文明”的内涵

由于研究范畴和思考角度的不同,学术界对“乡风文明”并没有统一的界定。本文结合中共中央国务院印发的《乡村振兴战略规划(2018—2022年)》及相关学者的观点,认为“乡风文明”是一种崇尚科学文明、弘扬先进文化、传承传统文化、建设生态文明、保障社会和谐稳定的良好的社会风气,且具有地域性、时代性、多样性、传承性等特点。“乡风文明”建设的本质是乡村精神文明的建设,其核心是推动和引导广大村民树立正确的思想观念和道德素质,拥有科学文明的生活风尚和健康良好的精神面貌,创建生态宜居的人文环境与和谐稳定的社会环境。

(二)“乡风文明”建设的意义

在国家层面,“乡风文明”建设是完善国家治理体系和推进乡村振兴的重要内容。乡村治理既是国家治理体系的重要组成部分,同时也是实现乡村振兴战略的总要求之一。作为参与乡村治理的主体,村民往往对乡村治理的认知不够,参与意识薄弱。而乡风文明的建设可以从思想层面提升村民参与乡村治理的积极性和主动性,从而进一步完善乡村治理机制,促进乡村振兴可持续发展。

在城郊层面,“乡风文明”建设是上海建设全球卓越城市和美丽乡村的内在要求。乡村作为上海这座城市不可分割的一部分,是上海建设全球卓越城市的重要阵地,但也面临着城乡发展不均衡等现实问题。推进乡风文明建设不仅可以缩小城乡间的差距,实现城乡一体化发展,还可以推动美丽乡村建设,使乡村成为一张靓丽的城市名片。

在个人层面,“乡风文明”建设是丰富村民精神文化和改善精神面貌的主要途径。通过推进乡风文明建设,从精神文明层面提升村民的整体素质,进而推动村民形成文化自觉、文明自觉、思想自觉和行动自觉。

“乡风文明”建设无论是从国家战略角度、城郊发展角度,还是个人价值角度,都有着长远的意义。

二、 社区教育与乡风文明建设的辩证关系

社区教育可以说是推进“乡风文明”的重要途径，反之社区教育包含于“乡风文明”建设之中，“乡风文明”的提升有利于社区教育的发展，因而“乡风文明”建设和社区教育间是相辅相成的关系。

（一）社区教育有助于推进“乡风文明”建设

推进“乡风文明”建设是以精神文明建设为抓手，无论是思想观念、意识形态的转变，还是精神意志、行为方式的形成，都离不开教育。社区教育作为终身学习体系的重要组成部分，面向的教学对象是社区中的全体居民，具有开放性、实用性、群众性等特点。因而，依托社区教育为推进“乡风文明”建设开辟了一条新路径，具有不可替代的作用：第一，育人作用。通过开展多种多样的社区教育教学活动，积极引导村民树立正确的思想观念，培养高尚的道德品质，养成科学的行为方式，进而形成良好的社会风气。第二，凝聚作用。社区学校在自主开发教育资源的同时，会通过联合政府部门、社会组织、民间艺人等力量，整合一切可利用的教育资源，为推进乡风文明建设提供了基础保障。第三，激活作用。社区教育活动的开展往往是在文化活动场所中进行，如老年活动室、社会学习点等。文化空间的再度激活也为乡村的特有文化注入了新的内生动力。

（二）“乡风文明”建设有利于促进社区教育发展

依托社区教育，使乡村的“乡风文明”的程度得以提升，一方面，能有效地提高政府、社会，乃至村民对于社区教育的认知度和认同感，从而提升社区教育的社会地位，使社区教育的发展能够得到更多的支持与关注。另一方面，能进一步完善社区教育的结构与功能，有利于社区教育的可持续发展。从内容角度，将“乡风文明”建设纳入社区教育课程中，进一步丰富课程体系。从人才角度，随着“乡风文明”的提升，村民对终身学习观念的越来越认可，并以自己的实际行动践行，进而可以挖掘更多的民间艺人来参与社区教育事业。从理论角度，将依托社区教育推进“乡风文明”建设的实践经验上升至理论路径，深化社区教育内涵。

三、 新浜镇“乡风文明”的现状及存在的问题

上海市松江区新浜镇，属于上海浦南地区，镇域面积 44.74 平方公里，户籍人口 2.61万人，常住人口 3.97 万人，其中 60 岁以上老龄人口 1 万余人，人口老龄化较为严重。

本研究采取问卷调查的方式，对上海市松江区新浜镇的村民开展“乡风文明”现状的调查，以随机抽样的方式，共发放问卷 128 份，回收问卷 128 份，有效回收率 100%。该问卷主要从行为方式、家风民风、文化生活和文化传承四个方面进行调研，下面将逐一进行分析。

（一）行为方式

行为方式主要包括封建迷信行为、违法行为、陋习行为和不文明行为。从图 1、2、3、4 的数据中可知，大多数村民的身边都存在以上四种行为。可见，部分村民还没有树立正确的思想观念和行为方式，社会公德意识和社会责任意识还比较薄弱。

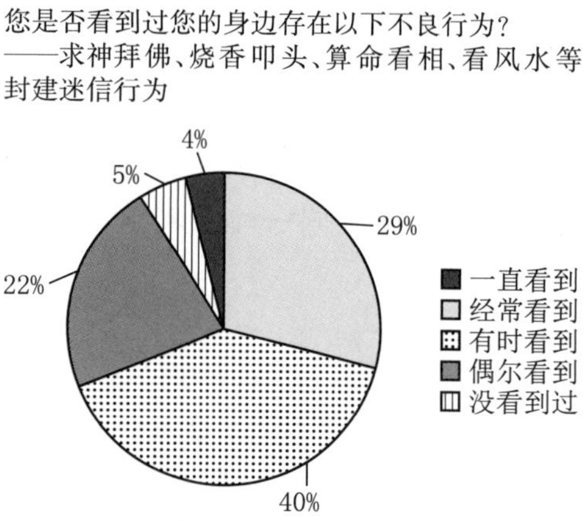

图 1　新浜镇封建迷信行为现状

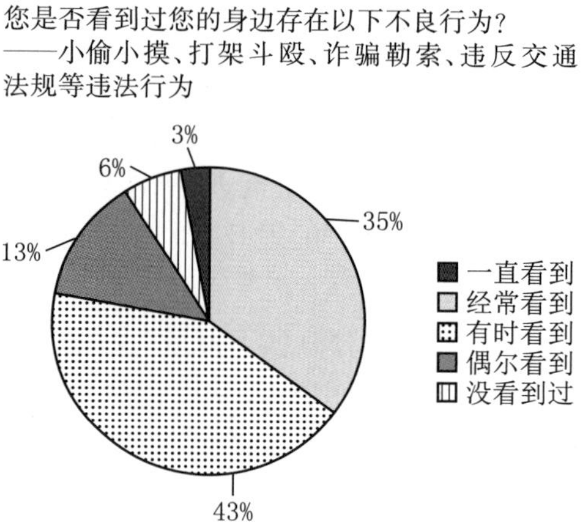

图 2　新浜镇违法行为现状

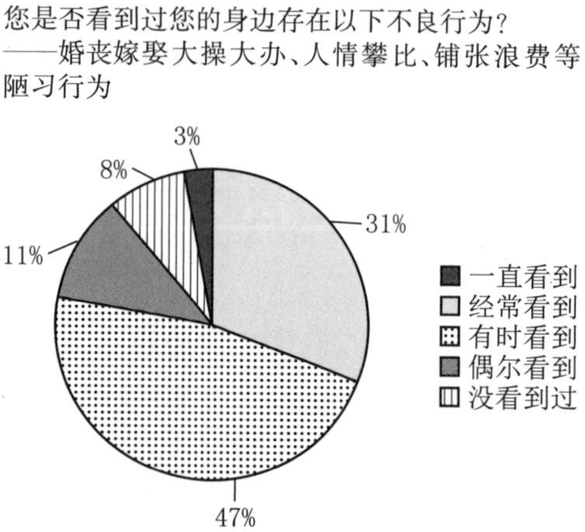

图 3　新浜镇陋习行为现状

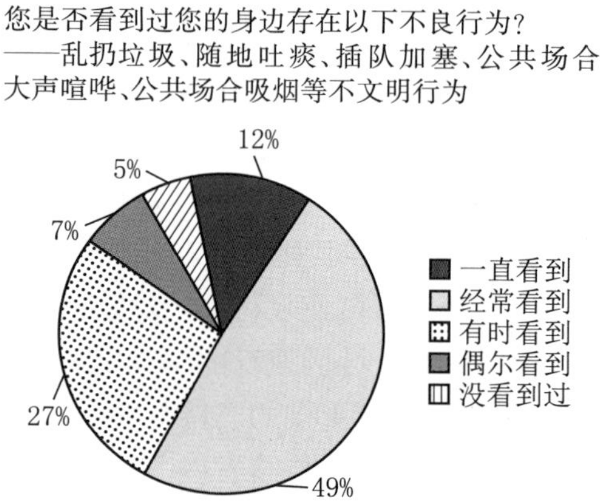

图 4　新浜镇不文明行为现状

（二）家风民风

家风民风主要包括邻里关系、亲子关系、夫妻关系和长幼关系。从图 5 的数据中可

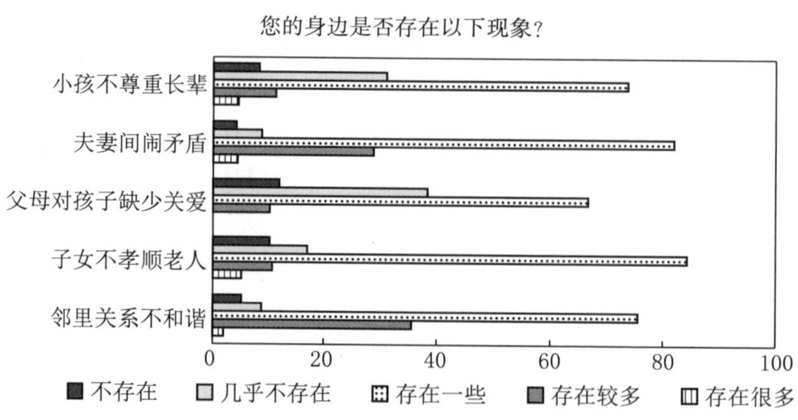

图 5　新浜镇家风民风现状

知，一部分村民的身边还是存在邻里、亲子、夫妻和长幼问题的。由此可得，部分村民还存在家庭美德缺失，集体意识淡化，个人主义凸显，家庭邻里关系不和谐。

（三）文化生活

文化生活主要是为了了解村民平日里的休闲活动。从图 6 的数据中可知，串门聊天、看电视玩手机和打麻将扑克成为了村民平日里休闲活动的前三。由此可得，大多数村民的文化生活还是比较单调匮乏的。

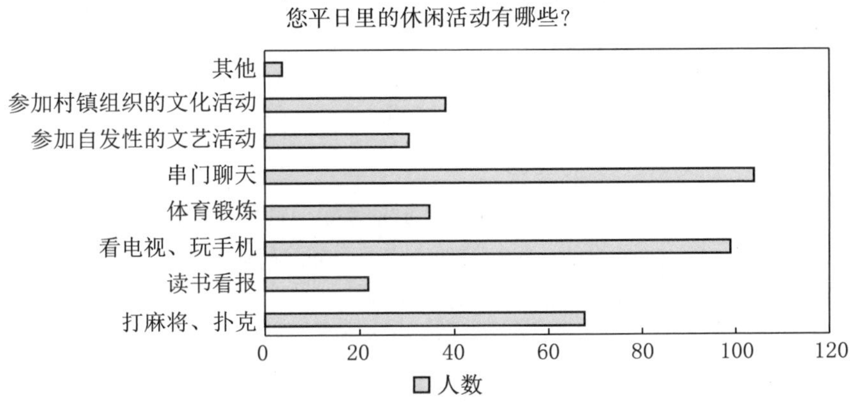

图 6　新浜镇村民文化生活现状

（四）文化传承

文化传承主要是从村民对新浜镇的传统、民俗或特色文化的了解程度进行调研。从图 6 的数据中可知，大多数村民对新浜荷花节和牡丹节是基本了解的，但是对花篮马灯舞、农民革命故事、石泾弄乡土文化等了解得不多。可见，村民对于新浜当地文化的传承和弘扬意识还比较薄弱。

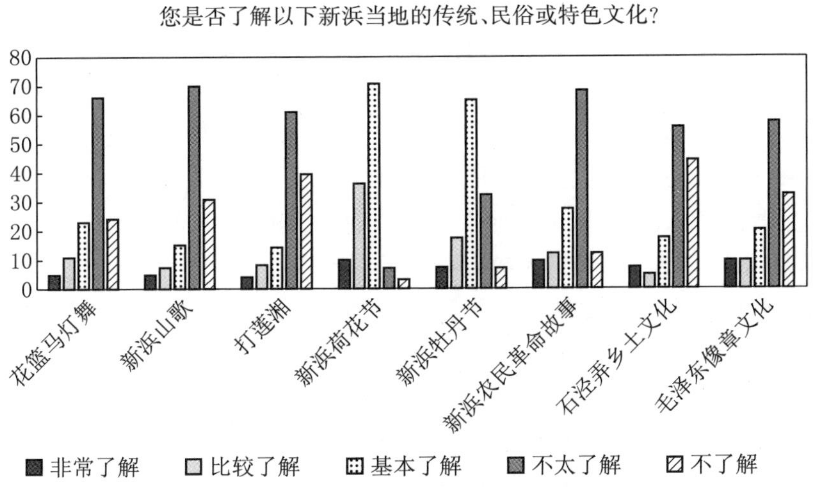

图 7　村民对新浜当地文化的了解程度

通过此调研发现，新浜镇还存在着社会公德意识比较淡薄、封建迷信、陈规陋习依旧存在、家风民风不够淳朴、精神文化生活单调乏味、文化传承不够重视、社会和国家意识较为薄弱的问题。

四、依托社区教育推进“乡风文明”建设的举措

（一）统筹协调，加强联动，完善建设工作运行机制

为了确保“乡风文明”建设扎实、有效地推进，学校成立工作领导小组，制定工作推进方案，并在此基础上进一步加强联动效应，构建“三联动”。

第一，与联盟学校的联动。在多年的社区教育工作探索中，各联盟学校都拥有了一大批优质的学习资源。通过加强与联盟学校间的联合，构建资源共享模式，进而实现教学资源效益最大化。

第二，与政府部门的联动。一方面，相关的政府部门能够为“乡风文明”建设提供专业的学习资源和师资力量，如司法所、卫生院等；另一方面，与政府部门的工作需求对接，发挥政府部门的宣传作用，促使相关活动的有效开展。

第三，与村居委的联动。村居委作为基层群众自治的基本组织，是学校与群众之间建立联系的重要纽带和桥梁。学校通过定期召开办学干部会议，强化了办学干部的组织和宣传能力，有利于后续教学活动的开展。

（二）招贤纳士，打造平台，加强师资队伍培养建设

为了保障推进“乡风文明”建设学习活动的有效开展，通过建立自主培育和人才引进相结合的师资队伍建设机制，以确保师资力量的储备充足以及提升教师队伍的专业化发展。

组建了一支推进“乡风文明”建设的工作者队伍，分别由讲师团、宣传员、志愿者三者共同构成。其中，讲师团由专兼职教师构成，主要负责教学活动的开展、线上线下资源的开发与建设等工作。宣传员起到了承上启下的作用，主要负责线下活动的联络与安排、协助讲师团开发与建设教育资源、以及线上教育资源的发布、管理与配送等工作。志愿者主要协助教育活动的有序开展。

成立了“茶馆式教学研究室”，为广大终身教育工作者提供了学习、研究与交流的平台。研究室秉持“共研、共享、共进”的理念，围绕“课堂、课题、课程”三个方面开展，将理论研究与实践探索相结合，促进教师专业素养和专业能力的提升与发展。

（三）满足需求，尊重差异，扩大教育对象辐射范围

为了满足不同年龄阶段人群的学习需求，进而更全面地推进“乡风文明”建设，学校有针对性地开展了相关学习活动，以老年人和青少年两大群体为例。

一是“轻松掌上行”项目：贴心送教，助老年人跨越“数字鸿沟”。为贯彻落实《关于切实解决老年人运用智能技术困难实施方案》中部署的任务与要求，提高老年人运用智能技术的能力和水平，学校推出“轻松掌上行”项目，并制定《“轻松掌上行”项目三年行动计划(2021—2023年)》，为镇上的老年人提供智能手机培训服务，切实解决老年人在使用智能手机中的痛点和难点。

二是“青色新浜”项目:合作共育,搭建青少年素质教育新阵地。学校通过协调整合、优化资源,完善了学校、家庭、社会“三方联动”的共育网络,建立了多元参与的教育机制,组织开展内容鲜活、形式新颖、内涵丰富、吸引力强的青少年素质教育活动,在寓教于乐中全面提高青少年的综合素质。

(四) 丰富载体,创新形式,拓宽线上线下学习渠道

随着信息技术的快速发展,信息化已成为现代教育的重要标志之一。社区教育作为终身教育体系中的重要组成部分,推进社区教育信息化必然是实现全民终身学习的有力支撑,是学习型社会建设的重要一环。学校紧抓品牌特色亮点,推出了“乡村茶馆云课堂”,将品牌项目往数字化发展,开创了线上学习新形式。以戏曲、快板、小品的表演形式将时事热点、政策文件融入其中;通过知识竞答激发起村民的学习兴趣,且选题贴近日常生活,涵盖科普知识、节庆文化、健康生活、文明行为、生活安全等多个方面。

与此同时,为了将优质的学习资源下沉至村民的家门口,进一步缩短线下学习距离,学校开展“乡村茶馆课堂”课程资源配送活动。首批资源配送共选取了五个试点,开设了六门课程,且每个班级配以一名观察员,由本校教师担任,主要对学员的出席率、学员的学习感受、教师教学效果、课堂氛围等方面进行实时地跟踪与监测,确保活动开展的有效性。

(五) 创新模式,发挥效益,形成村民自治的新格局

推进“乡风文明”建设最终是希望从他治向自治转变,而团队学习恰恰是村居自治的一种表现形式。然而,团队的建立不能仅仅停留在内部的学习交流,更要充分发挥团队的效益和价值,从而进一步实现村民自治。

近年来,学校不断加强学习团队的建设,严格按照星级团队的标准对团队进行考核,并在此基础上创新团队培养模式,给予团队更多的展示机会。例如,在2021年春节期间,学校的戏曲团队就以“云视频”的方式为当地敬老院的老人们送去了一场联欢会。该活动不仅为那里的老人们送去了温暖与欢乐,丰富了他们的精神生活,同时也使整个团队得到了锻炼和成长。

五、 依托社区教育推进“乡风文明”建设的成效

(一) 推动了教育资源的泛在可选

教育资源是开展教育活动的前提和保障。在多年的社区教育实践中,学校已拥有丰富的教育资源,但在满足“乡风文明”建设的教育需求上还存在一定的差距。因而在筛选与整理原有资源的基础上,通过联合相关部门、凝聚联盟学校力量,形成了推进“乡风文明”建设的教育资源库。

第一,一张“推进‘乡风文明’建设”的课程菜单(见表1)。该菜单将课程划分为思政教育类、法治教育类、科普教育类、文化素养类、实用技能类和健康教育类六大类别,可供各村村民远程点单,且配送形式不局限于线下,将线上也囊括其中。

第二,两条可供体验学习的“人文行走”路线,分别为“红色人文之旅”和“绿色生态之行”。“红色人文之旅”涵盖了多个学习点,分别由“陈云与松江地区农民暴动史料展”“毛泽东像章纪念馆”“南杨村规划展示馆”和“‘爱莲说’松江廉洁文化教育示范点”组成;“绿

表 1　新浜镇社区学校"'乡风文明'建设"课程菜单(部分)

课程类别	课程名称	课程形式
思政教育类	"三人行"红色故事系列宣讲	线下
	新浜镇"身边人身边事"事迹宣讲	线下
法治教育类	普法大讲堂——司法所系列讲座	线上
	普法大讲堂——民法典十大亮点精讲	线上
科普教育类	科学生活	线上
	生活小妙招	线上
文化素养类	新时代自编沪剧表演唱	线下/线上
实用技能类	轻松掌上行	线下/线上
健康教育类	艾灸养生	线下/线上
	"话养生"健康知识	线上

色生态之行"涵盖多个学习点，分别由"石泾弄'乡风文明'体验基地""森鲜馆""土是宝农业专业合作社"和"胡家埭文旅融合示范点"组成。其中，"红色人文之旅"还被选为松江区2021年"茸城丰碑，人文行走"红色修身路线。

（二）激活了地方特色文化的活力

地域特色文化的生命力、传播力和影响力可以说是该地区文化软实力的体现。近几年，通过多项举措，凸显了地方特色文化的吸引力，体现了文化蓬勃发展的创新力。

一是开拓宣传渠道。通过深入挖掘、实地走访、调研评估，选取特色文化场馆申报为社会学习点或市民体验基地，打开该文化场馆的知名度。同时，通过印发宣传单、制作活动手牌和横幅、配送书籍等方式，进一步丰富特色文化场馆的内涵。

二是打造展示平台。通过选送参加相关市区级征集活动、推选参与联盟展示活动等方式，给予地方特色文化更多的展示平台。如"新浜三人行"理论宣讲团的"红色新浜的革命故事"曾在2021年"东方之光"资源联盟举办的微党课展示活动中演讲展示。

（三）丰富了村民的精神文化生活

为了更加全面地推进"乡风文明"建设，所开展的学习活动不仅突破了原有学习模式的局限，还打通了镇与村距离上的壁垒，更打破了空间和时间上的界限，吸引了越来越多的村民参与学习，丰富了村民们的精神文化生活，改善了他们的精神面貌。与此同时，正是因为参加学习活动这个契机，促使拥有相同兴趣爱好的村民们自发地形成了学习小组，通过相互合作、相互交流和相互促进，营造良好的学习氛围，实现共同成长。

（四）引领了首批学习型乡村的建设

2020年，新浜镇南杨村成功入选首批上海学习型乡村。几年来，南杨村始终秉持着"服务全民终身学习，服务乡村发展治理"的宗旨，以学习型乡村建设和乡村振兴为抓手，在镇社区学校的引领下，通过完善机制、搭建平台、整合资源、创新载体、树立品牌等一系列建设举措，稳步推进南杨村学习型乡村建设工作。

为了盘活本土资源，南杨村积极探索"1＋2＋X"发展模式，通过与镇社区学校联合，不断挖掘、整合和创设可供村民学习的教育阵地，形成了一批社区教育修身立德社会学习点和市民体验基地，打造了内容纷呈、形式多元、人群多样的“多彩南杨”特色学习项目。该项目分别为“红色南杨”——红色教育学习点“毛泽东像章纪念馆”“绿色南杨”——农业科技学习点“森鲜馆”“橙色南杨”——全国终身教育品牌项目“乡村茶馆课堂”分课堂、“青色南杨”——“乡风文明”市民体验基地“石泾弄”和“蓝色南杨”——中医农业学习点“无人机应用实训基地”。

（五）促进了乡村振兴的全面发展

乡村振兴战略的五大要求分别为产业兴旺、生态宜居、“乡风文明”、治理有效和生活富裕，而这五者之间相互联系、相互作用，是有机统一体。因此，“乡风文明”程度的提升，其实也是在促进其他四方面。一是联合当地农业合作社开展无人机职业农民培训，大力发展现代化农业，促进了农业增效、农民增收、农村发展。二是以新浜牡丹节、新浜荷花节、新浜采摘节等节庆品牌为载体，开展廉洁文化教育、光盘教育、生态教育等有意义的学习活动，带动了乡村文化旅游新气象。三是通过开设生态教育类讲座、分发宣传单、张贴海报、设立宣传栏等方式，向村民们大力普及生态教育，宣扬绿色环保理念。四是以组建志愿者队伍，参与生态环境的维护与整治，进而体现村民的乡村自治意识。

（六）发挥了典型的示范引领作用

为了进一步加强基层群众的宣传教育工作，使群众的心灵更贴近党史、情感更融入党史、思想更渗透党史，在全国终身品牌项目“乡村茶馆课堂”品牌的引领下，学校进一步推出“新浜三人行”理论宣讲团。在内容选择上，紧紧围绕党史学习教育和党的创新理论传播两条主线，以讲好新浜革命故事为切入口，传承红色文化，弘扬革命精神，充分体现思想性、地域性和故事性。在宣讲方式上，用“当地话”代替“普通话”，用“讲故事”代替“读稿子”，使理论宣讲具有乡土感、带入感和画面感。在载体形式上，探索形成了“1＋N”的宣讲模式，即“宣讲＋知识竞答”“宣讲＋戏曲表演”“宣讲＋情景小剧”等，将四史精神、乡村振兴、科普防疫等内容融入群众们喜闻乐见的表演形式中，使理论宣讲“活”起来、“潮”起来，有效提高理论宣讲的传播力、吸引力和影响力。

典 型 案 例

DIAN XING AN LI

“闵行乐学少年”综合素养培育拓展课程建设

上海市闵行区社区学院

一、 政策背景

2021年7月24日，中共中央办公厅、国务院办公厅印发了《关于进一步减轻义务教育阶段学生作业负担和校外培训负担的意见》，并发出通知，要求各地区各部门结合实际认真贯彻落实。为深入贯彻党的十九大和十九届五中全会精神，落实《上海教育现代化2035》《上海市教育发展“十四五”规划》《闵行区教育发展“十四五”规划》等文件精神，闵行区社区学院把握终身教育发展的新形势、新要求，为进一步发挥社区教育与基础教育的互补功能，承担家校社协同责任，完善家校社协同机制，立足闵行区区域经济和教育发展，在2022年暑期启动“闵行乐学少年”综合素养培育行动，开展社区教育拓展课程的试点建设。

二、 实践过程

（一）目标定位

“闵行乐学少年”综合素养培育拓展课程以“乐学”为核心，立足家校社协同平台，发挥社区教育覆盖面广、互补性强的特点，依托社区学校阵地，充分凸显邻里中心、学习点、服务站“15分钟学习圈”的作用，围绕生活技能、科学素养、艺术修养、体育技能等维度，拓展社区教育优质资源的多样性、多层性及多元性，弥补基础教育课程的结构性缺失，通过体系化综合素养拓展课程的构筑和基地的建设，打造乐学课堂和体验中心，同时通过设计多样化培育形式及构建多元化评价体系，在终身教育领域进行有益补充的探索，为实现人的全面发展和社会的全面进步提供着力点和支撑点（见图1）。

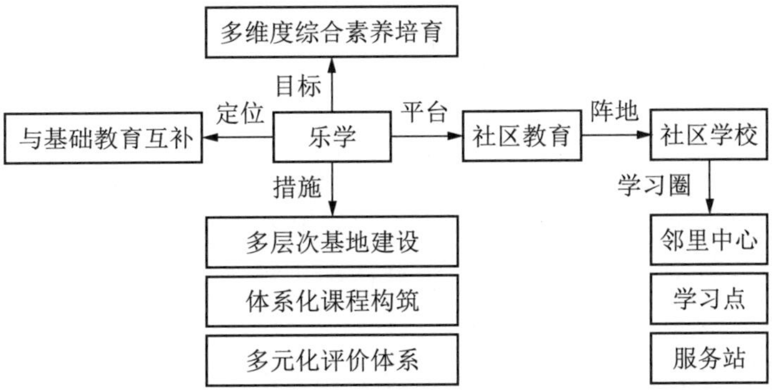

图1 “闵行乐学少年”综合素养培育行动目标定位体系图

（二）试点情况

1. 依托社区学校阵地,体系化构筑综合素养培育课程

学院工作扎根社区,深耕服务,依托闵行区 14 个街镇社区学校阵地,根据现有资源及场地设施设备状况,挖掘特色课程和优质资源。此次综合素养培育课程在吴泾镇社区学校、华漕镇社区学校、梅陇镇社区学校、浦江镇社区学校进行试点,经过先期筹备在 7 月底、8 月初先后推出家庭烹饪、航空科普、航天科普、创客基础等四大类示范性课程(见表 1),围绕生活技能、科学素养、艺术修养、体育技能等素养培育维度,以期开发具有地域特点、可操作性、可推广性的高品质综合素养培育课程体系。

表 1 “闵行乐学少年”综合素养培育行动暑期试点课程

课程名称		试点社区学校	课程内容
烹饪课程		吴泾镇、华漕镇、梅陇镇	柠檬手撕鸡、番茄炒蛋、丝瓜滑虾汤、葱油拌面、品鉴会等
青少年航空课程		吴泾镇、华漕镇、浦江镇	四旋翼无人机体验活动、四旋翼无人机创意制作活动、固定翼航模体验活动、固定翼手抛机动力改装体验活动等
青少年航天课程		吴泾镇、华漕镇、浦江镇	太空望远镜、火星基地、拼搭小卫星、旋转的地月系、太空放映室、卫星环游记等
创客基础	3D 打印笔	吴泾镇	二维到三维、动物世界、上海建筑、游乐园、圣诞树、火星车、飞机等
	图形化编程课程	吴泾镇	点亮爱心屏、炫彩灯光、彩虹灯、自制小车、机器“脉”动、小小音乐家等

课程设置以“乐学”为出发点,以生命式体验和生活化理解为基础,选择与创设合适的、多样的教学手段与教学方式,打造了乐学课堂,以满足学生的求知欲、适应个体发展和社会生活的学习需求,驱动学生内在的学习动机,形成乐观的学习态度。对中小学生按照学段应该形成的素养培育目标和能力要求进行分解,按照梯度设计学习模块,实现多维度、螺旋式上升协同育人的根本教育目标(以闵行学生厨艺训练营吴泾点基础阶段学习模块为例,见表 2)。

2. 发挥邻里中心作用,多层次打造综合素养培育基地

社区邻里中心具有独特的优势,其分布格局以居住人群为中心,是家庭住宅体系的延伸,设施齐全,文化内涵重,能为社区居民提供教育、文化体育、生活福利等多样化、全方位的服务。所以基于社区教育融入和服务社区发展的需要,结合闵行区“15 分钟生活圈”、“家门口的服务站”规划和建设,发挥邻里中心作用,学院整合自身及社区各项优势资源在吴泾镇紫竹半岛邻里中心、华漕镇金丰邻里中心、梅陇镇社区学校晶城校区、浦江镇青少年社区文化活动中心打造了航天航空科普教室、“闵小厨”厨房等综合素养培育基地。通过点面结合,多层次打造中小学生“乐学”体验中心,多层次搭建学生成长平台。

3. 注重创新能力培养,多样化设计综合素养培育形式

创新能力是个人发展与国家发展,以及提升国际竞争力的最重要素养,是“核心素养

表 2 “闵行学生厨艺训练营吴泾点”基础阶段学习模块

学习内容	准备工作		认知目标	技能目标	情感目标	运用拓展	学习方式	学时
	知识准备	食材准备						
柠檬手撕鸡	1. 了解蛋白质对人体的作用，以及优质蛋白质的选择； 2. 了解柠檬的功效。	1. 主料：鸡腿； 2. 辅料：柠檬、香菜、小米椒、蒜； 3. 调料：油、盐、生抽、麻油等。	初步知晓夏季开胃菜的特点以及从膳食中获取优质蛋白的重要性。	掌握“煮熟的鸡腿浸入冰水”的原理和要点，以及凉拌的顺序和拌匀的技法。	激发学生学习制作凉拌菜的兴趣，养成健康、营养的饮食习惯。	运用凉拌菜的制作方法，制作其他凉拌菜。记录制作要点，提交相关照片或视频。	线下理论＋实践	3
番茄炒鸡蛋	分别了解番茄、鸡蛋的营养价值。	1. 主料：番茄、鸡蛋； 2. 调料：油、盐、糖。	懂得好的原料搭配是美味的基础，也是营养均衡的保障。	1. 掌握番茄去皮的几种方法。 2. 掌握炒鸡蛋嫩滑又不粘壁的技巧。	引导学生感受烹饪过程的奇妙，享受劳动的快乐。	用番茄或鸡蛋做主料，炒一道小菜，并说明其营养价值。	线下理论＋实践	3
丝瓜虾丸汤	了解夏季蔬菜丝瓜的生长习性及营养价值与功效。	1. 主料：丝瓜、虾滑； 2. 辅料：香葱； 3. 调料：油、盐。	知道丝瓜具有抗病毒、抗过敏的作用，夏季食用丝瓜虾丸汤开胃又补水。	1. 掌握挤入虾滑大小适度的技法。 2. 掌握汤水适量的标准。	感悟简单的食材，以及操作也能成就一道营养丰富的汤品，培养学生应时而食的智慧。	制作一道操作简单、荤素搭配、营养丰富的夏日靓汤。	线下理论＋实践	3
葱油拌面	了解各地的面条做法以及作为上海的招牌美食的葱油拌面的基本特点。	1. 主料：凉面； 2. 调料：葱油。	初步了解葱油拌面制作容易、材料简单、味道出众的特点。	1. 掌握熬葱油步骤和保存技法。 2. 掌握装盘要点。	回溯老上海的记忆，激发学生热爱海派文化的情感。	尝试制作海派面点，或夏季主食，并记录下来。	线下理论＋实践	3
营养知识讲座	了解人体一天所需摄入的能量，熟知居民膳食宝塔(2022 版)。	(通过学生制作的一日餐食，从营养搭配上进行点评)。	让学生明白荤素搭配的重要性、合理膳食对身体的帮助，对《中国学龄儿童膳食指南2022》有初步认知，了解学龄儿童膳食宝塔(2022)。	1. 掌握孩童每日所需营养。 2. 掌握烹饪技术中的营养学知识。 3. 掌握膳食搭配原则。	激发孩子们对健康及营养的关注，带动全家提升家庭健康素养，热爱中国美食。	帮助家长择菜、洗菜，认识常见果蔬、鱼肉等，能够为自己和家人设计一日食谱，并帮助孩子减少零食的摄入。	线上	1
品鉴会(成果展示)	将学到的知识以文字或视频形式呈现。	将制作的菜品带到餐厅。	学生简介菜品：品名、制作方法、营养价值。	学生自评、同学互评。	家长评价、教师评价。	颁发学习护照。	线下理论＋实践	3

的核心”,是核心素养宝塔顶尖上的明珠。暑期学院社区教育拓展课程注重综合素养培育形式的多样化设计,以“学生”为主体,培养学生成为具备科学素养、团队精神和创新能力的复合型人才成为重中之重。课程设计注重多学科知识渗透与融合,将素养培育目标细化,与具体课程的教学目标和学习内容相融合、相呼应。要求课程教师结合课程目标,依据学生差异,研发与目标和内容相对应的能力培养要素,设计多样化的教学形式,注重体验交流、实践探索、拓展提升,发掘学生自身潜能,加强学生思维训练,提高学生团队协作意识,提升解决问题能力和创造创新能力等,有效减轻学生的学习与心理负担,为学生善学乐思、健康成长提供合适的土壤。

4. 促进学生全面发展,多元化构建综合素养评价体系

基于“乐学”的教育理念,围绕学生综合素养的培育和发展目标,设计学习任务单和线上线下评价表,研究制定满足学生需求的综合素养评价各级指标,细化目标要求,质化和量化指标相结合,分层级、分学段分解目标,发挥学生自评、同学互评、家长点评、教师点评及其他评价主体的作用,多渠道、多方式、多主体进行整体性评价,构建多元化综合素养评价体系,充分发挥评价的激励功能。

表 3 暑期“闵行学生厨艺训练营”项目基础阶段学习任务单

菜品名称		学习时间	
团队成员			
课前知识储备			
原料、调料配备		所需设备、工具、器皿	
制作技法、流程及要领			
问题讨论			
知识拓展			
学习小结			

同时建立学生综合素养成长电子档案,课程学习结业后根据学时折合成学分,录入上海市终身教育学分银行,全程有效跟踪记录学生综合素养培育情况。

(三) 试点成果

至课程结束,烹饪课程培训人数 38 人,青少年航空课程培训人数 65 人,青少年航太你课程培训人数 60 人,创客基础培训人数 32 人,合计 195 人,学习人次 926 人次(见表 4)。这些课程深受孩子和家长们的欢迎。最重要的是通过资源整合,在社区开展这种形式的教育实践课,让孩子足不出小区,有所玩、有所学和有所乐,锻炼了能力,有所收获和成长,丰富了“15 分钟学习圈”,助力家门口服务站的打造,实现教育服务就在居民身边。

1. 彰显区域特色,提升品质

“闵行学生厨艺训练营”以项目为载体组织教学单位,体现模块化、系列化,以学会一些家常小菜的制作工艺要求为学习目标,确定教学项目,以相关饮食文化、营养知识理论

表 4 2022 年闵行区综合素养培育课程信息统计表(暑期)

<table>
<tr><th colspan="2">课程名称</th><th>学习点</th><th>学习人数</th><th>学习人次</th><th>合计数</th><th>总 计</th></tr>
<tr><td colspan="2" rowspan="3">烹饪课程</td><td>吴泾镇社区学校</td><td>12</td><td>12×5</td><td rowspan="3">170</td><td rowspan="11">926</td></tr>
<tr><td>华漕镇社区学校</td><td>12</td><td>12×5</td></tr>
<tr><td>梅陇镇社区学校</td><td>10</td><td>10×5</td></tr>
<tr><td colspan="2" rowspan="3">青少年航空课程</td><td>吴泾镇社区学校</td><td>19</td><td>19×4</td><td rowspan="3">260</td></tr>
<tr><td>华漕镇社区学校</td><td>20</td><td>20×4</td></tr>
<tr><td>浦江镇社区学校</td><td>26</td><td>26×4</td></tr>
<tr><td colspan="2" rowspan="3">青少年航天课程</td><td>吴泾镇社区学校</td><td>20</td><td>20×4</td><td rowspan="3">240</td></tr>
<tr><td>华漕镇社区学校</td><td>20</td><td>20×4</td></tr>
<tr><td>浦江镇社区学校</td><td>20</td><td>20×4</td></tr>
<tr><td rowspan="2">创客基础</td><td>3D 打印笔</td><td>吴泾镇社区学校</td><td>16</td><td>16×8</td><td>128</td></tr>
<tr><td>编程课程</td><td>吴泾镇社区学校</td><td>16</td><td>16×8</td><td>128</td></tr>
</table>

要点及规律性的法则形成过程为路径，设计若干学习任务，以能力提升、兴趣培养、视野拓展为导向设计教学活动。在这个思想指导下，吴泾、华漕、梅陇的烹饪课程学习模块设计均凸显了区域特色，丰富了烹饪课程内容，提升了烹饪课程品质，也极大地激发了“闵小厨”们的学习热情。比如吴泾点的第一课“柠檬手撕鸡”虽然是云南少数民族的一道颇具民族特色的传统美食，但在制作的过程中也融入了上海本帮菜的技艺，对该道菜进行了一定程度的改良和创新，口味更接近海派风味，其微视频在学习强国学习平台推出；华漕点和梅陇点设计的上海小馄饨和上海大馄饨，吴泾点和梅陇点的葱油拌面课程除了让学生了解这些面点的配料、制作过程及技艺外，融入了上海本帮菜系的基本情况和特点的学习，激发学生传承上海传统饮食文化的热情。

2. 融入科技元素，点燃梦想

航空科普、航天科普、创客基础三门课程科技元素满满，教学中遵循科学性与教育性，在寓教于乐、普及航天航空等技术与知识的同时，既满足了青少年对科学技术的好奇心，同时也激发出对科学事业的兴趣和热爱。课程设置主要以科学技术知识讲解和动手实践操作两部分组成。授课老师们均具有专业的授课能力，能够满足孩子们天马行空，奇思妙想的思维方式，解答孩子们提出的各式各样问题。在家门口的“15 分钟生活圈”里，渗透科普教育，播种科技强国的梦想，传承航天闵行的教育理念，为孩子们种下“科技梦”的种子。吴泾社区学校发布的公众号推文《仰望星空，追逐梦想，“15 分钟学习圈”为青少年种下“航天梦”》也被学习强国平台收录。

3. 坚持由点带面，辐射全域

学院此次暑期课程在吴泾、梅陇、华漕、浦江设点，涉及闵行区南、中、北及东南四个区域，希望发挥由点带面的作用，辐射闵行全域 14 个街镇，以实现区域协同育人的根本教育目标。

同时基于社区教育融入和服务社区发展的需要，结合闵行区“15 分钟生活圈”规划和建设,发挥社区实践指导站、村居学习点、邻里中心的平台作用,挖掘内生资源,坚持点面结合,多层次打造综合素养培育基地,与基础教育形成互补,为中小学生在乐中学、乐中玩、乐中做、乐中成长提供平台,积极打造孩子们"家门口"的乐学体验中心,发挥家校社协同育人作用。同时通过课程输送,将"双减"充分融入"家门口"服务体系建设,使社区"15 分钟学习圈"内容越来越丰富,越来越接地气,为孩子们创造丰富多彩的暑假。

4. 推出学习护照,助力成长

为提高闵行区中小学生的学习兴趣及参与学习的广度和深度,暑期课程学习结束后,每一位学生将获得一本"乐学少年@闵行"成长护照。学习护照将由闵行区学习型社会建设与终身教育促进委员会办公室、闵行区教育局、闵行区社区学院联合十四家社区学校共同推出,这本学习护照将成为学生们的学习"通行证",可凭此参加社区学校学习点开设的各类由闵行区社区学院认证的综合素养培育课程。每完成一门课程的学习并考核合格后,由学习点社区学校加盖相应的图章,以激发学生们的学习热情,也极具纪念意义。

随着先期示范性课程体系的成熟,围绕核心素养,结合社区学院、社区学校、社区邻里中心的实际和学生发展要求,将逐步构筑一整套与国家综合素养体系培育目标相对应的特色精品综合素养培育课程体系,成为培养学生适应未来发展的内在品质的有效载体和重要支撑。

三、 后期探索

(一) 对接学分银行,纳入终身教育学习体系

闵行区社区学院对照《上海市中小学生综合素质评价方案(试行)》,建立中小学生综合素养培育课程评价体系,反映学生们在课程学习过程中的综合素质及个性发展的关键指标,各指标的评价内容与标准以课程学习的任务单记录为基础。评价体系坚持发展性评价、注重过程性评价、重视多主体评价,对学生们的考核结果进行客观性评价。

而学分银行是一种基于终身教育理念和现代信息技术环境下的教育制度与学习管理制度,其核心价值在于促进"终身教育体系建设和全民学习、终身学习的学习型社会形成"。学院后期的设想是将"闵行乐学少年"综合素养培育课程对标学分银行,整理课程认证和评价机制标准、形成文件,纳入终身教育学习体系。建立综合素养培育课程学习成果的存储、认定、积累和转换为主要内容的学分银行制度,为建立优质资源共享机制提供平台,以极大地激发中小学生终身学习的积极性和主动性,实现人的全面发展,促进终身教育和建设学习型社会的建设。

(二) 多途径开发课程,满足中小学生综合素养培育需求

根据学院自有资源,研发课程送进社区。学院开大学历教育深耕多年,有着丰富而成熟的自成体系的教学资源,包括教师、课程、场地、管理及评价机制等,课程涵盖面广、校际资源共享,有完善的学习支持系统。所以借助开放教育资源,以开放教育课程为基础,自主研发深浅适度、具有实操性、受中小学生喜爱的课程送进社区。由于借助的是自有资源,所以能对课程的设置、内容、形式等进行评估和追踪,便于动态管理和调整。

挖掘社区优质资源，开展共育系列课程。区域社区资源往往带有浓郁的地域特色，有其独特的历史文化和传统，有巨大的教育资源开发潜能，学院要充分调研，与社区学校交流合作，开展共育系列课程，挖掘地方社区优质资源，共同研发具有传统型、趣味性、区域性的人文色彩浓郁的地域特色课程，满足中小学生的学习需求，也能让传统文化得以传扬和发展。

整合社会各类资源，拓宽优质课程来源。限于学院和社区现有资源，一些投资大，需要庞大的专业知识，学院研发力量不足以支撑的课程，通过构建完善的内外监督约束机制和有效的绩效评价体系，对各类社会优质资源进行整合，聚合社会力量，建立有效的合作方式，充实学院研发力量，特别是第三方机构参与到课程的研发中来，满足中小学生的素养培育需求。

（三）拓宽学习半径，创建多元阶梯式学习圈

暑期试点启动“闵行乐学少年”综合素养培育行动取得了良好的阶段性成果，学习人次近千，也吸纳了素质过硬、技能杠杠的教师、能工巧匠们充实到学院社区教育师资队伍中来。对将来创建“多元阶梯式学习圈”，形成全覆盖的综合素养课程学习体系建设奠定了良好的基础：

1. 15 分钟学习圈。主要覆盖范围为社区邻里中心、学习点和服务站，对标幼儿园、小学低年龄段的孩子，不出社区就能完成各类综合素养课程的学习；

2. 30 分钟学习圈。主要覆盖范围为街镇社区邻里中心、学习点和服务站，对标初中年龄段的孩子，不出街镇出行时间控制在 30 分钟以内就能参加各类综合素养课程的学习；

3. 60 分钟学习圈。覆盖全区范围内的社区邻里中心、学习点和服务站，对标高中年龄段的孩子，出行时间控制在 60 分钟左右就能参加各类综合素养课程的学习。

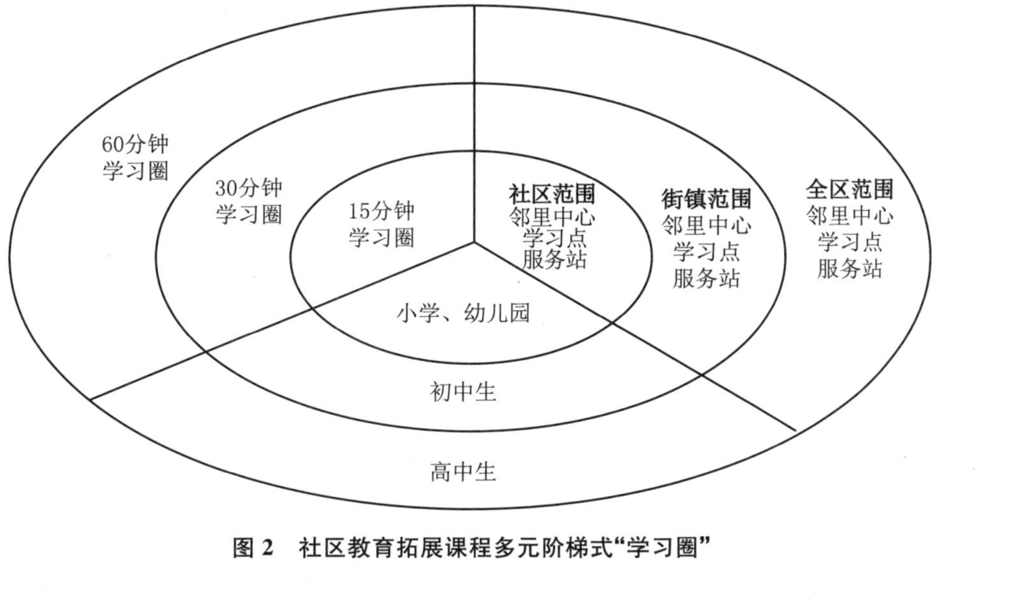

图 2　社区教育拓展课程多元阶梯式“学习圈”

(四) 做好课程推广工作,提升项目实效和影响力

学院首次在暑期试点启动“闵行乐学少年”综合素养培育行动并取得了良好的阶段性成果,学习人次近千,也吸纳了素质过硬、技能杠杠的教师、能工巧匠们充实到学院社区教育师资队伍中来。央视新闻客户端、央视频、中央广播电视台总台上海总站、“今日闵行”等对课程活动进行跟踪、报道,吴泾、华漕、浦江、梅陇社区学校也充分利用地方公众号进行推送,华二紫竹幼儿园、紫竹小学、华二附属初级中学闻“声”而来,纷纷在紫竹半岛邻里中心建立劳动教育实践基地,提升了学院社区教育拓展课程的实效和影响力,对整个综合素养培育工作的可持续发展起着重要的作用。

社区学院暑期综合素养培育课程站位高、立意深,在今年全区中小学推进素养教育如火如荼的背景下,充分认识到社区教育拓展课程建设在孩子们的发展过程中有着较高的实施意义和教育价值,课程的设置与中小学生健康快乐成长的教育理念吻合。今后学院将继续发挥家校社协同育人作用,为学习型社会建设和终身教育做出更多的贡献。

引领家庭教育队伍建设　共建教育善治生态圈

上海市宝山区业余大学　上海开放大学宝山分校

党的二十大报告提出，“推进文化自信自强，铸就社会主义文化新辉煌”。以习近平总书记关于加强家庭家教家风建设作为等重要讲话精神为指导，进一步贯彻落实“健全学校、家庭、社会协同育人机制”等精神，宝山区家长学校具体实施与推进各类家庭学习团队的引导和培育，促进社区与学校、家长与学生的共同发展。以促进儿童、青少年健康成长为目标，以宣传普及科学的家庭教育理念、知识和方法，积极推进提高家庭教育工作管理者和指导者的服务指导能力。在新形势下，进一步培育和激发家庭教育团队活力，共建教育善治生态圈。

一、“十百千”计划　开设家庭教育实训主阵地

以创建和培育宝山区家庭教育“十百千”团队为核心，创新家庭教育团队建设的管理模式和运行机制，通过搭建三个层面团队的学习平台，提供多类型、多元化的家庭教育指导服务，培育优秀团队负责人，树立典型家庭案例，推进团队的自主管理、自我服务、自我教育和自我发展。

“二十支”家庭教育指导团队。以分校、教学点为单位，组建20支家庭教育指导骨干团队，设立领队和团队组织，搭建资源共享、经验分享和问题解析的平台，打造一支素质过硬、服务良好、深入基层的师资队伍。建立实践、研究、培训于一体的实训基地，发挥基地的示范、辐射作用，提高全区家庭教育指导队伍专业化水平，增强“家庭教育指导师”培训的实效性。加大家庭教育指导者专业化培养力度，根据培训计划分批次组织教师参加“家庭教育指导师”系统培训，保证家庭教育指导师均“持证上岗”。

“百名”家庭教育志愿者讲师团。充分发挥家庭教育指导师对市民开展家庭教育的宣传和指导作用，鼓励、支持社会工作者、志愿者参与家庭教育指导服务工作，并邀请有关专家、学校校长和相关教师、家长和家庭教育指导师组成百名家庭教育志愿者讲师团，集合家庭教育专家大咖，区内行家里手齐聚一堂，依托讲师团这一优质资源，组织开展形式多样的家庭教育指导培训和实践活动。通过家庭教育志愿者讲师团进机关、进企业、进社区、进学校的“四进活动”，实现了所有学校全覆盖、社区家长全知晓。

挑选一批有事业心、责任感和丰富教育经验的老干部、老教师和社会热心人士、家长，组成百名志愿者组成的家风家教宣讲团队，发挥社会组织桥梁与纽带作用。以“总校＋分

校”相结合的形式,组织分层分块的家庭教育宣讲志愿者培训活动,由各分校管理和联络宣讲志愿者,有针对性地开展家庭教育知识讲座和培训。充分发挥创建典型的示范带动作用,选择部分专业能力好,服务能力强的志愿者组成骨干中心组,在志愿者队伍中发挥示范作用,协助家庭教育指导团队完成相关工作,定期进行评选和表彰,对能起到示范引领作用的志愿者给予认证。

培育“千个”家庭学习团队。结合宝山“乐学团队”建设,重点开展1 000个家庭学习团队培育,发挥示范、辐射作用,通过营造家庭学习氛围,增强家庭“自我管理”“自我教育”和“自我监督”的能力,推进家庭传承好家风,树立新风尚。

二、“全员导师制”培优与共享并行

围绕家庭教育师资培训实现“全员导师制”,加大家庭教育指导师专业化培训力度,形成区域—社区—片区的三级联动网络,实现优质师资共享、优质课程对接、优质资源配送。

(一) 建立梯度推进的培育机制

一是开展由总校主导的线上培训。根据课程设置,细化培训内容,利用线上学习平台和公众号,在全区推进家庭教育相关课程,提高团队培训的效能和品质,结合“家庭教育活动周”开展家庭教育主题活动。二是开展由各分校组织的学习点资源配送和走访辅导项目,以20支家庭教育指导团队为主力,深入社区开展对社区家庭进行指导。三是由百名家庭教育宣讲志愿者深入社区开展宣讲培训,通过菜单式送教上门的形式,由宣讲志愿者更有针对性地开展家庭教育知识讲座和指导,引导家长树立科学的家庭教育观念,构建家庭学习团队。

(二) 建立以奖促学的激励机制

通过不同的奖励方式,诸如积分、评优、成果回馈和物质奖励等形式,激发家庭团队学习的热情,调动团队学习的积极性,树立家庭学习团队典型,形成案例进行宣传,并把向外宣传推介常态化、制度化,保障家庭学习团队持续发展的生命力。设立家庭学习团队创建标准和评价标准,逐步形成创建家庭学习团队的评估反馈体系,为团队创建和评优提供推介依据。

(三) 推进基层调研和理论研究

坚持问题导向,围绕家庭学习团队的创建模式和培育引导开展基层调研,排摸普遍存在的问题,设立一批家庭教育研究课题,以项目制的方式开展理论研究,为实践探索总结提升,梳理提炼社会家庭教育的规律和特点,形成一批高质量家庭教育研究成果。

三、搭建平台资源整合 “家庭教育指导师”分层覆盖

针对不同的教育群体分年龄、分层次、分类别进行培训,积极推行家庭教育师培训资格认证和持证上岗制度。采取主动报名和学校推荐相结合,分批次组织教师参加“家庭教育指导师”培训,继而获得相应证书。通过培训全面优化和扩大家庭教育工作队伍,进一步提高家庭教育指导专业化水平。提升学校、社区家庭教育指导队伍的专业化水平,增强指导服务的科学性和实效性。

（一）“1＋16＋X”推进专业全覆盖

通过“1个区总校＋16个街镇家长学校分校＋X个村居委家长学习点”的设点布局，整合各方资源，做到有师资队伍、有教学计划、有指导教材或大纲、有活动开展、有成效评估，确保每年开展家庭教育培训及家庭教育实践活动不少于4次。

（二）深化线上数字化学习平台建设

深化线上数字化学习平台建设，为家庭教育团队建设开辟在线交流平台，引导家庭利用网络参与“上海市民网上读书活动”“家庭教育活动周”等在线学习活动，优化学习环境，缩小数字鸿沟。推进线上线下融合发展，大力拓展微信和手机客户端等新媒体服务平台，同时加快建设网上培训资源，探索建立远程家庭教育指导师培训，提供全方位、便捷、个性化的培训。

（三）开展“家庭教育指导师”展示评优

遵循党的教育方针和政策，进一步提高全区家庭教育指导队伍专业化水平，开展“家庭教育指导师”展示评优活动，鼓励社会工作者、志愿者参与家庭教育指导服务工作，家庭教育指导师对市民开展家庭教育的宣传和指导。

1. 定期开展家庭教育指导教研活动

组织家庭教育教研员开展教研活动，策划教研活动，丰富活动形式，如公开课教学、专题研讨、主题活动、观摩考察、成果展示等。深入挖掘课程资源，建立具有上海地域特色的课程与资源，探索课程资源的共享机制。

2. 开展家庭教育教学展示评比

进一步拓展家庭教育服务网络，推进创新联动，每年举办家庭教育教学展示活动，总结推广家庭教育教学的先进经验，树立典型、激励先进，开展实施家庭教育“优秀项目学校、项目实施先进个人、优秀家庭教育指导师、优秀家庭教育志愿者”的评优评先表彰活动。

探索家庭教育立德树人的有效途径和科学方法是一项长期、艰巨的任务。在未来的工作中，宝山区将承担起更重要的角色，发挥更多元的作用，以“平台建设重在‘新’、课程建设重在‘广’、师资建设重在‘专’”为目标，继续坚持“高起点紧扣时代要求、高质量实现资源共享、高水平组建人才队伍”，在构建服务区域“家校社”协同育人体系的进程中进一步发挥示范引领和辐射带动作用，努力打造具有宝山特色、上海特征、长三角特点的家庭教育品牌。

办好普陀家长学校,打造“靠谱共育”品牌

上海市普陀区业余大学

家庭教育是终身教育中的重要一环,普陀区业余大学作为区域内构建终身教育体系和建设学习型社会的阵地,主动承担社会责任,将建设家长学校纳入学校工作总体部署,成立区级层面的普陀家长学校,秉持“人靠谱(普)、事办妥(陀)”的普陀精神,打造“靠谱共育”家庭教育品牌,努力探索具有普陀特色、上海特征、长三角特点的家庭教育指导服务模式。

一、 建设缘起

(一) 政府高度重视家庭教育工作

党的二十大报告指出,要“加强家庭家教家风建设”,“健全学校家庭社会协同育人机制”,体现出在新的时代背景下,家庭教育在创建文明和谐社会中的地位日益凸显,需要加快构建学校、家庭、社会协同育人的工作机制。

为推动家庭教育高质量发展,党的十九届四中、五中全会接连提出要“构建覆盖城乡的家庭教育指导服务体系,注重发挥家庭家教家风在基层社会治理中的重要作用”“健全学校家庭社会协同育人机制”。2022 年 1 月 1 日,《中华人民共和国家庭教育促进法》正式实施,明确规定了家庭教育需要政府支持、社会协同,并要求“教育行政部门、妇女联合会统筹协调社会资源,协同推进覆盖城乡的家庭教育指导服务体系建设”。由此可见,家庭教育已经成为我国教育事业中的重要一环,构建覆盖城乡的家庭教育指导服务体系是深化教育改革,促进青少年健康成长的重要举措。

(二) 家长需要提升家庭教育素养

家庭是社会的基本细胞,是人生的第一所“学校”。在现代社会,家庭教育不仅关乎孩子的成长,也关系着家长的终身学习和不断进步。因此,尚需建立起推动家庭教育良性发展的大环境,引导家长树立科学的教育观,提高家长的家庭教育能力和水平,促进家长和孩子共同发展。

家长学校是推进家庭教育工作的重要载体,全国妇联、教育部、中央文明办发布的《关于进一步加强家长学校工作的指导意见》对“家长学校”的定位与任务作了明确规定:家长学校是宣传普及家庭教育知识,提升家长素质的重要场所,是指导推进家庭教育的主阵地和主渠道。家长学校不仅承担着提高家长教育素质、促进亲子共同成长的任务,还肩负着

联结家庭教育、学校教育和社会教育的使命。

基于此，普陀区业余大学成立普陀家长学校，结合实际情况和地域特色，牢牢抓住家庭教育指导服务的方向和重点，确保各项家庭教育指导服务活动有序推进，落到实处。

二、 实践探索

普陀家长学校坚持聚焦家长关切的热点问题，开展各类家庭教育指导服务活动，以更专业的内容生产、更创新的活动策划、更多样的传播渠道、更优质的指导服务吸引家长主动参与、主动学习。

(一) 策划专题活动，开展家庭教育指导服务

2022 年，普陀家长学校在开展常态化家庭教育讲座的基础上，把家庭教育宣传周作为年度重点工作，策划了“百千万”专题活动。

百位专家来解惑——组织 100 名家庭教育讲师团成员开展专题咨询。普陀家长学校携手普陀区妇女儿童活动中心共同开通“4001762880 长三角之声家庭教育常设咨询热线”，热线开通后，定期安排家庭教育志愿者接听，将家长关心的问题分类汇总后，交由 100 名普陀区家庭教育讲师团的专家书面答疑，为家长提供专业科学、针对性强的咨询服务。

千名家长来收看——动员 1 000 名中小学学生家长和职业学校学生家长收看《“疫”期来关注，家长的自我情绪管理对孩子的影响》线上公益讲座。从寻找情绪之源、关系是情绪之本、体验与情绪共舞等方面，与家长共同探讨在防疫攻坚战中如何做好情绪管理，发挥家庭教育的积极作用。

万名观众来参与——吸引 10 000 名家长参与《智慧父母成长课堂主题活动》普陀专场节目。借助昕明工作室落地普陀的区位优势，普陀家长学校邀请区内专家、学校校长、教师和家长代表与主持人昕明齐聚线上，共同探讨疫情期间如何引导孩子居家上好网课，与广大家长共学习、共成长，为孩子的复课复学做好准备。

(二) 建设培训基地，培养家庭教育专业人才

人才是第一资源，为提升家庭教育指导服务水平，普陀家长学校坚持开放融通、协同合作，会同区教育局与区妇女联合会共同打造上海首家区级巾帼培训基地，以培训基地为载体，建设普陀家庭教育工作队伍。

学校主动对接区内人社、财政、民政、妇联、总工会等部门，利用地方教育附加统筹资金开展普陀区巾帼护家(家庭教育)志愿者招募增能行动专项培训，已累计培养 200 余位家庭教育志愿者。2022 年，家庭教育宣传周期间，近百名志愿者参与到家庭教育咨询热线服务中，形成家庭教育人才的“选—育—用”发展通道。

对接市级层面的上海家长学校总校，协办家庭教育指导师培训，2022 年先后开设妇联班、普陀班，分别面向全市妇联家庭教育工作者和普陀各级各类学校教师开展培训。普陀家长学校充分发挥资源优势，不断优化完善培训支持服务，确保培训顺利完成。

此外，为缓解“双减”背景下的教师工作压力与焦虑，2022 年 9 月以来，在普陀家长学校的支持下，先后在小红帆幼儿园、杨家桥幼儿园、武宁新村幼儿园、回民幼儿园、新杨中

学、四季艺术幼儿园、上理工普陀实验学校、甘霖初级职业技术学校开展了教师心理健康培训活动,帮助教师正视压力,调试自我。

（三）打造工作室,拓展家庭教育服务模式

普陀家长学校与上海教育电视台合作,成立昕明工作室,开辟线上线下相结合的家庭教育服务模式。线上开通长三角家庭教育常设咨询热线,安排普陀区家庭教育志愿者队伍成员轮岗值班,分层、分类、分年龄地对家庭教育问题答疑解惑,为有需要的家长提供咨询服务。

线下普陀家长学校与教育电视台多次联合举办《一起来成长》——智慧父母成长课堂主题活动,例如非遗制作体验、亲子绘本读活动等。2022 年 9 月 17 日,普陀家长学校主动对接上外普陀实验、上师大二实验、绿洲幼儿园,举办“新学期新成长　开学适应指南”论坛,从学龄前、小学和初中三个阶段探讨如何帮助新生适应新环境、如何在新学期处理好师生关系、同伴关系以及亲子关系。通过活动进一步促进学校、家庭、社会之间的联动,形成育人的整体合力。

三、 创新成效

在普陀家长学校的积极推进下,各项活动取得了良好的社会效应,区域内家庭教育社会支持网络初步显现,普陀家长学校在其中的地位和角色逐渐得到认可,并始终坚持为家长提供“靠谱”的家庭教育指导服务,推动建立学校、家庭、社会“共育”机制。

（一）坚持协同育人,完善家庭教育指导服务体系

普陀家长学校以“协同育人”为特色,在组织策划家庭教育活动方面,致力于畅通跨部门合作渠道,在人员、平台等方面加强整合协作。当前,普陀家长学校通过纵向深耕、横向协作,与区教育局、区妇女联合会、中小幼学校、社会组织等之间形成了紧密的合作关系,落实政府关于家庭教育工作的各项要求,将家庭教育指导服务下沉到社区,以更加灵活的手段触及家长、服务家长。

各项家庭教育指导服务受众多,覆盖面广,获得家长一致好评。2022 年上海家庭教育宣传周期间,普陀家长学校克服疫情封控带来的阻力,借助线上平台开展“百千万”专题活动,动员了全区数万名以上家长参与,活动荣获“同心守沪　共育未来——2022 年家庭教育宣传周”优秀组织奖及优秀活动项目奖。

（二）注重经验积累,优化家庭教育工作体制机制

普陀家长学校深入贯彻实施《中华人民共和国家庭教育促进法》,以立德树人为根本任务,加强组织领导,建立专门团队,优化工作机制,制定年度规划,紧贴家庭教育的时政热点和家长的“急、难、愁、盼”问题,融合开展资源建设、师资培养、活动策划等工作。

探索家庭教育立德树人的有效途径和科学方法是一项长期、艰巨的任务。普陀家长学校通过实行项目负责制,有重点地推进各项家庭教育工作,创新工作思路,明确工作基础,扎实团队业务,完善组织保障。同时,定期召开工作例会,分析解决项目运作过程中出现的问题,做好过程管理,注重工作总结与反思,不断优化,提升工作效率。

(三) 加强宣传推广，扩大普陀家长学校影响覆盖

普陀家长学校在开展工作的过程中，注重发挥媒体力量，做好活动全过程宣传工作。2022 年 9 月，普陀家长学校工作经验在《中国远程教育》杂志社举办的“喜迎二十大 奋进新征程”开放大学体系融媒体展示活动中作为优秀案例展示。

同时，借助微信公众号、视频号等新媒体渠道，加强家庭教育的宣传推广，扩大学校的影响面，提高各项活动的知晓度、参与度和美誉度，在构建服务区域“学校、家庭、社会”协同育人体系的进程中发挥示范引领和辐射带动作用，做好普陀“靠谱共育”品牌，办好人民满意的家庭教育。

以主题式教学大赛促进社区教育课程思政

上海市松江区社区学院

社区教育作为构建全民终身学习体系,实现学习型社会建设的重要一环,在社区教育领域中全方位落实课程思政,不仅是实现课程质量与内涵提升的重要途径,实现居民公民素养提升的关键,更是实现人才强国的必然选择。上海科创职业技术学院(原上海松江开放大学)通过主题式教学大赛由易到难引导教师们进行课程思政实践探索。全区社区教育教师积极参与,尝试发掘社区教育课程的思政元素,促进各类课程与思想政治课同向同行、协同育人,让立德树人"润物无声",营造"门门有思政、课课有特色、人人重育人"的终身教育氛围。

一、 项目内容

社区教育作为构建全民终身学习体系,实现学习型社会建设的重要一环,在社区教育领域中全方位落实课程思政,不仅是实现课程质量与内涵提升的重要途径,实现居民公民素养提升的关键,更是实现人才强国的必然选择。上海科创职业技术学院(原上海松江开放大学)基于课程思政进行探索,旨在构建社区教育同向同行良好育人生态,营造"门门有思政、课课有特色、人人重育人"的终身教育氛围。

课堂是教师教书育人的主阵地,是学校提升人才培养质量的主渠道,也是落实立德树人根本任务的关键环节。为进一步提升社区教育教师"课程思政"的意识、能力和水平,发挥好课堂教学在素质教育中的主渠道作用,松江区以教师们熟悉的课堂主阵地为切入口,通过主题式教学大赛由易到难引导教师们进行课程思政实践探索。

2022 年 3 月,松江区举办了社区教育课程思政教学大赛,共 22 位专兼职教师参加,最终评出专兼职教师一等奖 4 个、二等奖 9 个和三等奖 9 个。全区社区教育教师积极参与,尝试发掘社区教育课程的思政元素,促进各类课程与思想政治课同向同行、协同育人,让立德树人"润物无声"。此次大赛不仅是对参赛教师的课程思政能力和水平的一次全面展示和检阅,还能有效促进教师对于课程思政融入社区教育教学的思考,实现价值性和知识性的统一,达到专业知识与育人元素深度融合。

二、 开展情况和成效

(一) 做好顶层设计,推动社区教育课程思政教学大赛落实落地

为保证大赛能够有质有序进行,此次大赛由上海科创职业技术学院(原上海松江开放

大学)副校长领衔,社区教育部具体推进落实。经过多次研讨论证、修改完善,先后下发了《关于举办 2022 年松江区社区教育教学大赛的通知》《关于召开 2022 年松江区社区教育教学大赛线上答辩会的通知》《2022 年松江区社区教育教学大赛评分标准》,并要求各社区学校和参赛教师精心备赛,邀请富有经验的校内外专家分别从教学准备、教学过程与教师素养、课堂效果、教学特色和教学思政元素的体现等方面进行评审,为大赛成功举办奠定扎实基础。

(二) 践行立德树人目标,增强社区教育教师课程思政能力

社区教育教师是社区教育课程思政的直接落实者,参赛教师们不仅作为学员的知识传播者,同时也以立德树人为目标,进行育人的任务。在备赛的过程中,教师间的互相观摩学习和交流讨论碰撞出智慧,对课程教学进行研究,将课程思政资源和具体内容纳入总体教学目标,并细化到每个教学环节,综合运用多种方法和手段,将课程思政要求自然而然地融入教学过程。专家们综合参赛教师的教学设计和课堂教学表现进行了深入、全面、精准的点拨与指导,让参赛教师受益匪浅。他们认为参赛教师素养好且基本功扎实,主要体现在教学设计有新意,课课有特色;教学内容有时代特征,门门有思政;信息技术应用合理有效,彰显教师现代信息素养。反思的过程也是教师课程思政意识和能力提升的过程,未来需不断探索创新课程思政教育教学方法,从而促进课程思政真正融入社区教育中。

(三) 满足社区教育多元需求,因材施教建设课程思政新模式

不同学科、不同专业、不同课程都有独特的育人内容和方式,参赛教师们深入发掘社区教育六大类课程(市民教育类、健康教育类、艺术修养类、文化素养类、实用技能类和体育健身类)的课程思政元素。既有专业思想政治课程,又有从国家时事热点出发的思政教育,更有基于专业课程的思政教育,还有思政主题班会课等,形式多样。结合不同对象的学习特点和学习需求,采用学员喜闻乐见的教学方式和贴近生活的教学内容,在教学中强化育人观念,引导学员深入思考,实现思想启迪和价值引领。

三、 创新之处

(一) 唤醒育德育人自觉,推进社区教育教师队伍高质量发展

一支高质量的教师队伍是支撑推进社区教育课程思政建设的关键力量。此次区级社区教育教学大赛突出思政元素融入社区教育教学各环节,增加了说课环节,请教师亮明思政元素的设计,在全区乃至全市社区教育领域是一次有益尝试。这也是社区教育教师们课程思政意识从无意识为之,到有意识为之的重要转折,更是打消社区教育专兼职教师畏难情绪的良好示范,掀起了全区社区教育专兼职教师互学、互鉴、反思、实践的教学改革热潮。从唤醒意识觉醒,到付诸实践,再到提升能力,形成全员育人共识,具备育人自觉和能力,进而打造一支"课程思政"骨干教师队伍,为"课程思政"深入推广提供核心支撑。

(二) 注重大赛成果转化,加强社区教育课程思政教学资源建设

坚持目标导向、成果导向,对标对表,高质量开展社区教育课程思政教学资源建设工作。教学大赛成果源于课堂又高于课堂,参赛教师们在教学实践中不断进行整改和优化,

使课程具有一定的推广价值。赛后我们将大赛优秀成果科学、合理地转化为社区教育课程思政资源，丰富教学案例和视频资源库。通过优秀成果的转化，将原本的一节课转化为一门课甚至是一个课程体系的教学实践，在持续改进中推进课程思政与社区教育的创新融合，在不断实践中推动社区教育课程思政教学资源的“日积月累”，形成了一系列具有区域特色的课程思政资源建设成果。

“能者为师”,主动参与社区教育

上海市徐汇区社区学院

2022年徐汇区社区学院在线发起“送你一朵小红花　能者为师招募令”,征集各类制作“小红花”的教学视频或学案,鼓励社区居民学做“小红花”,以学习鼓舞精神。活动启动以后,得到了社区“能者”的积极响应,短短几周就收到20余个教学资源,社区学院每周推出1—2节线上课程,吸引社区居民的积极参与在线学习。丰富、有趣、生动的学习活动。以特定主题开展的社区教育教师招募、教学设计以及教育教学活动,既生动展现了“能者”主动参与社区教育、乐于分享的精神面貌,又充分体现了社区教育满足市民精神文化需求、参与社区治理事务等重要作用,同时也为社区教育的可持续发展孕育了新的力量。2022年,“送你一朵小红花　能者为师招募令”入选了教育部职业教育与成人教育司“能者为师活动”主题典型案例。

一、“能者”为社区凝心聚力

徐汇社区教育向区内社会“能者”发出“招募令”,希望以居民惯常的形式,组织一场广泛的居民宅家学习活动,助力社区治理。

活动主题明确,以“送你一朵小红花”为表现形式,聚焦正能量传递。活动中,行业企业、社会组织、各类学校、文体机构等“能者”,“化”身“云”上教师,向社区居民教授如何居家制作一朵“小红花”。徐汇区社区教育依托区社区学院、街镇社区学校、居村委教学点三级办学网络以及社会学习点建立的全覆盖学习网络,以及区内各文教、街镇等公众号、门户网站搭建的广泛且坚实的宣传阵地,搭建了活动展开的平台,不仅在短时间内迅速招募到一批“能者”,制作了一批精品学习资源,而且还能确保将精品资源迅速、准确推送到居民手中,让居民能第一时间学起来、做起来,用双手和创意点亮爱心。

二、打破“界限”,丰富内容自由选

徐汇区社区教育致力于支持社会“能者”发起的学习活动,使之契合并且满足居民的学习需求和特点,以促使居民积极地继续学习。因此,活动不拘泥于制作“小红花”艺术形式,以确保资源内容丰富多样;明确以学案或教学视频的方式呈现资源,以确保宜于线上传播与居民快速便捷获得。

活动在徐汇社区教育专业资源的支持下,由“能者”根据自身所长选择一种形式制作

“小红花”，如画出一朵“小红花”、拍出一朵“小红花”、折出一朵“小红花”、织出一朵“小红花”、剪出一朵小红花、捏出一朵“小红花”、烘出一朵“小红花”等，并根据自身条件选择等方式，选择图文并茂的学案形式，或者不超过5分钟教学视频的微课程形式，详细呈现“小红花”的制作过程或详细步骤，通过微信班级群、公众号、学习网站、视频号等各类数字途径向居民推送。通过活动获得的学习资源，涵盖了绘画、摄影、折纸、钩针编织、剪纸、泥塑、烘焙等各种社区教育课程类型，体现并契合了社区教育丰富多彩的特点，也为吸纳社区居民广泛参与线上学习奠定了坚实基础。

三、“无隙”转化，启航线上学习

徐汇社区教育“能者为师”的实践开拓了新的空间：一方面，此次活动中，各领域的青年人报名踊跃，不仅以内容、形式新颖的教学，吸引了更多社区居民参与活动，为徐汇社区教育未来发展注入了新动能；另一方面，此次活动采取了“云”组织，锻炼了社区教育从业者线上办学的能力，也有助于居民养成线上学习的习惯，为未来构建了徐汇终身教育线上线下融合的新模式打开了空间。

为了保证活动的覆盖面与辐射效果，徐汇区社区学院积极主动地从各方面挖掘专业能力突出的“能者”，并结合学校专职教师、管理人员，打造了一支成员构成稳定、职责划分明确的工作队伍，通过联动服务，形成一套卓有成效、可持续的工作机制，共同进行了线上教学设计、开发与实施，并进行了覆盖全区的线上学习推广，不仅解决了当下居家学习后顾之忧，也为社区教育的可持续发展，营造氛围，积蓄力量。

四、“固化”经验，培育融合课程

此次“送你一朵小红花　能者为师招募令”，为徐汇社区教育课程培育打开了新空间。线下教学恢复之后，网上招募的“社区能者”转化为社区学校的兼职教师，开展了答疑辅导、拓展延伸等线下教学。这些教师在线下教学过程中，主动融入多媒体资源、数字化分析等信息化优势，探索线上、线下融合式课程，对经典知识、重要知识进行数字化呈现，学习者不仅可以进行自由选择、个性学习，也可以根据需要进行重复观看、反复学习。与此同时，教师通过线下教学进行辅导：一方面，从“面对面”转到网络的虚拟环境，教师、学生都需要操作专业设备、使用新平台、掌握新技术，对教师、学生的信息技术运用能力提出了更高的要求，线下辅导、支持是必不可少的；另一方面，师生互动、生生互动，是教学的重要环节，社区教育则尤为重视学习的体验性、现场感，线下教学辅导是弥补线上这一缺憾的重要途径。通过融合式教学模式，更好地提高了教学的效益，更好地实现教学目标。

通过总结“送你一朵小红花　能者为师招募令”的成功经验，徐汇区社区学院还申请了上海市社区教育实验项目、上海终身教育协会一般课题等科研项目，聚焦研究线上线下融合课程培育，致力通过为师生消解技术压力为线上线下融合提供条件保障，借用新时代5G、大数据等新技术手段，解决教学对象、教学目标、教学理念、教学结构、教学资源、信息技术条件等一系列挑战，建设能够体现线上教学、线下教学各自有不可替代的独特价值的“双通道”融合课程，推动在线教育、线下教育在区域终身教育深度融合、大规模应用和有效服务，让它成为区域终身教育的一种新形态，成为提升居民终身学习福祉的新突破、新力量。

多方融合　探索创新　建设教育友好型社区

上海市静安区江宁路街道办事处

上海市静安区江宁路街道辖区面积1.84平方公里，下辖16个居民区，常住人口59 812人，辖区内楼宇28幢、园区27个，学校19家、企业1 548家，市区级文物保护点36处。

为深入贯彻党的二十大精神、深入践行习近平总书记以人民为中心的重要思想和人民城市重要理念，学思践悟新时代"孺子牛"精神，江宁路街道依托浓厚的历史文脉和丰富的社区资源，聚焦"一老一小"民生难题，联合区教育局共同创建教育友好型社区，旨在把最好的教育资源留给人民，用优质的供给服务人民，形成"教育在社区、社区懂教育"的现代社区与教育治理样本，进一步覆盖六大领域，惠及社区全龄段人群，推动"教育友好"与"善治江宁"的深度融合。

一、 覆盖"六大领域"，惠及各年龄段居民，人人可学

(一) 指向社区内有临时集中照护需求的"宝宝屋"社区服务共建领域

充分利用社区综合服务设施，全市率先试点建设嵌入式、标准化的"社区宝宝屋"，为社区0—3岁婴幼儿家庭提供临时制、计时制的集中照护和育儿指导服务。在解决托育难题的同时，用科学的保教方法，为年轻"宝妈宝爸"提供家庭教育指导。

(二) 指向课后服务质量提升与实践创新的"悦享里"综合素养共育领域

推出"社区合作新课表"，助力"三段式"课后服务再升级。通过"送进去、引出来"，整合社区优质课程资源，50多位名教师、名教练，以多种形式，为江宁社区的7所学校中的义务教育阶段学生提供近20门课后服务课程，全年送课达2 000余学时，8万余人次学生受益。创新研发"江宁启航"课程，融合了具有江宁特色的红色文化、海派文化、江南文化，引导学生深入社区、了解社区、融入社区。通过浸润式学习，延展课后服务时空，营造"时时可学、处处可学、人人可学"的教育生态。

(三) 指向为青少年提供真实情景的"师友轩"职业能力共培领域

开放社区核心力资源，针对社区内学校15—18岁青少年提供真情景职业感知和职业体验，以及高质量职业规划指导服务，为国家需要的紧缺人才培养奠基。

(四) 指向借助优质师资提供高品质文化服务的"桃李居"人才共赢领域

促进活力社区高质量发展，围绕商圈打造"江宁白领工匠学苑"；汇聚静安教育资源，

依托静安教育优质师资和其他教育专业单位提供高品质教育和文化服务，为凝聚高素质人才，提升社区幸福指数服务。

(五) 指向提升社区老年人群多元社会角色适应力的“柏乐阁”学习型养老共享领域

围绕新时代美好生活，进一步优化学习空间，拓展学习内容，建设老年人智慧学习场景，让老年人“紧跟潮流”“会玩数字”。开发生命教育核心课程，通过终身教育提升老年人的幸福感。

(六) 指向提升家庭教养能力的“惠风堂”教养指导共享领域

依托科学育儿指导站，通过“进社区、进园区、进楼宇、进场馆、进家庭”的“五进”模式，为幼儿家庭提供科学育儿指导服务。以建设和发布“静安区家庭教养能力指数”为契机，加强区域家庭教育政策与资源供给，形成“亲子共育课表”。开展菜单式共享课程服务，为社区内有需求的家庭提供教养指导。

二、 设计推出“悦享里”社区合作课表，整合资源、拓展服务

(一) 因人施教，尊重学生个性化发展

根据中小学不同年级学生的兴趣爱好及成长特点，将配送课程分为人格与修养”“人文与艺术”“运动与健康”三大类别，包含心理解压小游戏进课堂、沪语与沪语童谣、朗诵与主持、艺术与美、口才艺术、音乐剧表演、少儿体适能、青少年体适能、桥牌启蒙、国际象棋启蒙等课程。

服务模式是菜单式点选配送，即由街道社区学校网罗社区专业机构及个人力量，形成“悦享里”社区合作课程清单发送给学校；学校根据自身需求点选课程、落实上课场地、组织学生报名、评价反馈上课效果、签单确认配送课程。“悦享里”社区合作课表通过不断把好的教育资源引入学校，鼓励学校的教师、学生充分走入社区，形成因人施教的“教育友好型社区”。

(二) 因地制宜，提高学生文化认同感

江宁路街道为探索引学生出校区入社区的“浸润式学习模式”，原创设计研发《江宁启航》活动手册，融合了具有江宁特色的红色文化、海派文化、江南文化，以“红色殿堂”“名人故居”“文化苑宇”“工业园坊”四个板块多处典型建筑为故事源头，通过建筑可阅读激发学习兴趣，让孩子们深入了解蕴藏于自己身边的历史文脉、城市记忆，增进新时代青少年文化的认知与认同。

例如在“近代私家藏书楼——小校经阁”课程中，街道党群中心图书馆负责人朱宇翔走进校园，通过深入浅出的语言讲述、用心收集的影像资料、生动有趣的纸模搭建和激发兴趣的问答环节，带着学生探访这处区文保建筑背后的城市记忆，提升了学生想象力、动手力和探究力。

江宁路街道把“悦享里”社区合作课表形成范式，助力“三段式”课后服务再升级。从最初的课后服务配送课程，逐步扩展到社区与学校共同开展的社区教育活动。从最初的配送课程进学校单一模式，逐步发展为课程配送进校与学生走进社区的复合模式。同时，社区和学校将携手共同打造“江宁启航”校外体验课程，拓展课后服务活动空间，进一步补

充引入社会优质教育课程资源，满足学生的差异化发展需求。

三、聚焦“社区宝宝屋”，先行先试、擦亮品牌

（一）紧扣民生需求，率先打造“十五分钟托育服务圈”

江宁路街道辖区内有0—3岁婴幼儿900余人，在中心城区属于较为密集的区域。针对托育方面的较大需求，街道在区相关部门的指导与支持下，在街道党群服务中心、综合为老服务中心、南阳实验幼儿园正式挂牌成立3家上海市首批公益普惠的计时制“宝宝屋”，为0—3岁婴幼儿家庭提供临时性、计时制的集中照护和育儿指导，每年提供不少于12次的免费的集中照护服务，减轻家庭照护压力。

同时提出打造“十五分钟托育服务圈”的概念，继续筹划布设新点，真正做到“空间可及”“快捷到达”的便捷性，弥补市场的缺位，让居民在家门口就能享受到专业、便捷、优质、科学、多样化的集中照护和育儿指导服务，让城市生活更加有温度、更加有活力。

（二）大胆实践创新，凸显“江宁品牌”

在“社区宝宝屋”的建设过程中，街道通过认真思考布局、大胆突破创新，精益求精将好事做好、好事做实，聚拢人气，擦亮“新品牌”。

1. 通过“嵌入式”的方法解决场地问题。中心城区寸土寸金，难以单独开辟专用的大型室内托育场所。街道采用了“嵌入式”的建设模式，分别与街道党群、为老、教育设施融合打造。比如，淮安路771号社区综合为老服务中心三楼，“社区宝宝屋”共享室内100平方米、户外活动场地60平方米，有效节约了成本、拓展了空间。以“颐幼相伴，乐融融”为特色，“让经历和阅历丰富的老人和好奇心求知欲强的小孩，这一老一小经常在一起，期待收获一些奇妙的反应和效果”。

2. 通过“融合式”的共建丰富内涵文化。在昌平路710号社区党群服务中心建设“社区宝宝屋”，因地制宜融入党建元素，以“童心向党、善育暖融融”为创办理念，内设“融融活动馆”“暖暖活动馆”、大熊猫主题“亲亲竹园”等活动区域，创设“动作与习惯”“情感与社会”“认知与探索”“语言与沟通”等品牌课程，以丰富多彩的服务内容吸引居民参与。

3. 以“专业化”的团队确保托育服务品质。街道委托上海静安益乐宝托育有限公司等幼儿托育专业机构运营“社区宝宝屋”，并由区早期教育指导研究中心、区早教指导中心、区托育服务指导中心、托育服务专业机构、街道社区志愿者共同组建专业照护团队，让服务更贴心。

4. 以“托底式”的保障统筹运作经费。在今年压减经费的背景下，“社区宝宝屋”的建设运营作为一项重点的民生实事项目，街道合理统筹，以“街道补一点、企业出一点”的方式，街道和企业共同承担开办和运营成本，确保了江宁路街道各个宝宝屋的顺利启动和正常运作。同时为确保其持续正常运作，街道近期认真做好预算和绩效工作，已经将其纳入明年年度预算中，争取在经费上做好托底。

5. 以“多元化”的方式高效便民利民。结合“一网通办”平台建设，通过数字赋能的有效方式，在江宁路街道“随申办”平台旗舰店窗口，采取平台预约完成登记，只需要动动手指，就能完成全部流程，以最为高效快捷的方式充分方便居民群众。

江宁路街道将以“社区宝宝屋”的挂牌为起点，全面深入推动“教育友好型社区”的创建；发挥社区教育的“支点”作用，撬动基层治理的“大格局”。通过春风化雨般的治理方式，以社区教育提升社区黏性、以党建引领提升基层治理效能、以为民服务提升居民的幸福感、获得感、认同感、参与度，打造“教育在社区、社区懂教育”的现代社区与教育治理样本，形成“人人支持、人人参与、人人受益、人人出彩”的共建共治共享新局面。

江宁路街道将通过“教育友好型社区”六大领域，继续坚持多方融合，探索创新针对社区内学校 15—18 岁青少年提供真情景职业感知和职业体验，以及高质量职业规划指导服务；结合“白领驿家”建设，围绕商圈打造“江宁白领学苑”；开发生命教育核心课程，通过终身教育提升老年人的幸福感；针对社区有需求的家庭开设“亲子共育课表”等共享课程服务，让“教育友好型社区”行稳致远、开花结果。

“双减”政策背景下社区教育如何有效发挥作用

上海市杨浦区延吉新村街道社区学校

2021年3月,《中华人民共和国国民经济和社会发展第十四个五年规划和2035年远景目标纲要》颁布,提出“健全学校家庭社会协同育人机制”。同年7月,中共中央办公厅、国务院办公厅印发了《关于进一步减轻义务教育阶段学生作业负担和校外培训负担的意见》,着眼建设高质量教育体系,构建教育良好生态。两个先后出台的政策,都意在让教育回归育人本质。但“双减”要真正落地,却离不开家庭、学校与社会的通力合作,帮助学生适应新政策下的教育变化。由此,提高学校教育质量,提升多样化教育供给水平,满足不同学生的发展需求,是减负增效的前提,丰富校外教育资源,统筹学校、社会、家庭力量助力三位一体育人格局的行程。

一、 调查分析精准供给

为响应义务教育“双减”政策,推进“减负”提质工作,通过前期调查辖区学校所需要的资源及家长和学生的课程内容需求,全面梳理共性和个性化需求,针对需要提供相应的课程和服务内容,充分发挥社区教育功能,以解决学校课后服务期间师资不足、课程资源不足、学生社会实践基地有限、周末及寒暑假孩子无人看管、家长缺乏科学育儿存在焦虑等问题,社区学校联合辖区学校,日常共同搭建学生健康成长平台,输送优质课程进学校,联手开展社会实践课程,使社区教育资源得到充分共享,利用周末和寒暑假开设线上或线下社区未成年人课程,同时定期开展家庭教育优质讲座,指导家长科长育儿。

二、 整合优质教育资源

充分整合各类优质资源,助力“双减”政策有效实施,丰富辖区青少年乐学体验,深化“五育并举”,全面提升学生综合素养,提升社区教育影响力,强化“三区联动,三城融合”理念,结合精神文明创建和睦邻家园建设开展各项活动。

(一) 联合辖区单位,普及生活知识

联合辖区内单位,普及各类相关知识,培养学生生活技能,拓展学生综合知识,增强安全意识。例如:通过联合消防救援站进行消防知识的宣传,增强学生的安全意识和自我防范意识;联合邮政局定期为学生们开展“邮进社区”活动,为学生讲解集邮基本知识,日常生活中需要了解的邮政业务等;联合派出所定期为学生开展防电信网络诈骗宣传,增强电子产品使用的安全意识;联合社区卫生中心为学生宣传健康卫生知识等。通过与辖区相关单位的合作,构建合力育人体系,丰富学生知识面。

(二) 联动高校资源,深度融合发展

深化高等教育与社区教育、基础教育联合育人,充分运用高校资源,推动校社深度融合发展,与高校合作,将高校特色课程送进校区、社区,通过共享高校艺体资源、盘活高校课程资源、创新联合办学模式等路径,健全联合育人机制、丰富育人载体,校社教育融合实现新提升。如:高校学生可进校为学生进行知识的拓展、艺术的培养、学习方法的经验传授;高校志愿者队伍可在节假日在社区开展各项体育活动项目、心理指导、阅读分享等各项课程。

(三) 联手育人资源,助力学生实践

发展壮大学生社区实践指导站,协助学校开展学生综合素质评价社会实践活动,充分满足学生多元化的社区社会实践需求,以学生社区实践指导站为依托,不断拓展载体,扎实推进学生社会实践工作,如开展中小学生职业体验活动、组织进行人文行走活动、加强劳动体验开展劳动教育、增强安全意识进行安全实训等,让学生在真实情境中获得真实的体验与学习经历。

三、 开设形式多样课程

(一) 强化青少年正面成长课程,丰富学校课后服务课程类型

在"双减"政策背景下,社区学校应主动跨前,整合辖区师资力量,为辖区内学校输送各类特色课程,如非遗课程,开展"非遗课程进校园"活动;同时积极链接社会组织资源,在学校开展"童融友好"绿色畅想系列课程,在丰富学生课后学习的内容的同时,也让青少年在社区服务中学习并应用成长所需的各项能力,例如社交能力、情绪表达与控制能力、亲社会规范等能力,从而为青少年的健康成长提供更多助力。

(二) 强化学生服务主题兴趣小组,充分运用社区资源优势

"双减"政策实施后,辖区青少年周末有了更多的自主时间。充分利用社区资源优势,以"'双减'落地 快乐起航"为主题每周末在社区青少年空间开展青少年特色活动,结合多种形式推动教育进社区,通过生动活泼、健康有益的教育教学活动对青少年进行艺术、科学、文化等专业知识及技能技巧的培养,助力青少年全面发展、健康成长。社区学校可在周末及寒暑假开展"相约星期六""数字寒假""学习之夏""人文行走"等系列活动,结合学校对四史教育、传统文化教育、安全教育、节约教育和情绪疏导等教学需求开展相关活动。

(三) 强化学生社会实践体验,引导学生学会服务、反思、体验学习

社区学校可联合辖区学校,为学生开展社会实践服务前培训及各类社会实践活动。通过培训强化理念、互动交流等形式,诠释社会实践意义,提升学生志愿服务能力。通过社会实践引导青少年正面成长构念和服务学习理论有一个更加系统的认识,引导其在社区社会实践中学会服务、反思、体验、学习,发挥学生的主体性和总结反思的能力,增强他们自我效能感和社区参与度,更好地服务社区、服务社会。

(四) 关注青少年心理健康,为青少年撑起心理健康的蓝天

联合社区青少年成长中心帮助未成年人阳光健康成长,通过举办成长夏令营等多项

活动，强化“社区共同体”的理念。引导青少年在社区这个“微观世界”中，感悟生命意义，启迪美好未来。学生可在放学后或假期里到青少年成长中心，写一会作业或者与志愿者聊聊他们在学校发生的所见所闻，课业带来的压力，在这里可以得到有效缓解。社区学校还可根据学校的不同需求不定期开展特色活动。比如中心医院开展的生命教育和在公园开展的“英语角”，在保证学生社会实践质量的前提下，街道也可以以学生社区实践指导站为依托，不断拓展载体，持续推进学生指导站品牌多元化、体系化，丰富学生的精神文化生活和社会实践。

四、 深化家庭教育指导工作

“双减”政策刚开始实施，部分家长还存在一定焦虑情绪，2021 年 10 月 23 日，十三届全国人大常委会第三十一次会议表决通过了家庭教育促进法。法律明确，未成年人的父母或者其他监护人负责实施家庭教育。国家和社会为家庭教育提供指导、支持和服务。为呼应减轻义务教育阶段学生作业负担和校外培训负担的“双减”要求，法律规定，县级以上地方人民政府应当加强监督管理，减轻义务教育阶段学生作业负担和校外培训负担，畅通学校家庭沟通渠道，推进学校教育和家庭教育相互配合。

社区教育可通过各类家长课程、讲座提高家长素质，充分发挥家庭教育在未成年人思想道德建设中的特殊重要作用，引导广大家长以良好的思想道德修养为子女作出表率。在家庭教育方法上，引导父母树立正确家庭教育理念，掌握科学的家庭教育方法，提高家庭教育能力，为未成年人健康成长营造良好家庭环境。

构建学校教育为主体、家庭教育为基础、社会教育为依托的合作育人体系，使校内和校外教育协调一致，形成家校合力，促进学生健康成长。坚持“情感教育不亚于智力教育”的理念，提高人们对家庭教育的认识，优化家庭教育环境，促进全社会教育观念的转变。在不同时期开展不同类型的家长课程，在日常工作过程中，通过“智慧家长”系列课程，引导家长们去保护孩子天然的专注力，运用智慧去发现孩子的优势，并且多加鼓励；在与孩子的相处中，善用恰当的激励与管控的方法，合理运用外部激励和内部激励。指导家长如何调整个人情绪，智慧有效的与孩子进行沟通，既缓解了家长的焦虑情绪，又指导家长科学育儿。

“双减”工作是一项系统工程。只有学校、家庭、社会三位一体、通力合作，才能确保各项措施切实落地。家庭、学校、社会既要联动、叠加、融通进行协同育人，又要各自提升、进步、创新才能助力“双减”实效。社区教育要不断优化青少年服务体系结构，充实服务内涵，通过各类有意义的社会实践活动来宣传带动辖区家长孩子共同来营造科学育人的良好氛围。丰富学习路径，提升学习乐趣。在服务中注重学生能力的发展，加强生活与知识的联系，培养学生的动手能力、创新能力和探究能力，让每一个孩子被关爱、获支持、有成长。盘活资源，形成“助力双减”课程学习清单，创建学习新空间，让社区教育在“双减”政策中充分发挥作用。

给她们更多的关注和关爱

上海市金山区社区学院　上海市金山区朱泾镇社区学校

上海市金山区大茫村地处远郊。20 世纪 90 年代,设在村里的企业吸收了许多从全国各地来的务工人员。大茫村的许多男青年与务工人员中的姑娘先后相识、相恋、结婚。据统计,在村中“成家落户”的外地姑娘共有 157 人,占全村农户总数的 14%。这些在大茫村落户的外来女性受到各方面的关注和关爱,通过提升她们的学历和技能促进其个人成长,为家庭、社会和谐与区域经济的发展作出贡献。

一、 关注关爱外来女性群体的成长

(一) 为大茫村可持续发展发挥力量

可持续发展美丽乡村是大茫村的构建愿景和努力方向。大茫村先后获评“全国文明村”“全国宜居村庄”“中国特色农庄”“一村一品”示范村等荣誉称号。大茫村积极争创上海市美丽乡村示范村,同时全力做好第六届“全国文明村”复审工作。落户村里的外来女性群体作为大茫村的重要成员和重点关注对象,助力其职业技能的提升,将有利于她们更好地发挥力量,促进大茫村的可持续发展以及美丽乡村建设。

(二) 获得更多元的就业选择

大茫村的外来女性群体因为各种原因,受教育程度普遍较低,她们在企业中大多从事低技能的工作。但她们勤劳、努力,通过为其提供学历提升教育与技能培训等,联合事业单位、大型企业等多方利益相关者,助其获得更多元化的就业选择,进而贡献于区域经济的可持续发展。

(三) 保障接受优质教育的机会

落户大茫村的外来女性群体是促进区域可持续发展的重要力量。大茫村重视满足其发展需求,从区、镇、村三个层面保障其接受优质教育的机会,联合妇联、村委等确保其切实地参与学习与教育,并能够从中获益。

二、 具体举措的实施

(一) 村委会成立“暖心娘家”等女性组织

1. 完善基础设施,组织多样化的活动

大茫村村委会成立了“妇女之家”和“暖心娘家”组织。“暖心娘家”为外来女性群体开展了包括制作活动、读书活动等丰富多彩的系列活动。

2. 成立“暖心娘家”妇女议事团，鼓励妇女参与重要会议

大茫村村委会组织成立了“暖心娘家”妇女议事团，并经村民讨论确定了议事团的议事规则与职责。村里召开村民代表大会等重要会议时，都会邀请议事团成员列席，让她们了解和参与村里的各项工作，为大茫村的自治与发展贡献重要力量。

3. 鼓励外来女性群体提升学历

在大茫村落户的157名外来女性学历较低，影响了她们的发展。村委会为鼓励他们提升学历，作出决定：当她们拿到学历证书之后，为其报销30%的学费。报读金山区社区学院学历教育并拿到证书的，已经享受到了该项优惠政策。

（二）金山区社区学院提供学历提升、技能培训平台

1. 提供学历提升教育

金山区社区学院开设了覆盖多个专业的学历提升课程，已有29名落户大茫村的外来女性报读了金山区社区学院的学历教育。

2. 提供职业技能培训

金山区社区学院职业技能培训中心为落户大茫村的外来女性提供了丰富多样的职业技能培训项目，如“办公自动化”“健康照护”等。她们通过这些培训项目的考试后获得相应的证书，并享受政府补贴。

（三）妇联组织开展丰富多彩的娱乐休闲活动

金山区妇联、朱泾镇妇联充分利用“妇女之家”的场地以及“暖心娘家”组织，组织落户大茫村的外来女性群体开展丰富多彩的娱乐休闲活动，如茶艺、插花等手工活动。比较有特色的活动是“送药”活动。上海市第八人民医院在大茫村设立了远程医疗点。落户大茫村的外来女性群体开展了送药活动，每周二村卫生室统计并配妥医生为村里老人所开的药品，周三统一由她们将药品送到老人的手中。此外，还有比较受欢迎的“尝尝家乡菜”活动，通过烧制和分享外来女性群体擅长的家乡菜，不仅解乡愁，也加强了大茫村所有成员之间进一步的沟通与交流。

三、 主要成效

（一）通过更多的就业选择，促进了区域经济可持续发展

学历和技能得到提升后的外来女性群体拥有了更多的就业选择。在大茫村，除了几位留在服装厂从事管理或者产品设计之外，其他人选择了各行各业的不同岗位，包括老年护理工作、外贸领域自主创业等，她们把自己的智慧和力量贡献于区域的经济发展。

（二）通过积极参与，推动了区域文明、和谐发展

一方面，外来女性群体的到来，给大茫村带来了生机与希望，处于城市远郊的单身青年男性结了婚有了家。村民们的共同努力使大茫村的面貌也随之发生改变，经济发展、家庭和谐，文明之风蔚然。

另一方面，外来女性群体勇于承担责任，积极参与并贡献于美丽和谐乡村的建设，为大茫村被评为“全国文明村”（也是金山区的首个“全国文明村”）作出了贡献。

(三) 通过持续学习,实现了女性个体的可持续发展

学历提升教育与职业技能培训,对外来女性群体自身的可持续发展至关重要。学历和技能的提升,使她们有条件去选择更心仪和更能促进自身发展的职业。通过持续学习,使大茫村外来女性群体有能力作出更大的经济贡献。

四、 面临的挑战及下一步计划

(一) 面临的挑战

一是个体如何更好地认识自身处于发展变化中的学习需求。外来女性群体的成长是持续性的,也是终身性的。在她们的后续发展过程中,将会面临如何学习更广泛的知识、提高专业技能、参与更符合自己需要与兴趣的学习活动等方面的需求,即如何认识自身的发展性需求以促进自己的终身学习。

二是各类组织如何满足外来女性群体的发展性需求。例如妇联、大茫村村委会如何更好地为外来女性群体的成长提供更符合她们需求、更具特色的活动等。金山区社区学院学历部门为外来女性群体的学历提升提供更接近她们需求的专业设置、专业教师、专业课程。学院的培训部门也要不断提供更专业与更实用的技能培训项目。

三是如何激励发展中的个体积极参与到社会的发展之中。外来女性群体如何形成主体意识、发挥主体性,积极参与专业设置、教学活动组织、教学效果评估以及社区的政治、经济、文化等活动。

(二) 下一步计划

一是村委会与村妇联将会为外来女性群体成长提供更多元的支持,包括提供学习、娱乐活动的场地,提供经费等方面的具体支持。同时,随时了解大茫村外来女性群体新的生活与学习需求,并提供及时的帮助。争取除"远程医疗、送药活动"之外,创立更多关爱外来女性群体的特色活动,并积极进行宣传推广,产生更广泛的社会效益,切实助力外来女性群体的可持续发展。

二是外来女性群体也有自己下一步的计划,主要是学历与技能的进一步提升。外来女性群体在学历提升与技能学习方面的后续需求,也同样对金山区社区学院学历课程的开发与发展,技能培训项目的开发与设置提出了更高的要求,也由此促进学院的转型发展。

五、 启示与反思

(一) 女性成长与社区可持续发展

女性群体的成长不但关系到女性自身的尊严与自信,"更关系到生命的延续,家庭的幸福,社区和社会的和谐以及国家的繁荣"。因此,女性群体对社区的可持续发展有非常重要的意义。

(二) 女性成长与区域经济发展

外来女性群体通过接受学历提升教育与职业技能培训后,促进了自身能力的提升,能够获得选择和从事更多元的职业的权利和机会,不仅能够改善其所在家庭的经济条件,也

会助力金山区的经济可持续发展。

（三）可持续发展教育与女性成长

女性的成长，对女性自身的发展，对家庭和社会都具有非常重要的影响。保障女性获得优质教育与平等参与学习的机会，对于女性的成长至关重要。成人高等教育与继续教育是培养高素质人才的重要途径，也是女性参与学习、提升学历的重要途径。鼓励女性积极参与成人学习提升教育，提升女性素质，是社会发展的重要特征。

外来女性群体坚持学习，形成终身学习的习惯，并积极将所学运用于自己的工作与生活中，不仅使自身对于工作的满意度越来越高，还丰富了生活，提升了生活质量，积极参与村里的管理事务等，也能在乡村社会治理等方面形成更广泛的效益。

重 要 文 件

ZHONG YAO WEN JIAN

上海市教育委员会　上海市民政局　上海市老龄工作委员会办公室关于印发《2022年上海市老年数字教育进社区行动工作方案》的通知

（沪教委终〔2022〕11号）

各区教育局、民政局、老龄办：

为进一步贯彻落实习近平总书记关于老龄工作的重要指示，贯彻落实积极应对人口老龄化国家战略和国务院办公厅印发的《关于切实解决老年人运用智能技术困难的实施方案》，推动解决老年人在运用智能技术方面遇到的困难，助力老年人跨越“数字鸿沟”，更好地共享数字化发展成果，上海市教育委员会（以下简称“市教委”）会同上海市民政局（以下简称“市民政局”）、上海市老龄工作委员会办公室（以下简称“市老龄办”）制定了《2022年上海市老年数字教育进社区行动工作方案》。现印发给你们，请认真按照执行。

各部门在执行中，要立足全面提升老年人数字素养与技能，细化工作方案，积极动员部署，精心组织实施，力求做到社区（居村委）全覆盖。要注重转变工作作风，因地制宜，扎实推进，充分引导区域内老年人广泛参与，使老年人从“不会用、不敢用、不愿用”过渡到“会用、敢用、想用”，充分享受数字化发展红利。同时，要做好疫情防控工作，确保老年数字教育进社区行动安全有序。

附件：1. 2022年上海市老年数字教育进社区行动工作方案
2. 关于征集智慧助老优质系列课程资源的要求
3. 2022年老年数字教育进社区行动统计表（略）

上海市教育委员会
上海市民政局
上海市老龄工作委员会办公室
2022年9月28日

附件 1

2022 年上海市老年数字教育进社区行动工作方案

为进一步推动解决老年人在运用智能技术方面遇到的困难,使老年人更加便捷地接受数字教育,市教委、市民政局、市老龄办决定开展老年数字教育进社区行动,在全市范围内就近向老年人提供数字教育课程、资源,更好助力老年人跨越“数字鸿沟”,共享数字化发展成果,结合上海实际,制定本方案。

一、总体要求

坚持以习近平新时代中国特色社会主义思想为指导,全面贯彻党的十九大和十九届历次全会精神,以人民为中心,全面落实积极应对人口老龄化国家战略,依托社区教育、老年教育队伍,汇聚各方面优质数字化学习资源,在全市居村委开展进社区专项行动,就近满足老年群体数字化学习需求,帮助老年人融入数字生活,进而营造浓郁的终身学习氛围,扩大社区教育、老年教育的在地显示度,不断提升上海老年智慧教育水平,让老年人在数字时代有更多获得感、幸福感和安全感。

二、行动主题

畅享数字时代　拥抱智慧生活——老年数字教育进社区行动

三、时间安排

2022 年 9 月开始准备工作,10 月正式启动,为期 2 个月左右。

(一) 准备阶段(2022 年 9 月)

征集和遴选一批优质智慧助老资源,形成课程清单和学习材料。请老年大学、各区社区学院等做好资源征集的组织工作,并进行初审,审核通过的课程资源统一上传至上海学习网资源征集专题栏目(https://lnjyzy.shlll.net/zyzj)。上传课程经专家复审通过后,将在本次老年数字教育进社区行动线上专题库内开放,供全市老年人学习和相关教师选用。课程征集要求与资源上传方法可登录平台后查看(具体见附件 2)。

(二) 启动阶段(2022 年 10 月上旬)

市教委、市民政局、市老龄办负责老年数字教育进社区行动正式启动仪式,邀请各区、各有关部门参加。启动仪式包括宣布征集优质数字资源情况、发布数字化导航宣传品等。各区教育局等同期结合区域实际,确定区级实施方案,明确各级社区教育、老年教育机构职责分工,排定工作计划,确保实施全覆盖、有亮点、有特色。

(三) 实施阶段(2022 年 10 月中旬至 11 月下旬)

各区按照要求积极推动落实区级实施方案,利用市级提供的数字化学习资源和富有本区特色的各类教学资源,依托各级各类社区教育、老年教育机构,包括老年大学、社区学院(学校)、学习点、养老服务机构等,以现有的社区教育、老年教育专兼职教师、志愿者、老年学习团队带头人为骨干,深入社区(居民小区),开展进社区专项行动,压茬推进,确保全覆盖。鼓励各区对区域内原有学习点增加数字化教学功能,加大数字资源配送力度,凸显数字化场景应用，形成智慧助老学习点。市教委在全市范围内对老年数字教育优质资源进行分层次、分类别推介，并对各区特色行动进行遴选，通过线上直播、利用新媒体推介等方式，增强传播力和辐射力。

（四）总结阶段（2022年12月）

行动结束后，各区教育局等进行工作总结，梳理行动开展情况，遴选典型案例，提交工作报告。市教委牵头组织召开老年数字教育进社区行动成果展示暨工作总结会，对行动中表现突出的单位和个人予以表扬，为今后每年一次主题性的终身教育进社区行动拉开序幕。

四、组织协调

市教委、市民政局、市老龄办为本次行动的主办单位，成立老年数字教育进社区行动组委会。组委会下设办公室，设在市教委终身教育处，负责组织协调各区和有关部门开展行动。各区负责具体组织本区域行动，引导街镇积极参与，形成市、区联动、全面推进的工作格局。

五、工作要求

（一）加强组织领导

各区、各有关部门要切实提高站位，加强引导，加大投入，积极动员部署，确保工作落实到位。

（二）制定行动方案

各区、各行动牵头部门要切实发挥统筹协调作用，明确工作目标和任务分工，梳理完善行动流程和工作机制，细化工作举措，精心实施好老年数字教育进社区行动。

（三）创新工作方法

各区、各有关部门要结合区域实际，发挥区域优势和特色，结合以往经验，创新形式，丰富类型，力求取得良好的教育效果。

（四）加强宣传引导

充分发挥主流媒体的宣传引导作用，对典型经验做法进行跟踪报道，开展多渠道、立体化宣传，营造良好的氛围。

（五）确保安全有序

坚持疫情防控和行动开展两手抓，严格落实疫情防控主体责任，做好疫情防控各项工作。同时，坚持底线思维、强化风险意识，排查防范老年数字教育进社区行动期间各类安全隐患，确保各项工作有条不紊进行。

附件 2

关于征集智慧助老优质系列课程资源的要求

一、征集流程

老年大学、各区社区学院组织区内课程资源的征集，征集到的课程由各区进行审核，审核通过的课程资源可上传至资源征集专题栏目(https://lnjyzy.shlll.net/zyzj)，登录账号将由平台统一生成并分发至各区联系人邮箱，具体使用方法可在登录平台后查看相关操作指南。截止日期为2022年10月中旬。

二、课程资源内容与数量要求

可提供短视频、微课、长视频、交互模拟等形式资源(系列课程资源优先)，内容包括智能手机、智能购物、智能出行、智慧金融、在线就医、网络安全、知识科普、休闲娱乐等门类。每区上传课程不超过10门。

三、视频类资源技术要求

视频规格为MP4格式，压缩编码H.264，分辨率为1 920 * 1 080及以上，码率3.5 M左右，帧率为25帧/秒；音频要求为采样率48 KHz，码流率128 Kbps(恒定)，双声道混音。

四、交互模拟类资源要求

需提供可直接访问无需登录的资源链接地址，如涉及登录、部署或其他技术对接要求的，请在上传资源操作时选择交互模拟类资源后勾选“需技术支持”选项，然后按照引导填写联系方式，后续将由技术支持小组另行联系沟通。

技术支持组联系人:(略)，联系电话:(略)

上海市教育委员会　上海市学习型社会建设与终身教育促进委员会办公室关于印发《上海市终身教育发展“十四五”规划》的通知

（沪教委终〔2022〕2号）

市学习型社会建设与终身教育促进委员会各成员单位、各区学习型社会建设与终身教育促进委员会、各高等学校、各区教育局、各有关单位：

现将《上海市终身教育发展“十四五”规划》印发给你们，请认真按照执行。

附件：上海市终身教育发展“十四五”规划

上海市教育委员会
上海市学习型社会建设与终身教育促进委员会办公室
2022年1月26日

附件

上海市终身教育发展“十四五”规划

为建成更高质量的学习型社会，完善普惠多元、泛在可选的终身学习环境，形成与社会主义现代化国际大都市相匹配的学习型社会和终身教育氛围，有效服务市民终身发展，依据《中国教育现代化2035》《上海市国民经济和社会发展第十四个五年规划和二〇三五年远景目标纲要》《上海教育现代化2035》和《上海市教育发展“十四五”规划》，制定本规划。

一、发展回顾与环境

（一）“十三五”发展回顾

“十三五”期间，上海终身教育改革和发展圆满完成既定目标，在全国率先基本建成学习型社会，有效满足了广大市民的各类学习需求。

1. 形成文明健康的终身学习文化。通过多种渠道加大终身学习理念的宣传力度，形成终身学习的社会共识。学习型企事业单位建设成为常态，单位职工培训率稳步提升。社区学习规模逐步扩大，参与社区学习的居民超过450万人次。群众性学习团队显著增加,线下和线上学习团队总数超过3万个。

2. 形成开放融合的终身学习服务体系。终身教育体系日益完备,形成覆盖全市、层次清晰、融合开放的"市—区—街镇—居村委"四级网络,办学不断向基层延伸,建成一大批社会学习点。持续推动高校继续教育转型发展,上海开放大学"新型大学"的办学定位更加明确,服务终身教育力度不断增强,累计完成200余万科次高等教育自学考试。建立各类学分认定、积累和转换机制,基本形成各级各类教育成果衔接的"立交桥",拥有终身学习账户的市民超过240万。牵头推进长三角地区学分银行建设,加强社区教育、老年教育协作力度,有力落实长三角一体化发展国家战略。成功加入联合国教科文组织全球学习型城市网络,提升本市终身教育国际影响力。

3. 形成普惠友好的终身学习环境。开展社区教育、老年教育机构内涵建设,稳步提升机构服务能力。整合社会各类优质资源,向社区教育开放文化机构场馆近7 000个;市民终身学习体验基地规模逐步扩大,下设体验站点130多个,体验项目超过1 000个;开发市民终身学习人文行走路线40余条、人文行走点290多个。建立上海老年教育信息化服务平台,完善以"上海学习网"为代表的市民数字化学习平台,推动形成多维度、立体化的市民终身学习环境。

4. 形成崇尚卓越的终身学习品质。开展市民终身学习监测项目,推动学习型城区监测试点,提供更有针对性、更高效的学习资源。建立健全市民学习激励制度,开展百姓学习之星、优秀学习团队评选,鼓励更多市民参与终身教育。打造终身学习活动周、市民诗歌节、老年教育艺术节等终身学习品牌,彰显市民学习成果。面向社区居民提供各类社会文化生活教育服务,提升市民综合素养。面向各类人群开展职业技能培训,为社会发展和产业升级提供有力的人才支撑。

与此同时,上海终身教育发展也存在一些亟待解决的问题。主要是:终身教育发展水平与人民群众对高品质生活的追求还存在差距;终身教育在服务上海经济社会发展和人才培养方面的作用有待加强;社会力量参与终身教育的深度和广度需要拓展;终身教育的数字化转型亟待提速。

(二)"十四五"时期面临的形势与挑战

"十四五"时期是我国开启全面建设社会主义现代化国家新征程、向第二个百年奋斗目标进军的第一个五年,也是上海在新起点上全面深化"五个中心"建设、加快建设具有世界影响力的社会主义现代化国际大都市的关键五年。新的环境和形势,对上海学习型社会建设以及率先构建服务全民终身学习的高质量教育体系提出新要求。

1. 上海城市发展对终身教育提出新要求。进入新发展阶段,上海市强化"四大功能",深化"五个中心"建设,全力打响"四大品牌",立足国内大循环中心节点、国内国际双循环战略衔接的定位,深入推进现代产业体系建设,着力提升城市能级和核心竞争力,对高素质人才的需求更加多元、更为迫切。终身教育要主动适应经济社会发展的变化,为市民提供更加弹性多元的终身教育服务,更好地满足城市发展需要和个人成才需求。

2. 教育事业发展对终身教育提出新要求。《中国教育现代化2035》提出总体实现教育现代化、迈入教育强国行列的发展目标,明确了构建服务全民终身学习的教育体系战略任务。《上海教育现代化 2035》明确了教育改革发展示范区、教育开放引领区、教育发展先行区的上海教育现代化战略定位，提出了更高水平、更高质量的教育现代化目标，为终身教育指明了发展方向。城市的数字化转型对当前教育模式产生深远影响，也对终身学习方式提出了新要求。终身教育要主动回应教育发展的整体形势和要求，遵循教育规律和科技规律，积极推进全民开放式终身教育。

3. 人口发展变化趋势对终身教育提出新要求。上海是我国最早进入人口老龄化社会的城市，也是我国人口老龄化程度最高的城市。积极应对人口老龄化已经成为一项长期战略性任务。终身教育要从人口结构变化出发，围绕“老有所学、老有所为”目标，进一步优化老年教育学习服务供给，助力老年人跨越“数字鸿沟”，让更多老年人享受高质量的教育服务。

4. 更高水平的开放融合对终身教育提出新要求。上海作为联合国教科文组织全球学习型城市和“可持续发展教育”主题协调城市，特别是荣获联合国教科文组织“2021 年学习型城市奖”，为上海终身教育参与国际交流、宣传上海经验提供了难得的机遇和空间。上海终身教育要坚持走出去、引进来，加强国际交流互动，积极参与全球终身教育治理。同时，围绕引领长三角一体化教育协同发展，加强学习资源的共建共享，提升市民对终身教育协同发展的获得感和满意度。

二、指导思想和发展目标

（一）指导思想

坚持以习近平新时代中国特色社会主义思想为指导，深入贯彻党的十九大和十九届二中、三中、四中、五中、六中全会精神，全面落实习近平总书记关于教育的重要论述和全国教育大会精神，全面贯彻党的教育方针，深入践行“人民城市人民建，人民城市为人民”重要理念，坚持人民至上，以学习者为中心，努力构建服务全民终身学习的教育体系，优化终身教育资源配置，提高终身教育发展质量，让公平而有质量的教育和学习覆盖人的一生，让每一个学习者都能享有人生出彩、梦想成真的机会。

（二）发展目标

到 2025 年，进一步完善服务全民的终身学习体系，形成更加普惠多元、泛在可选的终身学习环境，率先建成以城市学习力为驱动的更高水平、更高质量的学习型社会，成为各类人才向往的学习之城。主要体现在：

彰显时代特征的终身学习文化。利用各种新媒体、新平台，扩大终身教育宣传力度，促进终身学习理念的有效普及。创新终身教育产品，营造浓郁的终身学习氛围，让终身教育成为上海城市文化的重要名片，使学习成为新时代市民生活中不可或缺的内容。

服务城市能级提升的终身教育体系。创新职工继续教育模式，扩大人才培养规模，提升人才培养质量。完善各级各类教育学习成果互认衔接制度，充分发挥高校服务全民终身学习的重要作用，实现继续教育规范、高质量发展，助力产业结构升级，促进城市可持续发展。

实现泛在可选的终身学习生态。充分发挥上海开放大学等平台作用，丰富各类学习资源，创新终身教育载体，打造线上线下融合的学习模式。扩大终身教育服务规模，推动各级各类终身教育机构提质升级，构建以学习者为中心、以数字化为支撑的终身教育新生态，赋能市民终身学习能力提升。

构建共建共享的终身教育治理格局。深化依法治教，健全终身教育法治保障，开展终身教育督导，提高教育教学质量，进一步激发社会力量参与终身教育的活力和积极性，形成政府主导、社会多元主体共同参与的终身教育发展格局，有效提高终身教育治理体系和治理能力的现代化水平。

终身教育事业发展主要指标

序号	主要指标	单位	增长值(到 2025 年)
1	新增社会力量举办老年大学	所	10
2	设置与城市发展相匹配的高等教育自学考试新专业	个	30
3	新增激活终身学习账户的市民	万人	200
4	新增市民终身学习人文行走点	个	100
5	建设老年教育智慧学习场景	个	100
6	新建老年教育社会学习点	个	200
7	培育街镇老年学校市级优质校	所	120
8	培育和打造终身学习新品牌	个	100
9	新增群众性学习团队	个	10 000
10	打造 15 分钟社区学习圈	个	1 000

三、主要任务

(一) 促进成人继续教育转型发展

促进高校继续教育创新发展。优化专业结构，促进在岗人员学力水平、专业知识和实践能力同步提升。坚持社会需求导向，推出“工学结合”的人才培养方式，为各类企业和社会群体提供订单式、个性化培训服务。坚持高质量发展导向，主动对接区域产业布局，为区域经济社会发展提供人才支撑和教育服务。将高校服务全民终身学习情况纳入上海高校分类评价。

提升开放教育办学水平。加快推进上海开放大学学历教育、非学历培训与社区教育共同发展。积极对接上海产业转型升级，聚焦重点行业继续教育需求，做大做优特色专业品牌。明确系统办学新定位，加强上海开放大学办学水平评估，支持推动分校特色发展，提升开放教育系统的服务水平。建设更为完备的开放教育全过程质量保障体系，全面提升开放教育质量。

推动高等教育自学考试更加完善有序发展。依托上海高校专业优势，调整优化专业设置和课程设置，提升自学考试人才培养的应用性、适用性和创新性。充分利用信息化管理手段，推广智能考场建设，建立服务型自学考试管理体系。鼓励高校开发网上课程，提供网上公益助学服务。探索建立高等教育自学考试服务经济社会发展的质量评估标准。

（二）提升社区教育服务能级

提高社区教育服务质量。聚焦科学素养、健康素养、信息素养等完善社区教育课程体系。打造15分钟社区学习圈，新建一批市民科学创新社区学习坊，新增群众性学习团队10 000个，不断深化市民终身学习体验基地、人文行走建设。持续开展全民终身学习活动周、市民诗歌节等活动，营造浓郁的终身学习文化。持续推进社区教育实验工作，鼓励各级各类终身教育机构，开发数字学习新产品，打造数字学习新生态。

扩大社区教育服务规模。广泛开展各类社区教育服务，为青少年健康成长提供良好的社区学习环境。帮助外来务工人员尽快掌握就业技能、适应城市生活。推进白领课堂进楼宇、进社区。为特殊群体提供职业技能培训、休闲文化课程。重视新型农民的技能培训，服务乡村振兴战略。为在沪外籍人士提供社区教育服务，增进中外人文交流。

提升社区教育服务能力。激发社会活力，建立健全社会力量参与社区教育机制。加强与中小学校、职业院校、高等学校等合作，推进资源共建共享。实现覆盖不同群体、不同区域终身教育资源的均衡化配置。全面加强专兼职师资队伍建设，扩大志愿者队伍规模。“十四五”期间，志愿者队伍人数达到8万人。

（三）推动老年教育高质量发展

扩大老年教育资源供给。构建政府主导、社会多元力量参与的老年教育供给机制，实施老年大学“倍增计划”，鼓励高校、社会力量举办老年大学。持续推进工作重心下移，深化养教结合工作，新建老年教育社会学习点200个。促进老年教育优质均衡发展，推广区域老年教育共同体管理模式，发挥远程教育资源优势，扶持农村、远郊区域老年教育发展。

促进老年教育内涵提升。开发若干系列特色品牌课程，形成满足老年人需求、适应新技术发展的老年教育课程体系。实施“双百双千”工程，助力老年人跨越“数字鸿沟”。加强老年教育特色品牌建设，各级各类办学机构实现“一校一品牌”，老年教育三类学习点实现“一点一特色”。推进老年教育优质校建设计划，全市街镇老年学校市级优质校建成比例达60%，推动老年教育机构迈上新台阶。

完善老年教育支持服务体系。充分利用现代信息技术，提升老年教育数字化管理服务能力。成立上海市老年教育课程研究与评估指导中心，支持老年教育课程建设。加强老年学习团队建设，培育1 000个五星学习团队。扩大老年教育专职教师比例，推进老年教育教师分层分类培训，完善兼职教师注册制，实施持证上岗。扩大老年教育助学志愿者队伍，打造老有所为的人力资源服务平台。加强上海老年教育前瞻研究，推动老年教育创新发展。

（四）构建职工教育创新发展模式

健全职工继续教育体系。建立以开放教育为依托，高校继续教育、职业院校教育、成人高等教育和职业技能培训等共同参与的职工继续教育多元供给方式。畅通职工学习和成长渠道，普遍建立上海特色“双元制”模式，形成职工多元学习需求基本满足的新时代职工继续教育体系。依托专家队伍，开展职工继续教育项目研发、指导性目录和指南的编制，建设一批中小企业职工继续教育培训服务基地。

丰富职工教育资源。建设若干适应上海城市发展需要、符合重点产业发展需求的在职人员示范性、特色培训项目，引导高校、大型企业培训中心、各级各类职工教育培训机构深化专业内涵，提升面向在职员工的各类专业课程研发和建设力度，建设一批具有创新性、引领性的职工教育培训示范性课程，提高人才培养质量。

完善职工教育保障机制。建立并完善学习型企业监测服务平台，实现职工教育信息化管理。研究细化落实地方教育附加市、区两级统筹经费使用规范，激发企业开展职工教育的积极性。畅通职工教育培训成果转化为学分银行学分的通道，搭建衔接融通的职工终身学习“立交桥”。

四、重点项目

（一）构建上海特色的“双元制”职工继续教育项目

构建市、区两级联动的工作推进机制，在重点领域和行业企业形成“双元制”职工继续教育具体实施路径。对接区域产业发展需求，整合政府、企业、学校等优势资源，推出一批“双元制”特色继续教育专业。加快构建理论与实践相结合的专业课程体系，根据工种和岗位要求灵活设定不同类型课程的授课和考核方式。明确岗位实践技能要求和学分认定标准，通过学分银行促进学历教育与职业资格证书、技能证书的学分认定和转换。组建专职教师、特聘兼职教师相结合的师资队伍，确保职工继续教育的教师配备。在五个新城形成一批职工继续教育品牌项目，力争在岗职工的继续教育参与率达到70%。

（二）大数据支撑的信息化服务能力提升项目

努力打造开放式数字终身教育，提供更多优质泛在的应用场景。拓展“随申码”的市民终身学习服务功能，加强与“一网通办”的对接，实现大数据资源共建共享。充分利用信息技术，汇集市民个人终身学习成果，提供市民终身学习个人数据服务。打造全媒体学习平台“金色学堂”，出台老年教育智慧学习场景建设指引，建设100个老年教育智慧学习场景。不断探索和拓宽终身学习云视课堂、直播课堂、老年慕课等线上学习方式，开发更多数字化学习资源，推动线上教育与线下教育的融合发展。

（三）符合新时代要求的师资队伍能力提升项目

推进终身教育师资智能管理，优化推介、选聘、评价、激励机制，建强、用好上海终身教育师资库。加强师德师风、教学水平和管理能力建设，提升教师队伍科学、信息等综合素养。聚焦终身教育课程体系，加大教师配置力度，保障终身教育师资队伍规模。落实《社区教育师资能力水平指导标准》，修订完善终身教育从业人员标准。构建市、区、校三级教师培训体系，提升终身教育教师专业能力。实施终身教育名师培育项目，培育10个名师工作室、50名市级优秀教师、100名区级优秀教师，形成终身教育师资孵化体系。

（四）服务高质量发展的学习型城市建设监测项目

建立跨部门、跨行业、多主体协同的学习型城市监测运行机制，分层分类开展面向本市学习型城区、学习型组织、终身学习者的常态化监测工作。建立学习型城区监测指标体系，建设学习型城区监测数据库，汇集形成本市学习型城市建设档案。研制市民终身学习监测分析系统，完善市民终身学习能力测试题库，持续开展面向不同群体的分类监测研究。加强监测研究队伍建设，丰富监测工具和方法，提高监测与研究工作水平。

（五）完善面向全体市民的学分银行建设项目

不断扩大个人学习账户规模，新增激活个人学习账户200万个。继续推进各类学历教育学习成果存入，新增技能等级证书、成人非学历社会培训项目学习成果的录入标准和存储流程。拓展个人学习账户服务功能，对接“一网通办”，逐步为市民提供求职认证、学习打卡、成果存储等应用服务。建立学历教育、职业培训、社区教育、老年教育等积分制度，探索制定基于积分制度的学习激励机制。

（六）以凝聚力和创新力为内涵的学习型组织建设项目

进一步推进各类学习型组织建设，完善学习型组织建设标准，提升组织成员终身发展的新途径、新方法。继续加强对各类学习型企事业单位、学习型机关、学习型社区、新型学习型组织的培育。以科室、班组、楼宇等小微学习型组织建设为抓手，分层分类指导学习型组织阶梯式成长。加强对在职员工的教育培训，建立区域学习型企业联盟。凝聚和培养各类学习型组织领军人物，增强学习型组织的自驱力，促进全民学习、万众创新。

（七）服务长三角地区一体化的协同发展项目

大力推进长三角地区学分银行建设，探索地区间学习成果互认机制。共建长三角地区学分银行公共数据库系统，实现跨省数据交互统一管理服务。推进长三角地区社区教育、老年教育协同发展，联合开展社区教育、老年教育工作者培训，联合举办老年教育艺术节。协同推进长三角地区市民终身学习体验基地建设、社区教育课程开发、学习资源共享、特色品牌遴选等工作。加强长三角地区终身教育研究机构合作，形成一批重大理论和实践研究成果。

（八）开放融合的国际化项目

广泛开展面向广大市民的全球素养教育，更好地服务上海高水平对外开放。积极参与全球学习型城市网络等国际组织交流活动，加强学习资源开发、从业人员专业化等领域的成果共享，在全球学习型城市建设中发挥积极作用。推进终身教育国际论坛、老年教育“东方论道”等高层次国际交流对话平台建设，学习国际经验，宣传上海实践，积极参与终身教育国际治理。

五、保障体系

（一）加强组织领导，完善推进机制

加强党对终身教育工作的全面领导，统筹推进终身教育事业改革发展。加强顶层设计，充分发挥上海市学习型社会建设与终身教育促进委员会的统筹协调作用，进一步明确市、区、街镇三级推动学习型社会建设的职责，形成党委领导、政府统筹、部门协作、社会参与、分工落实的工作格局。完善全市相关行业、部门之间的合作与交流机制，整合全社会终身学习资源，提高终身学习服务能力。加强各级社区学院（校）建设，夯实终身教育办学基础，激发终身教育的系统活力。

（二）深化制度建设，规范有序发展

各级部门切实承担主体责任，抓紧制定实施方案，做好任务分解，细化配套措施，建立工作情况报告制度。建立健全终身教育标准体系，丰富和完善终身教育各类管理制度，促进终身教育规范化发展。推动修订《上海市终身教育促进条例》，探索将终身教育纳入教育督导体系。

(三) 拓宽经费渠道,保障经费投入

建立健全政府投入、社会捐赠、学习者合理分担等多种渠道筹措经费的终身教育投入机制,不断拓宽终身教育经费来源渠道,强化对终身教育的支持力度。鼓励各区建立与区域人口结构规模相匹配的终身教育投入机制。探索通过政府购买服务等形式,引导行业性、专业性社会组织及社区社会组织和民办社会工作服务机构等参与终身教育。鼓励社会各方通过兴办实体、资助项目、赞助活动、提供设施、设立社区教育基金等方式加大投入,共同支持终身教育事业发展。

(四) 加大研究宣传力度,提高社会影响力

支持本市终身教育领域研究力量发展,培育和建设社会化的终身教育研究基地,形成一批高质量的终身教育研究成果。充分发挥传统媒体与现代媒体的融合效应,加强对典型做法与优秀案例的宣传力度,展示上海学习型社会建设的成果,提升公众知晓度,有效凝聚全社会关心终身教育的共识,使终身学习成为市民的生活方式和城市的精神内核。

上海市教育委员会等五部门关于进一步推进本市学习型组织建设工作的通知

（沪教委终〔2022〕12号）

各市级机关党组织、中央在沪单位党组织、各驻沪办党组织，各区教育局、文明办、区级机关工作党委、(产业)工会、妇联：

为进一步推动本市学习型城市建设，夯实各类学习型组织基础，推动终身教育事业发展，根据《上海市教育发展"十四五"规划》《上海市终身教育发展"十四五"规划》《关于深化市民修身行动塑造新时代市民新形象的实施意见》《上海市教育委员会等十部门关于开展上海市学习型城市监测工作的通知》等要求，现就进一步推进本市学习型组织建设工作通知如下：

一、指导思想

深入学习贯彻党的二十大精神，以习近平新时代中国特色社会主义思想为指导，以学习者为中心，自觉践行"人民城市"理念，努力构建服务全民终身学习的教育体系。进一步发挥学习型组织建设对学习型社会建设的推动作用，提升各级各类学习型组织的终身学习能力、服务城市发展和社会建设的能力。拓展学习型组织培育与发展的新途径、新方法，形成良好的学习型组织生态，助力上海城市软实力的提升，推动构建可持续发展的学习型城市。

二、基本原则

（一）坚持政府主导。加强顶层设计，明确部门分工，构建党委领导、政府统筹、部门协作、社会参与、分工落实的工作格局。整合资源、多方参与，形成全市学习型组织建设合力。将学习型组织建设纳入市政府教育督导室专项督导和学习型社会监测体系，促进学习型组织建设可持续发展。

（二）坚持以人为本。围绕以学习者为中心的终身教育理念，推进学习型组织建设工作，探索凝聚组织成员共同学习的新途径，提升组织成员对组织的认同感和获得感，实现学习型组织创新力与个人学习力的跃升，让每一位学习者都能享有人生出彩、梦想成真的机会。

（三）坚持开放创新。指导各类学习型组织进一步完善学习制度，创新学习形式，拓展学习方法。与时俱进，不断丰富组织类型，培育壮大新型学习型组织。通过开展形式多样、内容丰富的创建活动，激发学习型组织的创造力，实现学习型组织的内涵式发展。

（四）坚持动态推进。加强各类学习型组织的建设过程管理。研究并制定各类学习型组织的建设标准，推动学习型组织阶梯式成长。定期开展监测，通过积累动态性、成长性的资料和数据，不断挖掘典型案例，推动各类学习型组织健康、长效发展。

三、组织架构

（一）由市教委和市文明办牵头，会同市市级机关工作党委、市总工会、市妇联等部门，共同推进本市学习型社区、学习型机关（事业单位）、学习型企事业单位（“两新”组织）和学习型家庭等各类学习型组织建设。

（二）委托上海市教育科学研究院（以下简称“市教科院”）成立上海市学习型组织建设研究中心，研究制定各类学习型组织的建设指标；策划各类学习型组织阶梯式培育工作方案；形成针对各类学习型组织的监测制度和工作流程；研究并总结各类学习型组织建设过程中形成的经验和做法。

（三）委托上海微校（上海学习网）建设并维护“上海市学习型组织建设及展示平台”。

（四）构建市级相关部门、区级各委办单位、街镇、企事业单位、各类社会组织等协同推进，各类学习型组织积极参与的学习型组织建设工作框架与推进机制。

四、主要任务

（一）编制学习型组织建设指标体系。聚焦各类学习型组织的制度建设、活动方式、常态化运行机制，围绕促进学习型组织的学习力、凝聚力、创新力和提升成员的终身学习能力等各方面要素，研制并完善体现本市各类学习型组织运行特点、活动模式和发展规律的建设指标体系（见附件）。

（二）建立学习型组织阶梯式培育方式。形成扶持各类学习型组织成长的长效机制，建立阶梯式发展的培育通道。“十四五”期间，将遴选500—800个各类优秀学习型组织进行分层分类指导；“十四五”末期，评选100—200个示范学习型组织，推荐产生若干学习型组织标兵。

（三）开展特色学习型组织主题活动。为进一步激发学习型组织建设活力，发挥成员的学习创造力，依托本市终身学习活动周，结合市民修身行动，每年开展不同主题的学习成果展示或职业技能大赛，充分展示学习型组织成员的学习风貌和学习成果，提升学习型组织的团队凝聚力和学习力。

（四）打造学习型组织建设和展示平台。在上海学习网开辟学习型组织建设专栏，坚持“一组织一空间”，为各类优秀学习型组织积累过程性资料与展示学习成果提供线上展示平台。鼓励各类优秀学习型组织线上展示日常学习动态，参与年度主题活动，加强学习和交流。

（五）促进优质学习资源的共建共享。整合各类终身教育优质资源，在线提供精准推荐和预约配送，满足各类优秀学习型组织的学习需求。鼓励各类学习型组织发挥自身优势建设学习资源，形成资源的共建共享机制，推动各类学习型组织共同成长。

（六）推动学习型组织建设的监测和研究。通过发布年度研究指南，推动各级各类研究机构共同参与学习型组织建设的工作研究和实践探索。通过开展年度抽样监测，由点及面、动态分析本市学习型组织建设的工作情况。

五、工作要求

（一）制度保障。各有关单位、各区要积极构建学习型组织建设的领导协调机制，通过建立联席会议制度等方式统筹协调各类建设资源，保障学习型组织建设工作的持续推进。各区、各有关部门应配备联络员，负责协调、落实区域学习型组织建设工作。要建立有效的激励措施，对日常活跃度高、表现积极、组织力和创造力突出的学习型组织予以表扬和鼓励。

（二）专业引领。市教科院要组建市级层面的学习型组织建设监测研究专家团队，协同制定监测指标体系和工作方案，确保监测工作的科学性与专业性。市学促办要会同相关成员单位对监测工作进行全程监督与指导。各有关成员单位可推荐专家全程参与，对过程建设、抽样监测、实地走访及报告编写等提供专业支持。上海微校负责提供线上技术支持与指导，并对数据进行科学化分析与处理。

（三）宣传激励。充分发挥各类宣传平台、公共媒体的作用，抓住各类重要节庆、大型活动的契机，广泛宣传学习型组织建设的重要意义，辐射、影响和带动更多市民和学习团队积极参与学习型组织建设，形成规范化、常态化的组织学习形态。每年遴选一批优秀学习型组织建设的典型经验与做法，进行全市推广。通过表扬、共享优秀学习资源等方式鼓励学习型组织不断进步，形成可持续、高品质的发展态势。

附件：1. 上海市学习型机关（事业单位）建设指标
2. 上海市学习型企事业单位建设指标
3. 上海市学习型社区建设指标
4. 上海市学习型家庭建设指标

上海市教育委员会
上海市精神文明建设委员会办公室
中共上海市市级机关工作委员会
上海市总工会
上海市妇女联合会
2022 年 11 月 8 日

附件 1

上海市学习型机关(事业单位)建设指标

一级指标	指　标　项
制度保障	单位重视学习型组织建设,按照干部管理权限,组织本单位干部教育培训工作。
	按照党员教育培训工作规划等相关规定,党组织书记、班子成员、党员和预备党员落实学习培训要求;党员每天登录“学习强国”学习平台开展学习,学习参与度达到100%。
	按照上海市干部教育培训规划等相关规定,干部分层级落实学习培训要求,并完成年度网络培训学习。
学习条件	坚持集中培训、集体学习、个人自学和组织生活、实践锻炼有机结合,增强党员教育培训工作的规范性、针对性、系统性。
	干部教育培训以脱产培训、中心组学习、网络培训、在职自学等方式进行;单位支持干部职工在职自学,并提供必要条件;鼓励公务员(含参公人员)参加上海市干部培训中心“双休日专题讲座”。
	持续深入推进“青年大学习”行动,定期举办专题学习讲座,广泛开展主题团日、读书交流、征文演讲、知识竞赛等理论学习活动,让理论学习覆盖到每一名青年干部职工。
资源建设	利用党员活动室、党群服务中心、远程教育站点、新时代文明实践中心等开展日常教育培训;完善网络培训制度,用好大数据、“互联网+”等技术手段开展学习培训。
学习经费	严格按照《中国共产党党员教育管理工作条例》有关规定,落实党员教育培训经费,保证工作需要;干部教育培训经费列入单位年度财政预算,保证干部教育培训工作需要。
学习管理	坚持和完善党委(党组)中心组学习制度;各级党组织注重通过“三会一课”、主题党日等,抓实党员集体学习。
	工会、共青团、妇女组织等充分发挥各自职能作用,积极开展各类学习活动,协力推进学习型组织建设;重视青年学习,建立青年理论学习小组,为理论学习提供组织依托。
学习成效	培养又博又专、底蕴深厚的复合型干部和高素质专业化年轻干部队伍。
	教育培训各项制度落实好,单位学习氛围浓厚,学习型组织建设有成效。

附件 2

上海市学习型企事业单位建设指标

一级指标	指 标 项
制度保障	企业管理者注重树立终身教育观念，建立相关领导机构。
	建立保障不同工种职工学习的制度机制，制定开展各类学习活动的方案，形成常态化机制。
	建立弘扬劳模精神、劳动精神、工匠精神的劳模宣传相关制度，做好服务劳模工作。
学习条件	设置专用学习活动场所和设备，提供线上和线下学习平台。
	配备专门服务职工学习的人力资源队伍。
	鼓励建设职工创新实践和展示平台，优化职工创新支撑服务，实现职工创新力培养。
资源建设	为不同层面不同工种的职工提供丰富多样化的学习资源，包括服务单位发展和满足职工兴趣等。
	建立完善网上工会工作体系，提高职工网上工会服务的使用率。
	加强和规范职工书屋建设，注重资源有效利用。
学习经费	保障学习经费投入，单位根据职工发展和单位建设足额提供教育培训经费。
学习组织	开展“中国梦·劳动美”主题教育实践活动、市民修身行动等。
	积极开展职工职业道德建设活动，加强职工职业道德引导和培育。
	广泛开展读书活动，提升职工的文化与综合素养。
	推进劳动竞赛与岗位练兵、技能比武活动；加强“上海工匠”队伍建设；推进班组建设及职工技能培训。鼓励开展职工创新创业实践活动。
	开展民主法治宣传教育活动，加强职工普法及法治教育，推进职工民主管理。
	开展职工文化体育活动，增强职工对企业的归属感与文化认同。
学习激励	加大职工学习奖励力度，建立和完善学习、考核、使用、待遇一体化的学习激励机制。
学习成效	职工学习满意度高、学有所获，促进职工知识、技能和素养提升。
	单位凝聚力得到增强，单位管理水平和企业效益提升，形成典型案例，获得相关荣誉和宣传报道。

附件 3

上海市学习型社区建设指标

一级指标	指　标　项
制度保障	街镇重视学习型社区建设，列入社区(街道)工作计划与发展规划。
	构建学习型社区建设的服务网络体系和领导机构，建立管理协调工作机制和工作例会制度，相关部门职责明确，责任落实，运作有效。
	建立服务居民学习的灵活学习制度，制定开展各类学习活动的方案，形成常态化机制。
学习条件	设置固定学习活动场所和设备，提供居民家门口的学习场所，完善学习服务网络体系。
	配备专门服务社区居民学习的专兼职师资队伍和志愿者队伍，建立相应的管理制度。
	提升数字化建设水平，打造智慧学习场景，加强数字化建设。
资源建设	社会力量广泛参与，盘活学习型社区(街道)建设资源，形成共建共享共赢局面。
	充分利用各类优质学习资源，结合市民修身行动，满足不同群体学习需求。
	区域内文化馆、博物馆、图书馆、美术馆、纪念馆、科普教育基地等公共文化场馆为居民提供公益性服务。
学习经费	多渠道筹措经费，为学习型社区(街镇)建设提供经费支持。
	街镇提供专门用于学习型社区建设的经费。其中，每年政府投入的日常运作经费按照常住人口计算，人均经费不少于 10 元，且稳步增长。
学习管理	重视过程性工作资料收集整理，完善学习型社区(街镇)建设过程管理。
	有贴近社区实际和居民需求的系列学习内容和项目，健全居民学习管理制度。
	组织开展社区教育培训活动，为区域内各年龄段居民提供必要的教育支持与服务。
学习成效	学习规模逐年提高，学习人群覆盖面逐年扩大。
	开展丰富的学习活动，通过社区讲坛、专题讲座、培训、文体活动等社区文化建设，进行广泛持续地发动和宣传教育，形成推进学习型社区建设的氛围。
	社区居民对社区提供的教育培训与文化学习活动比较了解，知晓度、参与率和满意率较高。
	形成学习型社区建设的典型案例与特色，打造学习型社区建设品牌。
	增强居民社区归属感和认同感，促进社区和谐、善治。

附件 4

上海市学习型家庭建设指标

一级指标	指　标　项
学习条件	家庭内具有相对固定的学习区域和相对安静的学习环境。
	家庭藏书(包括电子书)、学习软件等学习资源不断丰富或更新。
	有网络宽带、电脑等信息化学习设备,具备互联网和智能终端产品的应用能力,为线上学习提供保障。
	家庭对于公共图书馆等公共学习场所内的各类学习资源使用量不断提升。
学习氛围	具有热爱学习的家庭氛围,学习成为每个家庭成员的自我需求和重要生活方式。
	家庭成员共同学习的时间有保障,经常交流学习体会,互相激励,共同提高。
	有终身学习的理念和具体的学习计划、学习目标。
学习投入	家庭成员人均每天学习时间不少于 1 小时。
	家庭人均年自主深度阅读不少于 8 本书(含纸质书、电子书)。
	家庭人均用于学习的支出逐年上升。
学习活动	积极参加社区学习活动,在获得与分享中展现学习成果。
	家庭成员积极参加建设学习型机关(事业单位)、学习型企事业单位、学习型社区等各类学习型组织活动。
	家庭成员采用多样化的学习方式,进行多元化学习,并不断丰富学习内容。
学习效果	积极弘扬红色、海派、江南等各类文化,树立正确的价值观。
	通过学习型家庭建设,家庭成员自觉参与市民修身行动,在学校、单位、社区中发挥引导作用,学习兴趣不断增强。
	通过学习型家庭建设,家庭成员的专业水平获得提高、知识结构不断更新,文明素养、道德修养不断提升,形成科学、健康的生活方式和友善、和谐的邻里关系。

上海市教育委员会关于报送潘敬芳等代表提出的修订《上海市终身教育促进条例》议案办理情况的函

（沪教委终〔2022〕8 号）

市政府办公厅：

《关于请研究办理〈上海市人民代表大会教育科学文化卫生委员会关于市十五届人大六次会议主席团交付审议的代表议案审议结果的报告〉的函》收悉，其中潘敬芳等 11 位代表提出的《关于修订〈上海市终身教育促进条例〉的议案》（第 37 号）由市教委办理。经研究，现将有关情况函报如下：

一、《上海市终身教育促进条例》修订工作情况

《上海市终身教育促进条例》（以下简称《条例》）自 2011 年 5 月 1 日施行以来，在推动、保障本市终身教育事业发展方面发挥了显著作用。但随着上海市经济社会的发展和市民终身学习需求的不断增长，有必要对《条例》进行修改，更好地发挥地方性法规对终身教育事业发展的保障、促进作用。为此，2018 年以来，市教委对本市终身教育现状和面临的问题进行专项调研，并于 2021 年 3 月启动《条例》修订准备工作。已先后召开 17 次专题调研会议，广泛征求了相关领域单位、专家、学习者的意见，并形成修改初稿。2022 年，《条例》修订列入市人大常委会年度立法计划预备项目。

二、关于代表议案的建议

（一）关于完善终身教育体系，明确四级办学网络的有关法律责任

本次修订明确将建设终身教育公共服务平台纳入法律框架，进一步确认各类终身教育机构的公共责任。草案中单列“公共服务机构”，逐条梳理建设各类终身教育公共服务机构的法律依据。例如包括开放教育网络、继续教育办学网络、社区教育、老年教育四级办学网络等服务全民终身学习的各类办学网络；包括服务市民数字化学习的在线教育平台、服务市民学分积累和转换的工作平台等各类功能性平台，进一步明确其承担的公共教育责任。

（二）关于完善学分互认机制，明确学分银行及各版块学习成果互认互通的法律依据

本次修订保留了《条例》中有关学分积累与转换制度的内容，新增明确终身教育学分银行管理主体、职责范围，以及“建立个人终身学习账户制度，提供个人终身学习电子档案”等内容，进一步鼓励各级各类终身教育学习成果的数据共享和互认互通。

（三）关于完善终身教育覆盖人群，进一步明确各部门职责分工

本次修订在总则中，进一步强调了党的教育方针，明确终身教育事业以立德树人为根本任务，以社会主义核心价值观引领终身教育。在规范政府和部门职责方面，通过科学表述新时代终身教育体系的结构和内容，进一步强调各部门、各方面在共建共促共享终身教育方面的职责和担当，明确有关政府部门、群众团体为各类群体提供终身教育服务的分工

职责。进一步拓展终身教育服务覆盖面,不仅包括《条例》所涵盖的人群,还增加了退役军人、刑满释放人员、监狱服刑人员等群体。

(四)关于规范培训市场,为新形势下培训市场管理提供法律依据

本次修订适逢“双减”工作推进的重要时期,国家和本市围绕“双减”工作密集出台了一系列重要文件。结合各方专家的意见,修订草案着力将有关文件精神和具体要求转化为法律规定。在第四章“社会参与”部分,为民办培训机构参与学习型社会建设与终身教育事业提供相应的法律依据;在第六章“监督管理”部分,对涉及民办培训机构规范化管理的、属于地方事权的审批登记制度、资金监管制度和信用管理等作出原则性规定;在第七章“法律责任”部分,进一步明确民办培训机构违反有关规定后需承担的责任,为本市推进“双减”工作提供法律依据。

(五)关于建立学习型社会与终身教育的督导评价制度

为进一步推动学习型社会建设和终身教育事业发展,近年来,本市已着手探索建立学习型城市建设监测制度。本次修订在第六章“监督管理”部分,明确提出要构建终身教育领域的专项督导、监测和统计制度,为落实国家教育“十四五”规划中有关构建终身教育督导监测制度的要求提供法律依据。

三、下一阶段主要工作

下一步,我们将根据市人大教科文卫委和代表议案要求,完善立法修订专家顾问团队和工作团队,在既有工作基础上,分层分类召开意见征询会,进一步凝练意见,破解终身教育发展中的难题。完成意见征询和修订草案起草后,按程序做好《条例》修订草案的报送工作。

联系人:(略),联系电话:(略)

上海市教育委员会

2022 年 7 月 12 日

上海市教育委员会关于公布2022年度上海市社区教育实验项目的通知

(沪教委终〔2022〕5号)

各区教育局、各有关单位:

按照《教育部等九部门关于进一步推进社区教育发展的实施意见》(教职成〔2016〕4号)的要求,为推进社区教育基础能力建设,优化社区教育资源,市教委根据本市终身教育工作的年度目标和发展要求,确定2022年度社区教育实验委托项目5个(见附件1)。经专家评审,确定社区教育实验重点项目32个(见附件2),社区教育实验一般项目102个(见附件3),现予以公布。

希望各区教育局、各有关单位高度重视,有序推进。各申报单位在实验过程中要开拓创新,注重提炼总结,及时形成成果,为本市社区教育创新发展提供新思路和新示范。

附件:1. 2022年度上海市社区教育实验委托项目名单
2. 2022年度上海市社区教育实验重点项目名单
3. 2022年度上海市社区教育实验一般项目名单

上海市教育委员会
2022年2月11日

附件1

2022年度上海市社区教育实验委托项目名单

序号	委托单位	实验项目名称	实验时间
1	上海市老年教育信息中心 上海学习网	上海老年教育大数据管理与应用的实验	2年
2	金山区教育局	打造终身学习品牌的实验	2年
3	黄浦区社区学院	老年教育智慧学习场景建设的实验	2年

（续表）

序号	委托单位	实验项目名称	实验时间
4	普陀区社区学院	“助力老年人跨越数字鸿沟”智慧学习团队建设的实验	2年
5	上海教育报刊总社	社区健康教育素养提升的实验	2年

附件2

2022年度上海市社区教育实验重点项目名单

序号	区	承担单位	实验项目名称	实验时间
1	浦东新区	浦东新区社区学院	深化社区教育教研基地建设的实验	2年
2	黄浦区	黄浦区社区学院、星光摄影老年大学	院企合作建设“星光智慧课堂”学习场景的实验	2年
3	静安区	上海行健职业学院	以长效机制为引领，职业院校致力探究打造居民家门口的“共享学堂”的实验	1年
4	静安区	静安区老年大学	线上线下融合教学模式下提升“智慧助老，慧享生活”系列课程建设成效的实验	1年
5	静安区	彭浦镇社区学校	“摄影＋”项目化学习助推老年人素质提升的实验	1年
6	徐汇区	徐汇区社区学院	市区联动，完善“汇e学”徐汇终身教育云校学习管理体系的实验	2年
7	徐汇区	天平社区学校	社区中开展家庭教育的实验	1年
8	长宁区	长宁区社区学院	培育“学习e小时”高质量教育服务项目的实验	2年
9	长宁区	长宁区终身教育指导服务中心	打造“互联网＋生活”老年智慧学习场景的实验	2年
10	长宁区	长宁区辅读学校	创新普特融合活动载体，助力儿童友好社区发展的实验	2年
11	普陀区	普陀区社区学院	以普陀尚学中心为载体的市民社区学习坊创新实践的实验	2年
12	虹口区	虹口区社区学院	独立法人设置前提下，虹口社区教育工作模式的实验	2年

(续表)

序号	区	承担单位	实验项目名称	实验时间
13	虹口区	虹口区社区学院	“追随树人·行走立人”——“研读鲁迅”人文与思政教育的实验	2年
14	杨浦区	杨浦区学习型社会建设与终身教育促进委员会办公室	多元融合,以学促质——杨浦学习型企业育成的实验	2年
15	杨浦区	杨浦区社区学院	代际学习视域下社区教育助力长者智慧生活能力提升的实验	2年
16	宝山区	张庙成人中等文化技术学校	基于智能手机利用的沉浸式游学模式的实验	2年
17	宝山区	宝山区业余大学(宝山区社区学院)	基于数字化转型的社区教育声乐课堂学习模式的实验	2年
18	闵行区	吴泾镇社区学校	“双减”政策背景下隔代共学互学的体系建设的实验	2年
19	闵行区	江川街道社区学校	构建三级帮扶体系助力老年群体跨越数字鸿沟的实验——以闵行区江川路街道社区学校为例	1年
20	金山区	廊下镇社区学校	整合优化社区资源　打造家门口的“社会大课堂”的实验	2年
21	金山区	漕泾镇社区学校	“书香宅基”促进乡风文明建设的实验	2年
22	嘉定区	嘉定新城(马陆镇)成人中等文化技术学校	乡村振兴战略下马陆镇宅舍文化课程体系建设的实验	2年
23	松江区	上海松江开放大学	基于课程思政,构建社区教育同向同行良好育人生态的实验	2年
24	松江区	上海松江开放大学	乡村振兴背景下社区教育助力新型农民职业化的实验——以松江区农业植保无人机项目为例	2年
25	松江区	小昆山成人中等文化技术学校	个性化学习在“板凳课堂”项目中的实验	2年
26	松江区	佘山成人中等文化技术学校	社区家庭教育课程开发与学习方式创新的实验	2年
27	青浦区	青浦区社区学院	“双减”背景下如何提升社区教育功能、助力社会治理的实验	2年
28	奉贤区	奉贤区江海成人中等文化技术学校	推进新时代社区教育课程思政建设的实验——以奉贤区南桥镇社区学校为例	1年
29	奉贤区	奉贤区社区学院	社区教育支持服务下企业职工双元制教育的探索的实验	2年
30	崇明区	崇明区教育局、崇明区社区学院	构建崇明区域化成人学校考核体系　促进社区教育提质增效的实验	2年

（续表）

序号	区	承担单位	实验项目名称	实验时间
31	崇明区	崇明成职教育学会	开展特色产业培训　促进乡村振兴的实验	2年
32	—	上海市少年儿童佘山活动营地	社区教育视域下家庭教育亲子营项目建设的实验	2年

附件3

2022年度上海市社区教育实验一般项目名单

序号	区	承担单位	实验项目名称	实验时间
1	浦东新区	浦东新区社区学院	新时代加强社区教育教学思政的实验	2年
2	浦东新区	陆家嘴街道滨江居民委员会	以“老丁工作室”为载体提升国际大都市市民健康素养的实验	2年
3	浦东新区	三林镇社区学校	社区教育绿色课程助力青少年生态素养提升的实验	1年
4	浦东新区	洋泾街道社区学校	探索“智学课堂——助力老年人跨越数字鸿沟”的实验	1年
5	黄浦区	上海市大同中学、黄浦区学促办、黄浦区社区学院	基于信息技术运用的“红色人文行走”线上线下模式探究的实验	2年
6	黄浦区	黄浦区瑞金二路街道社区(老年)学校	智能时代背景下，社区学校助力老年人融入数字生活的实验	2年
7	静安区	静安区老年大学	老年大学英语课程开展思政教学的实验	1年
8	静安区	静安区社区学院	社区教育课程师资培育的实验	1年
9	静安区	静安区老年大学	互动仪式链视角下老年大学线上学习群的建构实验	1年
10	静安区	静安区业余大学	老年人英语课堂新媒体智慧学习模式探索的实验——以静安区老年大学《人人说英语》课程为例	1年
11	静安区	静安区业余大学	静安区老年大学英语线上线下融合教学模式的实验——以《SIDE BY SIDE 朗文国际英语教程》课为例	1年

(续表)

序号	区	承担单位	实验项目名称	实验时间
12	静安区	静安区社区学院	线上线下融合教学模式下老年教育课程质量提升的实验——以静安区终身教育社会学习点为例	1年
13	静安区	静安区社区学院	社区教育志愿者助力老年人跨越数字鸿沟的实验——以静安工作站为例	1年
14	静安区	静安区社区学院	探究古诗词融入社区教育的课程实验	1年
15	静安区	静安区老年大学	老年大学艺术插花课程混合式教学策略研究的实验	1年
16	静安区	天目西路街道办事处	建立老年人学习团队路径的实验	1年
17	静安区	江宁路街道办事处	探索线上教学、线下指导、居家练习的中老年健身教学模式的实验	1年
18	徐汇区	华泾镇社区(老年)学校	微信小程序在老年教育课程建设中应用和推广的实验——以智学珠心算课程为例	1年
19	徐汇区	徐汇区社区学院	创设徐汇区学生社区实践指导站智慧助老项目的实验	1年
20	徐汇区	徐家汇街道社区学校	构建“乐山智慧学习坊”,助力老年人学用智能手机的实验	2年
21	徐汇区	斜土社区(老年)学校	网络环境下激发社区老年教育活力的实验	1年
22	徐汇区	漕河泾街道社区学校	以社区学校为平台助力社区教育融入社区治理的实验	2年
23	徐汇区	虹梅街道社区(老年)学校	双减后在社区开展家庭教育的实验	2年
24	徐汇区	龙华街道社区学校	龙华红色文化在社区教育中传承与弘扬的实验	1年
25	徐汇区	龙华街道社区学校	疫情常态化下老年学习团队培育与提升的实验	1年
26	长宁区	长宁区辅读学校	社区融合下辅读学校现场体验课程的实验	2年
27	长宁区	北新泾街道办事处	建设康养综合服务中心社区教育学习点的实验	1年
28	长宁区	程家桥街道办事处	社区教育助力开放式养老社区建设的实验	1年
29	长宁区	虹桥街道社区学校	打造虹桥街道社区人文行走项目的实验	2年
30	长宁区	华阳路街道办事处	打造“华阳凝·人文行走”学习模式的实验	2年
31	长宁区	江苏路街道社区学校	社区教育教师在线教学能力提升的实验	1年
32	长宁区	上海赵春美术馆	“大师进社区”多元化美术教育的实验	1年
33	长宁区	天山路街道办事处	天山路街道打造老年教育“双通道”课程体系的实验	1年

（续表）

序号	区	承担单位	实验项目名称	实验时间
34	长宁区	新华路街道办事处	打造社区老年智慧学习共同体的实验	1年
35	长宁区	新泾镇社区学校	社区教育视野下提升老年人精神文化生活质量的实验	1年
36	长宁区	长宁区老年大学	依托数字共享中心开展线上线下融合教学的实验	1年
37	长宁区	周家桥街道社区服务办	推进社区老年智慧学习资源共建共享的实验	2年
38	长宁区	长宁区特殊教育指导中心	医教结合0—3岁公益课堂建设的实验	1年
39	普陀区	普陀区社区学院	打造老年人智慧学习场景的实验——以老年“智慧钢琴”教学为例	2年
40	普陀区	普陀区老年大学	培育思想性课程，助推老年教育发展的实验——以普陀区老年大学为例	2年
41	普陀区	桃浦镇社区学校	开拓市民终身学习场所　创新党建推进桃浦社区教育的实验	2年
42	普陀区	长寿路街道社区学校	社区教育线上线下课程资源融合发展的实验	2年
43	普陀区	真如镇街道社区学校	校社联手　推动社区学习坊建设的实验——以真如镇街道星河片区为例	2年
44	普陀区	普陀区万里社区学校	党建引领下社区教育助力社区文化建设的实验——以普陀区万里街道为例	2年
45	虹口区	虹口区社区学院	创建智慧学习场景，促进智慧教育在社区教育中运用的实验——以虹口区社区学院“绿水青山”生态创新教室为例	2年
46	虹口区	虹口区社区学院	基于白领学习需求的社区教育特色课程的实验	2年
47	虹口区	虹口区社区学院	智慧教育视域下扩大社区数字化学习资源辐射面的实验	2年
48	虹口区	广中路街道社区学校	基于“指尖科普”课程之线上线下融合教学模式探索实验	2年
49	虹口区	嘉兴路街道社区学校	加强社区教育兼职教师队伍建设的再实验	2年
50	虹口区	虹口区社区学院	体态律动在社区教育中老年教学中的实验	2年
51	杨浦区	控江路街道社区学校	社区学校助力家庭亲子关系和谐发展的实验	2年
52	杨浦区	大桥街道社区学校	“双减”背景下社区教育优质资源进校园的实验	2年
53	杨浦区	长白新村街道社区学校	社区学校线上线下教学相结合的教学组织模式的实验	2年

(续表)

序号	区	承担单位	实验项目名称	实验时间
54	杨浦区	杨浦区定海路街道社区学校	“双减”政策背景下，学生社区实践指导站服务青少年思政教育的实验	2年
55	宝山区	宝山区成人中等专业学校	对非遗技艺传承路径探索的实验——以我校手工扎染为例	2年
56	宝山区	罗店成人中等文化技术学校	践行绿色理念，打造社区生态学习点的实验	2年
57	宝山区	吴淞成人中等文化技术学校	社区教育支持下的“一站式”社区早教服务模式构建的实验	2年
58	宝山区	大场成人中等文化技术学校	微学团队助力老年人数字素养提升的实验	2年
59	闵行区	浦江镇社区学校	依托传统文化打造“沪谚”特色课程的实验	2年
60	闵行区	古美路街道社区学校	O2O教学模式下社区教育思政课程建设的实验	2年
61	闵行区	莘庄镇社区学校	社区家庭教育特色课程促进亲子关系融合的实验	2年
62	闵行区	虹桥镇社区学校	虹桥镇老年教育数字化课程建设的实验	2年
63	闵行区	马桥镇社区学校	“运动健身＋五音疗愈”老年健身课程开发的实验	1年
64	闵行区	华漕镇社区学校	国际开放枢纽建设背景下提高老年群体文明素养的实验	2年
65	闵行区	浦锦街道社区学校	老年教育“花样课程”线上线下融合教学的实验	1年
66	金山区	廊下镇社区学校	探索线上线下融合教学　助力老年智慧特色学习的实验	2年
67	金山区	金山卫镇社区学校	助力老年人打破数字鸿沟的实验——以金山卫镇为老中心为例	2年
68	金山区	吕巷镇社区学校	钩针编织学习坊建立与培育的实验	2年
69	金山区	亭林镇社区学校	后疫情时代，亭林镇老年教育线上线下融合探索的实验	2年
70	金山区	张堰镇社区学校	老年教育移动自适应学习支持系统构建的实验——以智能手机运用课程为例	2年
71	金山区	山阳镇社区学校	探索区域线上线下融合　推进社区教育内涵发展的实验	2年
72	金山区	朱泾镇社区学校	以社区家庭教育指导点为阵地，探索社区开展家庭教育的实验	1年

（续表）

序号	区	承担单位	实验项目名称	实验时间
73	嘉定区	外冈镇成人中等文化技术学校	“村改居”背景下外冈镇“老大人”师资队伍内涵建设的实验	2年
74	嘉定区	华亭镇成人中等文化技术学校	打造“华亭样板”背景下提升老年学习团队活动品质的实验	2年
75	嘉定区	安亭镇成人中等文化技术学校	多元社会主体参与“学悦双城·1＋”项目建设机制的实验	2年
76	嘉定区	菊园新区成人中等文化技术学校	菊园新区居民家门口课堂建设的实验	2年
77	嘉定区	新成路街道中等文化技术学校	新成路街道生命教育课程开发的实验	2年
78	嘉定区	嘉定区社区学院	新城建设背景下构建学习型乡村“文化网”建设的实验	2年
79	松江区	泖港成人中等文化技术学校	打造“生态文化学堂”智慧学习场景的实验	2年
80	松江区	新桥镇成人中等文化技术学校	整合教育资源，助力“美丽庭院”打造的实验	2年
81	松江区	新浜镇成人中等文化技术学校	“茶馆课堂”线上线下混合式教学模式的实验	2年
82	松江区	中山成人中等文化技术学校	传承与弘扬府城精神文化的实验	2年
83	松江区	石湖荡成人中等文化技术学校	美好学习“365”——公共文化场所服务社区教育发展的实验	2年
84	松江区	九亭镇成人中等文化技术学校	社会组织参与社区教育的实验——以弘爱教育为例	2年
85	松江区	永丰成人中等文化技术学校	永丰街道社区教育网络提质增效的实验	2年
86	青浦区	青浦区社区学院	社区教育助力青浦江南文化传承与弘扬的实验	2年
87	青浦区	朱家角成人学校	多元培训提升社区整体学习力的实验	1年
88	青浦区	青浦区社区学院	移动信息化环境下市民学习团队过程性管理的创新实践的实验	2年
89	青浦区	赵巷成人中等文化技术学校	以学习团队领袖能力提升为载体，助力老年人跨越“数字鸿沟”的实验	2年
90	青浦区	青浦区老年大学	疫情防控背景下老年大学推进多元化学习的实验——以青浦老年大学为例	2年

(续表)

序号	区	承担单位	实验项目名称	实验时间
91	青浦区	徐泾成人学校	运用智慧学习场景进行长三角非遗项目体验学习的实验	2年
92	奉贤区	奉贤区社区学院	赋能“新乡贤”,助力学习型乡村建设的实验	2年
93	奉贤区	奉贤区社区学院	基于线上线下融合的老年教学模式在农村宅基睦邻“四堂间”中探索的实验	2年
94	奉贤区	青村成人中等文化技术学校	可持续发展视角下老年学习团队培育的实验	2年
95	奉贤区	庄行成人中等文化技术学校	社区学校助力庄行蜜梨“三品一标”提升行动的实验	2年
96	奉贤区	江海成人中等文化技术学校	在非遗文化体验活动中培育与提升居民审美素养的实验	1年
97	崇明区	庙镇成人中等文化技术学校	构建老年人智慧居家生活场景的实验	2年
98	崇明区	陈家镇成人中等文化技术学校	基于老年人数字能力提升的沉浸式教学的实验	2年
99	崇明区	堡镇社区学校	社区教育优质课程建设的实验	2年
100	崇明区	新河镇社区学校	培育教师校本研修团队,提升教师专业能力的实验	2年
101	崇明区	长兴镇成人中等文化技术学校	社区教育积极响应双减政策,关爱未成年人,拓展终身教育服务人群的实验	2年
102	—	上海电子信息职业技术学院	信息技术融入社区老年教育的实验	2年

上海市教育委员会关于公布2022年度上海市社区教育实验项目验收及“2017—2022上海市社区教育实验优秀组织单位”评选结果的通知

（沪教委终〔2022〕18号）

各区教育局、各有关单位：

根据《上海市教育委员会关于公布2022年度上海市社区教育实验项目的通知》（沪教委终〔2022〕5号）要求，市教委委托市教科院组织开展了2022年上海市社区教育实验项目的验收和评审工作。经专家评审及结果公示，认定“达医晓护”医学传播智库“社区健康教育背景下市民医学传播路径的实验”等6个项目为“2022年度上海市社区教育实验示范项目”；浦东新区新场镇社区学校“党建引领下，社区教育助推新南村乡创中心建设的实验”等26个项目为“2022年度上海市社区教育实验优秀项目”；上海市教育评估院“社区（老年）学校优质校评建结合的实验”等75个项目为“2022年度上海市社区教育实验达标项目”（详见附件1、2、3）。

为鼓励各单位积极开展社区教育实验项目，进一步提升服务社区教育发展的能级和水平，2022年10月，上海市社区教育实验项目管理办公室组织开展了“2017—2022上海市社区教育实验优秀组织单位”评选活动，经区级推荐及专家评议等环节，共评出47家上海市社区教育实验优秀组织单位（详见附件4）。

希望各单位再接再厉，不断总结工作经验，充分发挥社区教育实验项目探索、实践、示范和引领作用，推动区域社区教育工作的新发展。

附件：1. 2022年度上海市社区教育实验示范项目名单
2. 2022年度上海市社区教育实验优秀项目名单
3. 2022年度上海市社区教育实验达标项目名单
4. 2017—2022上海市社区教育实验优秀组织单位

上海市教育委员会
2022年12月16日

附件 1

2022 年度上海市社区教育实验示范项目名单

序号	区名	单　　位	项目名称	立项类型
1	—	“达医晓护”医学传播智库	社区健康教育背景下市民医学传播路径的实验	委托
2	浦东新区	浦东新区社区学院	关于开展社区老年人心理健康教育服务的实验	重点
3	徐汇区	徐汇区教育局	家校社共育,推动家庭教育融合发展的实验	重点
4	普陀区	普陀区业余大学	整合区域资源,促进社工基地提质培优的实验	重点
5	嘉定区	徐行镇成人中等文化技术学校	民间手工技艺的活态传承与创新发展的实验	重点
6	松江区	石湖荡成人中等文化技术学校	推进社会学习场所建设,织密居民学习经纬网的实验	重点

附件 2

2022 年度上海市社区教育实验优秀项目名单

序号	区名	单　　位	项目名称	立项类型
1	浦东新区	新场镇社区学校	党建引领下,社区教育助推新南村乡创中心建设的实验	一般
2	黄浦区	上海市第八中学、黄浦区第五社区教育中心	社区教育助力市民素养提升的实验——以“零基础学油画”课程实践为例	一般
3	静安区	彭浦镇社区学校	“摄影＋”项目化学习助推老年人素质提升的实验	重点
4	静安区	上海行健职业学院	推动职业院校社区教育助学志愿者队伍建设的实验	重点

（续表）

序号	区名	单　　位	项目名称	立项类型
5	静安区	静安区社区学院	社区教育课程师资培育的实验	一般
6	徐汇区	徐汇区社区学院	创设徐汇区学生社区实践指导站智慧助老项目的实验	一般
7	长宁区	新华路街道办事处	打造社区老年智慧学习共同体的实验	一般
8	普陀区	普陀区社区学院	开发老年人力资源，充实社区教育师资队伍的实验	重点
9	普陀区	石泉路街道社区学校	依托老年教育兼职教师队伍注册制激发兼职教师发展活力的实验	一般
10	虹口区	虹口区社区学院	后疫情时代社区教育线上线下融合式教学策略的实验——以虹口区为例	重点
11	虹口区	虹口区社区学院	多元资源共建人文行走新视域的实验	一般
12	杨浦区	杨浦区学习型社会建设与终身教育促进委员会办公室	以督导促提升，探索社区学校特色办学新路径的实验	重点
13	杨浦区	延吉新村街道宣文办、延吉新村街道社区学校	疫情背景下社区教育在线教学的实验	一般
14	宝山区	宝山区业余大学	社区教育党员志愿者队伍建设的实验	重点
15	宝山区	宝山区社区学院	疫情常态化背景下智能手机类课程混合式教学的实验	重点
16	宝山区	宝山区社区学院	疫情“新常态”下社区教育在线直录播教学管理优化的实验	一般
17	闵行区	古美路街道社区学校	读书活动助推儿童友好社区持续发展的实验	重点
18	闵行区	马桥镇社区学校	“运动健身＋五音疗愈”老年健身课程开发的实验	一般
19	金山区	廊下镇社区学校	建设村居学堂，助力美丽乡村的实验	一般
20	嘉定区	江桥镇成人中等文化技术学校	基于“2＋X”模式的社区祖辈教养课程开发的实验	一般
21	松江区	中山成人中等文化技术学校	社区教育参与社区矫正，助力社区治理的实验	一般
22	青浦区	盈浦成人中等文化技术学校	“校社联动”助推社区教育优化的实验	一般
23	奉贤区	奉贤区社区学院	后疫情背景下，郊区社区教育在线教学的实验	重点
24	奉贤区	青村成人中等文化技术学校	深化村民学堂星级发展模式，推进社区学校教育品质发展的实验	一般

(续表)

序号	区名	单　　位	项目名称	立项类型
25	崇明区	崇明区社区学院	以花博会为契机,促进市民生态文明素养提升的实验	重点
26	崇明区	庙镇成人中等文化技术学校	生态实践活动资源的梳理与应用的实验	一般

附件 3

2022 年度上海市社区教育实验达标项目名单

序号	区名	单　　位	项目名称	立项类型
1	—	上海市教育评估院	社区(老年)学校优质校评建结合的实验	委托
2	浦东新区	金桥镇社区学校	社区教育开发“双线融合”教学模式的实验	一般
3	浦东新区	三林镇社区学校	社区教育绿色课程助力青少年生态素养提升的实验	一般
4	黄浦区	黄浦区教育学院附属中山学校、黄浦区第五社区教育中心	健教协同视域下社区家长心理大讲堂建设的实验	重点
5	黄浦区	上海市敬业中学、黄浦区第三社区教育中心	社校联动推进中华优秀传统文化课程建设的实验	一般
6	静安区	静安区社区学院	线上线下融合教学模式下,促进老年教育课程质量提升的实验——以静安区终身教育社会学习点为例	一般
7	静安区	静安区社区学院	探究古诗词融入社区教育课程的实验	一般
8	静安区	静安区社区学院	社区教育志愿者助力老年人跨越数字鸿沟的实验——以静安工作站为例	一般
9	静安区	静安区业余大学	静安区老年大学英语线上线下融合教学模式的实验——以《SIDE BY SIDE 朗文国际英语教程》课为例	一般
10	静安区	静安区老年大学	老年大学艺术插花课程混合式教学策略探究的实验	一般
11	静安区	静安区老年大学	老年大学英语课程开展思政教学的实验	一般

（续表）

序号	区名	单　　位	项目名称	立项类型
12	静安区	静安区老年大学	互动仪式链视角下老年大学线上学习群的建构实验	一般
13	静安区	静安区学习型城区建设联合会	培育静安区共建共享学习型组织的实验	一般
14	静安区	江宁路街道办事处	探索线上教学、线下指导、居家练习的中老年健身教学模式的实验	一般
15	静安区	天目西路街道办事处	建立老年人学习团队路径的实验	一般
16	静安区	南京西路街道老年学校	疫情背景下社区教育在线教学实践与评价的实验	一般
17	徐汇区	长桥街道社区学校	疫情背景下，开展社区学校直播课程的实验	一般
18	徐汇区	华泾镇社区（老年）学校	微信小程序在老年教育课程建设中应用和推广的实验——以智学珠心算课程为例	一般
19	徐汇区	徐家汇街道社区学校	终身学习视野下精品课程培育与提升的实验	一般
20	徐汇区	凌云街道社区学校	以自我实现为导向的多元化学习型团队建设的实验——以凌云社区学校光影摄影沙龙为例	一般
21	徐汇区	斜土社区（老年）学校	网络环境下激发社区老年教育活力的实验	一般
22	徐汇区	田林街道社区学校	社区老年生命教育实践与探索的实验	一般
23	徐汇区	漕河泾街道社区学校	探索开发“云课堂”拓展社区教育新途径的实验	一般
24	徐汇区	龙华街道社区学校	龙华红色文化在社区教育中传承与弘扬的实验	一般
25	徐汇区	龙华街道社区学校	疫情常态化下老年学习团队培育与提升的实验	一般
26	长宁区	程家桥街道办事处	社区教育助力开放式养老社区建设的实验	一般
27	长宁区	仙霞新村街道办事处	社区教育助力认知症老人幸福晚年的实验	一般
28	长宁区	江苏路街道社区学校	社区教育教师在线教学能力提升的实验	一般
29	长宁区	北新泾街道办事处	建设康养综合服务中心社区教育学习点的实验	一般
30	长宁区	新泾镇社区学校	社区教育视野下提升老年人精神文化生活质量的实验	一般
31	长宁区	长宁区特殊职业技术学校	社校合作背景下组建“老少同乐”非洲鼓队的实验	一般
32	长宁区	长宁区特殊职业技术学校	社校合作促进残疾学生高等教育课程建设的实验	一般

(续表)

序号	区名	单　位	项目名称	立项类型
33	长宁区	上海赵春美术馆	“大师进社区”多元化美术教育的实验	一般
34	普陀区	普陀区业余大学	党建引领社区教育志愿者队伍建设的实验	一般
35	普陀区	曹杨新村街道社区学校	后疫情时代社区学校助学志愿者队伍建设的实验	一般
36	普陀区	宜川路街道社区学校	以“人文行走”项目深化社区教育课程内涵的实验	一般
37	虹口区	嘉兴路街道社区学校	以“嘉兴佳话”为载体，助推老街新城社区教育发展的实验	一般
38	虹口区	广中路街道社区学校	后疫情时代广中社区学校打造“三原色”非遗在线课程的实验	一般
39	虹口区	江湾镇街道社区学校	科普活动与社区教育融合发展的实验	一般
40	杨浦区	四平路街道社区学校	运用心理教练技术服务社区多元人群健康发展的实验	重点
41	杨浦区	殷行街道社区学校	整合多方课程学习资源服务家门口的老年教育的实验	重点
42	杨浦区	长海路街道社区学校	非遗“剪纸花样经”课程在社区传播、传承的开发与创新的实验	一般
43	杨浦区	江浦路街道社区学校	“开展多元普法教育活动，提升社区居民法治意识”的实验	一般
44	杨浦区	新江湾城街道社区学校	拓展社区教育途径提升居民健康素养的实验	一般
45	杨浦区	五角场街道社区学校	基于社会服务优势，构建青少年校外教育多元化服务体系的实验	一般
46	宝山区	宝山区业余大学	基于个性化学习的社区课程的混合式教学设计的实验	一般
47	宝山区	宝山区业余大学	建设亲子财商体验课程的实验	一般
48	宝山区	宝山区社区学院	陶行知“教学做合一”教育思想在社区教育中实践与探索的实验	一般
49	宝山区	宝山区社区学院	太极拳课程对老年学员身体素质影响的实验——以体脂指标为例	一般
50	宝山区	宝山区社区学院	依托上海高校推动运动养生类课程开发应用的实验	一般
51	宝山区	宝山区社区学院	疫情新常态下社区体育健康类课程联盟建设与推广的实验	一般
52	闵行区	颛桥镇社区学校	老年人生命教育探索与实践的实验	重点

（续表）

序号	区名	单　　位	项目名称	立项类型
53	闵行区	梅陇镇社区学校	新时代学习型社会建设中的社区美育范式探索的实验	一般
54	闵行区	七宝镇社区学校	老年班利用线上教育资源拓宽学习渠道的实验	一般
55	闵行区	莘庄镇社区学校	社区教育提升青少年素养与能力的实验	一般
56	金山区	金山区社区学院	打造“15分钟学习圈”，助力金山区学习型乡村建设的实验	重点
57	金山区	漕泾镇社区学校	“四民”贴心课堂助力乡村振兴的实验	重点
58	金山区	山阳镇社区学校	推进“家庭教育”进社区的实验	一般
59	金山区	亭林镇社区学校	多元化的社区教育促进文化传承丰富老年生活的实验	一般
60	嘉定区	工业区成人中等文化技术学校	同心园·大客厅——“学习圈”建设的实验	重点
61	嘉定区	真新街道成人中等文化技术学校	以家庭教育为切入点创建社区教育共同体的实验	一般
62	嘉定区	南翔镇成人中等文化技术学校	运用“智慧新生活”课程提升市郊老年人智能手机生活应用能力的实验	一般
63	嘉定区	嘉定镇街道成人中等文化技术学校	立足地域文化开展社区教育课程资源建设的实验	一般
64	松江区	永丰成人中等文化技术学校	依托社区教育推进“新松江人”融入社区的实验	一般
65	松江区	洞泾镇成人中等文化技术学校	构建社区老年人心理健康教育模式的实验	一般
66	松江区	石湖荡成人中等文化技术学校	疫情背景下社区教育在线教学的实验——以石湖荡养生保健大课堂在线课程体系建设为例	一般
67	松江区	叶榭镇成人中等文化技术学校	社区学校开展线上线下相融合的教学模式的实验	一般
68	松江区	小昆山成人中等文化技术学校	深化社区教育，建设社区“公共文化圈”的实验	一般
69	青浦区	练塘镇社区学校	构建教育协作，以文化活动为载体拓展社区教育新路径的实验	一般
70	青浦区	香花桥成人中等文化技术学校	走进香花桥，打造专属人文行走线路、探寻区域历史文脉的实验	一般
71	青浦区	朱家角成人中等文化技术学校	多元培训提升社区整体学习力的实验	一般

(续表)

序号	区名	单　　位	项目名称	立项类型
72	奉贤区	青村成人中等文化技术学校	基于微信支持下社区教育在线教学的实验	一般
73	崇明区	崇明成职教育学会	推进崇明学习型乡村建设的实验	一般
74	崇明区	中兴镇社区学校	社区学习团队依托智力优势,助力乡村振兴的实验	一般
75	崇明区	城桥镇成人中等文化技术学校	以专业农民合作社为依托打造市民生态美食体验基地的实验	一般

附件 4

2017—2022 上海市社区教育实验优秀组织单位

序号	区	单　　位
1	浦东新区	浦东新区社区学院
2	浦东新区	川沙新镇社区建设和社会事业发展办公室
3	浦东新区	陆家嘴街道社区学校
4	黄浦区	黄浦区社区学院
5	静安区	静安区社区学院
6	静安区	静安区老年大学
7	静安区	彭浦镇人民政府
8	静安区	上海行健职业学院
9	徐汇区	徐汇区教育局
10	徐汇区	徐汇区社区学院
11	徐汇区	徐家汇街道社区学校
12	徐汇区	华泾镇社区学校
13	长宁区	长宁区社区学院
14	长宁区	仙霞新村街道办事处
15	长宁区	江苏路街道办事处
16	普陀区	普陀区社区学院

（续表）

序号	区	单　　位
17	虹口区	虹口区社区学院
18	杨浦区	杨浦区学习型社会建设与终身教育促进委员会办公室
19	杨浦区	杨浦区社区学院
20	杨浦区	殷行街道社区学校
21	宝山区	宝山区社区学院(吴淞教学点)
22	宝山区	宝山区社区学院(大场教学点)
23	宝山区	宝山区社区学院(罗店教学点)
24	宝山区	宝山区社区学院(张庙教学点)
25	闵行区	闵行区社区学院
26	闵行区	古美路街道社区学校
27	闵行区	浦江镇社区学校
28	闵行区	吴泾镇社区学校
29	闵行区	颛桥镇社区学校
30	金山区	金山区社区学院
31	金山区	廊下镇社区学校
32	金山区	吕巷镇社区学校
33	嘉定区	安亭镇成人中等文化技术学校
34	嘉定区	真新街道成人中等文化技术学校
35	松江区	松江区社区学院
36	松江区	石湖荡成人中等文化技术学校
37	松江区	小昆山成人中等文化技术学校
38	松江区	佘山成人中等文化技术学校
39	松江区	泗泾镇成人中等文化技术学校
40	青浦区	青浦区社区学院
41	青浦区	夏阳成人中等文化技术学校
42	奉贤区	奉贤区社区学院
43	奉贤区	江海成人中等文化技术学校
44	奉贤区	柘林镇成人中等文化技术学校
45	崇明区	崇明区社区学院
46	崇明区	崇明成职教育学会
47	—	上海市教育评估院职业与成人教育评估所

上海市教育委员会关于进一步做好普通高等学校举办非学历教育工作的通知

（沪教委终〔2022〕4号）

各高等学校：

为贯彻落实《教育部办公厅关于印发〈普通高等学校举办非学历教育管理规定(试行)〉的通知》(教职成厅函〔2021〕23号，以下简称《规定》)、《教育部办公厅关于做好普通高等学校非学历教育对照检查整改工作的通知》(教职成厅函〔2021〕26号)要求，现就进一步做好普通高校举办非学历教育工作通知如下：

一、坚定正确的办学方向

高校非学历教育是加强学习型社会建设和终身教育工作的重要组成部分，各高校要高度重视，始终坚持以习近平新时代中国特色社会主义思想为指导，全面贯彻党的教育方针，坚持社会主义办学方向，落实立德树人根本任务。强化公益属性，发挥市场机制作用，主动服务国家战略、经济社会发展和人的全面发展。依托学科专业优势和特色，与学校发展定位相一致、与学校办学能力相适应。坚持依法依规治理，规范办学行为，提升人才培养质量。

二、切实履行办学主体责任

各高校举办非学历教育原则上要以自招、自办、自管为主，切实落实高校办学主体责任。切实承担起本校非学历教育的发展规划、制度建设、规范办学和质量保证等任务，相关重要事项纳入学校党委(常委)会议事项和“三重一大”集体决策范畴。高校党委应履行好管党治党、办学治校主体责任，强化基层党组织对涉及非学历教育工作的政治把关作用。严格控制非学历教育合作办学，切实加强对合作方背景、资质的严格审查，严禁转移、下放、出让学校的管理权、办学权、招生权和教学权，严禁项目整体外包。非学历教育办学所有收入纳入学校预算，统一核算，统一管理。高校不得授权任何单位或个人代收费，严禁合作方以任何名义收取费用。

三、强化归口管理、管办分离

各高校要按照“管办分离”原则，对非学历教育实施归口管理，明确归口管理部门，配备专门工作人员。归口管理部门不得设在实际举办非学历教育的院系或部门。推动完善校内非学历教育治理机制，落实归口管理部门和办学部门的职责，形成合力，共同推进非学历教育高质量规范发展。加强内控制度建设，确保归口管理的制度和措施落实到位。

四、建立健全保障机制

各高校要建立非学历教育教学管理制度和质量保障体系，实现办学过程受监控、可追溯。加强非学历教育教学资源、师资和管理队伍建设，强化师德师风建设。非学历教育办学情况要纳入继续教育发展年度报告，主动向社会公开。年度办学情况明细应向市教委备案。学校相关部门要将非学历教育监督检查纳入日常工作，强化对非学历教育的监督制约。

五、严格对照检查整改

各高校要高度重视《规定》的贯彻落实，认真组织学习研讨，逐条逐项对照检查（检查整改清单见附件 1）。对检查发现的问题要建立整改台账，制定整改方案，明确整改时限，妥善处理问题（包括遗留问题），能立即整改的问题必须即知即改。整改工作结束后，市管高校将整改情况和结果报市教委确认。在整改结果确认前，全面停止与校外机构开展的非学历教育合作办学项目。市教委将加强对整改结果的检查，对整改期间敷衍应对、弄虚作假的学校，将取消非学历教育办学资格，并追究相关责任人责任，确保政策执行不"缩水"、不"跑偏"。

请各高校于 2022 年 3 月中旬前将《规定》贯彻落实情况、非学历教育自查整改情况及非学历教育归口管理部门联系表（见附件 2），一并以电子版（加盖学校公章的 PDF 版和 Word 版）形式报送市教委终身教育处。从 2023 年开始，各高校于 1 月上旬前向市教委报送上一年度非学历教育办学明细登记表（见附件 3）。

各高校在执行《规定》过程中，出现的重要问题和情况请及时向市教委报告。

联系人：（略），联系方式：（略）
电子邮箱：（略）

附件：1. 普通高校非学历教育对照检查整改清单（略）
2. 普通高校非学历教育归口管理部门联系表（略）
3. 普通高等学校非学历教育办学明细登记表（略）

上海市教育委员会
2022 年 2 月 9 日

（《教育部办公厅关于印发〈普通高等学校举办非学历教育管理规定（试行）〉的通知》、《教育部办公厅关于做好普通高等学校非学历教育对照检查整改工作的通知》可在教育部网站下载）

上海市教育委员会关于举办上海市第十八届全民终身学习活动周的通知

(沪教委终〔2022〕16号)

各高等学校,各区教育局,各有关单位:

为贯彻落实《教育部办公厅关于举办2022年全民终身学习活动周的通知》(教职成厅函〔2022〕22号)精神,深入学习宣传贯彻党的二十大精神,推动建设全球学习型城市,为教育数字化增添动力,不断提升全民终身学习热情,经研究,市教委决定举办上海市第十八届全民终身学习活动周(以下简称"活动周")。现就有关事项通知如下:

一、活动主题

学习贯彻二十大,终身学习向未来

二、活动安排

(一)活动周各项活动贯穿全年

(二)开幕式安排

1. 时间:2022年12月4日(星期日)

2. 地点:上海大学

三、组织工作

本届活动周由市教委、市学习促进办指导,市成人教育协会主办,市学习促进办相关成员单位、各区学习促进办,以及市成人教育协会各分支机构和会员单位共同协办,活动周开幕式由上海大学承办。

活动周工作领导小组办公室设在市成人教育协会,负责沟通、协调和组织全市各区域、单位开展全民终身学习活动。

四、工作要求

(一)高度重视,组织有序

学习宣传贯彻党的二十大精神是当前和今后一个时期全党全国的首要政治任务。活动周期间,各有关单位要按照《中共中央关于认真学习宣传贯彻党的二十大精神的决定》的部署,将学习宣传贯彻党的二十大精神贯穿活动始终,针对群众多样化、个性化的终身学习需求,紧扣活动主题、因地制宜制定活动周实施方案,充分利用各类线上线下平台,开展终身学习数字化转型、智慧助老、全民阅读学习等活动。在活动过程中,要严格执行疫情防控工作有关规定,严格落实各项疫情防控措施,按照上级规定和有关要求,安全、节俭、高效地举办活动周。

(二)加强宣传,创新发展

各区、各单位、各部门要积极组织各类媒体宣传报道活动周及开幕式,突出活动周的重点、要点、创新点,充分利用新媒体的互动性和融合性,创设人人参与、人人享受的学习环境，营造全球学习化城市的影响力。持续宣传展示一批疫情防控常态化背景下坚持主动学习、带动群众学习、事迹突出、故事感人的典型人物，加大对“百姓学习之星”“终身学习品牌项目”及优秀社区教育工作者、优秀学员的宣传力度，积极营造全民学习、终身学习的良好社会氛围，促进全球学习型城市建设，推动城市可持续发展。

（三）及时总结，突出亮点

各区、各单位、各部门要以活动周为契机，注意选树坚持终身学习的感人事迹以及各区、各单位推动社区教育、老年教育、职后教育等的优秀工作案例和典型故事，及时总结经验，收集意见和建议，完善长效工作机制。相关单位要根据方案要求，按时向市成人教育协会秘书处报送有关筹备情况、项目内容、活动开展情况及活动总结。

上海市教育委员会

2022年11月23日

上海市教育委员会关于开展上海市“双元制”职工继续教育高校试点基地(培育)遴选工作的通知

(沪教委终〔2022〕13 号)

各高等高校、各有关单位:

为深入贯彻《上海教育现代化 2035》《上海市终身教育发展“十四五”规划》部署,全面落实《深化新时代上海产业工人队伍建设改革重点行动方案(2021—2025)》《关于推进新时代职工继续教育创新发展的意见》有关要求,推动高校坚持社会主义办学方向,落实立德树人根本任务,积极构建服务全民终身学习的教育体系,畅通企业职工和社会在职从业人员学习和成长渠道,构建“学历+技能”双提升的“双元制”职工继续教育培养模式,进一步提升本市劳动者平均受教育年限,现就上海市“双元制”职工继续教育高校试点基地(培育)遴选工作通知如下:

一、指导思想

以习近平新时代中国特色社会主义思想为指导,全面贯彻党的二十大精神,紧紧围绕上海建设具有世界影响力的社会主义现代化国际大都市的目标对人力资源水平和市民综合素质提升的要求,发挥高校服务全民终身学习的职能,以产教融合为指引,以校企合作为依托,以内涵建设为核心,以模式创新为动力,助力高校满足企业职工学历和技能提升的多样化需求,为构建上海特色的“双元制”职工继续教育打造新平台、构筑新空间。

二、目标任务

遴选一批办学定位准确、办学条件良好、运行管理规范、具有行业特色且校企合作经验丰富的高校,作为开展“双元制”职工继续教育的试点基地。基地以汇聚高校和行业企业的优质课程、“双师型”师资队伍、实践教学资源为依托,以构建“理论+实践”双融合、“线上+线下”双通道、“学校+企业”双空间的一体化人才培养模式为目标,建立“5+2”的学习方式以及与之相适应的教育评价和监管模式,为“十四五”期间持续推进“双元制”职工继续教育奠定基础。

三、遴选标准

1. 学校办学定位正确,坚持社会主义办学方向,落实立德树人根本任务,坚持办学的公益属性;管理制度完善,办学过程规范,教学管理严谨,教学质量稳定,社会声誉良好,无违规办学情形。

2. 学校已经开设和“双元制”职工继续教育重点发展方向一致的学历继续教育专业。开设专业围绕集成电路、生物医药、人工智能三大先导产业和电子信息、汽车、高端装备、先进材料、生命健康、时尚消费品六大重点产业,聚焦“四大品牌”、五个新城、民生行业以及上海新经济、新业态和新产业的发展。

3. 学校参与试点的专业具备8门及以上的符合“双元制”职工继续教育要求的特色课程。课程能够有机整合并反映行业特色培训标准或人社、行业管理部门等组织制定的岗位职业标准或职业技能等级标准，能直接服务于企业职工的素质提升和技能发展。

4. 每个试点专业应具备8名及以上熟悉“双元制”职工继续教育需求和特点的专任教师，能够全面承担专业建设、课程开发、课程教学、实践指导和学习成果认定等工作任务。试点专业有一定数量的来自企业的兼职教师共同参与，专兼职教师中“双师型”教师占比不低于50%。

5. 学校应具备3年以上校企合作开展继续教育的经验。具有相对稳定的教学管理队伍以及与培训规模相适应的培训场所和实训设施设备。合作企业具备较好的职工继续教育体系，已建立企业培训中心(或承担此类功能的机构)，能系统稳定地开展企业职工教育。学校与企业建立良好的合作关系，近3年为企业提供培训达500人次以上。

6. 学校能根据行业企业的需要合理规划职工继续教育发展，充分利用教育、人社、工会等部门的支持和补贴政策，调动行业企业和职工的学习积极性。能做好行业企业开设的“双元制”职工继续教育体系中课程与学分的标准化工作，实现企业职工继续教育与高校学历继续教育的融合发展。

四、工作要求

1. 加强组织领导。各高校要提高站位，充分认识上海市“双元制”职工继续教育高校试点基地(培育)遴选工作的重要性和必要性。由学校分管领导牵头，组织校内相关学院或部门根据要求开展申报工作。切实承担主体责任，强化统筹协调，认真准备申报材料，确保申报工作平稳有序。

2. 深化内涵建设。各高校要坚持目标引领和任务驱动，聚焦基地建设的主要目标和基本任务，以校企合作和产教融合为抓手，提升专业建设和课程建设质量，夯实实践教学环节和条件，打造“双师型”教学团队，优化“双元制”继续教育模式，不断深化办学内涵。

3. 强化办学规范。各高校要坚持标准意识和规范意识，加强教学标准建设和管理制度建设，完善质量保障体系的构建与运行，规范招生宣传、教学过程、课程考核、毕业与学位等各办学环节的运行，确保试点平稳有序。

4. 健全体制机制。各高校要重视体制机制探索，将“双元制”职工继续教育试点融入学校整体事业发展，不断完善继续教育办学体制和学校与行业企业的交流合作机制，主动对接人才需求，创新继续教育的发展模式和服务模式。

5. 做好宣传推广。各高校要结合行业企业特点积极开展试点工作，认真梳理问题困难，及时总结经验教训，认真提炼特色亮点，大力开展宣传推广，充分发挥试点基地的引领示范作用，推动本市“双元制”职工继续教育工作全面发展。

各高校请于2022年12月9日(星期五)前将《上海市“双元制”职工继续教育高校试点基地(培育)申报表》(见附件)纸质版快递至上海市成人教育协会高校分会(地址：略)；

电子版发送至邮箱:(略)。

联系人:市成人教育协会(略),联系电话:(略)。
市教委终教处(略),联系电话:(略)。

附件:上海市“双元制”职工继续教育高校试点基地(培育)申报表(略)

上海市教育委员会
2022年11月18日

上海市教育委员会关于实施老年大学“倍增计划”的通知

（沪教委终〔2022〕7 号）

各高等学校、各区教育局，各有关单位：

为深入贯彻党的十九届四中全会提出的“构建服务全民终身学习的教育体系”的工作要求，落实《国家积极应对人口老龄化中长期规划》《上海教育现代化 2035》《上海市教育发展“十四五”规划》《上海市老年教育发展“十四五”规划》的部署安排，积极应对本市人口深度老龄化的发展趋势，经研究，决定实施老年大学“倍增计划”。现就有关工作通知如下：

一、工作目标

面向上海教育现代化奋斗目标，积极践行“人民城市人民建，人民城市为人民”重要理念，聚焦“老小旧远”等民生问题，不断扩大老年教育办学规模，新增一批线上线下融合发展的新型老年大学，为老年人提供丰富多样、泛在便捷的学习资源，满足老年人多样化、个性化的学习需求，做到老有所学、学有所获，切实提升老年人的生活质量与幸福指数。

二、工作对象

老年大学“倍增计划”主要面向各区教育局、各高校。

三、工作标准

（一）《上海市老年大学建设指导标准（试行）》（见附件）

（二）《上海市老年教育智慧学习场景建设指引》（沪教委终〔2022〕6 号）

四、工作部署

（一）稳步扩大区级老年大学规模

“十四五”期间，充分挖掘办学潜力，结合区域老年教育发展特色，鼓励各区在已有的区级老年大学基础上，新增 1 所新型老年大学。新型老年大学应以数字化、特色化发展为目标，着力打造老年人智慧学习场景，拓展区域老年人学习新空间。

（二）积极推动高校举办老年大学

各高校应把举办老年大学作为服务社会的一项重要举措落实好。已举办老年大学的高校要充分发挥专业和人才优势，打造优质的课程资源，逐步扩大办学规模，主动对接周边区域老年人的学习需求，提供高质量的教育服务；尚未举办老年大学的高校要充分利用学校资源积极举办老年大学，为本校退休教职员工和周边区域老年群体提供教育服务。

（三）协同推进老年大学“倍增计划”

各区教育局和各高校要切实履行主体责任，按照《上海市老年大学建设指导标准（试行）》，落实老年大学人员、资源、经费、场地等保障条件。市教委指导各区教育局、各高校推进老年大学建设工作，并给予一定的经费支持，各区和各高校要根据建设规模落实配套经费。新增老年大学建成后，市教委将委托相关部门对新增老年大学建设和经费使用情况进行综合评估。

五、工作要求

(一) 加强组织领导,健全运作机制

各区教育局、各高校要加强领导,坚持“以人为本、注重内涵、多方协同、合力推进”的原则,将老年大学建设工作纳入区域教育发展和高校的总体规划中,建立健全各项工作制度,通过政策制定、指导监督、共同研究等方式,推动老年大学建设工作,确保顺利完成新增老年大学的工作任务。

(二) 对标建设标准,提升工作水平

各区教育局、各高校要根据《上海市老年大学建设指导标准(试行)》,从办学条件、办学制度、课程资源、师资队伍等方面对老年大学建设给予支持和保障。加强经费管理,按时按质按量实施好老年大学建设工程,打造符合老年人需求、适应新时代发展、体现数字化转型需求的高质量老年大学,全面提升老年教育服务能力。

(三) 聚焦发展重点,推进数字化管理

市教委将各类新增老年大学纳入全市统一的老年教育信息化管理平台,做好与老年教育资源服务平台、管理平台等的整合对接,同时对接市“一网通办”,实现大数据归集和管理。各相关单位要明确专人负责,定期向市教委反馈项目进展情况,确保信息的上通下达和监测反馈,顺利推进各项工作。

附件:上海市老年大学建设指导标准(试行)

上海市教育委员会
2022 年 3 月 31 日

附件

上海市老年大学建设指导标准(试行)

(沪老教办〔2022〕2 号)

为推动本市老年教育高质量发展,依据《中华人民共和国老年人权益保障法》《中华人民共和国教育法》以及《上海市终身教育促进条例》等法律法规规定,按照《上海市老年教育发展“十四五”规划》的要求,特制定本指导标准。

第一条　适用范围

“十四五”期间新设立的市级老年大学、高校老年大学和区级老年大学,适用本指导标准。

第二条　基本条件

1. 坚持和加强党的领导，坚持社会主义办学方向，坚持公益性原则，由举办单位实施管理。

2. 具有学校章程，章程应明确名称、宗旨、业务范围、组织机构、资产管理和使用原则等。

3. 具有与老年大学办学规模相适应的专任管理和教师队伍，一般不少于10人。专职教师应具有教师资格证书。

4. 办学场所应相对独立固定，符合建筑、消防、安全、卫生、环保、抗震等国家和地方现行规范规定和安全要求，校舍总建筑面积一般不少于3 000平方米。应按照老年人心理和生理特点，设置适老化和无障碍设施设备。

5. 办学资金应纳入举办单位经费预算，并按照事业发展增加相应投入。根据老年教育公益性原则制定成本收费标准，收费标准与收、退费办法应公开。

6. 按规定建立党的基层组织，或依托举办单位党组织，落实党建工作要求。

7. 校长应熟悉相关法律法规及老年教育教学规律，身体健康，年龄原则上应在60周岁以下，具有大学本科及以上学历，有3年以上教育领导岗位管理经验。

8. 每学期课程班一般不少于80个，学员不少于2 000人次。

第三条　管理制度

制定并完善以下各项管理制度：党务行政制度、员工管理制度、教师培训及考核制度、班长管理制度、团队管理制度、教学管理制度、校产管理、财务管理制度、收费和退费管理制度、安全管理制度、突发事件应急预案制度、档案管理制度等。

第四条　课程教学

有明确的课程大纲、教学计划、教材（或讲义），具备满足学习需求的教育教学资源，利用各类社会优质资源开展符合老年教育规律、多种形式的教育教学活动，保证所使用教材合法合规。

第五条　队伍建设

管理者和专职教师应定期参加相关业务培训，提高思想政治水平和教育教学能力。建立相应的兼职教师队伍和一定数量的志愿者队伍。兼职教师应定期参加培训，取得上海市老年教育兼职教师注册证书，持证上岗。应建立完善志愿者培训管理制度，发挥其在助学、导学、促学中的积极作用。

第六条　数字环境

具备数字化基础设施设备，实现校园无线网络全覆盖，配有一定的数字学习终端和智慧学习场景。开展线上线下融合教学，推进老年教育教学变革。与全市统一的老年教育信息化管理平台对接，实现大数据归集管理。

第七条　本标准为本市老年大学建设指导性标准。

上海市教育委员会关于印发《上海市老年教育发展“十四五”规划》的通知

（沪教委终〔2022〕3 号）

各高等学校、各区教育局、各有关单位：

现将《上海市老年教育发展“十四五”规划》印发给你们，请认真按照执行。

附件：上海市老年教育发展“十四五”规划

上海市教育委员会
2022 年 1 月 26 日

附件

上海市老年教育发展“十四五”规划

为更好地适应上海社会主义现代化国际大都市的城市目标定位和人口老龄化发展趋势，促进“老有所学、老有所为”，依据《国家积极应对人口老龄化中长期规划》《上海教育现代化 2035》《上海市教育发展“十四五”规划》和《上海市老龄事业发展“十四五”规划》，制定本规划。

一、发展回顾与环境形势

（一）“十三五”发展回顾

“十三五”期间，本市围绕“在学习中养老”的理念，坚持“以人为本、注重内涵、多方协同、合力推进”的思路，加强顶层设计，完善体制机制，夯实内涵质量，激发社会活力，增强科技赋能，实现了老年教育参与人数、老年教育机构总数、老年人学习组织数量、老年教育学习资源等方面翻一番的目标，进一步提升了老年教育服务能力、老年教育发展的社会活力、老年教育学习品质，全面完成老年教育“十三五”规划确定的目标和任务。

1. 创新老年教育运行机制。完善老年教育发展相关制度，出台老年学校内涵建设、老年教育社会学习点建设、老年学习团队培育等指导标准。发挥上海市老年教育支持服务体系 12 个中心的功能，形成协同推进老年教育的工作格局。试行老年教育兼职教师注册制，共有 5 032 名兼职教师通过培训取得资格证书。鼓励社会多元主体举办老年大学，社会力量参与老年教育的活力得到激发，深度和广度不断拓展。完善覆盖全市、层次清晰、融合开放、深入基层的“市级老年大学—区级老年大学—街镇老年学校—居村委学习点”四级老年教育网络。完成居村委示范学习点586个、老年教育社会学习点326个、养教结合学习点192个(含老年人日间照料中心等机构学习点93个)、养教结合标准化学习点118个的建设任务。建成一大批老年人身边的学习场所，让老百姓在家门口享受到教育服务，学习环境得到进一步改善。

2. 推动老年教育内涵发展。开展市、区级老年大学、街镇老年学校内涵建设，老年教育机构的办学能力得到进一步提升。办学理念更为清晰，课程体系更加完善，课程内容更具特色，学习资源更加多元，形成了以“四位一体、三通直学”为特点的老年教育系列教材。融合网上学习、移动学习、团队学习、体验学习等多种学习形式，学习团队建设成效彰显，培育星级团队10 647个。形成了“中银常青树”“我心目中最美老年学员”等一批学习品牌。

3. 构建老年数字化学习管理模式。发挥老年人学习网、指尖上的老年教育、老年教育慕课等多个线上学习渠道作用，构建了“线上线下、互联互通”的老年教育资源配送体系。完善老年教育信息化管理平台，完成大数据挖掘及可视化服务移动版的升级，实现平台及数据向“政务云”的迁移，启动与市大数据中心、“一网通办”的业务对接。疫情期间，开通了上海市民终身学习云“空中课堂”，精心打造老年教育“直播大课表”，探索网上体验基地、VR线上人文行走等新模式，完成老年教育精品课程等学习资源的数字化转化，满足老年人足不出户、居家学习的新需求。

4. 深化国内外交流互动。开展长三角地区老年教育区域合作，推动老年学习资源共建共享，促进三省一市老年教育协同发展。发布《长三角地区社区教育、老年教育协同发展三年行动计划》，牵头开展长三角老年教育教材编写工作。委托上海老年教育研究院，定期举办“老年教育国际论坛”，开展国际老年教育研究与交流。

同时，上海老年教育发展也存在一些亟待解决的问题：老年教育资源供给与老年人日益增长的学习需求之间还有差距；城乡、区域间老年教育发展尚不均衡；社会力量参与的深度和广度有待进一步拓展；高水平、专业化老年教育师资队伍建设仍需优化；老年教育质量保障体系有待完善；数字化转型对老年教育的支撑能力有待加强等，这些都对本市老年教育高质量发展提出了新的要求和挑战。

(二)“十四五”面临的形势与挑战

1. 上海人口深度老龄化趋于新常态。上海是我国最早进入人口老龄化社会且老龄化程度最高的城市，老年人口规模持续扩大。2020年全市常住人口中，60岁及以上老年人口数量为581.55万，占比23.4%；全市户籍人口中，60岁及以上老年人口数量为533.49万，占比36.1%。预计“十四五”末全市60岁及以上常住和户籍老年人口将分别超过680万和570万。2020年上海户籍人口人均期望寿命达83.67岁，为全国最高。本市人口深度老龄化趋于新常态，老年人精神文化需求快速增长升级，对全市老年教育资源供给能力提出重大挑战。

2. 国内外形势发展凸显新要求。习近平总书记对老龄工作作出重要指示，强调贯彻落实积极应对人口老龄化国家战略,让老年人共享改革发展成果、安享幸福晚年。《国家积极应对人口老龄化中长期规划》明确提出“创新发展老年教育”。《中国教育现代化2035》提出“加快发展城乡社区老年教育”的新要求。联合国教科文组织发布《教育2030行动框架》,以“确保包容和公平的优质教育,让全民终身享有学习机会”为目标,推进迈向全纳、公平、有质量的教育和全民终身学习。国内外新形势、新变化将持续推动本市老年教育向前发展,也对“十四五”期间老年教育高质量发展提出了新的更高要求。

3. 数字时代老年教育面临新转变。当前科技进步日新月异,5G、人工智能、移动互联网、大数据、物联网等信息技术快速发展,深刻改变人们的思维、生活和学习方式。在我国“网络强国、数字中国、智慧社会”的整体战略部署下,国务院办公厅印发《关于切实解决老年人运用智能技术困难的实施方案》,推动解决老年人面临的“数字鸿沟”问题;本市出台《关于全面推进上海城市数字化转型的意见》,提出以数字化推动教育等基本民生保障更均衡、更精准、更充分,这必将推动上海老年教育在供给结构、服务方式和学习模式等方面实现新的变革,给老年教育带来重大发展机遇和巨大挑战。

4. 高品质老年教育成为社会新期盼。“十四五”期间,随着60后步入退休阶段,本市老年人整体学历层次、经济水平将会有较大提升,迫切希望通过学习提高生活质量、提升生活品质,在学习中获得快乐。老年人主动顺应新时代、新趋势、新机遇的意愿强烈,要求本市老年教育必须进一步完善体制机制建设,激发社会活力,提升学习品质,以普惠多元、优质公平、泛在可选回应现代老年人的学习新诉求。

二、总体要求和工作目标

(一) 指导思想

以习近平新时代中国特色社会主义思想为指导,深入贯彻党的十九大和十九届二中、三中、四中、五中、六中全会精神,全面落实习近平总书记关于教育的重要论述和加强老龄工作的重要讲话精神,深入践行“人民城市人民建,人民城市为人民”重要理念,针对超大城市人口深度老龄化的趋势和特点,全面提升老年教育服务能力,彰显新时代高品质的老年教育水平,进一步提升老年人学习的获得感和幸福感,形成具有上海特色的老年教育发展新模式。

(二) 基本思路

以老年人高品质学习需求为导向,以健康科普为要求,以数字化为支撑,构建泛在可选的老年学习环境;创新老年教育体制机制,营造多元社会主体共同参与老年教育的良好氛围;进一步完善老年教育支持服务体系,提升老年教育服务能级,扩大老年教育覆盖面;倡导老年人乐学助学新风尚,推动老年人持续参与学习型社会建设。

(三) 发展目标

到2025年,建成“政府主导、多元参与、优质均衡、泛在可选”的具有上海特色、充满活力的现代老年教育体系,参与各类老年教育的人数超过全市老年人口总数的40%。

——全方位的管理机制。进一步发挥市、区、街镇、居村委学习点四级网络作用,形成定位清晰、职责明确的老年教育管理体制和运行机制。

——多元化的办学主体。实施老年大学倍增计划。鼓励高校、各区、行业企业等各类主体举办或参与老年教育。“十四五”期间，新增10所各类社会力量举办的老年大学。

——高水平的数字驱动。实施“双百双千”计划。建设100个老年智慧学习场景，创建100个老年智慧学习品牌，开展1 000名助老智慧学习骨干教师培训，培育1 000个智慧学习助学团队。

——广覆盖的资源供给。打造开放灵活的线上线下学习资源。优化资源配置，覆盖全市各级各类老年教育机构和学习场所，精准对接“15分钟社区学习圈”，服务更多的城乡老年群体。

——跨领域的学习组织。加强线上新型学习组织建设，培育线下特色学习团队，建成一批引导有力、规范有序、内涵丰富、形态多样的学习组织，新增老年学习团队10 000个。

老年教育事业发展主要指标

序号	主要指标	单位	增长值(到2025年)
1	参与各类老年教育人数占全市老年人口比例	%	>40
2	建设老年智慧学习场景	个	100
3	培育老年智慧学习品牌	个	100
4	培训助老智慧学习骨干教师	名	1 000
5	培育智慧学习助学团队	个	1 000
6	新增社会力量举办老年大学	所	10
7	新增老年教育社会学习点	个	200
8	新增养教结合学习点	个	50
9	培育居村委特色学习点	个	200
10	培育老年教育特色课程	门	100

三、主要任务

(一) 推进老年教育治理体系现代化

探索老年教育治理的新思路、新路径、新举措。完善老年教育市级统筹机制、政府购买服务机制、社会资源整合机制等，提升老年教育办学的制度化水平。进一步促进老年教育与社区治理的紧密结合。积极拓展老年教育办学主体，激发多元社会主体参与老年教育的积极性，形成具有上海特色的老年教育协同推进模式，为不同老年群体提供多样化的教育服务，推动老年教育高质量发展。

(二) 推动老年教育布局结构均衡化

实现优质资源合理配置。进一步完善市、区、街镇、居村委等老年教育工作网络建设，夯实市、区老年大学、街镇老年学校、居村委学习点实体办学基础；加强市、区两级老年教育机构的合作，实现全市老年教育优质资源的共享；集聚各方办学优势，加大区域老年教育共同体建设。扩大社区老年教育资源供给，重点支持远郊地区和农村老年教育的发展。着力推进长三角地区老年教育协同发展，逐步实现长三角老年教育资源的共建共享。

（三）促进老年教育内涵建设特色化

推进老年教育特色品牌建设。建立老年教育教学、管理、研究人员分层分类培训制度，着力推进专职教师、兼职教师、助学志愿者队伍建设。完善老年教育课程体系，建设顺应时代发展、符合老年人特点的学习资源。开展老年教育研究，推进老年教育科研及成果应用。鼓励有条件的高校加强老年教育学科建设，开展专业人才培养。加强国际交流与合作，打造上海老年教育的国际名片。

（四）实现老年教育服务管理智能化

开创老年数字教育新生态。加大老年教育数字化学习的支撑力度，统筹推进智能化设施设备和应用场景设计，建设一批集成智慧学习场景和适配多元学习方式的新型老年大学(学校)，加强数字产品研发和学习应用，推进老年教育数字化进程。发挥上海市老年教育信息化管理平台的作用，对接市大数据中心，探索个人身份数据、教育用户数据和其他应用场景的数据归集、共享与使用，加快实现全市老年教育"一网通办"。

四、推进计划

（一）老年教育扩大供给行动计划

实施老年大学"倍增计划"。研制本市老年大学建设指导标准、社会多元主体举办老年大学指导标准，打造老年人家门口的学校。鼓励社会力量举办老年大学(网上老年大学)，支持高校、各区、行业企业、社会组织通过各种形式举办或参与老年教育。新增200个老年教育社会学习点，培育100个优秀老年教育社会学习点，新增50个老年教育养教结合学习点、50个老年教育养教结合优秀学习点，培育200个老年教育居村委特色学习点。大力培育各类公益性服务老年教育的社会组织，为老年人学习提供支持。

（二）老年教育智慧学习创新计划

大力推进信息技术赋能老年教育。充分利用现代信息技术，缓解"一座难求"矛盾。在全国率先开通老年人学习的专属电视频道"金色学堂"，进一步丰富老年教育载体。鼓励有条件的老年教育机构、高校、行业企业开设网上老年大学、空中老年大学。加大各类老年教育学习平台整合关联力度，充分发挥"老年人学习网""老年教育慕课""直播课堂"等多渠道学习作用，组织引导老年人参与学习。通过加大投入、建设老年教育智慧学习场景、开发数字学习课程、打造数字学习资源、持续开展长者智能技术运用能力提升培训，助力老年人主动跨越"数字鸿沟"。

（三）老年教育优质均衡发展计划

推动老年教育资源与各类教育资源的共建共享，形成纵向联动、横向协作的发展格局。鼓励各区组建区域内老年教育机构学习共同体，实现师资互通、课程共建、资源共享，促进老年教育优质发展。鼓励各级各类老年教育机构在资源配置、师资输送、社会资助等方面对农村地区老年教育给予支持，促进老年教育城乡一体化均衡发展。

（四）老年教育学习品牌培育计划

加大老年教育学习品牌培育力度。根据老年群体对高质量老年教育的需求，培育一批特色老年大学、老年学校优质校，制定老年教育品牌项目培育指引，支持老年教育机构开发适切的老年教育课程，培育100门特色课程。鼓励老年人组团自主学习，支持学有所成的老年人为更多老年人提供助学服务，培育500个五星级老年学习团队。鼓励老年教育机构为老年人提供精准优质服务，培育100个老年教育服务品牌。

（五）老年教育理论研究提升计划

加强老年教育的理论研究。做实做强上海老年教育研究院，打造高水平老年教育研究平台，加强新时代老年教育重大问题的研究，增强科研服务老年教育发展、引领老年教育质量提升的功能。加强老年教育课程、教材、教学、评价研究，促进上海老年教育质量提升。加强基层和郊区农村社区老年教育、师资队伍建设、新型学习组织建设、品牌培育等方面的研究与探索，推动上海老年教育创新发展。

（六）老年教育师资队伍培养计划

加强老年教育专兼职教师的专业化发展，逐步提高专职教师比例。开展老年教育名师培育工程，建立孵化机制，形成一批师资骨干队伍。建立专职教师全员培训、兼职教师全员注册培训、助学志愿者专题培训于一体的市、区两级培训体系，实施分层分类培训。根据老年教育线上线下融合的新常态，重点开展专兼职教师的信息素养和信息技能培训，提升教师适应未来学习形态的能力。建立市、区两级老年教育师资库，推进师资信息共享和互通，探索建立符合市场规律的师资流动机制。

（七）老年教育国际国内交流计划

积极学习国内外先进经验，讲好上海老年教育故事。制定新一轮长三角协同发展计划，在老年教育资源建设、师资培训、课题研究等方面加强合作，共享老年教育成果。加强老年教育国际交流，推进上海老年教育经验的国际交流，提升上海老年教育的国际影响力。探索开展社区老年教育特色项目的国际交流，打造上海老年教育的国际化名片。

五、保障措施

（一）强化统筹协调机制

坚持党对老年教育工作的全面领导。发挥政府主导作用，将老年教育纳入区域教育发展规划。督促政府切实履行支持老年教育发展的职责，将老年教育发展情况纳入对各级政府履行教育职责督导范围。发挥市、区老年教育工作小组办公室作用，推动老年教育持续深入发展。

（二）完善老年教育保障机制

持续加大老年教育经费投入，探索建立多渠道老年教育经费筹措机制，推动老年教育持续健康发展。加强老年教育师资队伍建设，根据老年教育事业发展趋势，不断扩大各级各类老年教育机构的专职人员配备，畅通其职业发展通道，在业务进修、职务职称评聘、绩效考核等方面给予保障，吸引更多高校毕业生、优秀教师、社会人才加入老年教育队伍。

（三）加大老年教育宣传力度

加强舆论宣传引导，弘扬积极老龄化的社会氛围，营造尊老助老的良好社会风尚。采取多种宣传形式，树立老年教育工作和老年学习先进典型，推动老年教育成果的展示、交流与共享，形成社会各界共同关心、支持和参与老年教育事业的良好局面。

上海市教育委员会关于印发《上海市终身教育市级项目管理办法》的通知

（沪教委终〔2022〕9 号）

各有关高等学校，各区教育局，各有关单位：

为进一步加强本市终身教育市级项目管理，提高市级专项经费使用绩效，推动本市终身教育工作高质量发展，根据《上海市教育委员会本部专项经费管理办法》，我们对《上海市终身教育市级项目管理暂行办法》进行了修订，形成《上海市终身教育市级项目管理办法》，现印发给你们，请按照执行。《上海市终身教育市级项目管理暂行办法》自本办法发布之日起废止。

附件：上海市终身教育市级项目管理办法

上海市教育委员会

2022 年 8 月 19 日

附件

上海市终身教育市级项目管理办法

第一章　总则

第一条　目的依据

为进一步规范实施本市终身教育市级项目，提高项目实施水平和专项经费使用效益，推动本市终身教育工作改革发展，依据《上海市终身教育促进条例》和《上海市教育委员会本部专项经费管理办法》等法规、文件，制定本办法。

第二条　适用范围

本办法适用于上海市教育委员会（以下简称“市教委”）本部安排的终身教育发展项目（含提前代编项目）。

第三条　基本原则

项目围绕本市学习型社会建设与终身教育发展的重点工作，聚焦本市终身教育现代化、终身教育综合改革相关任务，以满足市民多元学习需求、提升城市学习力为目标，突出全局性、创新性，推动终身教育事业高质量发展。

项目经费使用必须严格执行国家法律法规和财政纪律，以及本市财政、教育部门的相关规定，做到专款专用，单独核算，并建立项目绩效评价机制。

第四条　责任分工

市教委业务处室根据《上海市教育委员会本部专项经费管理办法》，统筹项目立项、分配、执行和监督，负责项目预算需求编制、分配使用、执行监督、结项评价等工作。

市教委财务部门是项目预算批复、下达、拨付的责任主体。

项目实施单位是专项经费使用的责任主体，负责专项经费日常管理，并主动接受财政、审计、纪检、监察等部门的监督检查。

第二章　项目实施

第五条　项目申请

市教委根据终身教育事业发展需要和年度终身教育工作要点，提出申报项目范围。申报单位按照要求填报项目申报书，做到项目立项依据充分、项目方案内容详实、实施计划操作可行、绩效目标设置合理。项目申报书须经单位财务部门负责人和单位主要负责人审核签字，加盖单位公章后，按要求提交。

第六条　立项评审

市财政局或市教委委托第三方机构，对项目的必要性、可行性、项目内容、实施计划、经费金额和绩效目标等要素进行评审。评审结果作为安排预算的依据，2 次评审未通过的项目不予立项。项目实施单位最终提交的项目申报书由市教委业务处室和项目实施单位存档，并作为项目结项验收、检查、绩效管理、审计的依据。

市教委业务处室根据评审结果，确定立项项目名单和预算额度，以书面形式告知申报单位。

第七条　过程管理

坚持项目评审和事中事后管理并重。加强项目过程管理，设立项目联系人制度，由项目联系人负责过程监管，对绩效目标运行偏离、未达预期进度或目标的，分析原因，及时纠正；对确需调整预算和绩效目标的，应按照规定程序进行调整，确保项目目标的有效性。项目实施单位应定期向市教委业务处室报告项目进度，并接受过程性指导。

第八条　预算执行

项目实施单位应根据经批准的项目计划实施项目，严格按照项目预算使用经费，严禁超预算或无预算安排支出。

（一）专项经费项目应严格控制“三公经费”和会议费支出，一律不得列支公务用车购置和运行费、公务接待费。确需列支因公出国（境）费、会议费的，其额度将占用各项目实施单位“三公经费”和会议费预算控制数。

（二）专项经费项目中不得列支市教卫工作党委、市教委（以下简称“两委”）机关工作人员的专家咨询费、劳务费、讲课费等人员费用。

两委机关和直属单位工作人员因管理需要承担相关工作获取劳务性收入(含劳务费、咨询费、讲课费、撰稿费、编辑费、评审费等),应严格执行《中共上海市教育卫生工作委员会 上海市教育委员会关于规范两委机关和直属单位工作人员获取劳务费等有关工作的通知》等规定。

(三)根据本市人力资源社会保障和财政部门的规定,除经市政府批准以外,项目实施单位一律不得在专项经费支出中以各种形式安排工资性质的人员经费。

(四)专项经费项目中一律不得列支和提取管理费。

(五)专项经费项目凡涉及政府采购的,应按照国家和本市关于服务项目政府采购的要求执行。

(六)专项经费项目预算下达至项目实施单位后一般不予调整。确有必要调整的,预算调整比例一般不超过专项经费预算的20%且无新增开支内容。其中,调整比例在10%以内的可由项目组调整并报单位财务部门以及项目管理部门审核后,报市教委业务处室备案;调整比例在10%—20%的应由项目实施单位决策后,报市教委业务处室备案。项目实施单位报市教委业务处室备案后,应按财政规定程序调整预算。专项经费预算调整比例超出20%或新增开支内容的,应按专项经费预算原评审程序评审后确定。

(七)项目经费应在当年执行完毕。项目实施单位不得再次转拨项目经费。项目实施单位预算年度未执行完毕的经费,应按照国家和本市现行有关财政资金结转和结余的管理规定执行,不得自行统筹用于其他项目。

第三章 项目监管

第九条 项目验收

项目实施单位应按照项目计划及时有效完成项目目标。项目完成后,由项目实施单位组织专家对项目成果进行验收,验收时须提供项目申报书、结项报告和相关项目成果。经专家审核后向市教委业务处室提交《项目结项报告书》、相关项目成果证明材料、专家评审意见表。

第十条 绩效评价

在项目结项环节,项目实施单位同步开展绩效自评价,对照设定的绩效目标,客观、真实地评价项目总体绩效目标、各项绩效指标达成情况以及预算执行情况。对部分重点项目,市教委委托第三方机构实施绩效评价,项目实施单位应予以配合,并按照绩效评价结果进行整改。

第十一条 监督检查

项目实施单位应自觉接受市教委及有关部门的监督和检查,并及时纠正检查中发现的问题。对于项目实施单位擅自变更财政预算,改变预算用款方向与内容,造成财政资金损失浪费的,以及对于截留、挤占、挪用专项经费等行为,一经查实,将收回已安排的专项经费,并按国家和本市有关规定进行处理。

第四章 附则

第十二条 本办法由市教委负责解释,自发布之日起实施。

上海市教育委员会关于组织开展2022年高等教育自学考试相关工作的通知

（沪教委终〔2022〕10号）

各有关高等学校、各区教育局、市教育考试院：

高等教育自学考试是国家四大教育考试之一，是服务全民终身学习、提升学历及教育水平的重要形式。为深入贯彻党的教育方针，根据教育部和教育部考试院工作部署，结合本市疫情防控常态化工作要求，切实保障广大考生和工作人员的生命安全和身体健康，确保考试平稳顺利，现就做好本市2022年高等教育自学考试（以下简称“自学考试”）有关工作通知如下：

一、提高站位，强化政治意识，严格落实考试安全责任

根据教育部和教育部考试院工作安排，本市2022年下半年自学考试将于10月举行，正值党的二十大召开之际。本市各相关高校、区教育局要深刻认识当前形势下做好自学考试工作的重要意义，站在讲政治的高度，积极应对疫情期间各种不确定因素；始终坚持把维护考试安全平稳放在首位，精心组织，周密部署，细化措施。要切实加强考试组织管理，抓好命题、制卷、试卷运送保管分发、监考、评卷等关键环节安全保密规章制度的落实，保障考试组织实施各个环节有序衔接，确保试题试卷绝对安全。要努力克服考试资源短缺、考点考位不易、考试项目冲突的困难，认真梳理考试组织实施的风险环节，主动协调卫生健康、疾控、公安、交通、电力等部门全力保障，落实落细应对措施，确保考试安全万无一失。

二、精心组织，严格落实疫情防控工作要求，做好考试组织工作

要认真落实新冠肺炎疫情防控常态化下国家教育考试组考防疫工作有关要求，根据全市总体部署，进一步细化完善组考防疫工作方案，强化各环节疫情防控措施，切实保障广大考生和考试工作人员的生命安全和身体健康。要做好考生和工作人员健康监测，按要求为每个考点配备防疫副主考，设置必要的隔离考场、隔离设施，配备充足的防疫物资，认真落实入场体温检测、考场全面消毒通风、保持间距等措施，加强考务人员防疫培训和演练。应优化报名和考场编排，有效减少考生大规模流动，采用多种渠道确保考前各项组考防疫要求及时告知考生，坚决守住不因考试引发疫情传播的底线。

一是原承担本市自学考试任务的各有关高校、业余大学、中学、中职校要继续大力支持自学考试组考工作，积极承担考点设置、考试组织管理任务。二是各相关高校和各区教育局要深入挖掘具备考试组织实施条件的学校和单位资源，主动承担自学考试任务，为防疫特殊形势下的自学考试工作主动贡献力量。三是承担自学考试任务的6个郊区，要全面增设考点，满足郊区报名考生相对就近考试的实际需求。四是各主考高校、各区教育局要全面细化考试组织实施方案，认真开展应急预案演练，做到准备充分、快速有效应对。

五是各考区考点要选齐配强考试工作人员,重视考试组织业务培训,做到考核合格上岗。

市教委将结合本市防疫工作总体安排,统筹协调并努力做好自学考试组织实施的相应保障。

三、落实责任、严格管理,全面确保考试顺利实施

各单位主要领导和分管领导要充分认识自学考试组织实施工作的特殊性和复杂性,切实肩负起国家教育考试管理责任;主动适应上海经济社会发展需求,加强专业建设的顶层设计;切实加强考试组织管理,强化考试组织的风险防控;严格执行考务管理规定,严肃考风考纪,严查严打团伙作弊和其他违法违规行为;完善突发事件的应急处理预案,充分做好考试期间防疫的应对准备工作;积极开展考试宣传,加强对网络信息的监控和网上有害信息的处置,确保自学考试的安全、平稳、规范、有序实施。

市教育考试院要积极发挥业务职能,加强对各高校、各区教育局和各主考、参考单位的专业指导,主动协调并落实好自学考试各个环节,细化工作方案,抓好举措落实,确保本年度自学考试圆满顺利举行。

附件:本市主考高校、相关区教育局及承担考试任务的学校名单

上海市教育委员会

2022年9月8日

附件

本市主考高校、相关区教育局及承担考试任务的学校名单

序号	主考高校、区	考　点
1	华东师范大学	上海师范大学附属第二实验学校
		上海市曹杨第二中学附属学校
		上海市金鼎学校
		华东师范大学闵行、中北校区
		上海电机学院江川路校区
2	上海外国语大学	上海外国语大学虹口、松江校区
		黄浦区业余大学

（续表）

序号	主考高校、区	考　　点
3	上海财经大学	上海财经大学四大校区
		上海财经大学附属中学
4	华东政法大学	华东政法大学长宁、松江校区
		华东政法大学附属中学
5	上海电机学院	上海电机学院江川路校区
6	复旦大学	复旦大学邯郸、江湾、四平路校区
		上海杉达学院
		上海第二工业大学
		上海立信会计金融学院浦东校区
		复旦大学第二附属学校江湾校区
7	上海交通大学	上海交通大学长宁、闵行校区
		上海市龙苑中学
8	上海立信会计金融学院	上海立信会计金融学院浦东、徐汇校区
9	上海工程技术大学	上海工程技术大学松江、长宁、虹口校区
10	上海大学	上海大学宝山、新闸校区
11	上海对外经贸大学	上海对外经贸大学古北校区
12	上海中医药大学	上海中医药大学零陵路校区
13	上海师范大学	上海师范大学奉贤、徐汇校区
14	上海开放大学	上海开放大学国顺路校区
15	同济大学	同济大学沪西校区
16	上海应用技术大学	上海应用技术大学奉贤、徐汇校区
17	上海商学院	上海商学院奉贤、徐汇校区
18	闵行区	闵行区鹤北初级中学
19	嘉定区	上海市大众工业学校
20	金山区	上海石化工业学校
21	青浦区	上海市青浦区尚美中学
22	浦东新区	上海市南汇第三中学
23	崇明区	上海市扬子中学
		崇明区教育考试中心

上海市学习型社会建设与终身教育促进委员会办公室等四部门关于举办2022年第八届上海市民诗歌节暨第十六届市民诗歌创作活动的通知

(沪学习促进办〔2022〕1号)

各区学习型社会建设与终身教育促进委员会办公室、语言文字工作委员会办公室、各高校语言文字工作委员会办公室、各区局(产业)工会:

2022年是进入全面建设社会主义现代化国家、向第二个百年奋斗目标进军新征程的重要一年,我们党将召开二十大。为贯彻落实"构建服务全民终身学习的教育体系"要求,推动终身教育工作迈上新台阶,提高市民文化素养、文学水平,根据《上海教育现代化2035》的目标任务,市学习型社会建设与终身教育促进委员会办公室会同市语言文字工作委员会办公室、市振兴中华读书指导委员会办公室、市作家协会及上海教育报刊总社,联合举办2022年第八届上海市民诗歌节暨第十六届市民诗歌创作活动。现将有关事项通知如下:

一、活动宗旨

2022年第八届上海市民诗歌节暨第十六届市民诗歌创作活动坚持以习近平新时代中国特色社会主义思想为指导,用社会主义核心价值观培育人,用中华民族伟大复兴历史使命激励人,通过组织本市广大市民、企事业单位职工、大中小学生参与多种形式的诗歌文化学习活动,不断推进市民终身学习,提高群众诗歌文化素养,为繁荣上海的城市文化建设作出新的贡献。

二、活动主题

奋进新征程,建功新时代——上海市民诗歌节迎接党的二十大召开系列活动。

三、活动时间

2022年7月—12月

四、活动内容

第八届上海市民诗歌节暨第十六届市民诗歌创作活动作为上海"全民终身学习周"系列活动的重要组成部分,以举办"奋进新征程、建功新时代——迎接党的二十大召开"原创诗歌征集活动为主线,开展线上、线下相结合的诗歌文化学习。

(一)举办原创诗歌作品征集

组织广大市民、企事业单位职工和大中小学生,以迎接党的二十大召开为主旨,热情讴歌百年来党带领人民取得的伟大成就,创作出反映人民心声、紧扣时代脉搏的优秀诗歌。

1. 诗歌作品题目自拟,主题鲜明,内容健康向上,有一定的思想性、艺术性。

2. 诗歌作品体裁应以自由诗和格律诗词为主。

3. 应征作品必须是投稿者原创且未曾在公开出版物上发表过的作品，不得抄袭或转摘。

4. 征稿截止时间：2022 年 9 月 15 日。

5. 评选出一、二、三等奖和优秀奖。

6. 各区学习办、语委办、各高校语委办、各区局（产业）工会要积极组织市民、职工和学生参加诗歌创作活动，并将优秀诗歌作品选送至上海市民诗歌节组委会办公室（电子稿请发送至：srpf2015@163.com，纸质稿请汇总后邮寄至组委会办公室）。

7. 编辑出版《迎接党的二十大召开诗歌作品集》。

（二）线上、线下融合，组织诗歌学习交流

1. 专家诗歌讲坛

邀请知名教授、作家、诗人、朗诵艺术家在网络平台或赴“海上市民诗歌馆”以及社区、企事业单位、学校作讲座，与市民诗歌爱好者交流、共同研习诗歌，不断提升市民的诗歌素养和诗歌欣赏、创作的水平，激发创作热情。

2. 抗疫诗歌展示

组织市民诗人创作抗疫主题诗歌，展示广大市民团结一心、共克时艰的精神风貌。

3. 线上展示诗歌朗诵

邀请艺术家示范朗诵，在学习强国、澎湃新闻、“东方教育时报”微信公众号以及上海教育新闻网、上海作家网等平台开设“我来读诗”专栏，供广大市民学习诗歌朗诵。

4. 群众性诗社建设

促进本市各诗社及诗歌学习团队建设，出作品、出诗人，利用各宣传平台开设“诗社巡礼”专栏，加大本市各诗社的宣传力度。

5. “读懂中国”古诗词知识竞赛

弘扬中华优秀传统文化，以“读懂中国”为主题，开展中国古典诗词的学习普及活动，在线上（或线下）举办古诗词知识竞赛。

6. 十月红色赛诗会

10 月，举办迎接党的二十大召开现场赛诗会，培养一批有文学潜力的诗歌新人，带动社区、公共休闲场所、文化场所的诗歌欣赏活动，营造学习氛围。

（三）举办诗歌盛典

11 月，举办“奋进新征程、建功新时代——2022 年第八届上海市民诗歌节诗歌盛典”，邀请艺术家和优秀市民朗诵爱好者共同朗诵本次征集的优秀原创诗歌作品，并展示全年市民诗歌学习的成果，表彰原创诗歌征集获奖者和优秀组织单位。

五、组织与实施

第八届上海市民诗歌节暨第十六届上海市民诗歌创作活动由上海市学习型社会建设与终身教育促进委员会办公室、上海市语言文字工作委员会办公室、上海市振兴中华读书指导委员会办公室和上海市作家协会主办，上海教育报刊总社承办，东方教育时报协办。

各区学习办、语委办、各高校语委办、各区局（产业）工会要积极组织落实本次活动，制订具体实施方案，组织动员广大市民、职工、大中小学生积极参与本次活动，激励广大市民锐意进取、勇毅前行,满怀信心迎接党的二十大胜利召开。

本次活动是本市学习型社会建设和市民终身学习的公益性活动,各有关单位和机构不得以任何方式,收取任何与活动有关的费用,也不得借此从事商业营销活动。

上海市民诗歌节组委会办公室常设在东方教育时报,地址:(略),邮编:(略)

联系人:(略),联系电话:(略)

上海市学习型社会建设与终身教育促进委员会办公室
上海市语言文字工作委员会办公室
上海市振兴中华读书指导委员会办公室
上海市作家协会
2022 年 7 月 15 日

上海市学习型社会建设与终身教育促进委员会办公室关于举办上海市第十四届头脑奥林匹克创新学习活动的通知

（沪学习促进办〔2022〕2号）

各区学习型社会建设与终身教育促进委员会办公室、各有关单位：

为深化学习型社会建设，提升终身教育服务能力，增强市民学习力，促进城市软实力提升，为上海服务构建新发展格局作出新的贡献，让更多的家庭、学校、社区、老年人参与到终身学习活动中，上海市学习型社会建设与终身教育促进委员会办公室决定举办上海市第十四届头脑奥林匹克创新学习活动。现将有关要求通知如下：

一、组织机构

本届活动由上海市学习型社会建设与终身教育促进委员会办公室指导，上海头脑奥林匹克协会、上海市科技艺术教育中心、上海教育报刊总社等单位共同举办。

二、组织形式

（一）参赛对象

老年组：以个人为单位参赛。

亲子组：以学生为参赛主体，以家庭为组队单位，学生和家长2人组队参赛（按学生年龄划分组别，分为幼儿组、小学组和中学组）。

（二）组织方式

老年组：通过各区街道（乡镇）、社区、活动中心等渠道组织老年人参赛。

亲子组：参赛家庭可向学生所在学校、所属街道（乡镇）报名，由组织单位交至区青少年活动中心、少科站，最后统一交至上海头脑奥林匹克协会。

（三）参赛形式

老年组：通过各区街道（乡镇）、社区、活动中心线上提交参赛作品。

亲子组：

1. 校内选拔赛：由各校组织实施，线下举行。

2. 区级竞赛：由各区青少年活动中心、少科站协同街道（乡镇）组织实施，根据各单位疫情防控工作要求，线上或线下举行。

3. 市级初赛：由上海头脑奥林匹克协会和上海市科技艺术教育中心组织实施，线上举行。

4. 市级决赛：由上海头脑奥林匹克协会和上海市科技艺术教育中心组织实施，线下举行。

各单位要加强组织，各区青少年活动中心、少科站和街道（乡镇）应创设条件，开展“创新教育进社区”活动，鼓励家庭积极参赛。

三、活动项目

(一) 创新能力培训

在市级层面向各区、街道(乡镇)和社区开展“创新教育进社区”线上课程培训或线下互动培训,区青少年活动中心、少科站和街道(乡镇)积极参与,组织社区教育工作者以及参赛对象参加培训,提高创新本领。有条件的区青少年活动中心、少科站和街道(乡镇)可制定系统化培训课程。

(二) 创新比赛项目

老年组设2道题目:《爱在上海》《乐在创新》。要求老年人以个人方式参赛。

亲子组设6道题目:《翻天覆地的建筑》《向未来飞去》《“天宫空间站”服装秀》《智创上海·未来出行》《爱心生活小发明》和《奔向“未来世界”(编程题)》。要求家长和孩子共同参与设计、制作、调试和比赛,以学生动手为主。

赛题详细信息请至官方微信“头脑奥林匹克”公众号查询。

四、工作要求

(一) 各区要通过组织、宣传、发动工作,将终身学习理念融入活动。各主办单位要创设条件,通过丰富多彩、富有挑战的创新学习活动,激发社区家庭主动参与学习、融入社区活动的热情,共同营造学习型社会建设氛围。

(二) 各相关单位要加强组织,结合各区特色制定活动方案,并于9月底将方案发至邮箱 omchina@163.com。

(三) 相关中小学、街道(乡镇)要精心组织好辖区内的培训和活动,引导家庭成员主动学习、互动学习、支持学习、巩固学习,创建富有创新精神的学习型家庭。

五、活动安排

(一) 8月,组织宣传及报名工作。各区、街道(乡镇)和社区通过“头脑奥林匹克”官方微信公众号获得赛题。

(二) 8月中旬—9月,各区、街道(乡镇)和社区组织参与“创新教育进社区”培训活动,为参赛老人、家庭和学生提供创新技能培训。

(三) 9月—10月,组织校内、街道(乡镇)和社区亲子组选拔赛。选拔成绩最好的10%的家庭/学生参加区级竞赛。

(四) 10月中旬,由区青少年活动中心、少科站协同街道(乡镇)举办亲子组“创新擂台赛”区级竞赛,各区级竞赛赛场选拔成绩最好的10%的亲子组家庭参加市级初赛。各区在符合防疫要求的情况下开展小规模线下比赛或线上比赛。如线上比赛,亲子组需提交作品的视频或图片。视频时长不超过2分钟。

(五) 11月中旬,组织市级初赛。各区报送亲子组入围市级初赛名单及市级初赛初评视频。市级初赛将选拔各赛题各组别前10名入围市级决赛。同时,开启老年组线上作品提交通道(作品请发送至邮箱:omchina@163.com)。

(六) 11月下旬,组织市级决赛。组织“创新擂台赛”亲子组和老年组决赛。

在符合防疫要求的情况下,进行小规模线下比赛,评选出“金擂主”奖。

六、奖项设置

校内选拔赛成绩排名前 10%可晋级区级竞赛；区级竞赛成绩排名前 10%可晋级市级初赛；市级初赛成绩排名前 10 可晋级市级决赛。亲子组将在市级决赛中评选出“金擂主”奖和“十佳创意家庭”。老年组根据线上提交的作品得分评选出“十佳创意老人”。

“创新擂台赛”亲子组和老年组设“铜擂奖”“银擂奖”和“金擂奖”。其中，市级比赛成绩排名前 15%获“金擂奖”，前 15%至前 20%获“银擂奖”，前 20%至前 35%获“铜擂奖”。

本次活动另设优秀组织奖若干。

请登录头脑奥林匹克官网：(略)，进入 OM 下载中心下载《头脑奥林匹克社区创新学习活动报名表》。

附件：头脑奥林匹克社区创新学习活动报名表(略)

上海市学习型社会建设与终身教育促进委员会办公室

2022 年 8 月 1 日

上海市学习型社会建设与终身教育促进委员会办公室关于开展2022年度学习型城区监测数据填报工作的通知

(沪学习促进办〔2022〕3号)

各区学习办,各有关单位:

为贯彻落实上海市教育委员会等七部门《关于进一步推进本市学习型社会建设的若干意见》、上海市教育委员会等十部门《关于开展上海市学习型城市监测工作的通知》的要求,积极推进上海市学习型社会更高水平建设,同时为开展区域终身教育专项督导做好准备,决定开展2022年度学习型城区监测数据填报工作,现将有关事项通知如下:

一、监测对象

16个区学习型社会建设与终身教育促进委员会(以下简称“区学促委”)。

二、监测数据覆盖时段

2021年1月1日至2021年12月31日

三、主要任务

(一)分类归纳、整理区学习型社会建设与终身教育工作的文本材料。各区要根据《上海市学习型城区建设监测指标(2022版)》(见附件1),分类梳理归整2021年度本区有关工作文件、书面材料,针对监测指标提供佐证依据。

(二)采集汇总区学习型社会建设与终身教育工作的统计数据。各区要根据《上海市学习型城区建设监测指标数据项(2022版)》(见附件2),采集、汇总2021年度本区各类统计数据,根据监测指标要求提供客观数据。

四、监测数据填报方式

本次监测数据填报采用线上采集的方式。各区学习办应根据本通知要求,向区学促委各成员单位采集有关佐证材料和统计数据,并在规定时间内将材料和数据上传至“学习型城区建设监测数据采集平台”(平台使用指南见附件3)。

五、时间安排

(一)进行工作部署。8月下旬,召开全市2022年度学习型城区监测数据线上填报工作会议,部署填报工作任务、时间节点和工作要求。

(二)开展线上数据采集。9月上旬至11月中旬,各区开展佐证材料和统计数据的采集、整理和汇总,并在规定时间内完成材料和数据的上传入库工作。

(三)完成线上数据汇总。12月底前,完成线上资料和数据的全面统整,形成数据分析报告。

六、有关事项

(一)组织保障。各区要高度重视学习型城区监测数据填报工作。区学促委和区学习办要加强本区监测数据填报工作的部署、协调和具体指导，保证人员、经费和物资等方面的必要投入。各区需确定一名联络员，负责监测数据填报工作的跨部门沟通；各区学习办要监督监测数据填报工作，确保监测数据和材料采集的准确、高效（联络员推荐表见附件 4）。

（二）专业支持。上海终身教育研究院将负责本年度学习型城区监测数据填报的推进工作。"上海微校（上海学习网）"将安排专人，全程提供线上监测技术服务和指导。

联系人及联系方式：

市教委终身教育处联系人（略），电话：（略）

上海终身教育研究院联系人（略），电话：（略）

上海学习网联系人（略），电话：（略）

附件：1. 上海市学习型城区建设监测指标（2022 版）

2. 上海市学习型城区建设监测指标数据项（2022 版）

3. 学习型城区建设监测数据采集平台使用指南

4. 各区联络员推荐表（略）

上海市学习型社会建设与终身教育促进委员会办公室

2022 年 8 月 18 日

附件 1

上海市学习型城区建设监测指标（2022 版）

一级指标	二级指标	三级指标	监　测　点
1. 建立领导和管理制度	1.1 确立党政主导、多部门参与的学习型城区建设领导机制【对象：区学促委】	1.1.1 确立区跨部门的领导机构和制度	• 建立与市级学促委基本一致的区级领导架构 • 明确领导机构各成员单位的职责分工 • 定期召开区学促委大会 • 围绕专门任务或项目，确立由各成员单位参加的工作小组或联席会议制度
		1.1.2 发挥领导机构的统筹规划、组织协调、指导督察的职能	• 发挥区学促委、工作小组或联席会议的决策、统筹和监督职能 • 确立建设主题或重点工作 • 确立重大事项、会议和决策的记录制度

(续表)

<table>
<tr><th>一级指标</th><th>二级指标</th><th>三级指标</th><th>监　测　点</th></tr>
<tr><td rowspan="2">1. 建立领导和管理制度</td><td rowspan="2">1.2 确立学习型城区建设的管理服务制度
【对象:区学习办、社区学院】</td><td>1.2.1 发挥区学促(习)办作为学习型城区管理机构的职能</td><td>• 为管理机构的日常运行、项目管理、活动组织提供财政经费和人员配备
• 管理机构的主要负责人由区教育行政部门副处级以上领导担任</td></tr>
<tr><td>1.2.2 发挥管理机构和社区学院的服务职能</td><td>• 管理机构承担计划制定、文件编制、项目策划、组织协调、督查评估、调查研究等服务职能
• 社区学院在学习型城区建设中发挥专业引领和业务指导作用</td></tr>
<tr><td rowspan="4">2. 制定规划和计划</td><td rowspan="2">2.1 学习型城区建设工作纳入城区整体发展规划
【对象:区委、区政府】</td><td>2.1.1 建设目标或任务纳入城区经济社会发展规划</td><td>• 区中长期经济社会发展规划文件,包含学习型城区建设目标或任务条目
• 区政府年度工作计划或主要领导的公开讲话,包含学习型城区建设工作的内容</td></tr>
<tr><td>2.1.2 建设目标或任务纳入成员单位的部门规划或计划</td><td>• 成员单位的部门规划或年度计划,包含学习型城区建设的目标或任务
• 成员单位确立学习型城区建设计划和目标的落实机制</td></tr>
<tr><td rowspan="2">2.2 制定学习型城区建设的专项规划和计划
【对象:区学促委各成员单位】</td><td>2.2.1 专项规划回应上级部门的有关工作要求,服务城区发展的整体目标</td><td>• 以区学促委或学习办名义下发学习型城区建设工作的专项规划或计划文件
• 专项规划或计划回应上级部门对学习型社会(城市)的建设要求,服务本城区经济社会发展的中心工作</td></tr>
<tr><td>2.2.2 专项规划或计划有明确的目标和任务</td><td>• 专项规划有明确的目标、任务、分工、重点项目、保障措施等内容
• 各年度的专项计划或重点任务体现连续性和发展性</td></tr>
<tr><td rowspan="3">3. 提供资源保障</td><td rowspan="2">3.1 健全经费投入和管理机制
【对象:区财政局】</td><td>3.1.1 确立多渠道经费投入机制</td><td>• 各成员单位设立学习型城区建设专项经费,并纳入财政预算;根据城区人口变化、事业发展和财政经费总量等因素,确保专项经费投入的可持续性
• 企事业单位落实法律、政策规定的一线职工教育培训经费</td></tr>
<tr><td>3.1.2 建立专项经费规范、有效使用的管理机制</td><td>• 建立专项经费使用的规范性审查机制
• 建立专项经费使用的绩效评价机制</td></tr>
<tr><td>3.2 共建共享学习资源,扩大教育服务供给
【对象:区学促委各成员单位】</td><td>3.2.1 多部门参与终身学习资源建设和服务供给</td><td>• 各级各类学校、机关、企事业单位和社会团体为市民提供特色化市民学习资源
• 博物馆、图书馆、科技馆、美术馆、文化馆、体育馆、医疗机构、社区家庭文明建设指导中心、养老服务机构等公共服务设施,为市民提供教育服务,参与学习资源建设
• 社会教育培训机构为市民提供公益性教育服务,参与学习资源建设
• 科技园区、行业协会设立职工继续教育平台</td></tr>
</table>

（续表）

一级指标	二级指标	三级指标	监测点
3. 提供资源保障	3.2 共建共享学习资源，扩大教育服务供给 【对象：区学促委各成员单位】	3.2.2 确保终身学习资源和服务的有效利用	• 建立终身学习资源分类体系、资源目录和配送渠道 • 定期获取市民对城区终身学习资源和服务项目的知晓度、参与度、满意度和获得感等方面的信息
	3.3 终身教育师资队伍建设情况 【对象：区学促委各成员单位】	3.3.1 终身教育师资的规模保障	• 建立健全终身教育机构的师资配置标准 • 为党校、妇联、总工会、企业培训中心等配置从事终身教育工作的师资 • 终身教育师资信息管理对接市终身教育师资中心信息库
		3.3.2 终身教育师资的能力提升	• 制定、落实终身教育从业人员标准 • 建立终身教育专职教师的培训体系、继续教育制度和职业发展通道 • 建立终身教育兼职、志愿者师资的分层、分类管理和培训体系
4. 扩大终身学习机会	4.1 市民终身学习环境和条件的改善情况 【对象：各类学习机构、场所】	4.1.1 优化终身教育设施的空间布局	• 社区教育办学网络[社区学院、老年大学、社区(老年)学校、居村学习点等]的覆盖面和便捷度不断提升 • 终身教育社会学习点、养教结合学习点、邻里中心等社区学习场所不断发展 • 各街镇至少建设一所独立运作的终身教育机构 • 市级和区级“人文行走”学习点、终身学习体验基地等市民学习场所不断发展 • 依托各类园区、楼宇企业、商区商家等公共场所，建立灵活、多样的市民学习空间
		4.1.2 推动各类终身教育机构的优质发展	• 终身教育机构不断推进标准化建设 • 终身教育机构建立服务质量保障机制
	4.2 为各类人群提供终身学习服务 【对象：各类学习机构、场所】	4.2.1 面向市民提供多样化教育服务	• 满足各类人群的教育学习需求，包括党员及公务员学习、青少年校外教育、家庭教育指导、老年人群学习、外来务工人员教育培训、新型职业农民培训、在岗人员职业培训、从业人员业余学习、外籍居民的融合教育等 • 学习内容与社区治理和可持续发展紧密联系
		4.2.2 为特殊人群提供个性化教育服务	• 动态掌握残障、失业、低技能、刑满释放等特殊人群的学习需求信息 • 为社区各类特殊人群提供教育和职业技能培训服务
	4.3 提供数字化智能化的学习支持服务 【对象：各类学习机构、场所】	4.3.1 加强终身教育信息化基础设施建设	• 整合各行业学习资源和学习信息，建立多样化在线学习平台 • 持续开发服务终身学习的在线课程 • 提供在线学习支持，着力消除“数字鸿沟” • 在线学习资源的注册用户数及个人学习账户数不断增长

(续表)

一级指标	二级指标	三级指标	监　测　点
4. 扩大终身学习机会	4.3 提供数字化智能化的学习支持服务【对象:各类学习机构、场所】	4.3.2 利用数字技术创新终身学习服务	• 互联网企业和新媒体参与终身学习资源的开发和供给 • 数字化学习产品、形态以及应用场景不断开发 • 利用信息技术记录市民个人学习轨迹
5. 营造终身学习氛围	5.1 组织开展市民学习活动【对象:区学促委成员单位】	5.1.1 成员单位共同组织各类市民学习活动	• 成员单位参与组织全区性市民学习活动(包括全民终身学习活动周、市民诗歌节、科技节、艺术节、上海读书节、“全民阅读”活动、旅游节、民俗文化节、上海市家庭教育宣传周、家庭文化节等特色市民学习活动) • 区内学习活动的形式不断创新,人群覆盖面不断扩大
		5.1.2 建立和创新终身学习的激励制度	• 对积极参与终身学习活动或学有所成的个人、组织实行奖励或授予荣誉 • 对支持终身教育发展、贡献突出的个人、组织、机构或部门实行奖励或授予荣誉
	5.2 形成学习活动的特色和品牌【对象:区学促委成员单位】	5.2.1 形成各级各类终身学习品牌	• 建设多元化终身学习品牌,品牌影响力不断扩大(包括学习项目获奖、学习品牌授予、本区学习资源纳入市级资源建设等) • 多部门参与终身学习品牌建设
		5.2.2 加强学习型城区建设研究,开展建设经验的交流互鉴	• 实施学习型城区建设的研究项目,形成一批相关研究成果 • 主办、承办或参加国际性、全国性、长三角区域的学习型社会建设主题性论坛 • 与其他城区、城市开展学习型社会建设的项目合作 • 利用各类媒体发布、传播学习型城区建设的信息、成果和经验
	5.3 推进学习型组织建设【对象:区学促委成员单位】	5.3.1 学习型街(镇)的内涵发展不断深入	• 推进学习型街(镇)均衡发展,体现在:各街镇的人均终身教育经费增长、15 分钟学习服务圈建设、终身教育资源的配送机制、社区教育城乡一体化发展等 • 推进学习型街(镇)特色发展,体现在:街镇学习品牌项目建设、学习型街(镇)建设的体制机制创新、终身教育服务社区治理的实践案例等
		5.3.2 多元学习组织的活跃度不断提升	• 建立各类学习型组织的建设标准和激励机制 • 扶持和培育各类基层学习团队(如:学习型科室、学习型班组、学习型楼宇、各种社区学习团队等) • 开展学习团队骨干培训

（续表）

一级指标	二级指标	三级指标	监　测　点
6. 建立督查评价制度	6.1 建立学习型城区建设的督查制度 【对象：区学习办】	6.1.1 建设工作纳入区政府有关部门和机构的督查体系	• 将成员单位、管理部门和教育机构对终身教育政策执行的督查工作列入相关文件、纳入目标管理 • 建立督查工作的落实机制，实行过程性监督和绩效评估制度
		6.1.2 建立督查工作的报告制度	• 自我检查报告和上级督查报告相结合 • 建设工作的督查结果及时向社会公开
	6.2 建立学习型城区建设的监测、评价制度 【对象：区学习办】	6.2.1 健全建设工作的统计制度	• 建立科学、系统的建设工作统计指标和数据采集制度 • 各成员单位的建设工作纳入学习型城区建设的统计制度
		6.2.2 确立建设工作的常态化调查、监测、评估机制和平台	• 开展市民基本素养（科学素养、健康素养、信息化素养等）、终身学习需求、终身学习服务满意度等调查，发布相关调查报告 • 通过专家评价、学习者反馈等方式，定期采集学习项目、学习活动、学习组织（团队）、教育机构、学习场所的运行监测数据，建立相应的档案资料和数据库 • 建立监测评价结果的反馈机制

附件 2

上海市学习型城区建设监测指标数据项（2022 版）

对应指标	数　据　项
3.1.1 确立多渠道经费投入机制	“学习型城区建设”专项经费预算的占比（%）（按照区学促委成员单位分别填写）
3.2 共建共享学习资源，扩大教育供给	每万人拥有的社区教育场地面积（m^2）
	每万人拥有的区属及街（镇）文化场馆、图书馆、体育馆场馆等文化体育设施建筑面积（m^2/万人）
	每百万人拥有区属及街（镇）科普场馆数量（个/百万人）
	人均拥有区、街（镇）所属公共图书馆藏量（册/人）
	市、区级“市民终身学习体验基地”站点数量增长率（%）
	市、区级“人文行走”学习点数量增长率（%）

(续表)

对应指标	数　据　项
3.2 共建共享学习资源，扩大教育供给	每十万人拥有社区教育课程数(门/10万人)
	社区教育校均开发的纸质和多媒体教学资源数(个/校)
	社区教育校均开发的在线教学资源数(个/校)
3.3 终身教育师资队伍建设情况	每万常住人口拥有社区教育专、兼职教师的数量(名/万人)
	每万常住人口拥有社区教育志愿者的数量(名/万人)
	社区教育专、兼职教师中具有大学本科及以上学历者比例(%)
	老年教育机构的生师比(%)
	社区(老年)教育专职教师培训参与率(%)
	社区教育兼职教师中拥有兼职教师注册证的比例(%)
4.1.2 推动各级各类终身教育机构的优质发展	社区(老年)学校标准化建设的达标率(%)
	社区(老年)学校内涵建设的达标率(%)
	社区(老年)学校优质校创建率(%)
4.2 为各类人群提供终身学习服务	区每年使用地方教育附加专项资金开展职业培训的员工人数增长率(%)
	区每年参加政府补贴培训目录内培训项目的员工人数增长率(%)
	历年各类职业技能培训人次
	老年居民在各类社区教育机构的参与率(%)
	每万名市民拥有学习团队数(个/万人)
	失业人员培训参与率(%)
	农村劳动力培训参与率(%)
	残疾人员培训参与率(%)
	各委办局单位组织行业培训的规模(人次)
	学分银行开户数占比(%)
4.3 提供数字化智能化的学习支持服务	市民在线学习参与率(%)
	老年居民在线学习参与率(%)
5.1.1 区学促委成员单位共同组织各类市民学习活动	市民的大型学习活动参与规模参与率(%)
	各委办局单位组织市民学习活动的规模(人次)
5.2.2 加强学习型城区建设相关研究，交流互鉴建设经验	社区教育专职教师实验项目、市级课题、协会课题的人均立项数(项/人)

附件 3

学习型城区建设监测数据采集平台使用指南

一、登录学习型城区数据采集平台

使用浏览器访问网址“cqtj.shlll.net”进入系统登录页面，输入用户名和密码后可登录系统。

二、文字类资料上传

（一）操作流程

1. 进入系统后，点击左侧菜单中的“文档采集”栏目，能够看到现阶段可上传的所有文档类型（工作文件、大事记、会议纪要、宣传报道、成果出版）。

2. 点击选择不同的文档类型后点击“添加”按钮开始上传对应文档，具体操作方式如下：

（1）工作文件

按照顺序在表单填写文档标题、文档所属年度、发生日期、简介、文档类型、指标体系、标签，同时上传文档附件，内容填写完成后点击“保存”按钮。

（2）大事记

按照顺序在表单填写文档标题、文档所属年度、发生日期、结束日期、简介、文档类型、指标体系、标签，同时上传文档主要附件及次要附件（活动宣传稿、会议纪要、奖牌证书奖杯），如文档包含已上传平台的其他文档，可通过添加其他关联文件进关联而不必重复上传文档，内容填写完成后点击“保存”按钮。

（3）会议纪要

按照顺序在表单填写文档标题、文档所属年度、会议日期、会议议程、会议记录、指标体系、标签，同时上传文档附件，内容填写完成后点击“保存”按钮。

（4）宣传报道

按照顺序在表单填写文档标题、文档所属年度、发布日期、简介、文档类型、指标体系、标签，同时上传文档附件，内容填写完成后点击“保存”按钮。

（5）成果出版

按照顺序在表单填写文档标题、文档所属年度、发表（出版）日期、简介、文档类型、指标体系、标签，同时上传文档附件，内容填写完成后点击“保存”按钮。

3. 文档修改，在列表中点击“修改”按钮，即可进入文档信息修改页面，修改页面与新增页面操作相同。

（二）注意事项

1. 选择文档的类型。根据上传的文档不同，可在填报表单中“类型”一栏中选择不同类型内容。

2. 选择或添加标签。选择文档的关键词，可以使用文档内容中一些较为关键的概念性词汇作为对该文档进行分类的标签。便于今后的搜索和管理,例如“读书节”“社区教育”等,每个标签之间需使用空格分隔,单个标签不能超过4个汉字。同时标签栏下方的快捷按钮,会按照选择的指标内容列出其对应的固定标签,点击后可快速添加。

3. 选择对应的指标项。按照指标标准来选择文档对应的一、二级指标(详细指标说明请参考文件附件2)。

三、数据采集与上报

(一) 操作流程

用统计员账号登录平台后,点击“数据采集→数据上报”,页面右侧会显示所有年度的数据采集表及采集表状态。

1. 以填报2020年数据采集表为例,点击2020年度“学习型城区创建监测相关数据指标”操作栏的“新增”按钮进入填报页面。

2. 依次完成表单顶部基础信息表各项数据内容的填报,具体包括了当年区常住人口数、当年区内60岁及以上老年人口、社区学院和社区(成人)学校总数、当年规模企业总数。

3. 依次完成后续采集表中所有数据项内容的填报。

4. 点击“保存草稿”按钮可暂存表单数据,点击“提交”按钮将表格提交上级管理员审核,表单变为“不可编辑”状态。

(二) 注意事项

统计报表共有6种表单状态,不同状态对应的操作权限也有所不同。具体状态如下:

1. 完善情况:表示数据采集表的状态。

2. 未填报:表示未填报数据。

3. 填报:表示数据已经填写或者部分填写,处于草稿状态,此时数据只有统计员能够看到,并且可以修改,但是联络员看不见该数据。

4. 初审:由统计员提交等待联络员进行审核。

5. 复审:联络员提交等待区学习办负责人审核。

6. 复审—确认函:区学习办负责人审核通过后,等待上传确认函。

四、数据审核

(一) 有审核权限的账号(联络员、负责人等)登录平台后,点击“数据采集→数据审核”,页面右侧会显示所有年度的数据采集表及采集表状态。

(二) 按照每一条数据采集表的流程状态不同,其审核操作也分为初审、复审、上传确认函等不同操作,以审核2020年数据采集表为例,具体操作如下:

1. 初审。点击2020年度“学习型城区创建监测相关数据指标”操作栏的“初审”按钮进入审核页面,可查看2020年度相关数据的填报情况,在页面底部输入审核意见后点击“通过”按钮完成审核操作。

2. 复审。点击2020年度“学习型城区创建监测相关数据指标”操作栏的“复审”按钮进入审核页面,可查看2020年度相关数据的填报情况,在页面底部输入审核意见后点击“通过”按钮完成审核操作。

3. 上传确认函。点击 2020 年度“学习型城区创建监测相关数据指标”操作栏的“添加确认函”按钮进入审核页面，在页面底部点击下载按钮来下载确认函，将打印出的纸质确认函签字、盖章之后扫描成 pdf 文件，通过页面底部的“确认函→选择文件”按钮上传 pdf 文件，然后点击“完成审核”按钮，整个审核流程结束。

上海市学习型社会建设与终身教育促进委员会办公室关于开展2022年上海市“百姓学习之星”和“终身学习品牌项目”征集推介工作的通知

(沪学习促进办〔2022〕4号)

各成员单位:

根据《上海市终身教育发展“十四五”规划》,为办好全民终身学习活动周,加大终身教育宣传力度,推进高水平学习型社会建设,助力加快构建服务全民终身学习的教育体系,现启动2022年上海市“百姓学习之星”和“终身学习品牌项目”征集推介工作,有关事项通知如下:

一、征集推介对象和条件

(一)“百姓学习之星”征集推介对象和条件

1. 征集推介对象

坚持终身学习奋斗成长的励志人物以及长期致力于终身教育领域无私奉献的工作者。重点面向基层从业人员、技术能手、高素质农民、退役军人、老年人、残疾人等。除特殊情况外,一般不推介县处级以上领导干部以及已享有省级以上相关荣誉称号的人士。

2. 征集推介条件

(1) 拥护中国共产党的领导。热爱祖国,积极弘扬社会主义核心价值观。

(2) 事迹感染力强。坚持终身学习理念,学习成果明显,并在学习与工作、创业、创新、健康生活有机结合方面成效显著,事迹感人。

(3) 群众认可度高。在单位或当地具有较强的影响力和感召力,积极引导带动周围群众广泛参与学习,发挥全民终身学习模范作用。

(4) 体现引领性。积极服务社区群众,带头做小事、实事、好事,能起到示范引领作用。特别是在疫情防控工作中有责任担当、无私奉献的志愿者。

(二)“终身学习品牌项目”征集推介范围和条件

1. 征集推介范围

项目较为成熟,已形成品牌特色。受教育培训人数多,群众满意度高。积极参与智慧助老、数字教育资源和服务供给、非学历继续教育优质资源开放共享,并在本地区或本行业具有较强的影响力和感召力。其中将普通高等学校、社会成人教育培训机构开展的相关非学历项目作为征集对象的,还应符合《教育部办公厅关于加强社会成人教育培训管理的通知》(教职成厅函〔2021〕14号)、《教育部办公厅关于印发〈普通高等学校举办非学历教育管理规定(试行)〉的通知》(教职成厅函〔2021〕23号)等有关规定。

2. 征集推介条件

(1) 坚持中国共产党的领导。积极弘扬和践行社会主义核心价值观,体现正能量。

(2) 坚持面向社会服务群众。项目启动或创建时间应不少于两年,持续为广大群众提供终身学习服务,具有鲜明特色和一定学习规模。年参与学习人数不少于 1 000 人次或 3 000 人次(线上线下)。学习内容符合法律法规、政策和有关要求。

(3) 组织管理规范。项目应有具体的名称、活动内容与形式、具体措施与保障,做到活动组织有计划、开展形式多样化、参与方式便捷灵活,学习资源丰富,学习场所相对稳定,经费有保障。拥有一支素质高,热心服务的专家、教师和管理服务队伍或志愿者队伍。项目征集推介一般不以单位或院校名称上报。

(4) 创新发展"互联网+继续教育"(非学历)。鼓励推进非学历继续教育数字化建设(包括社区教育、老年教育),通过线上线下相结合的方式开展终身学习项目。

二、征集和推荐方式

(一) 征集和初选

由各委办局组织征集并初选上报材料,符合遴选条件的有关单位也可以自荐上报材料。

(二) 上报名额

各委办局初选后,可推荐 1—2 名"百姓学习之星"和 1—2 个"终身学习品牌项目"报送至上海市学习型社会建设与终身教育促进委员会办公室(以下简称"市学习促进办")。

(三) 复选和公示

市学习促进办将组织专家评审组对各委办局上报的材料进行复选,并对获评的"百姓学习之星"和"终身学习品牌项目"进行公示。

(四) 报送材料

1. "百姓学习之星"相关材料

(1) 填报《"百姓学习之星"推介表》和《"百姓学习之星"推介登记表》各一式两份(见附件 1、2)。

(2) 每人提交照片 1—2 张(电子版,其中 1 张为 2 寸免冠彩色证件照)。

(3) 鼓励提交视频资料(视频时间 3—4 分钟,MP4 格式),以便更好地宣传与推广"百姓学习之星"事迹。

2. "终身学习品牌项目"相关材料

(1) 填报《"终身学习品牌项目"推介表》和《"终身学习品牌项目"推介登记表》各一式两份(见附件 3、4)。

(2) 提交近年来学习活动开展情况的工作总结(1 500 字左右)和 3—5 张反映"终身学习品牌项目"的照片(电子版)。

(3) 鼓励提交视频资料(视频时间 4—5 分钟,MP4 格式),以便更好地宣传与推广"终身学习品牌项目"成效。

（五）报送时间和方式

以上征集推介活动截止日期为 2022 年 9 月 20 日。

联系人及联系方式：

联系人(略),电话(略)

联系人(略),电话(略)

纸质材料盖章后邮寄至(略)

电子版材料发至邮箱(略)

附件:1.“百姓学习之星”推介表(略)

2.“百姓学习之星”推介登记表(略)

3.“终身学习品牌项目”推介表(略)

4.“终身学习品牌项目”推介登记表(略)

上海市学习型社会建设与终身教育促进委员会办公室

2022 年 9 月 1 日

上海市学习型社会建设与终身教育促进委员会办公室关于试点开展上海市优秀学习型组织推荐工作的通知

（沪学习促进办〔2022〕5 号）

各有关成员单位、各有关区学习办：

为贯彻落实上海市教育委员会等七部门《关于进一步推进本市学习型社会建设的若干意见》（沪教委终〔2016〕9 号）和《上海市终身教育发展"十四五"规划》（沪教委终〔2022〕2 号）精神，根据上海市教育委员会、上海市精神文明建设委员会办公室、中共上海市市级机关工作委员会、上海市总工会、上海市妇女联合会有关工作要求，经研究，决定试点开展上海市优秀学习型组织推荐工作。现将有关事项通知如下：

一、指导思想

深入学习贯彻党的二十大精神，以习近平新时代中国特色社会主义思想为指导，坚持以学习者为中心，自觉践行人民城市理念，努力构建服务全民终身学习的教育体系。进一步发挥学习型组织建设对学习型社会建设的推动作用，提升各级各类学习型组织的终身学习能力、参与城市发展和社会建设的服务能力，拓展学习型组织培育与发展的新途径、新方法，形成良好的学习型组织生态，助力提升上海城市软实力，推动构建可持续发展的学习型城市。

二、组织实施

委托上海市教育科学研究院（以下简称"市教科院"）负责本次推荐工作的组织实施。

三、推荐范围

（一）推荐对象

1. 市市级机关工作党委负责推荐市级机关系统中的学习型机关（事业单位）；

2. 市总工会负责推荐局、产业等条块的学习型企事业单位；

3. 市学习型社会建设指导服务中心办公室（以下简称"市学指办"）负责统筹推荐学习型社区；

4. 市妇联负责统筹推荐学习型家庭；

5. 各试点区学习型社会建设与终身教育促进委员会办公室（以下简称"区学习办"）统筹推荐辖区内的区学习型机关（事业单位）、学习型企事业单位；并向市学指办和市妇联分别推荐辖区内的学习型社区、学习型家庭候选名单。

（二）推荐条件

1. 所推荐的学习型机关（事业单位）应符合《上海市学习型机关（事业单位）建设指标》相关要求；

2. 所推荐的学习型企事业单位应符合《上海市学习型企事业单位建设指标》相关要求，并有不少于 3 年的建设经历；

3. 所推荐的学习型社区应符合《上海市学习型社区建设指标》相关要求；

4. 所推荐的学习型家庭应符合《上海市学习型家庭建设指标》相关要求，须具备“市级最美家庭”称号。(以上指标见附件)

四、名额分配

各类学习型组织建设的牵头单位，以及杨浦、徐汇、松江 3 个试点区可根据名额分配表(见附件 1)的建议数量，在各自工作范围内开展优秀学习型组织的推荐工作。

五、推荐流程

(一) 市级推荐单位

市级推荐单位自行制定申报、遴选的工作流程。

(二) 试点区

各试点区将各类优秀学习型组织的推荐名单及推荐材料报市教科院，由市教科院分头组织各相关牵头单位开展评议与遴选。

(三) 推荐填报材料

1. 被推荐单位(集体)需填写《2022 年上海市优秀学习型组织推荐表》(见附件 2)；

2. 负责推荐的单位、区学习办汇总推荐单位(集体)的申报表，并填写《2022 年上海市优秀学习型组织推荐汇总表》(见附件 3)；

3. 所有文字材料(一式三份)及电子版须于 11 月 20 日前反馈至市教科院。

六、公布方式

经专家评议并公示后，优秀学习型组织名单将由市学习促进办于 2022 年 12 月公布。

联系人：市学习促进办(略)，联系电话：(略)

市教科院(略)，联系电话：(略)

联系地址：(略)邮编：(略)

E-mail：(略)

附件：1. 2022 年上海市优秀学习型组织名额分配表(略)

2. 2022 年上海市优秀学习型组织推荐表(略)

3. 2022 年上海市优秀学习型组织推荐汇总表(略)

4. 上海市学习型机关(事业单位)、学习型企事业单位、学习型社区、学习型家庭等建设指标(试行)

上海市学习型社会建设与终身教育促进委员会办公室

2022 年 10 月 26 日

附件 4

一、上海市学习型机关(事业单位)建设指标(试行)

一级指标	指 标 项
制度保障	单位重视学习型组织建设,按照干部管理权限,组织本单位干部教育培训工作。
	按照党员教育培训工作规划等相关规定,党组织书记、班子成员、党员和预备党员落实学习培训要求;党员每天登录“学习强国”学习平台开展学习,学习参与度达到100%。
	按照上海市干部教育培训规划等相关规定,干部分层级落实学习培训要求,并完成年度网络培训学习。
学习条件	坚持集中培训、集体学习、个人自学和组织生活、实践锻炼有机结合,增强党员教育培训工作的规范性、针对性、系统性。
	干部教育培训以脱产培训、中心组学习、网络培训、在职自学等方式进行;单位支持干部职工在职自学,并提供必要条件;鼓励公务员(含参公人员)参加上海市干部培训中心“双休日专题讲座”。
	持续深入推进“青年大学习”行动,定期举办专题学习讲座,广泛开展主题团日、读书交流、征文演讲、知识竞赛等理论学习活动,让理论学习覆盖到每一名青年干部职工。
资源建设	利用党员活动室、党群服务中心、远程教育站点、新时代文明实践中心等开展日常教育培训;完善网络培训制度,用好大数据、“互联网+”等技术手段开展学习培训。
学习经费	严格按照《中国共产党党员教育管理工作条例》有关规定,落实党员教育培训经费,保证工作需要;干部教育培训经费列入单位年度财政预算,保证干部教育培训工作需要。
学习管理	坚持和完善党委(党组)中心组学习制度;各级党组织注重通过“三会一课”、主题党日等,抓实党员集体学习。
	工会、共青团、妇女组织等充分发挥各自职能作用,积极开展各类学习活动,协力推进学习型组织建设;重视青年学习,建立青年理论学习小组,为理论学习提供组织依托。
学习成效	培养又博又专、底蕴深厚的复合型干部和高素质专业化年轻干部队伍。
	教育培训各项制度落实好,单位学习氛围浓厚,学习型组织建设有成效。

二、上海市学习型企事业单位建设指标(试行)

一级指标	指 标 项
制度保障	企业管理者注重树立终身教育观念,建立相关领导机构。
	建立保障不同工种职工学习的制度机制,有开展各类学习活动的方案,形成常态化。
	建立弘扬劳模精神、劳动精神、工匠精神的劳模宣传相关制度,做好服务劳模工作。

（续表）

一级指标	指　标　项
学习条件	设置专用学习活动场所和设备，提供线上和线下学习平台。
	配备专门服务职工学习的人力资源队伍。
	鼓励建设职工创新实践和展示平台，优化职工创新支撑服务，实现职工创新力培养。
资源建设	为不同层面不同工种的职工提供多样化的学习资源，包括服务单位发展和满足职工兴趣等。
	建立完善网上工会工作体系，提高职工网上工会服务的使用率。
	加强和规范职工书屋建设，注重资源有效利用。
学习经费	保障学习的经费投入，单位根据职工发展和单位建设足额提取教育培训经费。
学习组织	开展"中国梦·劳动美"主题教育实践活动、市民修身行动等。
	积极开展职工职业道德建设活动，加强职工职业道德引导和培育。
	广泛开展读书活动，提升职工的文化与综合素养。
	推进劳动竞赛与岗位练兵、技能比武活动；加强"上海工匠"队伍建设；推进班组建设及职工技能培训。鼓励开展职工创新创业实践活动。
	开展民主法治宣传教育活动，加强职工普法及法治教育，推进职工民主管理。
	开展职工文化体育活动，增强职工对企业的归属感与文化认同。
学习激励	加大职工学习奖励力度，建立和完善学习、考核、使用、待遇一体化的学习激励机制。
学习成效	职工学习满意度高、学有所获，促进职工知识、技能和素养提升。
	单位凝聚力得到增强，提升单位管理水平和企业效益，形成典型案例，获得相关荣誉和宣传报道。

三、上海市学习型社区建设指标(试行)

一级指标	指　标　项
制度保障	街镇重视学习型社区建设，列入社区(街道)工作计划与发展规划中。
	构建学习型社区建设的服务网络体系和领导机构，建立管理协调工作机制和工作例会制度，相关部门职责明确，责任落实，运作有效。
	建立服务居民学习的灵活学习制度，有开展各类学习活动的方案，形成常态化。
学习条件	设置固定学习活动场所和设备，提供居民家门口的学习场所，完善学习服务网络体系。
	配备专门服务社区居民学习的专兼职师资队伍和志愿者队伍，有相应的管理制度。
	提升数字化建设水平，打造智慧学习场景，加强数字化建设。

（续表）

一级指标	指 标 项
资源建设	社会力量广泛参与，盘活学习型社区（街道）建设资源，形成共建共享共赢局面。
	充分利用各类优质学习资源，结合市民修身行动，满足不同群体学习需求。
	区域内文化馆、博物馆、图书馆、美术馆、纪念馆、科普教育基地等公共文化场馆为居民提供公益性服务。
学习经费	多渠道筹措经费，为学习型社区（街镇）建设提供经费支持。
	街镇有专门用于学习型社区建设的经费。其中，每年政府投入的日常运作经费按照常住人口计算，人均不少于 10 元，且人均经费做到稳步增长。
学习管理	重视过程性工作资料收集整理，完善学习型社区（街镇）建设过程管理。
	有贴近社区实际和居民需求的系列学习内容和项目，有健全的居民学习管理制度。
	组织开展社区教育培训活动，为区域内各年龄段居民提供必要的教育支持与服务。
学习成效	学习规模逐年提高，学习人群覆盖面逐年扩大。
	开展丰富的学习活动，通过社区讲坛、专题讲座、培训、文体活动等社区文化建设，进行广泛持续地发动和宣传教育，形成推进学习型社区建设的氛围。
	社区居民对社区提供的教育培训与文化学习活动比较了解，知晓度、参与率和满意率较高。
	形成学习型社区建设的典型案例与特色，打造学习型社区建设品牌。
	增强居民社区归属感和认同感，促进社区和谐、善治。

四、上海市学习型家庭建设指标（试行）

一级指标	指 标 项
学习条件	家庭内具有相对固定的学习区域和相对安静的学习环境。
	家庭藏书（包括电子书）、学习软件等学习资源不断丰富或更新。
	有网络宽带、电脑等信息化学习设备，具备互联网和智能终端产品的应用能力，为线上学习提供保障。
	家庭对于公共图书馆等公共学习场所内的各类学习资源使用量不断提升。
学习氛围	具有热爱学习的家庭氛围，学习成为每个家庭成员的自我需求和重要生活方式。
	家庭成员共同学习的时间有保障，经常交流学习体会，互相激励，共同提高。
	有终身学习的理念和具体的学习计划、学习目标。
学习投入	家庭成员人均每天学习时间不少于 1 小时。
	家庭人均年自主深度阅读不少于 8 本书（含纸质书、电子书）。
	家庭人均用于学习的支出逐年上升。

(续表)

一级指标	指　标　项
学习活动	积极参加社区学习活动,在获得与分享中展现学习成果。
	家庭成员积极参加建设学习型机关(事业单位)、学习型企事业单位、学习型社区等各类学习型组织活动。
	家庭成员采用多样化的学习方式,进行多元化的学习,并不断丰富学习内容。
学习效果	积极弘扬红色、海派、江南等各类文化,树立正确的价值观。
	通过学习型家庭建设,家庭成员自觉参与市民修身行动,在学校、单位、社区中发挥引导作用,学习兴趣不断增强。
	通过学习型家庭建设,家庭成员的专业水平获得提高、知识结构不断更新,文明素养、道德修养不断提升,形成科学、健康的生活方式和友善、和谐的邻里关系。

统　计　表

TONG JI BIAO

2022年度上海市社区教育统计总表

各　区	经费总数（万元）	学校使用面积（平方米）	专职教师总数（人）	兼职教师总数（人）	社区教育志愿者（人）	总学时数（学时）	在线学习（人次）	学习团队总数（个）	大型学习活动总数（次）	教育资源建设情况（个）	当年新立项课题数（个）	当年结题课题数（个）	科研项目获奖数（个）
浦东新区	3 591.8	97 337	218	794	3 704	92 141	288 475	5 385	123	3 736	37	39	27
黄浦区	1 339	37 802	69	280	1 581	28 448	59 728	822	177	520	13	13	7
静安区	1 147.1	39 556	130	320	3 879	48 550	187 908	1 520	198	5 323	32	39	7
普陀区	442.6	47 217	125	281	2 170	98 411	231 580	2 012	58	3 477	30	24	24
杨浦区	1 149.4	49 233	28	219	14 818	16 539	77 215	2 866	91	3 243	20	15	10
长宁区	1 250.1	48 161	86	296	1 396	14 100	68 056	1 644	210	11 802	25	26	20
徐汇区	1 587.5	42 851	81	514	2 828	43 176	499 760	2 236	223	3 702	19	24	16
虹口区	1 268.6	33 332	179	307	1 828	40 051	55 323	1 921	94	4 068	57	24	19
闵行区	3 905.5	72 558	161	419	1 784	104 995	91 257	3 453	117	6 320	24	23	12
宝山区	1 720.1	65 855	109	339	7 106	67 323	114 878	2 068	109	671	27	20	10
嘉定区	4 237.3	100 469	80	337	1 382	193 245	377 940	2 578	61	642	21	17	9
金山区	1 109.9	32 363	101	167	968	25 403	39 838	1 434	180	1 172	54	57	16
松江区	531.7	37 906	164	382	1 646	29 318	148 926	1 434	84	1 877	55	41	127
青浦区	1 559	31 369	116	181	1 603	5 908	17 552	675	22	2 763	14	9	7
奉贤区	1 409.2	22 600	93	137	1 771	25 091	33 549	1 114	40	405	22	12	23
崇明区	1 075.4	32 995	154	173	368	24 497	66 289	1 141	129	205	17	11	18
合　计	**27 324.2**	**791 604**	**1 894**	**5 146**	**48 832**	**857 196**	**2 358 274**	**32 303**	**2 717**	**39 718**	**467**	**394**	**352**

2022 年度上海市社区学院(校)基本情况统计表

各区	社区学院(校)校舍面积(平方米)	社区学院(校)专职教师数(人)	社区学院(校)兼职教师数(人)	社区学院(校)课程数(个)	社区学院(校)总学时数(学时)	社区学院(校)在线学习(人次)
浦东新区	97 337	218	794	1 178	92 141	288 475
黄浦区	37 802	69	280	298	28 448	59 728
静安区	39 556	130	320	662	48 550	187 908
普陀区	47 217	125	281	431	98 411	231 580
杨浦区	49 233	28	219	314	16 539	77 215
长宁区	48 161	86	296	211	14 100	68 056
徐汇区	42 851	81	514	1 113	43 176	499 760
虹口区	33 332	179	307	634	40 051	55 323
闵行区	72 558	161	419	649	104 995	91 257
宝山区	65 855	109	339	1 280	67 323	114 878
嘉定区	100 469	80	337	2 557	193 245	377 940
金山区	32 363	101	167	552	25 403	39 838
松江区	37 906	164	382	1 298	29 318	148 926
青浦区	31 369	116	181	179	5 908	17 552
奉贤区	22 600	93	137	207	25 091	33 549
崇明区	32 995	154	173	498	24 497	66 289
合计	**791 604**	**1 894**	**5 146**	**12 061**	**857 196**	**2 358 274**

2022 年度上海市社区居村委教学点基本情况统计表

各区	居村委教学点个数(个)	街镇乡个数(个)	各区街镇平均居村委教学点个数(个)	居村委教学点在线学习课程数(个)	居村委教学点总学时数(学时)	居村委教学点学员总数(人次)
浦东新区	1 414	36	39	316	66 930	90 245
黄浦区	151	10	15	130	22 745	7 131
静安区	242	14	17	224	15 685	10 154
普陀区	250	10	25	92	63 844	10 409
杨浦区	242	12	20	98	11 610	10 480
长宁区	163	10	16	71	9 927	8 607
徐汇区	307	13	24	365	22 745	16 978
虹口区	192	8	24	127	7 540	8 071

（续表）

各　区	居村委教学点个数（个）	街镇乡个数（个）	各区街镇平均居村委教学点个数（个）	居村委教学点在线学习课程数（个）	居村委教学点总学时数（学时）	居村委教学点学员总数（人次）
闵行区	520	13	40	162	84 421	44 349
宝山区	474	12	40	169	51 242	229 576
嘉定区	320	10	32	1 039	113 247	232 458
金山区	237	10	24	85	14 697	27 395
松江区	272	17	16	566	12 844	49 534
青浦区	303	11	28	50	1 796	12 986
奉贤区	283	11	26	66	9 781	25 558
崇明区	343	18	19	136	8 401	20 723
合　计	**5 713**	**215**	**404**	**3 696**	**517 455**	**804 654**

2022年度上海市老年教育统计主要数据汇总表

类　别	2022年				
	学校教育部分		社会教育（学习团队）情况	群众性教育情况	
	线下学员数（人）	线上学员数（人）	学员数（人）	线下学员数（人）	线上学员数（人）
合　计	618 462	358 822	481 661	2 557 779	189 056
市级老年大学	45 524	11 077	10 854	1 783	6 000
市级老年大学分校系统校	33 851	13 807	8 211	11 702	6 880
区级老年大学	21 689	93 242	14 472	103 710	25 564
街镇（含工业园、区老年学习苑）老年学校	42 029	237 310	448 124	688 226	149 085
居村委会办学点	267 897	—	—	1 536 540	—
社会多元主体	60	3 386	—	53 586	1 527
养教结合办学点	8 538	—	—	—	—
社会学习点	198 874	—	—	162 232	—

注：1. 2022年数据来源于《市老年教育统计汇编》。
2. 为市老干部大学（本部）/市退大（本部）在教务系统的报名数据，市老年大学、市老龄大学未使用报名系统，暂无法获取，需年度统计时获取。
3. 为上海大学分校、华东师大分校、东华大学分校、交通大学老年大学、市退大文化艺术系、市退大舞操系、市退大声乐系、市退大保健系、同济大学分校政立路教学区、同济大学分校沪西教学区、同济大学分校同济新村教学区、市退大鉴赏技能系等市校系统分校在教务系统的报名数据，目前约15%的市校系统分校使用了该报名系统，其他数据暂无法获取，需年度统计时获取。

大　事　记

DA SHI JI

2022 年 1—12 月大事记

【2021 年度上海市民终身学习体验基地总结会召开】 2022 年 1 月 14 日，2021 年度上海市民终身学习体验基地总结会在上海市科技艺术教育中心召开。上海开放大学、上海市教委终身教育处、上海市学指办、上海市教科院、上海市教育评估协会，以及各市级、区级体验基地负责人和代表出席会议。会上，对 2021 年度上海市民终身学习体验基地工作进行总结，10 家市级体验基地围绕各基地 2021 年工作特色和亮点进行交流；公布 2021 年上海市民终身学习优秀体验活动设计方案征集评选结果、体验基地品牌体验项目名单、特色体验活动名单和体验基地嘉年华活动组织奖获奖名单。

【市教委、市学促办印发《上海市终身教育发展“十四五”规划》】 1 月 26 日，市教委、市学促办印发《上海市终身教育发展“十四五”规划》。文件分析“十四五”时期上海终身教育面临的形势与挑战，提出了促进成人继续教育转型发展、提升社区教育服务能级、推动老年教育高质量发展和构建职工教育创新发展模式四项主要任务，并推出构建上海特色的“双元制”职工继续教育项目、大数据支撑的信息化服务能力提升项目、符合新时代要求的师资队伍能力提升项目、服务高质量发展的学习型城市建设监测项目、完善面向全体市民的学分银行建设项目、以凝聚力和创新力为内涵的学习型组织建设项目、服务长三角地区一体化的协同发展项目和开放融合的国际化项目等八个重点项目。

【市教委印发《上海市老年教育发展“十四五”规划》】 1 月 26 日，市教委印发《上海市老年教育发展“十四五”规划》，分析“十四五”时期上海老年教育面临的形势与挑战，提出推进老年教育治理体系现代化、推动老年教育布局结构均衡化、促进老年教育内涵建设特色化和实现老年教育服务管理智能化的四项主要任务，并推出老年教育扩大供给行动计划、老年教育智慧学习创新计划、老年教育优质均衡发展计划、老年教育学习品牌培育计划、老年教育理论研究提升计划、老年教育师资队伍培养计划和老年教育国际国内交流计划等七个重点推进计划。

【市教委印发《上海市老年教育智慧学习场景建设指引》】 3 月 3 日，市教委印发《上海市老年教育智慧学习场景建设指引》，为本市各级各类老年教育机构智慧学习场景建设提供参考指导。文件明确老年教育智慧学习场景主要以“文化素养、数字技能、健康教育、科普教育、体育健身、艺术修养”六大类为主，并对老年教育智慧学习场景的环境设施建设、学习资源建设、师资队伍建设、建设方式等主要方面进行了指导。

【2022 年上海市民终身学习数字阅读活动启动】 4 月 23 日，世界读书日当天，在上海市学习型社会建设与终身教育促进委员会办公室指导下，由上海开放大学和上海市学习型社会建设服务指导中心联合

举办,上海市学习型社会建设服务指导中心办公室、上海学习网承办的“品味书香,传递阅读力量”——2022年上海市民终身学习数字阅读活动在云端正式启动。阅读活动从4月持续到10月,以“品味书香,传递阅读力量”为主题,创新推出“品红评绿——云端书房”,为广大市民在线精选推送一批精品适需的书籍。

【上海家长学校微信公众号启动仪式暨2022年家庭教育宣传周系列活动发布会召开】 5月15日上午,上海家长学校微信公众号启动仪式暨2022年家庭教育宣传周系列活动发布会在线召开。上海市教卫工作党委副书记、上海市教育委员会副主任闵辉,上海开放大学党委书记楼军江,上海开放大学党委副书记、校长贾炜,上海开放大学党委副书记、副校长、上海教育电视台台长孙向彤以及市妇联和市教委有关职能部门领导,以及各区教育局家庭教育工作分管领导、德育科科长、各区教育学院德研室主任、区家庭教育指导中心负责人,上海开放大学各区分校校长、家庭教育工作分管副校长等出席会议。会议介绍了上海家长学校微信公众号建设及2022年家庭教育宣传周情况。

【上海市社区教育实验委托项目实施方案论证会召开】 5月16日,上海市社区教育实验项目委托项目实施方案论证会采用线上方式举行。市教委终身教育处、市社区教育实验项目办、市老年小组办、市学指办、市教科院等单位领导和专家出席。会上,五个实验项目组依次进行了汇报,与会领导和专家对于五个项目分别进行了点评指导,并对后续工作的深入推进提出了建议和要求。

【上海市终身教育学分银行“市民学习场馆合作单位”挂牌】 7月11日,以“我们的征途是星辰大海”为主题的第六届“航海生活节”在中国航海博物馆举办。开幕式上,上海开放大学党委书记楼军江与中国航海博物馆党委书记、副馆长张东苏共同为上海市终身教育学分银行“市民学习场馆合作单位”揭牌。中国航海博物馆成为上海市终身教育学分银行首家“市民学习场馆合作单位”。作为学分银行市民场馆活动类学习成果认证和存入的首次探索,市民在参观中国航海博物馆的过程中,可使用支付宝扫码进入“上海市学分银行”小程序参与“中国航海博物馆线上答题活动”,可将场馆活动类学习成果存入学分银行。

【上海市学习型组织建设文件与平台听取意见会召开】 8月16日下午,上海市学习型组织建设文件与平台听取意见会在上海开放大学召开。上海市教委终身教育处、上海市教科院、上海市终身教育研究会社专委、上海市学指办、上海学习网等单位代表参加此次会议。为了听取区级层面的意见,会议邀请了杨浦区学习办、静安区教育局、松江开放大学、浦东新区社区学院、徐汇区学习办等单位领导和专家。会上,交流了“十四五”期间上海学习型组织建设的整体思路与框架,介绍了学习型组织建设线上展示平台的策划方案及设计思路。与会的各位专家针对学习型组织建设的前期工作成果与进展进行了研讨。

【2022世界人工智能大会开放教育和终身学习论坛在上海召开】 9月2日,以“AI引领开放教育和终身学习新时代”为主题,世界人工智能大会组委会指导,上海开放大学主办,联合国教科文组织教育信息技术研究所协办,上海开放大学上海开放远程教育工程技术研究中心承办的2022世界人工智能大会开放教育和终身

学习论坛在沪成功召开。作为2022世界人工智能大会的重要组成部分，本次开放教育和终身学习论坛包括了“AI促进教育开放智联”主论坛和“人工智能促进开放教育和终身学习数字化转型的场景”分论坛两大部分。论坛邀请到了国内外开放终身教育和人工智能技术领域的众多专家，通过主旨演讲、成果发布和圆桌会议等多种形式，探索未来开放教育和终身学习新样态。

【2022年上海社区教育管理干部培训班举行】 9月27日，由上海市教育委员会主办、上海市学习型社会建设服务指导中心办公室承办的“2022年上海社区教育管理干部培训班”在上海开放大学正式举行。上海市教委副主任倪闽景出席会议并作主旨报告，上海市委党校、市教委终身教育处、华东师范大学的专家分别作专题报告，上海市老干部大学、静安社区学院、闵行区吴泾镇社区学校代表分享了相关办学经验。全市各区教育局、社区学院、社区学校的负责人和教师共3 546人通过线上线下方式参会。

【2022年上海市民终身学习人文修身主题活动启动】 9月30日，以“全民崇学 喜迎二十大 申城行走续写新辉煌”为主题的2022年上海市民终身学习人文修身主题活动在南汇新城启动。市教委副主任倪闽景、市精神文明办副主任郑英豪出席活动，并共同启动2022年上海市民终身学习人文修身主题活动。市教委相关处室、浦东新区教育局、临港新片区管委会社会发展处、市民终身学习人文行走工作办公室和秘书处等部门负责人参加会议。嘉定区的“魅力新城 环远香湖会客厅”、青浦区的“醉野江南 徜徉绿色青西”、松江区的“科创松江 人文行走”、奉贤的“贤城新韵 ‘鱼’你有约”、南汇新城的“探秘星空之境”五条主题学习线路在启动仪式上正式发布，涵盖27个学习点。

【上海开放大学系统骨干师资、助学服务团队与社区教育专兼职教师培训开班】 10月13日，由上海市学习型社会建设服务指导中心、上海开放大学主办，上海市学习型社会建设服务指导中心办公室、上海开放大学社区教育部承办的“上海开放大学系统骨干师资、助学服务团队与社区教育专兼职教师培训”在上海开放大学开班。培训为期3天。本次培训邀请了华东师范大学、上海开放大学等单位的专家作专题讲座，还邀请了10多位社区教育名师作专题分享。培训采取现场培训和在线同步直播相结合的方式进行，全市各区教育局、社区学院、社区学校的负责人和教师近1 300人参会。

【第三届老年教育“东方论道”国际学术研讨会线上召开】 10月21日，第三届老年教育“东方论道”国际学术研讨会成功召开，会议主题为“老年大学与社会和谐可持续发展”。主会场设在上海老年大学钦州书院，与国际国内专家进行在线交流。上海市教委副主任倪闽景，上海老年大学、上海老年教育协会、国际老年教育研究中心的领导和专家出席会议。此外，国际老年大学协会（AIUTA）、中国老年大学协会（CAUA）的领导和专家应邀线上参会。

【2022年上海市老年数字教育进社区行动启动推进会召开】 11月1日上午，2022年上海市老年数字教育进社区行动启动推进会在普陀区社区学院召开。上海市教育委员会主任王平出席会议并讲话。上海市教育委员会副主任倪闽景，上海市卫生健康委员会一级巡视员、上海市老龄办副主任吴乾渝，上海市普陀区副区长王

珏,上海开放大学副校长王伯军,上海市民政局二级巡视员陈跃斌等出席会议。会上,就2022年上海市老年数字教育进社区行动进行工作部署。在本次行动准备阶段,上海终身教育数字化学习协作组开发了一套老年智学手机仿真教学系统,上海学习网推出在线学习专题资源库,首批上线18门课程、237个精品资源。

【2022年上海市民终身学习体验基地嘉年华开幕】 11月6日,由上海市教育委员会、上海市学习型社会建设与终身教育促进委员会办公室指导,上海市学习型社会建设服务指导中心办公室等单位主办的"智学新体验 慧享新生活——2022年上海市民终身学习体验基地嘉年华"开幕式在上海市群众艺术馆举行。上海市教委副主任倪闽景,上海市文旅局副局长萧烨璎,上海开放大学副校长、上海市学习型社会建设服务指导中心副主任王宏,陈云纪念馆党委书记、馆长黎洪伟等嘉宾出席活动开幕式。开幕式上,向13家上海市民终身学习体验基地新进站点授牌,向6名"上海市民终身学习体验官"代表颁发聘书。本次嘉年华活动为期20天,由12大市级基地的80余个站点共同打造,汇聚体验学习活动277项。

【2022年长三角学习型乡村建设研讨会在上海开放大学举行】 11月14日,2022年长三角学习型乡村建设研讨会在上海开放大学举行。本次研讨会由上海开放大学、上海市学习型社会建设服务指导中心主办,上海市学习型社会建设服务指导中心办公室承办,江苏省社会教育服务指导中心办公室、浙江省社区教育指导中心办公室、安徽省社区教育研究指导中心办公室共同协办。中国成人教育协会副会长江波、上海开放大学校长贾炜、副校长王宏等出席研讨会。会上,启动了"乡村15分钟学习圈资源配送项目",宣读了第三批上海学习型乡村名单并向入选乡村代表授牌。沪苏浙皖四地的专家学者交流分享了各地在发展农村社区教育、建设学习型乡村过程中形成的特色亮点。

【上海社区教育赋能城市软实力提升学术研讨会在上海开放大学举行】 11月18日上午,上海社区教育赋能城市软实力提升学术研讨会在上海开放大学举行。本次会议由上海市学习型社会建设与终身教育促进委员会办公室指导,上海开放大学、上海市学习型社会建设服务指导中心主办。上海市教委终身教育处、华东师范大学、上海开放大学、上海师范大学、上海市学指办、杨浦区学习办、各区社区学院的领导、专家和教师代表出席本次研讨会。会上,公布了2022年上海社区教育主题征文活动获奖名单,并向获奖教师代表颁奖,交流分享了各区社区教育在提升城市软实力过程中的亮点工作。

【上海市第十八届全民终身学习活动周开幕】 12月4日,"2022年上海市第十八届全民终身学习活动周"开幕式在上海大学举行。本届活动周由上海市教育委员会、上海市学习型社会建设与终身教育促进委员会办公室指导,上海市成人教育协会主办,上海大学承办。围绕"学习贯彻二十大,终身学习向未来"的主题,开幕式上公布了28个上海市"终身学习品牌项目"和26名上海市"百姓学习之星"推介名单,为通过"上海市街镇社区(老年)学校优质校"评估的机构授牌,并发布了"上海学习型组织建设LOGO"。开幕式进行了网络直播,在线观看量近80万人次。

【2022年上海社区教育志愿服务工作总结会召开】 12月5日,在第37个国际

志愿者日到来之际,"绽放志愿助学风采赋能城市数字化转型"——2022年上海社区教育志愿服务工作总结会顺利召开。中国成人教育协会学分银行研究专委会、上海市教委终身教育处、市文明办志愿服务工作处、上海开放大学、市学指办,以及各社区教育志愿服务分队和工作站的有关领导和代表出席。会议现场为荣获2022年度上海社区教育最美志愿者、优秀志愿者、优秀志愿服务工作站以及志愿服务品牌项目等称号的单位和个人代表进行颁奖,还通过情景剧演出、志愿微访谈等形式,进一步展示了上海社区教育志愿服务工作成效。

【中英全民科学素养发展会议在上海开放大学召开】 12月5日下午,由上海开放大学、上海市教师教育学院(上海市教委教学研究室)、英国开放大学联合主办的中英全民科学素养发展会议在上海开放大学召开。会议以"中英全民科学素养发展"为主题,在主题框架下设立两个圆桌论坛,圆桌论坛主题分别为"全民科学素养体系的实践与发展"与"中英合作共建高质量的基础科学教育体系"。来自上海市教委、英国驻沪总领事馆、上海科技馆、上海开放大学、上海市教师教育学院、上海各区社区学院、牛津大学出版社以及培生教育集团等单位相关人员50多人线下参会。

【上海市终身教育学分银行十周年发展研讨会召开】 12月15日,由上海市教育委员会和中国成人教育协会指导,上海开放大学、上海市终身教育学分银行主办的"十年奋进路 扬帆新征程"——上海市终身教育学分银行十周年发展研讨会在上海开放大学召开。上海市教育委员会副主任倪闽景,上海开放大学党委副书记、校长贾炜出席会议。会上,播放了《十年奋进路 扬帆新征程》宣传片,发布《上海市终身教育学分银行十年发展报告(2012—2022)》新书。学分银行还与多所高校现场签署了《助力大学生就业项目协作备忘录》,与高校共同助力大学生就业。

【第十届终身教育上海论坛举行】 12月16日,第十届终身教育上海论坛在长宁区社区学院举行。本届论坛由上海市教委指导、华东师范大学主办、上海终身教育研究院承办,以"服务全民,构建高质量终身教育体系"为主题。上海市教委副主任倪闽景线上参会并作主旨报告,华东师范大学副校长戴立益线上参会并致辞。论坛上,发布了2.0版ESD(可持续发展教育)方案及《社区可持续发展教育:上海行动观察》《2019—2020上海终身教育发展报告》(英文版)等最新成果。

后　记

2022 年，上海学习型社会建设工作坚持以习近平新时代中国特色社会主义思想为指导，认真学习贯彻党的二十大精神，按照市委、市政府决策部署，全面落实《上海市终身教育发展“十四五”规划》，努力构建服务全民终身学习的教育体系，完善学习型社会建设体制机制，优化终身教育资源配置，提高终身教育发展质量，努力建设以城市学习力为驱动的更高水平、更高质量的学习型社会。

2022 年，上海学习型社会建设领域涌现了大量特色鲜明的新做法、新经验，在线教学得到了大范围的应用推广，市民学习方式更加灵活，学习人群覆盖更加广泛，终身教育服务更加便捷，全民学习、终身学习的理念更加深入人心。各级政府、各级各类终身教育机构、社会团体和社会组织更加重视终身教育体系的完善，重视学习型组织的培育和建设，进一步营造了普惠友好的终身学习环境和文明健康的终身学习文化。

在《上海学习型社会建设(2022)》的编撰过程中，我们得到了全市各区、各系统及诸多单位的大力支持和热情参与。上海市学习型社会建设与终身教育促进委员会办公室，上海市教育委员会终身教育处给予了悉心指导；上海市学习型社会建设服务指导中心办公室具体落实组稿等编撰工作；本书编委会成员付出了辛勤劳动。在此，对所有给予我们指导、支持的单位和个人表示衷心的感谢！

图书在版编目(CIP)数据

上海学习型社会建设.2022/上海市学习型社会建设与终身教育促进委员会办公室,上海市学习型社会建设服务指导中心编.—上海:上海人民出版社,2023
ISBN 978-7-208-18526-5

Ⅰ.①上… Ⅱ.①上… ②上… Ⅲ.①社会教育-研究-上海-2022 Ⅳ.①G779.2

中国国家版本馆 CIP 数据核字(2023)第 167989 号

责任编辑 宫兴林
特邀编辑 余鸿源
封面设计 张志全工作室

上海学习型社会建设(2022)
上海市学习型社会建设与终身教育促进委员会办公室
上海市学习型社会建设服务指导中心 编

出　版 上海人民出版社
(201101 上海市闵行区号景路 159 弄 C 座)
发　行 上海人民出版社发行中心
印　刷 上海商务联西印刷有限公司
开　本 787×1092 1/16
印　张 28
插　页 4
字　数 617,000
版　次 2023 年 9 月第 1 版
印　次 2023 年 9 月第 1 次印刷
ISBN 978-7-208-18526-5/D·4192
定　价 128.00 元